全新修订
第4版

零售企业管理
制度与表格规范大全

为零售企业量身定做的行政规范化管理实务全书

赵 涛 李金水◎主编

台海出版社

图书在版编目（CIP）数据

零售企业管理制度与表格规范大全 / 赵涛, 李金水主编.
-- 北京：台海出版社, 2017.9

ISBN 978-7-5168-1555-7

Ⅰ.①零… Ⅱ.①赵… ②李… Ⅲ.①零售企业－企

业管理制度 Ⅳ.①F713.32

中国版本图书馆CIP数据核字（2017）第212732号

零售企业管理制度与表格规范大全

主　　编：赵　涛　李金水	
责任编辑：高惠娟	装帧设计：久品轩
版式设计：阎万霞	责任印制：蔡　旭

出版发行：台海出版社

地　　址：北京市东城区景山东街20号　　邮政编码：100009

电　　话：010－64041652（发行，邮购）

传　　真：010－84045799（总编室）

网　　址：www.taimeng.org.cn/thcbs/default.htm

E－mail：thcbs@126.com

经　　销：全国各地新华书店

印　　刷：天津嘉杰印务有限公司

本书如有破损、缺页、装订错误，请与本社联系调换

开　　本：787×1092　1/16

字　　数：650千字　　　　　　　　　印　张：28

版　　次：2018年1月第1版　　　　　印　次：2018年1月第1次印刷

书　　号：ISBN 978-7-5168-1555-7

定　　价：68.00元

前言

PREFACE

零售业是一个高价值的行业,在从制造、分销、零售到顾客的供应链中,零售处于供应链的下游,是最靠近顾客的地方,对任何商品而言,零售环节最为重要,也最具有价值。因为当今的时代是一个供过于求的时代,顾客是一种特殊的稀缺资源,任何产品要实现其价值就必须要有顾客购买才能够实现。可以说,谁控制了终端顾客,谁就能控制产品的整个价值链。因此,全球500强排名第一的制造业巨头通用电气的位置被零售业大鳄沃尔玛所取代,正是这个转变,零售业也越来越受到投资者的青睐,众多国际零售业巨头纷纷在中国抢滩登陆。零售业也成为市场化最高、竞争最为激烈的行业之一,所有这些都给零售企业的经营和管理带来了前所未有的巨大挑战。

作为零售业的经营和管理者,都无法逃避这样一个问题:依靠什么把自己的企业经营管理好,使自己的企业持续地发展壮大?如何提高自身的竞争力,提高企业的管理效率,从而将这种挑战顺利转化为一种更强的生存能力,在激烈的竞争中争得一席之地?

成功的企业源于卓越的管理,卓越的管理源于优异的制度。因此,建立一套体系完备、规范化的管理制度和操作表格在现代零售业管理实务中就显得尤为重要。为此,我们总结了许多成功零售企业的先进管理经验与做法,借鉴了同类书籍的相关知识,在此基础上,编写了本书。

本书是一本实用性很强的零售企业管理工具书,目的是为零售企业经营管理者提供一些基础的理论依据,以及一些简单实用的工具表格。本书可以给使用者提供最直接最快速的搜索栏目,为其在实用方面提供一些帮助。读者可以根据具体情况进行适当修改或重新设计,使之更适用于自己的企业,从而及时地开展零售企业经营与管理工作,提高工作效率。

本书摒弃了以往那些空洞的说教及花哨的前沿管理理论,而是以管理实务、管理制度、工作规范、岗位职责与管理表格等实用工具的形式,全面而具体地阐述了零售企业规范化管理要点,这使本书具有非常高的实用价值与参考价值,是相关行业从业人员和零售企业经营管理人员必不可少的案头参考工具。本书具有如下特点:

1. **实用性、操作性强**。本书内容紧密结合零售企业管理各项实际工作。读者可以根据自己企业的实际情况,以本书为参考,进行针对性的学习并灵活运用到管理实践中,以迅速解决和处理各种问题。

2. **使用方便,效果显著**。通过借鉴本书的内容,您无须花大量时间和精力,只要对相关模板和量表直接使用或根据自身情况适当修改,就可以方便快捷地使用。因此,本书具有很强的便利性。

3. **随查随用的工具书**。本书所列的各种文书、制度、方案、表格、范本等都与财务管理的日常工作紧密结合,因此,当您在实际工作中遇到问题时,可以随时查阅本书相关的知识点,以有效、迅速地解决问题。作为一套实务性工具书,本书具有较高的参考价值。

翻开本书,它将为零售企业日常管理工作提供指引与参考,告诉你如何让复杂的工作变得更有条理,让零售企业经营管理变得更有效率。

目 录
CONTENTS

第二篇

零售企业商品管理

第三篇
零售企业物流仓储管理

第四篇

零售企业服务管理

第五篇

零售卫生与后勤管理

第六篇

零售企业安全与防损管理

第一篇

零售企业前期规划管理

第1章 零售卖场选址操作规范

第一节　商圈界定管理

一、商圈的特征与层次

商圈又称商势圈,它是指企业吸引顾客的空间范围,即商店能吸引多远距离的顾客来店购物。这一顾客到商店的距离范围,就称为该企业的商圈。日本一位商圈研究的专家指出:"所谓商圈就是现代市场中,企业市场活动的空间范围,并且是一种直接或间接地与消费者空间范围相重叠的空间范围。"

因此,可以把商圈定义为:在现代市场中,零售店进行销售活动的空间范围,它是由消费者的购买行为和零售企业的经营能力所决定的。

零售店的商圈具有以下特征。

1. 区域性

零售店的商圈指的是一个具体的区域空间,这个区域空间是由每个商店特有的地理环境作为基础而决定的。对于商店经营者来说,它的商圈即是他们进行市场营销活动的空间范围。在这一空间中,零售店向消费者提供他们所需的商品与服务,也正是由于零售企业采取积极的营销活动,才创造出各自独特的商圈。这个商圈对于消费者来说,则是他们进行购物活动的行为空间。

2. 层次性

零售店的商圈一般具有比较明显的层次性特征。区域性零售店的商圈大小由消费者居住状况及人口分布、交通状况及距离、市场竞争状况等决定。根据日本理论与实践研究,它们把大型零售店的商圈划分为四种类型。

(1)徒步圈,指步行可忍受的商圈半径,也可称为零售店的第一商圈,单程以10分钟为限度,商圈半径为500米以内。

(2)自行车圈,指骑自行车方便可及的范围,也称第二商圈,单程为1.5公里。

(3)汽车(机动车)圈,指开车或乘车能及的范围,也称第三商圈,以购物为目的,距离5公里左右,单程为10分钟。

(4)捷运圈、铁路圈、高速公路圈,指搭乘捷运、铁路或经由高速公路来此购物的顾客范围,属于零售店的边际商圈。

以上几个商圈又可区分为:

(1)小商圈。范围最小的商圈,如徒步圈、自行车圈。此种商圈消费习惯是以生活必需品的高频率购买为主。小商圈是零售业的起源,多半分布在大都市的住宅区及郊外的住宅区。

（2）中商圈。以自行车圈、汽车（机动车圈）为主，主要以购买选购品为主，供周末假日全家一次性消费购物。

（3）大商圈。以机动车圈为主，顾客可以经 10 公里左右车程至此商圈消费，属于零售店的边际商圈。

特大零售店还可形成更大的辐射商圈，即由高速公路、铁路等能形成的幅员广大的商圈。根据我国市场状况，一般把零售店的商圈划分为三个层次，即主要商圈、次要商圈和边际商圈。主要商圈是指最接近零售店并拥有高密度顾客群的区域，某个零售店的客流量有 50%～70% 来自主要商圈；次要商圈位于主要商圈之外，顾客光顾率较低，一般这一区域的顾客占商场客流量的 15%～30%；边际商圈位于次要商圈的外围，属于某些商场的辐射商圈，在此商圈内顾客购物比率更低，一般零售店的顾客有 10% 左右来自边际商圈。大、中城市内处于市级商业中心的大型商场（如北京的王府井百货大楼、西单商场、上海的上海第一百货和华联商厦），由于其所处的地理位置决定其市场辐射范围为全市的消费者，因而一般不形成具体的区域性商圈。本章进行商圈分析的对象主要指的是位于大、中城市区域性商业中心的商场，如北京的当代商城、蓝岛大厦、城乡贸易中心等商场。

3. 不规则性

实际的商圈并非真正是同心圆状，而是不规则的图形。其原因在于商圈要受到零售店周边地理环境、交通状况、居民人口分布和购买力及竞争者分布等因素的影响，因而各个商店的实际商圈都是不规则图形的区域。

二、测定商圈的意义

（1）科学测定商圈是企业进行科学选址的基础。选址是关系零售企业生存发展的根本方略，而企业选址必须以商圈的测定作为前提条件。例如，北京某公司在进行商业选址决策时，由于未对周围商圈进行深入调查和可行性论证，凭感觉即草草地将某印刷厂厂房开发、改造为现代化的大型商厦。这个商厦改造投资几亿元，具有一流的设施与设备，但开业后始终吸引不了更多的客流，导致零售企业的经营亏损，最后不得不关门停业。

（2）通过商圈分析，可以具体了解商圈内消费者的构成及其特点，从而为企业进行目标市场定位、确定经营方针和进行经营预测打下良好的基础。

（3）可以深入了解本企业的地理环境和交通状况。

（4）可以决定怎样进一步开设分店和连锁店。本企业所开分店和连锁店一般不应同自身的商圈范围相交叉重复，以免互相影响，相互掣肘。

三、商圈的层次

从商圈的形成及其构造的理论分析，可以将零售企业与商圈的关系分解为点、线、面、流四个层次。

（1）点指的是商圈区域的圆心点或核心点,具有商圈的中心性特征。

（2）线指的是商圈核心区对周围居住区的吸引力,它具有商圈吸引性的特征。

（3）面指的是商圈的辐射范围和广度,亦即商圈核心区通过自身的信誉和经营实力所能辐射的范围,它具有辐射性特征。

（4）流指的是商圈形成后产生的人流、车流、客流,最终实现为物流和商流、信息流。

如果深入分析,可以发现,商圈的"点"即都市的中心和区域性中心,它具有市场集结性核心的功能。"线"是指市场所具有的吸引性,人们是按照对都市核心点的依存度来决定其居住区域的。把居住区与都市中心点（或区域性中心）连接起来,即商圈的线,亦即商圈的购物半径。

四、影响商圈形成的因素

影响商圈形成的因素是多方面的,主要可归纳为企业外部环境因素和企业内部因素。

1. 外部环境因素

（1）家庭与人口因素。企业所处外部环境的人口密度、收入水平、职业构成、性别、年龄结构、家庭构成、生活习惯、文化水平、消费水平,以及流动人口数量与构成等,对于企业商圈的形成具有决定性意义。

（2）产业结构。一个企业的外部环境是工业区还是农业区,是市区还是郊区,对商圈的形成有着重要意义。如果一个农业区域发现了丰富的矿藏,将要开发成一个新兴的工业区时,有利于扩大企业的商圈领域。

（3）交通状况。交通状况对于商圈形成十分重要。要考虑道路状况,是否有公共汽车站或电车停车站,是否有地铁站连接等。

（4）城市规划。城市零售店的规划建设要受到城市整体规划的制约。如果企业选址在城市的市级商业中心规划区,其商圈范围大,可能涉及全市;如果企业选址在区域性商业中心,则商圈范围为区域性的地域。

（5）商店聚集状况及商业区的形成。零售企业的聚集状况可分为以下几种情况。

一是不同业态零售企业的聚集。比如商场同专业店、超级市场等的聚集。这种聚集,企业之间一般不会产生直接的竞争,而会产生一定的聚集效应,产生更大的市场吸引力。

二是同种业态商店的聚集。比如在同一商圈内有多个商场的聚集,如王府井大街的北京百货大楼和新东安市场;海淀四通桥的当代商城和双安商场等。这是同种业态、同等规模的商店聚集在同一商业区,其结果使这一商业区商店之间既产生竞争,又产生一定的集聚效应。一方面,使消费者能在同类型商店进行商品质量、价格、款式及服务的比较,从而加剧了企业之间的竞争性;另一方面,由于同类型商店的聚集,又会产生集聚放大效应,吸引更多的消费者来商业区购物,从而有效地扩大了企业的销售商圈。

2. 企业内部因素

（1）零售店规模。零售店规模一般与商圈大小呈正比例关系。零售店规模大,其市场吸引力强,从而有利于扩大其销售商圈。诚然,零售店规模并非越大越好,应保持在与商圈购买力相适应的规模之内。

（2）商品经营重点与性质。一般来说，以经营日用消费品为重点的商场，其商圈较小；而以经营选择性较强、价值较为贵重的商品作为重点的商场，如以家用电器、服装、黄金饰品作为重点的零售店，其销售商圈较大。

（3）企业经营水平及信誉。一个营销水平高、企业信誉好的企业，由于其具有较高的知名度和美誉度，可以吸引许多慕名而来的顾客，因而可以扩大企业的商圈。通过对影响商圈因素的综合分析，可以得出如下结论。

◎零售企业业种和业态不同，其商圈大小也不同。比如，便民超市多销售居民日常生活用品，其商圈区域较小，只有基本商圈，一般不存在次要商圈。而大型商场主要销售消费者选购性商品，因而商圈一般较大，具有基本商圈、次要商圈和辐射商圈三个层次。

◎商圈大小一般同零售企业的经营规模与经营能力之间呈正比例关系。零售企业建设规模大，经营实力强，从而具有较大的市场吸引能力和辐射能力。但是，零售店的规模也不是越大越好，应保持在与商圈购买力相适应的规模，即适度规模为佳。

◎商圈大小同企业选址区域的交通状况成正比例关系。企业选址区域交通状况越优越，越有利于吸引客流，从而进一步扩大商圈。相反，如果交通不便，遇有湖泊、河流或高速公路的阻碍，会大大影响商圈的扩大。

◎竞争者状况对商圈有复杂的影响。在同一商圈内如果存在两个以上的竞争者，则有利于扩大商圈，形成"扎堆"的聚集效应。而在不同商圈的竞争者，其商店之间的距离越大，则越有利于扩大其自身的商圈。

五、商圈的测定方法

1. 已建零售店商圈的测定方法

对已经建立的商场，可以根据对顾客进行抽样调查、零售店店记录等方法，具体测定商圈的地理范围和形态。

2. 新建零售店商圈的测定

新建零售店由于没有可借鉴的历史资料，因此可根据城市选点位置、周围居民人口分布、城市规划、交通状况，以及是否为城市商业中心区或区域性商业中心区、流动人口状况等，进行综合调查分析测定。比如，新建商店附近已建有同类型的商店，也可参考该店消费者客流状况及购物距离进行类比调查分析，综合测定。

在进行定性分析的同时，还可采用定量分析的方法。可参考的定量分析方法有美国威廉·雷利发现的零售引力法则，以及戴维·赫夫研究出来的商圈研究公式。

（1）零售引力法则。美国威廉·雷利用 3 年时间，调查了美国 150 个以上的都市，于1931 年发表了他的"零售引力法则"。其中心观点是："现有零售中心的两个城市，从位于它们中间的某一分界处，所吸引的交易量与各自城市的人口成正比，而与从分界点到市场距离的平方成反比。"其公式如下：

$$D_y = D_{xy} \div (1 + P_x P_y)$$

表达式中，D_y ＝ X、Y 两城市之间的分界点 D 区距 Y 市的距离；D_{xy} ＝ X、Y 两城市之间的距离;$P_x = X$ 地区(人口较多城市)的人口数;$P_y = Y$ 地区(人口较少城市)的人口数。

零售引力法则的应用有两项假设前提条件:一是几个城市之间交通条件相类似;二是几个城市的零售经营水平大体相同。顾客之所以被吸引到人口较多的城镇,是由于零售引力法则作用的结果。这一方法也可应用到同一城市的不同商业区之间进行商圈分析。

(2)赫夫模型。美国戴维·赫夫给商圈下的定义是:"按地区勾画的区域,含有潜在的顾客,在这些顾客中,存在着购买由各个商店或各个商店群所提供的、一定等级的商品和商业性服务的可能性。"因此,可以认为,消费者与商店的距离与购物的概率成反比。

第二节 零售卖场店址选择操作规范

一、店址选择的作用

(1)零售企业是一项需要大量资金的长期性投资,关系到企业的未来发展前途,当外部环境发生变化时,它不能像人、财、物等经营要素那样,可以做相应调整,如搬迁、拆卸、移走。它具有长期性、固定性特点。因而在选址时必须做深入调查,收集各种资料,归纳分析,妥善规划。

(2)店址选择是否得当,是影响零售店经营能否成功的一个重要因素。企业的店址选择得当,就意味着其享有优越的地利优势。不能否认交通便利、地理位置好的商店能创造出更高的经济效益,因而在选点时,不能贪图租金的便宜而选择人流少、交通不方便、位置偏僻和市场未成熟的地点。

(3)店址是零售店确定经营目标和制定经营策略的重要依据。不同的城市地区有不同的社会环境、地理环境、人口状况、收入水平、交通条件、市政规划等特点,它们分别制约其所在地区的零售店顾客来源及特点,同时对零售店在经营的商品、价格、促销活动的选择等产生反向制约。一般而言,经营日用品、日常生活品的商店,只能是去适应经营所在地的特点,而很少能改变它。

二、分析客流

客流大小是一个零售店成功的关键因素。客流包括现有客流和潜在客流。商店选择开设地点总是力图处在潜在客流量多而集中的地点,以便多数人就近购买商品。但客流规模大,并不总是带来相应的优势,应对客流做具体分析。

1. 分析客流类型

一般依照顾客与本商店的关系,把客流分为以下 3 种类型。

(1)共享客流

共享客流是指一家商店从邻近商店形成的客流中获得的客流。这种分享客流往往产生于经营相互补充商品种类的商店之间,或大商店与小商店之间。经营商店要想得到分享客流,就要在对社区或商业中心区商圈分析的基础上,准确地判断市场的空白点,找准自己商店的立足点,并判断能否构成商店生存、赢利的基础。

（2）本店客流

本店客流是指那些专门为购买本商店经营的某商品而来店的顾客所形成的客流,这是商店客流的基础,也是一家商店开业能否生存、赢利的基础。只有拥有自身客流,商店的收入才有保证,在选点时,首先要评价的就是商店能否建立起足够数量的自身客流。

（3）派生客流

派生客流是指那些顺路进店而非专程来店的顾客所形成的客流。在一些旅游点、交通枢纽、公共场所附近设立的商店,主要利用的就是派生客流。这些商店可以没有自己的商圈,每天大量流动人口产生的派生客流足以支持商店所希望的销售水平,但对于百货店、超市、便利店等业态商店,则不能只寄希望于派生客流。

2. 分析客流的速度、滞留时间

有的地点客流量很大,但客流速度很快,停留的时间很短,如地铁出入口、火车站、汽车站、码头附近。显然,这些地点并非是开设百货店、专卖店的理想之地,而在商业中心区、住宅区内,虽然客流量并不大,但所来顾客均有消费的欲望和准备,是建立零售店的较好地点。

3. 分析所在街道的特点及客流规模

道路对商店的影响也是极为明显的,初始客流的方向、道路的坡度、受阳光照射的遮阴情况、公共交通站点、有无停车场等,都会影响到商店的客流。

三、分析交通状况

1. 从零售店经营角度进行分析

（1）在预计地点或附近区域,是否有足够的停车场可以利用。随着大、中城市家用汽车的普及,开私家车购物已成为一种必然。对大型百货店、超市而言,有无足够的停车场是商店能否吸引消费者的一个重要指标;对大型商场而言,停车场面积与商店营业面积应达到1:1.5为好。

（2）商品能否准时运抵商店内。零售商店每天有大量的商品由供应商或配送中心送到,如果没有顺畅的商品运入通路、验收场地,对商店的商品管理会造成一定影响,对商品安全也不利。

2. 从顾客出行角度进行分析

（1）开设在远离商业中心的零售店,要分析与车站、码头的距离和方向。一般距离车站、码头越近,购买越方便,客流较多。

（2）设在市内公共汽车站附近的零售店,要分析公共车站的性质,是中转站还是始发站,是主要停车站还是一般停车站。主要停车站一般客流量大,零售店可以吸引的潜在顾客较多。

（3）要分析店面所在地的交通管理状况,如单行线街道,禁止车辆通行街道,远离公交车站,没有足够停车场的都会影响客流量。

第三节　零售卖场的位置及其评价

一、商店位置的具体类型

1. 独立型商店

独立型商店是指坐落在公路或街道旁的单独的零售建筑。这类商店的邻近没有其他零售商与之分享客流,其特点如下。

（1）在经营业态和经营规模的选择上,可以不受连锁经营或集团的制约,可以挑选合适的位置和经营业态。

（2）可以选择位置上具有很大灵活性的场地,降低组合的压力,安排适当的停车场地,这对某些场地要求有特殊性,要求卖场宽敞、交通方便、有足够停车场的家具、装饰用品商店来说,尤为重要。

（3）可以避免强有力对手的竞争带来的利润损失,经营上可以按照投资者的特长和兴趣而灵活安排,也容易在无竞争压力下成长起来。

独立型商店具有以下优点:

◎租金较低。

◎经营上不必遵守集团或上级管理机关的规划。

◎位置可以自行选择,因而可避开竞争对手。

独立商店也有它的缺点,如独立商店偏隅一角,如果不是有车一族的话,交通是一大问题;如果经营商品或服务上无创新,则难以吸引新顾客。具体来说,其缺点为:

◎从目前看,许多人不会跑很远的路去一家经营上无特色,商品无新意,价格无优势的店购物,因为大多数顾客喜欢品种齐全。

◎广告费可能较高。

◎运营费用无人分担,如室外照明、保安、场地维修和清扫垃圾等费用。

由于独立商店要吸引和保持一个目标市场颇不容易,因此,如果不是花色品种齐全,或是有经营商品的广度和深度,又或者是价格上占据优势,是不太适宜开独立商店的。

场地的制约、道路的不通畅、消防及安全的隐患,都是这种零售位置的先天缺陷。

2. 没有规划的商业区

没有规划的商业区是指两家或两家以上的商店坐落在一起,但区域的总体布局或商店的组合方式未经事先长期规划,属于在经营过程中自然形成的商业区域。从现实的情况看,这种自然形成的区域一般都具有某种成熟的优势,或交通便利,或是有聚集效应,又或者有经营特色,往往比政府有意识地规划的区域更有生命力。当然这类商业区在成长过程中的制约也是明显的。无规划商业区一般有四种类型:中央商业区、次级商业区、邻里商业区和商业街。

（1）中央商业区

中央商业区（Central Business District,CBD）是一座城市的零售业中心,是市内最大的购物区,与闹市区同义。CBD即一座城镇或城市内办公大楼和零售店最为集中的部分。

大型、超大型城市可以形成几个并列的中心商业区,每个商业区有不少于一家的大型百货店。

中等城市形成的 CBD 至少有一家大百货店及大批专业店和便利店。这些商店并不按一定的模式布局,而是随时间的推移、零售业的发展趋势及机遇而定。

CBD 得以吸引大量购物者和潜在购物者的优点有:

◎丰富的商品。

◎公交便利。

◎一个区域内有多种类型和形象的商店。

◎商品价格档次多样。

◎多种多样的顾客服务。

◎客流量大。

◎靠近商务中心和社交设施。

CBD 一般位于城市中心,寸土寸金,因而有其固有的弱点:

◎停车场地紧张。

◎交通运输拥挤。

◎住在郊区的人来往费时间。

◎许多零售设施陈旧。

◎与郊区相比,某些中心城区日渐衰落。

◎最受欢迎的位置租金和税收较高。

◎提供的商品不均衡。

尽管 CBD 仍是零售业中的主要力量,但在过去 10 年里,它在商店销售总额中的份额与规划的购物中心相比已显著下降。许多大城市中著名的中心商业区,本地消费者一般不再光顾,成为游客和外地消费者的流连之地。

(2)次级商业区

次级商业区(Secondary Business District,SBD)是一座城市或城镇内无规划的购物区域,通常由两三条街道组成。一座较大的城市可以有多个 SBD,如中国的城市中都划分区,每个区一般都会形成一两个这种次级商业区,而每个 SBD 至少有一家中、小型百货店、一些杂货店和几家专业店,此外还有许多小商店。

SBD 的主要优点是:商品花色品种齐全、靠近大路和公共交通站,没有 CBD 那么拥挤,人员服务更多,比 CBD 距离住宅区更近。

SBD 的主要缺点是:供应的商品和服务不均衡,有时租金和税金高,交通和运货拥挤,设施老化,停车困难,连锁公司的分店比 CBD 少。

(3)邻里商业区

邻里商业区(Neighborhood Business District,NBD)是为了满足单一住宅区购物和服务便利需要发展起来的无规划购物区。NBD 由若干小商店组成,如干洗店、文具店、理发店或美容院、小酒店和小饭馆,其中主要的零售商通常是一家超级市场、一家大药店或杂货店。这类商业区通常位于住宅区内,是一个住宅、生活小区中的商业中心点,因而这类商业区的商店所售商品,仅仅是和人们生活密切相关的物品,一般不销售耐用消费品。

NBD 的优点是：向消费者提供了优越的位置，营业时间长，停车方便，环境不像 CBD、SBD 那样喧闹。当然它们的不足也是很明显的，商品和服务的选择范围有限，价格通常较高，因为竞争者比 CBD 或 SBD 少。

（4）商业街

商业街是由一组自发形成的零售店组成的未经规划的购物区，这些小店的经营类型可能是食品、日用品、文具玩具、古玩等，它们坐落在沿街或公路旁，一般经营相似或互补的产品，以形成聚集效应。

商业街具有许多与独立商店共同的优势，如租金低、灵活性、公路较通畅、停车方便、运营费用较低；同时也有一些相同的缺点，如商品花色品种有限及许多顾客花在路上的时间增加、广告费高、受城市规划区的限制、需要自建店房。但如前述，商业街由相似的经营形态和店铺类型组合而成，会由于竞争而产生价格弹性波动，这些正是商业街吸引消费者的所在，也是商业街存在的支撑，但由于无规划形成，因而过度的竞争会削减企业应得到的利润。

3. 规划中的购物中心

在大、中城市，由于城市改造，越来越多的商业街区被规划中的购物中心所替代。规划中的购物中心一般由一组统一规划、建在一起的商用建筑构成，它的产权集中，管理也集中。它们作为一个整体进行设计和运作，并以均衡配置为基础，在周围设有各种停车设施。一个典型的购物中心有一家或一家以上的骨干商店或主力商店，以及各种各样较小的商店。通过均衡配置，规划的购物中心在提供商品的质量和品种上相互补充，商店的类型和数量紧密结合，以满足周围人口的全面需要。

（1）规划中的购物中心主要有以下优点：

◎协调规划，共同分担开支。

◎拥有各具特色但又统一规划的购物中心形象。

◎商品和服务的品种多。

◎各商店的客流达到最大化。

（2）规划中的购物中心主要有以下缺点：

◎房产所有者硬性规定减少了每个零售商的经营灵活性，如规定的营业时间。

◎租金通常比独立商店高。

◎每家商店经营的商品和服务受到一定限制。

◎购物中心内竞争性的环境。

二、零售店店址的选择流程

1. 初步筛选

要求零售商从独立商店、无规划商业区和规划的购物中心这三种基本类型中选择一种，这一决策取决于公司的战略和对每类位置优劣势的慎重评价。一旦位置类型确定，零售商就必须为其商店确定大致的店址类型。当然，自己的资金、实力、经营风格、商品类型是制约这一选择的前提。每种经营形式对地点的选择都是有具体要求的,独立商店自身应有一定的经营能力和资金实力,能够支撑起一个可以吸引一定顾客量前来购物的营业场所。

2. 做出两方面的决策

(1)必须在选定独立商店、无规划商业区或规划的购物中心的经营类型后为其确定具体的地区。

(2)必须确定商店的大体位置。

对一家独立商店而言,这意味着选择一个具体的社区中心或一条街道。对一个无规划商业区或规划的购物中心来说,则意味着选定一个具体的商业区或购物中心。

3. 进一步缩小范围,然后选定一个大体的位置

如果是在规划的购物中心,那么选择在入口处、中间,还是出口处;是培育自有的顾客群还是采用跟随形式分享客流;是选择在道路的左侧还是右侧;是向阳面还是背阴面等。

三、零售店店址获取情况

1. 获取方式

(1)自置房产。资金充裕的零售商可自己建造或买下房产。自置房屋有若干优点:不存在租约到期时房主不再续约,或索取两三倍租金的风险;自有房屋每月支付的抵押借款金额是固定的;经营上灵活,零售商可以扩大经营范围,可以拆除隔墙等改变经营条件;如果房产价值持续上涨,零售商卖掉房产,将获得资产增值。

(2)租用。尽管自置房产有很多优势,但大多数零售商仍愿租用店面。租房使零售商得以将初始投资降至最低,减少经营上初期不可预料的风险,如果取得黄金地段的租约,可立即获得使用权和客流。当经营不当或是商业区改变规划格式,消费区域出现变局,采用改变经营策略或选择搬离的方式,可将投资损失减至最低。

2. 租约类别

(1)净租赁。要求全部维护费用,如冷气费、供暖费、电费、保险费和内部修理费,都由承租的零售商支付,零售商应确保这些设施运行良好。这种租金形式适合独立商店类型,零售商承租全部建筑或相对独立店面,使用区域和设备划分清晰,可将房产和设备全部交付零售商使用及维护。

(2)直接租约,是最简单、最直接的租约,即零售商在租期内每月支付一笔固定金额的租金,业主不管市况好坏、零售商的经营业绩如何。这种租约方式适用市况较稳定,经营商品有稳定销路的商场,但不能应付长期和有变化的市场。

(3)分级租约,要求在超过规定年限后增加租金。第一个5年的月租金可能是10000元,第二个5年的月租金为15000元,最后一个5年的月租金为20000元。这种方式适用于大型和长期零售商,以及存在通货膨胀可能的情况。分级租约对业主来说可避免长期签约而造成未能预料的今后发生通货膨胀的损失;对零售商而言,在可预料的发展势头下,能得到长期的合同保证。

（4）百分比租约。规定租金与零售商的销售额或利润相关联。将零售商的收入和租金联系起来,低利润时低负担,高利润时高租金,减少零售商进入的压力,容易取得零售商的青睐。

零售卖场内部规划与设计管理

第一节　零售卖场平面设计与规划管理规范

一、总体平面设计

零售卖场的平面设计主要指建筑的室内设计,室内设计师在设计之前首先要拿到该建筑完整的建筑平、立、剖面图并实地测绘该图纸。在此简要地介绍一下设计师在设计综合零售卖场时应考虑的几个要点。

(1)零售卖场建筑基地选择在城市商业集中区或主要道路的适宜位置。

(2)零售卖场应有不少于两个面的出入口与城市道路相邻接或基地应有不少于1/4,周边总长度和建筑物不少于两个出入口与一边城市道路相邻接,基地内应设净宽度不小于4米的运输、消防道路。

(3)大中型卖场建筑的主要出入口前,应按当地规划及有关部门要求,设置相应的集散场地及能供自行车与汽车使用的停车场。

(4)总平面布置应按使用功能组织,如货运路线、员工流线等,并和城市交通之间避免相互干扰。要考虑到防火疏散等安全措施和方便残疾人通行。

二、营业厅平面设计

营业厅设计是商业购物空间的主体,也是室内设计的重点区域。应该说,几乎所有的美学考虑都在营业厅的设计中得到体现。在进行营业厅平面设计时,要符合以下规范:

(1)为了加强诱导性和宣传性,营业厅入口外侧应与广告、橱窗、灯光及立面造型统一设计;入口处在建筑构造和设施方面应考虑保温、隔热、防雨、防尘的需要;在入口内侧应根据营业厅的规模设计足够宽的通道与过渡空间。

(2)大、中型卖场顾客的竖向交通,以自动扶梯为主,楼梯和电梯为辅。自动扶梯上下两端连接主通道,周围不宜挤占、摆放,前方的范围不宜他用。当营业厅内只设置单向(一般是上)自动扶梯时,应在附近设有与之相配合的步行楼梯。

(3)营业厅内应避免顾客主要流向线与货物运输流向交叉混杂。因此,要求营业面积与辅助面积分区明确,顾客通道与辅助通道(货物与内部后台业务)分开设置。

(4)应在大、中型卖场的各层分段设置顾客休息角,在中庭及其他适当位置设置小景和集中休息区,如咖啡厅、冷热饮室、快餐厅、幼儿托管、吸烟区等附属服务项目。

（5）小型零售店一般不设顾客卫生间，但大、中型卖场应在其大小隔层或每层设卫生间，且卫生间应设在顾客较易找到的地方。

（6）现代零售企业，尤其是大、中型卖场在有条件时，应尽量采用空调系统来调节温度和通风。如果采用自然通风，外墙开口的有效通风面积不应小于楼地面面积的 1/20，不足部分以机械通风补足。

（7）现代大中型卖场、大城市中的各专业商场，越来越多地采用以人工照明采光为主，以自然光为辅的照明方式，有的干脆全部采用人工照明。在这种情况下，除了用于商品陈列的直接照明或投射照明、用于烘托气氛及装饰效果的重点照明和间接照明之外，还应增设安全疏散用的应急照明及通道引导灯。

（8）营业厅在非营业时间内，应与其他商业空间如餐厅、舞厅等隔开，以便于管理（尤其是复合型商业大厦）。

（9）在可能出现不安全因素的地方增加安全提醒性标志牌，在商场较大、通道疏散口不易找的情况下，要设置通道引导牌。在装饰设计时要注意，原有建筑设置的防火分区卷闸应予保留，并保证需要时能通畅地拉下；入墙消防箱在装饰设计时应予保留或在美化时应设有明显标志；营业厅内通往外界的门窗应有安全措施。

（10）现代零售卖场室内设计应表达卖场的基本要素：展示性、服务性、休闲性与文化性。

（11）根据零售企业的经营策略、商品特点、顾客构成和设计流行趋势及材料特性确定室内设计的总体格调，并形成各售货单元的独特风格。

（12）卖场室内设计的基本原则是在满足卖场功能的前提下，使其色彩优雅、光线充足、通风良好、感官舒适。基本目的是突出商品，引导消费，美化空间。

（13）室内装饰用可燃材料的总量，应不高于防火规范所规定的平均每平方米千克数，且墙面、天花板、地面等固定装饰设计尽可能不用或少用木材，造型需要用的部位，其背后应按规定涂刷防火涂料或按消防规范的要求采取措施。

此外，还有两个因素只是在建筑时考虑，一般室内设计师只能被动地接受。这两个因素就是柱网的布置和营业厅的面积控制。但室内设计师应发挥自己的主观能动性，克服某些不足，充分考虑建筑的结构形式，将自己的设计与建筑师的设计有机地融合在一起。

三、营业厅规划与设计规范

1. 柱网层高尺寸

以前我国建筑师设计的营业厅柱网尺寸多是以闭架销售方式的两个柜台组之间相对的尺寸为基础设定的，一般都在 6～9 米。现在的设计则灵活了许多，如果按现在开架为主的销售方式，当然是柜距越大越好，但考虑到柱网设置与经济性的关系及建筑模数制，以 7.8～8.4 米距离最为常见。

2. 柜架摆放与陈列方式

以下为柜台及货架的基本摆放类型。

（1）封闭式。适用于化妆品、珠宝首饰、计算器、剃须刀、手表等贵重、小件商品的销售。

（2）半开敞式。实际上是局部相对独立的开敞式陈列。它的开口处面临通道，左右往往同其他类似的局部开敞式单元相连而围绕营业厅的周边（墙面）布置，形成连续的、由局部单元组成的陈列格局。这种格局在大、中型百货商场内占有相当的比重，可以摆放不同品种、不同类型的商品系列。

（3）综合式。也就是开闭架结合的形式。这在现代商场的设计中也比较常见，如服装展区。服装可以用开架形式，服装饰品、领带类、皮带扣、胸针、领花等用封闭柜架。这种陈列布置方式也可以高低结合，使商品层次丰富。

（4）开放式。是目前和今后都大量应用的陈列形式。往往按不同的商品系列和内容，在商场大厅的中央位置分单元组合陈列，单元之间由环绕的通道划分，设计时应注意单元之间的独特性与单元内部陈列柜架的统一性。柜架的高度应比较统一，且一般不超过人体水平视线，尺度以易观赏、易拿取为宜，一般不做高柜架（尤其是中型商场），保持营业厅的通透度、宽敞感与明快感，在统一中求变化。有时，在一个较大的区域里，几个单元使用同一造型、同一颜色的饰柜，同时天花板与地面也不做较大的色彩与造型变化，而把丰富空间的任务交给商品。利用商品的造型、色彩及各生产厂家的现场广告、灯箱、标志装扮空间，达到既烘托商品又丰富空间的目的。

3. 营业厅的通道宽度

营业厅的通道宽度见下表。

营业厅的通道宽度

通　道　位　置	最小净宽/米
通道在两个平行的柜台之间	
（1）柜台长度均小于 7.50 米	2.20
（2）一个柜台长度小于 7.50 米	
另一个柜台长度为 7.50～1.50 米	3.00
（3）柜台长度均为 7.5～15 米	3.70
（4）柜台长度均大于 15 米	4.00
（5）通道一端设有楼梯	上、下两梯段之和加 1.0

上表是闭架式销售下各级通道的宽度，该表是根据 1994 年以前我国商场设计的大量数据统计得出的，有的已经使用了多年，在做封闭式销售空间的设计时是准确的。但近几年来，全国各大、中城市除了特殊的商品组之外，绝大部分都采取了开架销售方式。尤其是各省会以上城市，各类大、中、小商店，能开架的几乎全部开架销售，甚至在有的专业精品店，较小、较贵重的商品也实行了开架销售。因此，对卖场通道宽度的概念应有新的认识：开架销售方式使营业厅内基本取消了"买方空间"和"卖方空间"的概念，顾客活动和占用的空间大大增多，容纳量和通行量也大大增加。在现代开放式设计的商场中，由于柜架周围留有顾客活动、挑选商品空间，每个单元又有环绕的通道，如果在主通道和次通道的布置、交叉方面下一番功夫，做出合理的调配，碰到人流交叉相向而行等情况，一部分人流看到前方比较拥挤，会从旁边方便地通过。因此，我们认为对于大型商场，除

了人流交汇的门厅、电梯厅等特殊的过渡性空间之外,一般主通道设计宽度可以不超过 3 米(个别例外),次通道或单元之间的环绕通道宽度在 2.2 ~ 2.5 米,柜架之间的通道宽度有 1.4 ~ 1.8 米已足够。

4. 营业厅通道与柜架布置的组合形式

(1)直线交叉型。也就是将每个柜架按照营业厅内的梁柱布置方式垂直摆布,若干个横竖垂直摆布的柜台形成一组基本单元,每个基本上横竖整齐排放,在商场大厅的某个区域形成类似于棋盘式的方方正正格局,通道互相垂直交叉。这种格局的优点是摆放整齐、容量大、方向感强,各级通道的交叉与出入口之间的关系较易处理;缺点是呆板、缺少变化。

(2)斜线交叉型。将商品陈列柜架与建筑梁柱布置斜放一个角度(通常都是约 45° 角),形成一个个三角形或菱形的基本单元,环绕单元之间的通道往往是斜的,但主通道应尽量保持与柱网的垂直与水平,以便于适应建筑的形式和出、入口连接。这种布置的优点是整体有较强的韵律感,顾客在主通道上能看到较多的商品;缺点是容量不如第一种大,形成的一些三角空位需要做特殊处理。但按现代商场的设计观点,这种三角位正好可供设计一些独特的展台,成为这一片陈列空间的闪光点,从而为整个空间增色。

(3)弧线型。这里有两种情况,第一种是建筑本身就是圆形的,梁柱是放射形布置的,柜架及由此组成的单元顺理成章地排列成弧形。主通道视情况应是一条圆弧形的,还可视圆的面积布置一个十字交叉的直线主通道。它们的单元通道往往是放射形直线的,柜与柜之间的支通道是弧线的。第二种情况是在方形柱网尺寸之间营造出一个或多个圆弧形的陈列单元,这样的单元与四周直线型的通道会形成弧线三角形区域,这种区域也可被利用做特殊展台。弧形布置带来的美感可以在营业厅内营造一个优雅的气氛。它的缺点是柜架也必须是弧形的,此外,玻璃的弧形、不锈钢管材的弧形要特制,造价要比直线型的高,施工的速度也慢一些。

以上 3 种通道与陈列单元的摆放形式在很多场合并不是单独出现的,有直线与斜线式组合,也有直线与弧线组合。可根据需要灵活运用。

四、营业厅各层的商品分布与设置

在卖场的布局设计中,首层处理显得较为重要,一般首层设计和布局有以下几个特点。

(1)首层室内、主入口处人工采光光线要较上面各层明亮,使顾客能适应白天从室外进入室内时的光线差。

(2)入口正面和中心区域商品要有一定精度和档次,以便第一眼就给人舒服、高雅和色彩鲜明、花色丰富的感觉。

(3)入口正前方和中心区的商品摆放区域,主通道要宽敞,且应使陈设商品不会吸引大多数人去购买、观看,而造成通向其他各层的交通堵塞。

(4)靠近主入口的前部区域和中部区域最好摆放大的闭架销售为主的商品,以便管理。

(5)销售需要广告宣传推销的产品、方便顾客购买的商品。2 层和 3 层以摆放方便购买、诱导购买为主的商品,以及季节性、流行性强的商品。金银饰品、宝石等价值昂贵且成交数量都不大(但价值大)的商品,应放在一个相对安全、便于管理,又相对安静、便于精心挑选的环境。手表和一些精品也可放在同金银相邻的地方经营。将手表及精品放在首层适当位置经营也是较适宜的。文体用品、办公设备和家电等商品,一般都是计划购买的商品,放在楼层较高的地方经营比较好(搬运均有电梯和服务人员)。家具、照相器材等商品也是计划购买的商品,尤其是家具,一般家庭是不常购买的,放在最高部位是比较合理的。

第二节　零售卖场装饰与装修设计规范

一、外立面设计规范

任何建筑的功能特点在其外立面的设计中都会得到体现,商业建筑是城市中最富变化、最丰富多彩的建筑类型,是城市一道亮丽的风景线。所有的人无论是休闲还是购物,在进入商业区都会被争奇斗艳的商店门面,五光十色的招牌、广告所吸引,外立面会以自己独特的造型、色彩、材质等建筑、装饰语言向人们标明自己的存在。在商业街区的闹市里,店面的设计起到了吸引顾客的效果。在这一方面,大、中型商场特别是那些超级规模的商业企业无疑具有先天的优越条件,其规模大、货品多、知名度较高,使得顾客纷纷有目的地前往。中小型商店、铺面一般分布在大型商业街区内,由于不能像大型商场、复合型商业建筑那样以大的体积和对比关系从整体上处理,要单独地进行店面的设计和规划。设计时应注意以下要点。

(1)造型要有个性。不论是现代的、古典的、庄重的、滑稽的、整体构图完整的还是局部故意破损的,都要有个性、有新意。

(2)材料的运用应讲究搭配和突出某一方面的物理效果。例如,外墙铝扣板和反射玻璃及落地玻璃体现了材料的搭配;木材的肌理纹与石材的不同搭配可以体现出古典的或豪华的搭配,不锈钢和各种仿金属胶板可以表现金属的光泽等。充分利用材料的装饰特性,可以产生千变万化的效果。

(3)色彩的运用讲究和谐与对比,其淡雅和强烈应视商品的特色、周围的环境与广告的效应而定。特别是专卖店,要根据商品生产与销售企业本身的色彩规划进行。连锁经营店也要有本企业的标志色。在店面的重点部位,如入口及宣传栏、店徽、招牌、飘旗等处可做重点处理。

(4)灯光照明是最具现代感、最易变换、也是最易获得各种不同效果的因素,巧妙地运用可给店面带来无限的生机。灯具的运用也是点、线、面结合,整体效果与局部效果结合,亮与暗结合,动与静结合等。

(5)店面的广告是加深顾客印象的重要因素。有些著名企业的广告标记一看便知。任何商场都希望把自己商场的名称、标记印在消费者心中。因此,广告的造型、色彩及悬挂的位置都会对店面的设计产生深刻的影响。

(6)要与复合性商业大厦总体立面规划相协调。在这一点上,大厦的业主会对中、小型商铺的立面做一些整体性、原则性的规定或做出一些统一的安排。

二、入口、门厅设计规范

把入口、门厅设计放在一起叙述是因为从建筑空间的承上启下关系方面看它们紧密相连,从最基本的方面讲都具有引导客流和疏散客流的功能。

入口要醒目。尤其是大、中型卖场,入口的里外两侧应设置宽敞的入口广场和门厅(有的设置前庭)。零售卖场的主要入口一般在做建筑立面规划时,从造型、色彩等方面给予充分考虑。山西某商厦的外立面就体现了整体简洁、局部精彩的处理思想,将局部——正入口两个倒锥形的柱头与左侧墙面的灯窗和右侧墙面的观光电梯一起对入口做了重点强调。

门厅及入口处的空间设置有以下功能。

(1)疏导交通、引导客流。

(2)在此空间设置问询处、咨询台、商场分区指示牌、导购牌等多项服务设施。

(3)与环境、绿化的良好设计结合,形成商场或亲切宜人,或优雅时尚,或高档,或大众的商业氛围。

(4)有些卖场的入口门厅与宽大的前庭或入口广场相结合,除了上述功能之外还与顾客的休闲相结合,形成丰富的城市商业景观。

三、中庭(前庭)设计规范

中庭是大、中型综合商场,特别是大型商场的公众活动空间(相对于销售用的营业空间而言),历久不衰的空间形式。它对活跃空间气氛、组织和丰富空间层次、调节空气流通、提升整个零售卖场的空间质量和档次,无疑具有积极的意义。

在国外大型卖场、步行商业街都设有一个甚至多个中庭,随着我国对外文化技术交流的广泛进行,在宾馆、商场等大型公共建筑中越来越多地应用了美国著名建筑师波特曼的"共享空间"理论。中庭所设置的形状、层数也丰富多彩,有的二三层高设置一个中庭,有的从首层或地下室开始一直到顶设置(作为卖场,一般到裙楼之顶),由于有的卖场层数达到十几层,各层建筑空间围绕中庭展开,加强了整个零售卖场公共空间的通透性、流动性和观赏性,所以使得整个商场空间气象万千,丰富多彩。设置中庭空间具有以下意义。

1. 丰富空间层次,强化商业气氛

2. 形成交通枢纽,组织空间秩序

大型卖场一般都会围绕中庭组织横、竖向交通,人流在这里交汇。例如,日本横滨皇后广场从地下三楼到地上四楼的巨大中庭空间"中心站",其周围除了布置专卖店街外,地下4~5层还预留了横穿该街区的地铁站。中庭除了有巨大的扶梯之外,还设有新型的观光电梯。

3. 强调生态绿化倾向,形成舒适空间

生态、绿化主题越来越多地运用在大型商业空间之中,将植物、花卉、小桥流水等优美景观引入商场中庭。

4. 宣传企业品牌、美化商场形象

例如，山西某大厦中庭以梅园的"梅"作为企业的标志，同时利用这个优美的图案装饰栏板、地面，尤其是空间花球雕塑的造型与大厦标志图案相呼应，色彩鲜艳是空间的点睛之笔。

5. 组织多种活动，增加休闲空间

在目前的大型卖场建筑和装饰设计中，不论是中庭还是前庭（位置不同但功能基本相同）都尽量被用做消费者的休闲广场，同时也是向市民展示业主的关心、展示商业企业文化的良好舞台。中庭作为大型的室内广场，常被用来举办商品展示促销活动和产品现场发布会及美食节、服装表演等，形成了商场的"广场文化"。随着市场经济的发展，商场早已从过去的"卖方市场"转为"买方市场"，市民的消费也由需求型转向休闲型，面对市场变化，商家也一改"认钱不认人"的做法，改善经营策略，注重以人为本，吸收文化养分，实行文商联姻，提高企业内涵，完善企业形象，以此来营造一个雅俗共赏、老少皆宜、文明经商的文化氛围。南方地区适于植物生长，建筑可以做到室内外环境互相渗透。上述的广场文化及商业活动不仅在中庭还可以拿到门前的广场来举行。北方受地理环境的影响，冬季有所不便，但仍可以利用自己的中庭创造生动活泼、方便宜人的休闲空间。

中庭具有上述功能性和环境艺术性的作用，有的将以上功能都体现出来，有的则偏向其中一项或几项。

四、自动扶梯、电梯、步行楼梯设计规范

自动扶梯、电梯、步行楼梯是联系商场各楼层之间的垂直交通枢纽，也是商业空间中重要的公众活动空间。它一般都设在人群活动的中心位置，也是活跃空间动态环境、使空间充满生机的重点装饰设计区域。其视觉装饰设计的要点如下。

1. 自动扶梯

自动扶梯是大、中型商场垂直运输客流的主要通道，其连续运送客流量的能力最大，在一般商场的人流集中区、前庭、中庭及商品集中售卖区域都设有自动扶梯。在大型商场往往根据分区和空间设置情况布置多处自动扶梯。

扶梯设置时的排列情况，一般为两部并排放置，一上一下运行，在不同楼层的相同位置设置。也有不同楼层在不同位置放置的；还有把一上一下的自动扶梯剪刀形摆放。与并排摆放的扶梯所不同的是多层扶梯可以连续上或下，不像并排扶梯当从一层上至二层，再想接着上三层时要步行绕至上行的扶梯再上。在视觉方面，空间动态感强一些，但摆放的不好会感到空间凌乱一些。还有两部扶梯中间与步行楼梯一起排列的，也有扶梯单独排列的。扶梯的栏板使用厚玻璃，扶手用橡胶材料、扶手下部常装有光管，随扶梯轮廓形成光带，照明和装饰一举两得。扶梯下部的楼梯梁和传动部分的侧面用镜面和亚光不锈钢，也有用钢板和铝板表面喷涂特种漆面，还有用装饰木材和石材装饰的，也有按后现代主义手法设计的。扶梯作为公众的主要活动空间，周围的装饰设计要根据建筑空间的情况做多种个性的规划设计。

2. 电梯

这里着重讨论设在商场重要位置、中心位置的观光电梯,它们一般设在商场的开放性空间,最多设置在中庭、前庭这些多层贯通的空间或外立面上,它们功能上是自动扶梯重要的补充。乘坐电梯可以最迅速地到达商场的高层位置,所以它是那些目标性购物消费者的首选交通。人们购物完毕后乘电梯撤离最快、最省力,它也是残疾人、老人等特殊人群必不可少的交通工具。另外,它还能装饰空间,使空间动感更强,更具活力。

五、地面设计规范

(1)地面的设计要配合总的平面设计,要能划分出走道、各销售区域等主要空间及门厅、电梯厅、楼梯间、休息处等辅助空间。

(2)销售区被各种柜架遮盖,因此,一般不设计复杂的图案。当然,如果有些销售区比较固定,柜架不挪来挪去,也可以配合商品的品种及品牌的宣传,设计一些图案。大面积部分与走道只做分色处理或视材料的性质设计一些简单的色块或图案。

(3)走道导引性的小图案能增加情趣与变化。走道拐角处、交叉处、走道与扶梯交界处,可以做分色处理或设计图案,不但可以美化空间,而且使这些部位有简单的功能来吸引人们的注意力。

(4)门厅、过厅等过渡性空间,依照其注目程度也可以设计一些图案,有的重点门厅甚至要设计一些精美、细致的拼花图案来突出其位置。

(5)地面一般提倡无高差、无阻碍设计。若由于建筑的原因或局部造型或陈列内容的需要,有高差级别的,应在高、低差之间区别材料的种类、颜色,或设计不同图案,或做勾边处理,提醒人们注意,以防止被绊倒。

(6)现代零售卖场地面采用的材料常用的有大面积铺贴的磨光大理石、花岗石板、抛光地砖、耐磨亚光地砖等。这类材料耐磨、光泽度和易清洁性能都好。但要注意不要把水倒在上面,以防顾客不慎滑倒。另外,常采用的材料还有地毯、木地板、水磨石等材料。在国外商场也有大面积采用地毯的,这种材料的吸声、吸尘、弹性好,行走时不易疲劳,但不易清理,耐久性差一些。还有用橡胶板及地板专用胶板材料的。这两种材料均有较好的耐磨性与弹性,只是在国内应用还不多。

(7)现在还有的大型零售卖场在营业厅内基本不做地面图案和通道的划分,以便最大限度地灵活调整商品陈列区的需要。当然,商场的公共区域的地面图案也可以做得个性化。

六、柱设计规范

柱面与天花板、墙面、地面相比,面积虽小,但由于其通常在营业厅中占据着中间的位置,成为视觉中心,因此也是设计的一个重点部位。对柱的功能有以下5种处理方式。

(1)与陈列柜架相结合;

(2)与广告、灯箱相结合;

(3)纯粹的装饰;

（4）只做简单的建筑处理；

（5）综合处理。

尤其是前3种方式常放在一起综合作用。至于在何种情况下运用哪种处理方式，主要视柱的具体部位而定。

处于中庭周围的柱，多用装饰材料予以重点装饰，可适当与广告灯箱结合；处于营业销售区的柱，根据展出内容的需要与广告及展台相结合；处于边沿、次要部位的柱，或者柱本身的形式不好，其处理方式可以不加装饰，不引人注意，或采取装饰的手法让人感觉不到它的存在。其实，对柱的总体设计采取什么样的方式，各商场的设计师也采取了不同的考虑。

柱的外形是方是圆，要根据建筑本身的情况和装饰的需要决定，没有什么规律可循。

柱的外形尺度往往是设计师斤斤计较的因素，尤其是在有些大厦中，由于建筑承重的要求，柱的尺寸已经很大，再在其上增加装饰材料层就会使其外形尺寸进一步扩大。因此，这类柱颜色、造型等处理方法应使人感觉"瘦"一些，或由于与柜架的结合并不感觉到它的存在，而好像是在这里合理摆放的展柜、展台。

凡适用于室内装饰的材料均可用于商场营业厅柱的装饰。现在运用最多的是各种装饰木材、防火胶板和造价较高的花岗石、大理石板；此外还有不锈钢、喷石漆、各种乳胶漆等。外墙塑铝板运用到这里也有不错的效果。具体用什么，设计师可根据自己的构思，从色彩、质感、造价、施工工期等多方面进行考虑。

商场中的柱，在型、材、色等方面可以相同，也可以变化很大。同一营业厅，不同的商品陈列可以有不同的处理方式，有的营业厅柱经处理后甚至无一相同。不过一般在某一区域，设计师都会对大多数的柱采取相同的装饰以求得统一，但无论如何，商场营业厅的柱比其他建筑，如宾馆、办公楼的柱，变化要大得多。

七、柜架等商品陈列存放设备设计规范

柜架等商品陈列存放设备设计是零售卖场设计中设计量最大的一个专题，也是一个与基本功能关系最密切的专题，几乎所有的商品都是通过不同的展柜、展架、展台与消费者见面的。因此，它的实用、精彩与否是商场设计的关键之一。

1. 柜架的设计要点

（1）实用性。既然柜架是为摆放陈列商品所设的，当然应该符合商品陈列的尺寸要求。另外还要与人机工程学结合起来，便于观赏，便于挑选，便于存取。

（2）灵活性。在卖场空间中便于灵活摆放，便于搬运布置，这是对那些活动柜架的基本要求之一。另外，还要使存放、陈列商品灵活、方便。现代众多的、可供陈列结构隔板调节高度、距离的五金配件，使柜、架具备上述要求成为可能。有的柜架通过滑道的移动和五金配件的变化，可具有适应一定尺寸幅度内多种商品陈列的特性。此外，柜与柜之间，摆放的组合方式可以有多种选择，可单独放，也可组合放，可长，可方，可直，可弧。这为丰富整个陈列厅空间组合形式提供了基本条件。

（3）美观性。在上述（2）中提及，可以把商品的陈列柜、架设计成为数不多的、满足基

本功能的基本结构形式。在此基础上,还可以通过材料的不同组合、色彩的不同组合、造型法则的不同组合,设计、创造出千百种独特的柜、架形式。

(4)安全性。这里有两层含义:一是商品的安全。价值较为贵重的商品是否容易滑落、摔坏;柜、架的结构是否能够承受较大、较重的商品;二是顾客的安全。例如,柜、架是不是有尖利的角、会不会碰伤顾客;柜、架是否稳固、会不会砸伤顾客;玻璃隔板有没有经过处理,会不会划伤顾客,等等。

(5)经济性。即使是计划多花一些钱,要求档次高一些的装饰工程,也应该注意经济的合理性,绝不能乱花钱。必须做好设计搭配,合理地使用材料,尽量少花钱、办好事。

以上5点,用一句话来概括就是:在注意经济的条件下,在满足商品陈列功能、存取功能和顾客观赏尺度的前提下,通过美学法则的处理,设计出具有个性化的柜架来。同时,柜架的设计处理还应考虑到商品陈列方便和顾客的行动安全。

2. 陈列基本设备的分类介绍

(1)柜台

柜台是闭架销售的基本设备。作用在于展出商品及隔开顾客活动区域和工作人员销售区域。目前常见的柜台有三大类,下面分别予以介绍:

◎金银首饰品和手表销售柜台。其长度一般为 1200～2000 毫米,高度为 760～900 毫米,宜设计成为桌面高度,以便于顾客坐下来仔细挑选和观看。一般都是单层玻璃柜。为确保贵重物的安全,许多都用了胶合玻璃,柜台内有照明灯光,且多用特别的点光源,增加商品的清晰度与高贵感。柜内放置托盘,便于销售人员拿取。一般正面设计比较考究,后面下部有小柜可存放工作人员的小物品等。此外还有一些专卖人造首饰的柜架,由于商品的价值相对不那么昂贵,常常以开架的形式供消费者挑选。

◎化妆品销售柜台。其一般长度为 1000～2000 毫米,宽度为 500～700 毫米,高度为 750～900 毫米,一般设计成双层玻璃柜。正面设计也较为讲究,多用各色胶板按各品牌企业的策划色来装饰表面。同时搭配不锈钢、彩色不锈钢及名贵木胶合板,在灯光的配合下显得华贵、浪漫。同一化妆品销售区域内柜台的结构可大致相同。但由于各品牌的装饰用色不同,组合在一起又形成了丰富多彩的效果。

◎其他小商品经营展示柜。基本结构尺寸与金银首饰手表柜、化妆品柜类似,采用单层还是双层玻璃隔板要视所经营商品的情况来确定。

其实,这些柜台基本结构大同小异。设计者要注意两个方面:一方面是内在使用是否方便。这要求设计考虑全面,注意细节,如五金配件柜台,在抽屉与门扇的结构设计方面就要多动脑筋;另一方面,柜台选型可以是千变万化。在材料色彩的搭配、线条造型的选用、柜内照明光和柜外装饰光的设计方面,只要有一项变动,效果就会有明显不同。

(2)低尺度开放陈列架(或中小商品陈列架)

当你走进一家家装饰考究的商场,在惊叹商品丰富、设计精美的同时,也会看到那些造型新颖、担负商场中间大面积陈列任务的开放式陈列架,其实它们也是由几种基本结构经过装饰变化而得来的。在商场中间部位的低尺度开放陈列架,一般高度不超过人的视线。它们可以分为两大类:按基本结构设计的可变换位置、灵活摆放的柜架。这一类柜架占总数量的 70%～80%。其中,又可再分为陈列服装的柜架和陈列日常用品、中小家电产品通用的柜架两类基本形式。

（3）高尺度陈列柜架

高尺度陈列柜架（以下简称"高柜架"）是指那些高度在人的视线以上的柜架。它也是商场营业厅的主要商品陈列设备。由于其尺寸相对较大，一般存放及陈列的量也大。它们常被用来装饰墙面和柱面，也被用来做成隔断分割空间。它们可以设计成开放式的，也可以设计成那些需要封闭式销售组合（如金银首饰、手表、化妆品）的背柜。在结构的支撑方面，既可以依靠墙壁、柱子，也可以独立站立；在材料方面，以木材、钢材、铝材、玻璃为多，还有少数采用其他材料的（如塑料）。

常用高尺寸柜架的基本形式有以下几种：按位置分，有靠墙摆放和靠柱摆放及作为隔断进行空间分割三种。按销货形式分又有开放式和闭架式两种。开放式销售可供顾客随意观看挑选，闭架式销售则往往前面有低尺度的柜台隔开服务人员和顾客。按照机动性又可分为固定式和可移动式两种。

现在高尺寸柜架的设计早已突破传统的"柜"和"架"的形式，有的是两种兼有，有的与柱面、壁面的美化艺术相结合。另外，它们最大的一个特点就是利用各种光源对整个柜架进行烘托，对商品进行重点照明。由于"光"这一现代装饰手段的加入，使得柜架的形式千姿百态。材料的多样化，使得柜架的造型和装饰手段也越来越多样化。钢材、不锈钢、铝材、各种五花八门的装饰木材、玻璃、胶板及它们之间的组合，就可创造出无数种柜架的形式。各种装饰五金件的运用，也使得许多在过去看来都不可能实现的形式和功能组合都得以成为现实。各种木门、金属门、玻璃门的五金零件，使得无论是高尺度柜架还是低尺度柜架，以及用于各种开门形式的设计都能实现。各种规格的滑道，使得柜架陈列隔板的距离灵活可调，也使得柜架陈列商品时的通用性大大加强。而各种金属风格与木质、金属质万用条板的运用，又使得在柜架任何位置都能悬挂商品。

八、大中型商品展示台设计规范

这是商场、商店中的另一大类陈列展销设备。它有以下特点。

（1）商品摆放具有开放性。

（2）以展示具有一定尺度规模的商品为主，如电视机、组合音响、冰箱冰柜、洗衣机、消毒碗柜，以及其他一些中型尺寸的家用电器产品等。

（3）展示方法和设计形式具独特性和多样性。在销售中小型商品或服装产品时，为了对某些重点商品进行展示，往往设计比较醒目的展台。某些最新的产品，也可用设计造型独特的展台展示出来，重点吸引顾客的目光。

（4）商品摆放和组合方式灵活。展台在长宽两个方向的尺寸可根据商品陈列的需要做较大的变化。有的大小如普通桌面，有的则很大，可达到十几平方米，有的长达十几米。但它们有一个共同的特点，就是便于顾客挑选、观看商品。其高度尺寸一般在离地面 0.45~1 米，这是因为展台和商品的高度相加要基本落在人的水平视线附近最低角度区域的缘故。展台可以是单层的，也可以是多层的、呈台阶状分布的。

第3章 零售卖场开业流程管理

第一节 零售卖场的组织架构与人员配置

一、单店开业

（1）开设零售店前应做店址寻找、商圈店址调查，店铺规划及内外装修的设计，这方面的工作可聘用专业人才，或委托专业顾问公司来进行调查或设计。

（2）另外，某些商品在销售前需要经过特殊处理，尤其是生鲜商品，所以零售还必须聘请一些处理商品的技术人员，通常处理生鲜食品的技术人员至少需有一年以上的经验，才能完全胜任。至于杂货商品的处理则较为简单，只是订货、补充陈列、标价、验收等工作的循环而已。

（3）当然零售店现场还需有些人来专门负责商品与金钱的交换工作，这批人就是收银员，而幕后更需要专人来完成支援消防管理、营业执照申请、会计税务解析、环境清洁、薪水发放、保险申请、员工福利制定等工作。

（4）为了达到开店营业目标，把不同专业背景的人员，依不同的工作性质加以组织，使其具有达成上列几个项目工作的功能，即称开店组织，通常开店组织多是由店长来综合指挥运作。

二、多个店拓展时

当零售企业的发展达到多店时，通常是拥有七八家店面时，就会逐渐成立一个总部，总部的主要作用为统一店铺中的后勤工作，达到简单化、标准化、专业化、集中化等原则。

多店的开店组织可分成两种：一是无生鲜处理中心的分店；二是有生鲜处理中心的店，分述如下。

1. 企划

（1）商圈调查；

（2）统计分析取样；

（3）商圈分析（拟定开店硬件战略）；

（4）预算设定（包括营业额估计、损益设定）；

（5）店铺经营计划拟订。

2. 开发部门

（1）开幕日期选定；

（2）开店决策过程的拟订；

（3）平面配置图设计；

（4）店铺设施导入；

（5）店铺设备导入；

（6）冷冻冷藏柜工程导入；

（7）内外装潢工程进行。

3. 会计部门

（1）收银系统、EOS（Electronic ordering system，电子订货系统）、POS 系统（Point of sale，点时销售情报系统）导入；

（2）收银机安装试验；

（3）POS 连线作业；

（4）会计流程与支票管理规定；

（5）现金收入与支出管理规定。

4. 总务

（1）人事招募；

（2）人员训练；

（3）备品及各部门需求准备与分配；

（4）公关作业要点；

（5）人事规章；

（6）工商营业执照及其他执照申请。

5. 商品部

（1）商品方针政策拟定；

（2）商品构成及品种选定；

（3）价格设定（依商品小分类别）；

（4）竞争店重点商品售价调查；

（5）特卖促销商品决定；

（6）卖场演出的企划、分配；

（7）其他促销活动的展开。

6. 配送处理中心

（1）选择合作厂商与商品；

（2）厂商进货管理规定（含储区、储位安排及设计）；

（3）沟通会议的进行；

（4）配送范围、路线及时间表的决定；

（5）订货、验货、出车配送管理规定；

（6）物流搬运工具设施的准备。

7. 营业部

（1）工作手册的实施（包括清洁、整理工作）；

（2）工作工具的准备、搬运；

（3）勤务计划安排（包括人时预算）；

（4）工作分配及支援需求提出；

（5）补充订货系统运作；

（6）检品工作的核对；

（7）新进人员训练动作测验；

（8）卖场 POP 演出；

（9）开幕前公关拜访实施；

（10）商品陈列演出；

（11）人员服务训练；

（12）卖场异常状况的应变措施。

三、人员配备

在开店之前，对每位工作人员应当详细安排工作。在确保开店计划顺利进行的原则上，个人所分配的工作均应列时间表，用来作为控制进度的依据。

1. 工作分配方法

（1）确认部门总体工作及完成期限；

（2）预估完成单项工作的工时；

（3）以完成期限的优先次序挑选最急迫的工作，再依其所需工时数来分配人力；

（4）例行工作汇报及例外报告规定。

2. 工作分配的举例

（1）开店作业计划；

（2）部门工作行动计划。

第二节　零售卖场设备配置规范

一、店面设施

1. 停车设施是否完备

停车困难，是让有车的人最感困扰的。停车方便已成为当今商店吸引顾客最重要的因素之一，当然，车位紧张，众所周知，但如在可能的范围内能将停车场规划列入，可为零售卖场吸引更多的客人。很多餐厅或高级聚会场所，都已采用代客泊车的措施，也确实吸引了很多消费者。位于郊区的购物中心也因有停车场而让消费者趋之若鹜。本文不用"停车场"而用"设施"，主要意义在：如果没有宽广足够的停车场，零售店经营者是否有其他如上述"代客泊车"以外的方法，来服务消费者，吸引更多的顾客。

此外，有很多的家庭主妇或青少年是以摩托车或自行车代步，零售店在从事停车场之规划时，也必须考虑。

2. 招牌

(1)招牌的功能是打招呼和自我介绍,同时又能体现超级市场的个性特征,其内容应包括店名、业态。设计上要有特征,与邻近店铺相区别,和周边环境相适应,另外还要考虑到经济、耐久和便于保养、清洗。

(2)零售店招牌的设计。招牌是向顾客传递信息的一种形式,不仅要追求艺术上的美感,更重要的是内容的准确。招牌的内容是设计的核心部分,主要包括店名和店标。

(3)无论是店名还是店标,都是为了与其他店相区别,避免重复与雷同是最基本的要求。其次,还应注意美感和冲击力。零售店招牌的色彩搭配要合理。一般来说,用色要协调,同时要有较强的穿透力。交通指挥灯之所以用红、绿、黄三色,是因为这三色穿透力最强,从很远的地方就能看到,因此在招牌中使用得也很多。

(4)招牌的制作要精细。这里主要要考虑选材问题,既要考虑其耐久性、耐污染性,又要考虑它的质感性。招牌可选用木材、水泥、瓷砖、大理石及金属材料。招牌上的字形、图形可用铜质、瓷质、塑料来制作。各种材料利弊明显,可根据实际情况进行选择。零售店招牌的安置要得当。再好的招牌设计,如果安排不当,也会使人视而不见。这里所说的安置,实际上是一个招牌位置的选择问题,有时所选择的位置会决定招牌设计的大小。招牌可安置在:广告塔型,即在店铺顶部设立一个柱型招牌;横置屋顶型,即在店铺顶部横向设立长方形招牌;壁面型,即在店铺外墙一侧设立长条形招牌;突出型,即在店铺外墙角安置不附墙体的招牌。

(5)专家认为,醒目易见的招牌位置与距离、试点有关。一般来说,眼睛离地的垂直距离为1.5米,以该视点为中心的上下25°~30°范围为招牌设置的易见位置。例如,招牌与眼睛视点的距离为10米,那么离地面2.5米左右的高度为最佳位置。

3. 外观设计

行业不同,所展现出来的店铺外观也就不同,如何让外观的设计适度表现出所经营的业态,让消费者能一目了然,此时需要考虑的是:

(1)店面的设计是否使人感到亲切?

(2)店面情况是否整顿得当?

(3)店面的设备是否充分?

(4)店面的通行是否顺畅?

(5)店面前是否要摆设摊位,举行促销活动? 例如试吃、品尝或举办"早市"等。

(6)店铺的设计,是否让人对季节变化感到敏感?

(7)是否留意展示橱窗能发挥出对外展示物品、对内陈列商品的效果?

(8)是否留意玻璃会反光的问题?

(9)是否留意要在店头摆设吉祥物? 比如神像或招财进宝等,好让来店的人都能感觉心平气和。

4. 入、出口的设计

招牌吸引了消费者的目光,入口引导消费者进入店内。让消费者很容易地走进来是商店做生意的开始,如何选择一个适当的入口,将是决定日后来客数多寡的关键。商店在选择入出口时,应仔细观察行人的行动路线,选择行人经过最多或最接近的方向与位置,应是比较适当的。当然,入口与商店内部的配置有绝对的关系,有时为迁就卖场的状况,入口也需重新设计。而现在有很多卖场位于二楼或地下室,其出入口需有明显的指示,才有利于引导消费者走进店中。

（1）第一主通道的重要性

进卖场后的第一主通道是欢迎远道来店顾客的重要通道,各种商品的陈列琳琅满目,POP广告如欢迎的旗帜,顾客良好购物就将开始。

让顾客进入第一主通道,就能明确了解本卖场的特长。为此,第一主通道必须呈现出细微差别化,其差别化主要体现在以下三项:

◎第一主通道要宽广（一般指四辆购物推车能一起进入）,宽广是欢迎的证明,狭窄是不欢迎的证明。在狭窄的通道中就是表示欢迎你一个人。以大众为对象的商场是以宽广的主通道两侧富有特色和吸引力的商品来欢迎任何人。

◎第一主通道的商品要让顾客进入卖场后,感到惊讶和兴奋,在第一主通道要布置具有巨大冲击力的商品:大副食、休闲服饰、家电等,效果就像听众在听气势宏伟的交响乐第一乐章一样极具震撼力,目的是让顾客不要忘记接下去的第二乐章及第三乐章,让顾客在卖场内购物越到后面越喜悦,越感兴奋。

◎第一主通道是获得最大单位面积利益的地方,既有特价商品也有畅销商品。陈列商品上架快速,利益重复。在一天营业结束后,是销售额和毛利额最大的地方。

（2）顾客从右侧入口容易进入

卖场的入口设在右侧就能畅销。入口究竟设在中央、左侧或右侧曾产生很多议论,而结论往往由领导来决定。从结论来说,入口应设在右侧。入口设在右侧较好的理由是:

◎开设超市、大卖场较成熟的美国、法国、日本等国家,大卖场入口都设在右侧。

◎视力右眼比左眼好的人多。

◎使用右手的人较多等。

◎人都有用自己比较强的一面来行动的习惯。用右手做主要动作的人,注意力往往集中在右侧,由右侧开始动作,这是为弥补左手的弱点。实际上进卖场,从右侧进店以后,以左手拿购物篮,右手自由取出右侧壁面的陈列商品,放入左侧的购物篮。以这种动作来前进,然后向左转弯。如果相反从左侧的入口进店,左侧壁面陈列的商品以左手很难取出,所以必须转身用右手来拿。向前右手不能动,向右转弯时,左手毫无防备因而令人感到不安。最有力的座右铭是:右边比左边占有优位。对顾客来说,能自由使用右手的卖场,便会成为顾客的第一卖场。卖场把顾客的方便置于卖场的方便之上,整个卖场贯彻这种方针来服务,卖场将变成优良的卖场。

二、中央设施

中央设施的主要机能为展示陈列、贩卖及促进销售。在消费心理方面,是要借商品的展示陈列,激起消费者的购物欲望,消费者有了购物欲望之后,就会开始比较。同样要买一罐沙拉油,消费者可能考虑的是品牌、品质、内容或价格。如果此时有适时的促销工作,如特卖、服务人员的解说,就更能让消费者确信,并决定购买。

中央设施就是我们所称的卖场,也就是满足消费者购物欲望的场所。每当一家新的店铺开张时,总会吸引很多消费者及同行前往,前者是购物,后者是观摩,而他们所接触与品评的,不外乎是商品、价格、服务及购物走动是否顺畅,这也是决定消费者是否再次光临的主要因素,中央设施规划的重要性,由此可见,其主要应考虑的项目如下。

1. 内装设计

当消费者由入口走入店内时,首先是环视全场,而所期待的是一个明亮、舒适的购物环境。我们知道,消费者购物,有 70% ~ 80% 是在悠闲、自由自在的环境中,不知不觉所选购的。如果消费者对卖场所展现出来的状况与气氛,觉得格格不入,那消费者除了必要商品的选购外,一定迫不及待地想离开他不喜欢的环境,因此,我们所能销售的金额,就要打很大的折扣了。卖场的设计不在华丽,而是要给商品及客人有适合的空间。因此,经营者必须思考:

(1)与附近的商店相比较,是否更醒目、更突出?

(2)整体的状态是否良好?

(3)墙面是否有效利用?

(4)空间是否充分利用?

(5)店内视野是否良好?

(6)墙上所做的广告利用效果如何?

(7)天井的高度是否适合?

(8)天井和柱子的利用是否充分?

(9)地面的机能是否充分发挥?

(10)柜台及接客台的设置是否适当?

(11)各项商品销售场所的分配是否妥当?

2. 通路

(1)通路规划

良好的通路规划,可引导消费者自然地走向卖场的每个角落,也就不会有所谓死角的产生,也才是卖场的充分运用;当然,这还需要辅以商品的配置及陈列的技巧。为了引导消费者走到陈列架的最末端,通常中间都没有中断,如果在情况许可之下,通路也应采取略宽的规划。在中型超市里,主通路应有 2 ~ 3 米,副通路也都在 1.2 米以上,而在小型店铺,面积小,通路自然就较窄,但最窄的通路,也不应小于 0.9 米以下。通路方面要考虑的是:

◎通道的宽度是否充分?

◎与出入口的连接是否妥当?

◎通道、地板的情形是否良好?

◎通道的照明情形是否良好?

◎通路的往来是否顺畅?

(2)消费者路线

此外,通路与消费者的路线也息息相关,商店开业后,应仔细观察消费者的路线,在通过比率最低的地方,通路应适度地调整,或借陈列技巧,引导消费者经过。消费者经过

的地方越多,冲动购买的品种也就越多。此时可用下述方法:

◎取出店内的平面配置图。

◎观察来店顾客在店内移动的路线,用笔加以描绘。

◎整理出"顾客来店路线勘察结果图"。

(3)通路设置问题的解决

◎何处是卖场的死角,如何避免?

◎整店的规划,其诱导力是否足够?

◎何处是卖场较强势的地区?

◎如何以畅销商品带动次畅销品与销售不佳商品,使其一并销售出去。

3. 陈列设施

陈列设施与商品互为一体,良好的陈列设施,如冷藏冷冻柜等,不但能确保产品的新鲜度,更能展现出商品的魅力,增加消费者的购物欲望。但冷藏冷冻柜可以说是零售企业最大的投资支出,如果品质功能不好,将增加日后对商品鲜度管理的负担,且会造成无谓的损失,故选用冷冻冷藏柜时,不可贪图便宜或疏忽大意以免留有后患。

陈列架也是零售企业所不可缺少的,在零售企业开幕前的准备中,必须先完成商品的规划,然后依据各项商品的特性以及在卖场的位置,选用各种不同的陈列架,才可与商品展现相得益彰。

通常,在少数零售卖场里,大多采用较矮的陈列架,使空间感觉较为宽敞,并减少压迫感。至于大型零售企业,目前也有人完全采用仓库型货架,这些就必须考虑自己的经营政策与方针。

当然还有各式各样的陈列平台,以及各种辅助器材,也可视状况采用。

有关陈列设施,最需要考虑的就是让商品很容易地被看到以及方便取放。

陈列用设施要考虑的是:

(1)陈列橱柜的形态、位置、排列、大小是否合适?

(2)橱柜内的商品看起来是否显眼,购买时是否容易拿取?

(3)陈列架上的商品,是否易于挑选、整理?

(4)价目表是否清楚易见?

(5)商品陈列架的高度、宽度是否适当?

(6)陈列架上的商品标示是否清楚?

(7)陈列架是否清洁?

(8)商品陈列是否考虑到顾客的视线与视觉?

4. 标示用设施

良好的标示,可指引消费者轻松购物,也可避免死角产生。标示用的设施,主要包括进门的商店配置图,让消费者在进门前,就可初步了解自己所要买的商品的大概位置。商品别的标示,如果菜、水产等,现在的卖场都用较矮的陈列架,消费者可一目了然看到商品的确切位置。此外,各商品位置,也有机动性的指标,如特价商品等,也应悬挂各种促销海报,POP或气氛布置用的设施,也有介绍商品或装饰用的照片等,这些都是相关的标示用设施。另外,还要考虑:

（1）出入口、紧急出口等引导客人出入的标示是否显而易见？

（2）各部门的指示标志是否明显？

（3）气氛布置设施是否容易使用？

（4）广告海报是否陈旧破烂？

5. 接客设施

接客设施，包括在进口处的服务台及最后结账的收银台。服务台大多位于入口处，通常兼含寄存物品的功能，目前也有很多超市规划为兼卖烟酒等。

收银台位于出口，应依序予以编号，可以现场的状况采用单线排或双并排的方式。每台收银机每日可处理 10 万～15 万元，我们应依营业计划中的营业预估，事先做好准备，而在开业之初，生意通常是正常状况的 3～4 倍，应该要厂商支援以免让消费者久候不耐。接客设施应思考的是：在什么地方，要提供给顾客什么样的服务？关于接客设施要考虑：

（1）接客设施的位置与设计是否适当？

（2）化妆室是否充足、清洁、明亮？

（3）是否有让消费者休息的地方？

（4）是否有让小孩游乐的场所？

（5）寄物是否方便？

（6）是否有置伞架、伞套？

（7）是否有充足方便的垃圾筒？

（8）是否设有配合性的专柜，以方便消费者？

（9）是否设有自动提款机？

三、后勤设施

后勤设施的主要功能为员工工作、生活及商品的加工处理与进货等提供支持。后勤设施也就是所谓的后场，大部分是员工及厂商等活动的空间，担负着对前方支援补给及指挥服务的责任。员工们大部分的工作时间也都是在后场里，所以其生活所需之设施不可缺少。

1. 工作场

作业场是零售店从事商品化的场所，也就是将原材料加以分级、加工、包装、标价的场所。零售店里通常须设有果菜、水产、畜产以及日配品的加工处理场所，而小型店铺因场地的关系，有时有并用的情形。生鲜食品的作业场应注意温度的控制及排水的处理，以求合乎卫生条件。当然位置的安排及与店面的连接也需注意，就是应使工作觉得快乐与流畅。

2. 生活设施

生活设施就是有关员工的福利设施，主要有休息室、食堂、化妆室、浴室等，优良的福利设施不仅有利于员工的招募，短暂舒适的休息，更可提高工作效率。清洁的维护是非常重要的一环。

3. 办公室

办公室通常是店长或店内主管办公的场所,此外,店内的会计、出纳、人员管理,以及监视系统、背景音乐播放系统等,都应在此管理。

4. 仓库

对生鲜食品而言,需有作业处理场;对干货而言,就需有一个仓库,以作为进货后的暂时存放场所。必须注意的是后场的仓库仅作为进货至陈列间短暂储存的场所,而非长期的存放,其周期应在 1 ~ 2 日内。目前,由于物流公司的机能越来越强,对卖场可提供较佳的服务,因此后场的仓库面积有逐渐缩小的趋势。

对于仓库,最应考虑的是出入是否方便。

5. 器具

后场有关器具,主要有搬运用器具、通信器具、计量用器具、鲜度保持的设备、商品化的处理设备、包装器材等,其规格及种类繁多,可视实际需要逐次采购。

就整个后方设施而言,要考虑的有:

(1)配置的面积是否适当?

(2)路线是否流畅?

(3)设施是否符合卫生、安全的要求?

(4)员工生活设施是否让员工感觉舒适、安逸?

(5)办公室居枢纽位置,是否能确实掌握前、后场?

(6)仓库的进出是否方便?

(7)各种器具是否充足?

(8)整个后场为一个支援单位,相关设施是否能激发员工潜能、发挥效率?

四、配套设施

配套设施指的是附着于建筑物上的设施。其主要机能为设备防灾及演出,配套设施是否良好将直接影响消费者喜恶,良好的舞台设施,才有助于演出者的表演,并提供给消费者最大的享受。

1. 空调设施

空调设施可以说是现代化零售店所不可缺少的设施,而良好的空调设备,确实也是吸引消费者光临的要素之一。只有在温度适宜的环境下,才可以提供消费者最大的购物乐趣。尤其目前有很多卖场位于地下室,空调设施更不可缺少。良好的空调设施,也有助于商品鲜度的保持,故空调设施应与冷冻冷藏设备同时考虑。

2. 色彩

表示店铺色彩的要素包括商品、陈列器具、天花板、壁面、地板及照明设施,主要考虑的因素为其色调是否均衡以及协调。墙壁、陈列架的颜色,可以将商品的特色显现出来,如生鲜食品中其背景及采用的陈列设施,果菜大多采用绿色,水产大都采用蓝色,畜产大多采用红色,这样不但可以提高商品品质与鲜度感,更可提高顾客的购买欲望。

3. 照明

在店铺中,照明的任务很大,有增加商品的魅力,增强商店的气氛,提高购买欲等效果。在家庭生活中,停电仅数分钟,便会感觉不便,相同的道理,在黑暗的店铺中,顾客不可能上门,繁华街道上灯光灿烂的地方,也总是大家注目的焦点。照明主要有直接照明、间接照明、半间接照明及局部聚光照明等,应根据各项商品的特性,采用不同的照明。

零售卖场的照明,最少应在 750~1000 勒克斯(LX),至于特别陈列的部分,则视需要不同应在 1000~3000 勒克斯(LX)。

4. 音响

好的音响让人流连忘返。如果店内所播放的音乐,能获得消费者的喜爱,消费者会在聆听音乐的同时,选择更多的商品。音乐可以创造商店气氛,没有音乐的零售店让人觉得死气沉沉。音乐的选择应依时段不同,如开店前、上午、下午、晚间及打烊前,而做不同的搭配。一般而言,仍以轻快的轻音乐为主,而很少选用歌唱的乐曲,当然也应避免国外色彩太浓的音乐,以减少部分人的反感。

第三节　零售卖场的开业流程与开业运作

一、零售卖场开业流程

寻找店址后订立租赁契约,再施工装潢,是零售企业开业最基本的程序。大致的流程如下。

(1)决定业种;

(2)决定设立地点的方针;

(3)收集店铺情报;

(4)研究店铺条件;

(5)比较店铺条件;

(6)签订租赁契约。

二、零售卖场开业的策略准备

卖场开业前必须进行一系列的战略分析和策略选定,然后再选择店址,进行具体的建筑施工,对于现成的建筑物则主要是进行改建与装修。店铺开业的策略准备一般分为以下几个步骤。

(1)店铺构想;

(2)市场分析定位;

(3)业态选择;

(4)资金筹集;

(5)设计施工;

(6)店铺布局、施工监督;

（7）损益预测；

（8）装修改造；

（9）改造完工。

三、卖场开业的实施要点

1. 开业筹备。零售卖场的筹备主要有以下要点。

（1）经营方针设定

◎分店定位，如是属于何种类型的百货公司或专门店等；

◎顾客对象设定，是针对何种年龄层、收入层或顾客的类型等；

◎商圈范围，以分店为中心约多少距离为本店的半径；

◎竞争概况，对于同业、同地域的竞争情况分析；

◎商品类，以哪些商品为内容加以组成；

◎今后扩建或发展计划的动向及可能性；

◎商品展示陈列方式，是采用开放式陈列或封闭式陈列。

（2）经营全盘计划及体系

◎分店长期计划的设定；

◎分店中期计划的设定；

◎分店年度预算体系的检讨与确立；

◎其他计划体系（如资金计划、技术合作计划等）的确定。

（3）门店管理

◎门店行动指引路线平面图制作：

◎各种设备、厨房、桌椅、广告物、标语的放置；

◎各区位检查和标示；

◎服务行动路线调整。

（4）门店装潢

◎租店签约：尽量提早签约，确定交房日期；

◎面积丈量：事先取得同意，前往测量；

◎门店设计改良：尽快绘制草图；

◎估价发包：广告物、地面、水电、壁面、厨房、吧台、桌椅、营业设备、空调、音响；

◎监工：施工过程中的督导，协调、日程控制、品质管制；

◎验收：逐项试用及验收。

（5）政府机构公关

◎门店使用执照核备申请；

◎水电通信的申请；

◎街委会、居委会、公安消防的联系。

（6）商品策略

◎国内商品的调查与资料收集；

◎顾客层、对象重点掌握；

◎分店重点部门、次要部门的分析与决定；

◎进口商品与国产商品构成的概括把握；

◎自营商品与专柜商品的组成比例及构成内容；

◎供应商的接洽、分析与决定。

（7）商品采购

◎应考虑供货的时间性与货源的配合性；

◎自制商品或自行开发品牌商品的对策，有关业务的交涉、分析、决定与跟进；

◎进口商品以何种方式购入（如自行采购或委托第三方）；

◎国产商品以何种方式购入；

◎购入数量、时间、追加订货量等问题的决定；

◎商品的选择、决定、进行采购及保管等作业。

（8）营运体系及组织系统

◎分店管理体系及营业活动方向的决定；

◎组织系统的分析与决定，各部门工作责权划分及制度的建立；

◎分店管理目标的确立（预算实绩管理）。

（9）商品管理、营业管理体系化

◎分店从商品购入至销售的管理方法，如购入方法、品检、库存管理、记账、销售统计、定价、降价、商品分析、盘点等各方面的体系化；

◎传票作业系统的建立。

（10）销售计划

◎分店年度计划概要及年间区分（按季节划分）；

◎每月营业计划的决定；

◎预算制度的建立。

（11）采购计划

◎应与销售计划充分配合；

◎购入商品的时机、品质、数量的把握；

◎进货方向的确立与厂商的配合；

◎采购金额的决定及预算制度的调整。

（12）促销广告

◎促销广告案的规划和核准；

◎广告物的制作；

◎赠品订购进货；

◎广告媒体的执行；

◎广告预算的决定及预算制度的反应；

◎广告策略运用的分析决定；

◎各时期广告表现及运用的重点，以系列化推出。

（13）开业时的活动

◎开业时间选定；

◎邀请贵宾和剪彩人的通知；

◎剪彩和开幕的道具；

◎祝贺物的摆设；

◎开店的预演和预营业；

◎开店的安全措施。

（14）开店公关事项

◎新闻传播界的说明会及宴请；

◎同业的说明会及邀请；

◎供应商的说明会及邀请；

◎政府相关机构说明会；

◎消费者团体说明会；

◎媒体消息的发布。

（15）人员的招聘培训

◎人事费用预算的决定；

◎职能人员的构成、分析与决定；

◎应聘人员应具备的经验及条件，人员的招募及任用；

◎招聘广告的拟定及核准；

◎劳动计划、招工简章的准备及人事主管机关的核备；

◎通知报到；

◎岗前培训；

◎客户接待礼仪训练；

◎作业技巧演练；

◎开业工作分配和活动说明。

（16）开业进度控制

◎每个细项列表；

◎分配每个工作的负责人和监督人；

◎逐项控制作业进度；

◎即时显示进度达成报告；

◎差异时的补救。

（17）短期预算的决定

◎短期预算的决定；

◎开店筹备各有关费用的最后决定。

（18）开业准备

◎开业和一切必要事项的分析、决定、跟进、工作分配；

◎开业当日的所有活动计划；

◎总体逐项检讨；

◎最后的清洁管理；

◎人员精神讲话。

2. 开店管理要项

(1)政府申请作业。有关公司名称、商标的登记、设立、请领执照、申请用电等。

(2)大硬件规划执行。有关招牌、门店装潢、陈列架、附属道具等的规划、设计、签约、施工等。

(3)小硬件规划执行。有关店内的营业器具、办公设备的估价、签约、采购或定制。

(4)水电规划执行。店内外所需的照明设备、线路、插座、开关、水管、冷气、空调配线等设施的规划、议价、施工安装等工作。

(5)验收作业执行。请专业人员负责对大硬件、小硬件、水电等工程做品质验收及位置验收。

(6)清理作业。装潢施工完毕后商品进店前,以及开幕前一天,均应对门店的店内和店外环境、桌椅、营业器具、商品物料做全盘性的整理、清洁。

(7)物品整理。物品进店后应清点数量品项、品名及检验品质并按物品的储区存放好。

(8)促销广告作业。

◎开业的促销案申请核准；

◎赠品的备妥；

◎海报的制妥张贴；

◎POP(Point Of Purchase,卖点广告)的制妥张贴；

◎促销道具的备妥；

◎广告媒体的执行。

(9)人员招聘。

◎招聘广告；

◎甄选、核定；

◎录用通知；

◎报到。

(10)人员训练。

◎各项职前训练的执行,促销活动说明,实地演练。

(11)最后一项就是整体控制。由分店部门主管针对上述项目,编制"开店进度总表",以全盘掌握,整体控制。

3. 分店各部门的工作

通过筹备工作项目内容的设定及时间进度的排定,为了适时地完成开业筹备工作,下面以实际上必须展开的业务事项,按各部门的工作性质类别加以说明。

(1)营业采购工作

◎营业经营规划。包括商品组成、营业构成比例、楼面规划及采购通路的制定等,以作为商品战略、采购作业及楼面装潢设计的依据。

◎厂商征求及专柜条件设定。依据制定的楼面规划及商品组成,进行厂商的接洽与拜访,若是自营部分则考虑采购的商品情况及数值,如是专柜经营,则考虑提供的销售空间及设柜条件的洽商。

◎营业预算计划。根据设定的楼面商品的内容及比例,加以模拟营业额预算,以作为商品的采购及商品比例的作业基准。

◎商品采购。配合所设定的营业预算,计算欲采购的商品类别及安排进货的时间。

◎宣传推广计划。依据所拟定的营业方针,拟定开业前、开业间、开业后的广告宣传策略运用,促销活动重点及各项广告媒体费用的计划等。诸如开业前的市场调查及营销资料收集、住宅访问、开业赠品、开业引导活动、媒体安排与运用、展示促销活动等,均需依次加以计划。

◎美工展示陈列作业。有关海报、函件、DM(Direct mail,快讯商品广告)、POP(Point Of Purchase,卖点广告)等美工设计、楼面商品的摆设、橱窗及展示区的陈列、营业场所的美化等,均是开业筹备所不容忽视的工作。

◎其他事项。与营业采购具有相关的其他业务,也必须随时加以联系,以利整体作业的推动。

(2)财务会计工作

◎资金运用规划。配合整个开业筹备业务,对于各项资金的运用要确实地加以掌握,如开办费、内装费、工程设施费、商品采购费等,均应予以规划。

◎商品管理业务。诸如存货计价基础的设定、商品的盘点、货号系统的编制、商品检验基准的设立、存量管理体系及开业前商品进货日程的排定等,都是商品管理中必须着手准备的事项。

◎会计账务管理。凡是与会计作业和账务处理有关的事项,均应事前妥善的规划,如会计制度的拟定、发票的使用与管理、账务处理作业、固定资产的分类及筹备期间有关的会计账务整理等,都要建立一套管理制度。

◎现金出纳管理。有关收银机的使用与管理、现金与周转金管理、信用卡销售业务、付款日期的设定等业务,均是应准备的事项。

◎其他事项。凡是与会计、账务、现金管理等有关的业务,也应随时与相关部门协调与配合,以推动业务的进行。

(3)人事教育工作

◎人员招募。依据公司的组织系统及设定的人员编制数,配合筹备业务的工作进度,分批招募各有关人员,由于筹备期间,公司尚未正式营业,因此对于人员报到的不同级别和时间,均应事前做有效的安排,一般招募的时间先后顺序安排是主管级人员、基层管理人员、一般职员、收银员及营业员等。

◎人员培训。针对教育训练的对象,安排共同性与专业性的培训课程,并考虑人数的多少、培训的特性、进行场地、时间及讲师的安排。同时配合开店的实际需要,对于现场实习及模拟销售,也是员工教育训练方面在业务执行展开中的主要工作。

◎人事管理制度。有关从业人员的任免、考勤、升迁、考绩、奖惩、核薪、出差、担保等各项规定,均应加以考虑,以便人事管理作业能有一定准则。

◎员工福利措施。对于员工的退休制度、膳食管理、互助办法、抚恤措施等必须着手制定。

◎其他事项。诸如员工服务手册、教育培训材料编印及与人事管理具有相关性的业务,都要全盘加以规划。

（4）总务行政工作

◎工程发包与财产购置。有关门店的内部装潢、公共设施、安全设备、营业用品、音响设备、电话设备、事务用品、办公室设备与器材,以及营业有关的器材设备,必须配合业务需要进行发包与采购。

◎开业前行政物品采购。例如包装用材料,标价用品、报表单据印刷、员工制服承制及开业时使用的物品,总之,凡是开业前所必须使用的物品均应加以准备。

◎登记申请事项。开业所应登记申请的事项,如营业登记、电话申请、专卖品的申请、公司商标登记等,都应事前加以办理,以配合开业时使用。

◎总务行政管理制度。有关文书管理、财产管理、安全防护组织等总务行政管理的体系,也要加以设定,便于各项行政业务的推动。

◎其他事项。由于总务行政类工作是支援各部门展开有关业务,所以必须与相关部门充分联系与配合,才能顺利地推行各项业务。

（5）企业稽核工作

◎工作时间进度规划。针对筹备业务展开时,各项工作先后次序的排定及部门之间有关业务的协调与联系,并且对于进度延误部分,谋求妥善处理措施。

◎经营预算策划。将公司营运上长短期发展计划及经营方针与目标做全盘的规划,并且汇总各部门提供的预测资料,进行预算的测定,同时将公司业务流程系统加以确立,借以完成整体的策划体制。

第4章 不可忽视的"新零售"趋势

第一节 关于新零售的概述

2016年10月,中国电商产业引路人马云在云栖大会上说:未来30年,"电子商务"很快将被淘汰,而被"新零售"取而代之。

"新零售"究竟是什么?它有什么核心特征?整个行业应该如何适应新零售的趋势?2017年3月9日,在上海举办的"2017中国电商与零售创新国际峰会"上,阿里研究院正式发布了"新零售研究报告",对外界关心的新零售概念和方法论,首次进行了系统化的解读。其中,报告主要分为两个部分解读新零售:新零售的产生和方法论。

1. 新零售定义

新零售是指以消费者体验为中心的数据驱动的泛零售形态。随着信息技术及互联网技术的发展,中国零售业将面临数字化再造,逐步形成更为高效的实体零售与虚拟零售无缝融合的零售业态——新零售。互联网技术天生带有普惠属性,中国作为制造业大国,更多中小企业将借助新技术在不久的将来直接踏上全球零售的新通路。

2. 新零售重构人货场

新零售的本质是无时无刻地始终为消费者提供超出期望的"内容"。新零售将围绕消费者,重构人货场,实现从"货—场—人"到"人—货—场"的转变。

与以往任何一次零售变革不同,新零售将通过数据与商业逻辑的深度结合,真正实现消费方式逆向牵引生产变革,它将为传统零售业态插上数据的翅膀,优化资产配置,孵化新型零售物种,重塑价值链,创造高效企业,引领消费升级,催生新型服务商并形成零售新生态,是中国零售新发展的大契机。

第二节 新零售的产生

一、人类零售演进史

从模式上看,传统零售主要是技术引领生产变革,生产变革引导消费方式变革;而新零售则是消费方式逆向牵引生产变革。

1. 1870年代,百货商场出现

原因分析:大城市的涌现;机械化大生产的出现;大批发商出现。

2. 1930年代:超级市场出现

原因分析:经济危机的影响;汽车工业的变革。

3.1950 年代:便利店、品类专业店、购物中心出现

原因分析:销售即时管理;物流技术及信息体系、生活节奏变快、人们对生活品质的要求提高。

4.1990 年代:电子商务出现

原因分析:主要是由于互联网的普及。

5.2010 年代:移动购物流行

原因分析:智能手机的普及;全球定位技术的发展;新基础设施逐步成熟。

随着人工智能、物联网的发展,第二次信息革命带来了新零售发展的契机,新零售是一场消费方式逆向牵引生产变革的过程。

二、新零售诞生的三大原因

1. 技术方面

(1)大数据、云计算、移动互联网、移动互联端;智慧物流、互联网金融;平台化统一市场等新商业基础设施初具规模。逐步建立数字化全球共享平台,国际贸易从以跨国公司为主体,转变到以个人为主体。

(2)互联网发展进入应用期,逐步释放经济与社会价值,推动全球化 3.0 进程。

2. 消费者方面

(1)消费者数字化程度高,认知全方位,购物路径全渠道。在中国,消费者数字程度化高,网络购物的消费者增长速度远高于其他国家,消费品部分品类已达到50%以上的线上渗透率,中国消费者与互联网的紧密联系显著高于世界各国同龄消费者。

(2)中国消费升级引领全球消费增长。资料显示,2016 年"双 11"阿里零售平台无线占比82% ,远超美国"黑五"无线占比 36% 。未来 15 年,中国将贡献全球消费增量的30% 。可预计的是,未来全球消费或将跟从中国网络购物趋势。

3. 行业方面

(1)全球实体零售发展放缓,正在寻找新的增长动力。全球实体零售发展集体遭遇天花板。其中,沃尔玛近年销售额持平。2015 年全球 250 强零售商排行榜中,沃尔玛和乐购营收均为负增长,而 AMAZON 首次跻身全球前十。上榜的中国零售品牌苏宁、华润万家、国美均位于 40 名以后。

(2)中国实体零售发展处于初级阶段,流通效率整体偏低,缺乏顶级的零售品牌。总体来说,中国零售发展处于初级阶段,发展不均衡,盈利模式自身存在问题。中国 30 年间相继出现百货、购物中心和连锁超市业态,实体零售处于追赶式发展的初级阶段。我国人均零售设施面积不及发达国家。地区发展也不均衡,超级城市供给过剩与低线城市供给不足并存,大量消费者无法享受高质量的零售服务。另外,"租赁柜台 + 商业地产"盈利模式自身存在问题,偏离了零售服务的核心,不可持续。

(3)多元零售形态涌现。

第三节　新零售方法论

新零售是以消费者体验为中心的数据驱动的泛零售形态,从单一零售转向多元零售形态,从"商品＋服务"转向"商品＋服务＋内容＋其他"。同时,新零售具有"以心为本、零售物种大爆发、零售二重性"三大特征。

一、新零售三大特征

1. 以心为本:掌握数据就是掌握消费者的需求

数字技术创造了千变万化,无限逼近消费者内心需求,最终实现"以消费者体验为中心";围绕消费者需求,重构人货场。

2. 零售二重性:二维思考下的理想零售

任何零售主体、任何消费者、任何商品既是物理的,也是数字化的,开启二维思考下的理零售新时代;基于数理逻辑,企业内部与企业间流通损耗最终可达到无限逼近于"零"的理想状态,最终实现价值链重塑。

3. 零售物种大爆发:孵化多元零售新形态与新物种

借助数字技术,物流业,大文化娱乐业、餐饮业等多元业态均延伸出零售形态,更多零售物种即将孵化产生;自然人零售,"人人"零售等。

二、新零售知识框架

新零售的知识框架主要分为前台、中台和后台。

1. 新零售前台

包括无处不在的消费场景、全息消费者画像、新需求和重构人货场。届时,新消费诉求更加丰富,将更注重个性化专业功能、社交体验、分享交流、参与感和方便灵活的体验交付等内容。

(1)场景:销售场景无处不在,既有百货公司、购物中心、大卖场、便利店,也有电子商务、直播、移动端、智能终端、VR 等。

(2)消费者:由模糊的消费群体,到有轮廓的族群(性别、年龄层、收入、特征),再往全息清晰画像转化,意味着消费者越来越自发自动地参加到生产中去。

(3)消费者的新需求越来越多,商品、服务、内容缺一不可。消费者以往的诉求主要是价格、性价比、产品功能、耐用性、零售服务等方面,而新消费诉求则对商品、内容、服务提出了更多的要求。

如商品方面:要求更高性价比的产品组合、更高颜值、更高品质,要求同时满足标准化＋个性化专业功能。

在内容方面:要求社交体验,分享与交流;追求参与感;需满足文化认同、价值认同。

在服务方面:追求商品服务属性、定向折扣、无缝融合的不同场景,随时待命的服务、贴心的个性化服务、方便灵活的体验和支付。

2. 新零售中台

包括新营销、新市场、新流通链和新生产模式。值得注意的是,在这个阶段,新零售营销将是以消费者运营为核心的全域营销,消费者链路数据将更完整、可视、可追踪、可优化。

(1)新营销:以消费者运营为核心的全域营销

现状:品牌商/零售商与消费者之间:消费者链路数据不完整、粒度粗糙;数据可见度低,不能持久使用;支撑不全面。

全域营销:品牌商/零售商与消费者之间实现了全数据、全媒体、全链路和去渠道的无缝对接。数据打通消费者认知、兴趣、购买、忠诚及分享反馈的全链路;而且数据可见,可追踪,也可优化;品牌策略、品牌传播、品牌运营全方位精细支撑。

(2)新市场:基于数字经济的统一市场,具有全球化、全渗透、全渠道特点

基于地域和营业时间的传统商业逻辑被打破,任意场景下的任何两个主体可瞬时达成交易。

(3)新流通链:新零售服务商重塑高效流通链

新零售服务商面临这一场新生与转换的革命。

新生产服务:数字化生产、数字化转型咨询、智能制造……

新金融服务:供应链新金融……

新供应链综合服务:智能物流、数字化供应链、电商服务商(产业园等)……

新门店经营服务:数字化服务培训、门店数字化陈列……

(4)新生产模式:C2B 催生高效企业

新金融

供应链前端				供应链后端	
研发-设计	装备原材料-生产制度		品牌商	分销/批发-零售-广告营销-消费者	
← 数据 ← 数据 ← 数据 ← 数据 ← 数据 ← 数据 ← 数据					

智能物流+新零售场景

新零售:真正实现消费方式逆向牵引生产方式

3. 新零售后台

包括数字经济基础设施、3D/4d 打印、VR/AR、传感器物联网和人工智能,更多技术将运用于提高消费体验和商品生产方式。

(1)数字经济基础设施的完成

(2)3D、4D 打印:改变商品生产方式

(3)AR、VR:虚实结合的消费体验

AR、VR 是新设备及显示技术。VR 将成为类似 PC 的网络入口。AR 是常规视觉或常规取景器外,叠加虚拟图像信息图层,可广泛应用于零售升级。

(4)传感器与物联网:提升门店消费体验

物联网:通过传感设备,按约定协议将任何物品通过物联网域名建立连接,进行信息

交换和通信的网络概念,即"互联网"延伸和扩展到任何物品与物品之间。

信息传感设备主要包括:射频识别、红外感应器、全球定位系统、激光扫描器等。

提升门店消费体验体现在:

自动结账:消费者走出商店时自动结算。

布局优化:基于店内消费者数据全面分析。

客户追踪:店内实时分析提升消费者体验和减少库存遗失。

实时个性化促销:根据消费者地点、过往消费记录定向推送。

库存优化:基于自动货架和库存监控补货。

4. 人工智能:贯穿新零售全流程

人工智能即应用计算机科学对人的意识、思维的信息过程进行模拟的技术。人工智能的三大基石分别是:数据、计算、算法。

马云还说,未来天翻地覆的30年,无边无界的互联网将引爆"线上、线下、物流相融的新零售""讲究智能化、个性化、定制化的新制造""更公平、开放、普惠的新金融""更基于网络、计算的新技术"以及"人类自己制造的数据新资源",这"五新"变革将深刻地影响世界和所有人。

"新零售"理念或许还需要时间的验证,可喜的是,还有更多的零售企业,即使不认同或者不完全认同,也开始梳理自家对未来零售业态可能发生的转变的看法与理论,并且以实际行动来拥抱变化,让中国零售业探索进入一段弥足珍贵的新时期。

第二篇

零售企业商品管理

第5章 零售企业商品采购管理规范

第一节 商品采购管理基础

一、采购组织

零售企业的商品采购机构按是否有专人负责分为两种：一种是正式的采购组织，专门负责商品采购工作，人员专职化。设立正式的采购部门，采购工作专业化，统一规划商品采购工作，人员职责、权限明确，便于提高工作效率，加强与供货单位的业务联系。

另一种是非正式的采购组织，企业不设专职采购部门，由销售部、组负责商品采购工作。非正式采购组织一般不设专门采购人员，而由销售人员兼职从事商品采购。非正式采购组织由销售人员参与采购，便于根据市场商品销售确定采购活动，使购销紧密连接，但不利于对采购工作的统一控制管理。

二、采购的基本形式

1. 集中采购与分散采购

（1）集中采购

集中采购可以集中资金、严格控制、形象一致，能接近供货商的高层管理人员，可争取大批量购买的高折扣。其缺点是缺乏弹性、时间拖延、地方分店存在的差异性及过度的一致性。"沃尔玛"是集中采购的典型，它依靠高效的 POS 系统、EDI 系统将各分店的销售情况反馈到总部，并由总部产生购买的指令，巨大的采购量是它对供应商谈判的筹码，加上适合的结款制度，能获得很低的采购价，用来支持它 EDLP（Every Day Low Price）的营销理念。

（2）分散采购

分散采购可以使各个零售店适应地方市场环境，订购过程迅速，且由于分部拥有自治权，还可以提高对商品的灵敏性。其缺点是与总部的计划不连贯、各零售店形象不统一、管理控制有限、各连锁店可能各行其是、对采购人员的支持少，以及单店销售数量有限，在采购时没有数量折扣。家乐福是分散采购的典型，它的经营理念是各个分店各自为政，店长具有至高无上的权力，除了采购权外，装修、投资、中层干部的任免，以致员工的加班都可以决定，是典型的店长负责制。它的优点是各分店能根据当地市场商品供应、购买力状况，可灵活决定商品的采购和营运，但各分店之间的装修、营运、商品、价格、员工管理等差异很大。

2. 分权式采购

（1）单店经营，单店采购

最单纯的采购方式是业主只经营一个店，此时采购权往往就掌握在业主或店长手中，但由于只有一个店，在数量采购上较为不利。

（2）连锁式经营

连锁式经营形态虽属连锁店方式，但采购业务仍授权给各分店自行负责。

此种经营方式的优点有以下几点：

◎这种组织常见于连锁刚形成时，将采购权委由各店自行负责，可精简人力。

◎采购具有相当弹性，有很大的市场攻击力。

◎价格由单店自定，机动性佳，有较大的经营主导权。

缺点则为：

◎较难发挥大量采购、以量制价的功能。

◎利益很难控制。

◎易生弊端。

◎无法塑造连锁店统一的企业形象。

3. 中央采购

中央采购为连锁型零售企业较常采用的方式之一。中央采购常用的组织形式为本部采购，这种采购组织，是把采购权集中在本部，并设立专责采购部门来负责，采购权不下授，品项的导入、淘汰、价格定立、促销活动的规划等，完全由本部控制，卖场只负责陈列、库存管理及销售的工作，对商品采购无决定权，但有建议权。采购制度组织的优点有下列几点。

◎可以提高零售企业在与供应商采购合同谈判中的争价能力：连锁零售企业由于实行中央采购制度，进货量大，可以获得一定的价格折让，同时还可以获得有条件退佣及无条件退佣。

◎可以降低采购费用：零售企业由于实行中央采购制度，只在企业总部建立一套采购班子，而不必像分散采购需各店建立自己的采购队伍，从而降低了采购费用。

◎配送体系的建立降低了连锁店仓储、收货费用：只有集中采购，才可以建立与之相适应的统一配送。

◎连锁型零售企业通过中央采购可以使通道利润最大化：所谓通道利润是指供应商为将商品纳入企业庞大的销售网络中而付给零售企业的进店费、年节赞助费、促销费等。

◎可以规范采购行为：当前困扰零售企业的一个很大问题是商业贿赂，所谓商业贿赂是指供应商给零售商的采购员提供金钱或有价值的物品以影响其采购决策。

需要特别注意的是：

◎零售企业在实行中央采购时，一定要做到采购人员与卖场销售人员进行良好的沟通，要建立完善的沟通体系，同时要营造非正式沟通的氛围。

◎由于中国地域广阔，各地区消费者偏好、消费行为多有不同，采购人员在做好共同商品采购的同时，一定要做好地产商品的采购。这就需要采购人员对店铺所在区域有足够的了解。

4. 内部采购与外部采购

（1）内部采购

内部采购组织的人员由零售商自己的员工构成，商品采购决策由零售企业的全职雇员做出。

（2）外部采购

采用外部机构执行完成采购职能的，一般而言，大多是中、小型零售商，中、小型零售商采用外部采购，可以更经济和更有效率。所以，对中、小型零售商而言，采用外部采购组织来完成商店的采购职能，外包不失为一种可行的好方法。在外部采购组织中，通常由零售商支付一笔费用雇用外部的公司或人员。

5. 驻外采购与联合采购

（1）驻外采购

驻外采购办公室可以是内部的也可以是外部的采购组织。这种办公室通常位于重要的商业中心，并提供有价值的数据和有效的联络，在很多时候完成具体的采购任务。

（2）联合采购

联合采购由一组独立的零售商汇聚在一起向供应商大批量购买，可以获得数量折扣。站在大型生产商和供应商的角度，小型零售商零星、小量的购买量，对他们而言是不屑一顾的。大多数生产商都不对小零售商开放平台，因而中、小零售商既不能获得采购资格，更无法获得折扣，而联合若干家中、小零售商共同采购是一种既能获得货源又可获得折扣的好形式。

三、高效采购的作用

1. 增加利润

激烈的零售业竞争，靠提高售价来提高利润几乎是不可能的，但是在采购过程中，能采购到具有价格优势的商品，即使是同样的零售价，也可使零售商获得更多的经营利润。

2. 提高竞争力

（1）提高竞争能力

同样的商品，由于采购成本的降低，与竞争对手可以获取同样的经营毛利，但售价若降低10%，在毛利相同的前提下，就直接产生了竞争能力。

（2）现金快速回笼

零售商的持续发展能力的标志是现金持有数量。在现在的经营状态下，零售商的持有现金数并不短缺，那是因为零售商可以长时间、大量地占用供应商资金的特殊状况存在。一般来说，衡量企业的发展能力，持有的现金数是一个非常重要的指标，回笼现金的途径，在于尽快地销售出所经营的商品，在不降低零售商利润的前提下，唯一可操作的也仅是降低采购成本。

（3）提高市场占有率

竞争最有力的武器是价格，要将竞争对手逐出市场后占领该市场，运用价格手段最直接和有效。运用这一武器的前提是采购成本的降低，以亏本降价来做竞争武器，有可能自己率先出局或是触犯法律。

第二节 采购计划与供应商管理操作规范

一、前期市场调查

1. 商品调查

采购市场调查针对商品进行的调查主要包括以下几个方面的内容。

（1）商品类别调查

即所要采购的目标商品都有哪些品牌，有哪些相应的可供替代的商品。

（2）商品质量调查

根据本商场制定的商品采购质量标准，采购员对采购商品进行定位，然后调查市场上相应商品在规格、包装、保质期等质量方面的因素是否符合质量标准，以便在采购中选择合适的品牌。

（3）商品数量调查

针对商品数量的调查要分为两个方面：一方面是调查商品的市场供应量，这个供应量既包括商场向消费者的供应量，又包括供应商能够向商场提供的商品数量；另一方面要调查商品的需求量，这项调查主要是面向消费者的调查，主要是为了了解市场上还可以消化多少该种商品，以便确定商品的采购量。除了调查商品供应量与需求量以外，还要了解商场库容量、折扣问题等。

（4）商品价格调查

制订计划前进行商品价格的调查是非常必要的。只有将商品的销售价格、供应商供应价格等调查清楚，才能够确定一个合理的采购价格，制定合理的采购预算，为顺利完成商品采购做好准备。同时，对价格的了解也能够让采购员在与供应商的谈判中掌握主动权。

2. 供应商调查

（1）供应商生产能力

选择供应商时要准确了解供应商的生产能力，包括产量、产品质量、生产成本等信息，这是选择供应商的决定因素。

（2）供应商存货情况

如果供应商的存货充足，那么，商场紧急订货时就能及时得到解决，有利于商场抓住商机。

（3）供应商服务水平

选择供应商时，供应商提供的相关服务也是一个很重要的因素。例如，更换残次品、指导商品使用、商品维护等。类似这样的服务在采购某些操作性商品时显得尤为关键。

（4）供应商位置调查

供应商所处的位置对送货时间、运输成本、紧急订货与加急服务的回应时间等都有着重大影响。如果距离过远，可能影响订购商品的到货时间，从而导致商品不能正常销售。一般来说，当地采购有助于发展地区经济，形成社区信誉及良好的售后服务。

（5）供应商的合作能力

如果供应商有很好的合作意愿，就能够根据商场的需要，接受商品设计的改变，适时为商场设计新产品，这样的供应商应重点考虑。

3. 采购时机调查

（1）商品销售规律调查

商品大多有特定的销售规律，如时装，每个季节流行的款式都不同。而随着假日经济的启动，商场购物形成了春节、国庆节、五一劳动节等几个大的消费热点，在季节性商品消费的基础上，又增添了新的特点。消费品市场出现节假日食品提前购买、日用工业品随机购买、流行性商品流行周期缩短等趋势，采购员应加强市场调查，从中发现规律，确定有利的采购时机。

（2）市场竞争状况调查

某些商品如果能率先投入市场就可以取得市场先机优势，这些商品就应该提前采购。有些商品若推迟采购，很可能取得市场独有优势，这样的商品可以推迟采购。因此，在决定商品采购时机时，还必须对市场竞争状况进行全面调查。

（3）企业库存情况调查

零售企业都有一个安全库存量，这是为了保证企业的正常运营。所以，采购前还要了解企业的库存，采购时间既要保证有足够的商品以供销售，又不能使商品过多以致出现积压。这方面最常用的方法是最低订购点法，即预先确定一个最低订购点，当零售企业某一商品的库存量低于该点时，就要马上进货。

二、制定采购策略

1. 根据不同商品，采用不同策略

零售企业经营的商品种类繁多，采购员在采购过程中要针对不同商品选择采用不同的采购策略。

（1）普通类消费品

零售企业经营的普通消费品大多是人们日常使用率较高的商品，这些商品的销售量一般较大且没有太大的波动，所以采购中，这类商品就要实行定期、定批量的采购，采购员应与供应商建立稳固的合作关系，除非有促销等活动一般不随意改变采购量。

但是，有些普通消费品在激烈的竞争中成为名牌商品之后，其销售量可能出现持续增长的趋势，并且出现供不应求的现象。这时，采购员应积极组织采购，且加大采购量。

（2）时尚类消费品

对于时尚消费品，由于其本身具有非重复性消费的特点，需求量将随着市场的逐渐饱和而相应地减少。但是，厂商往往利用品牌优势，不断推出新产品，创造名优品牌和商标系列商品，以保持名优品牌或商标的地位。采购员采购这类商品时，应当注意商品更新换代的时间，把握最佳采购时机，以免发生采购回来的商品已经被更新的情况。

（3）短期畅销类商品

在某些特殊的市场条件下，有些商品会出现特别畅销的现象，并且这种畅销态势可以保持一段时间,这类商品在这一时期内有诱人的销售额和较快的周转速度。在采购这类商品时采购员可以加大采购量和采购频率,不过必须认真加以分析,了解其发展趋势和潜在的需求量,切不可贪图一时的销售额而过多地订货,还应注意这类商品的到货时间,防止由于不能及时到货而错失良机。

（4）高档消费品

零售企业都会经营一些档次较高的商品,这类商品的销量不是很大,但是其单品的毛利率却是相当可观的。采购员要掌握这种商品的日销量或是周销量,然后根据到货周期计算出最低订货量。根据最低订货量进行采购,以免造成积压,加重商场成本负担。

2. 根据商品生命周期选择策略

商品生命周期指的是一种商品从投入市场到退出市场所经历的时间,一般根据其销售状况分为四个阶段:试销期、畅销期、饱和期、滞销期。采购员可以根据商品所处的发展阶段的不同特点,选择适宜的商品采购策略。

（1）引入期商品

引入期指商品刚刚投放市场的一段时期,主要目的是让顾客逐渐了解、接受该商品。处于试销期的商品销售量比较小,增长缓慢且时常会出现波动。采购员采购试销期的商品时一定要小心,采购的数量不能过多。

（2）成长期商品

商品经过试销、改进以后,逐渐得到顾客的认可,打开了销路,销售量会迅速增长,于是商品进入成长期。对于处于畅销期的商品,采购员应积极组织采购,扩大商品采购数量,支持商场大规模销售。

（3）成熟期商品

商品在市场上已被消费者广泛认识和接受,市场趋于饱和,潜力小,商品销售量趋于稳定。但在这一时期,由于众多厂商竞相生产,其他商家竞相经营,并不断有新产品投入市场,商品的竞争异常激烈。因此,在这一阶段,采购员应适当控制采购数量,不能过多地储备,以免造成库存积压。

（4）衰退期商品

处于衰退期的商品已经没有什么利润,甚至是毫无价值。对于这类商品,采购员要果断停止该商品的采购。

3. 根据市场形势选择策略

（1）买方市场

买方市场是指采购市场上商品供应总量大于需求总量,零售企业能够有选择地选择供货商,而供货商必须以便利店为中心展开竞争的一种市场态势。

在买方市场态势下,采购方掌握决定权,采购员在采购数量、价格、结算方式及供应商选择等方面享有主动权。这时,采购员应在保持必要的商品库存的前提下,本着"以需定进,勤进快销"的原则,多销多进,少销少进。

（2）卖方市场

卖方市场是指采购市场上商品普遍短缺,出现供不应求的现象,商品价格上升,买方争夺货源的一种市场态势。

在卖方市场态势下,卖者处于主动地位。在这种情况下,供应商享有商品供给量、品种、规格和价格等条件的决定权,采购环节是竞争的焦点。采购员必须依据市场需要,多渠道采购,随时了解供货情况,随供随进,争取多进多销。采购员要积极与供应商联系,维护与供应商的良好合作关系,保证商品的供应。

三、确定采购时机

1. 定期采购

(1)定期采购,就是每隔一段时间,采购与这段时间内销售掉的商品数量相当的商品的方法。这时的采购量不一定是经济批量。定时采购具有采购批量不固定,但采购周期固定的特点。采购周期是根据零售企业采购该种商品的平均日销售量及商场储备条件、备运时间、供货商的供货特点等因素确定的,一般由零售企业预先固定,可以是半个月或更长。

(2)定期采购可以根据固定采购时间做周密的采购计划,方便采购管理,并能获得多种商品合并采购的好处;但是这种采购方法盘点工作较复杂,不能及时发现缺货现象,需要随时掌握库存动态。

2. 不定期采购

(1)每次采购都是根据存量多少来具体确定采购时机,这种方式叫作不定期采购。不定期采购具有采购时间不固定,但采购批量固定的特点。不定期采购通常受一些因素的限制,如商品在途运输时间、商品入库验收时间以及销售前加工整理时间。这种方式下的采购批量可以依据经济采购批量的计算方法获得。

(2)不定期采购能随时掌握商品变动情况,不易出现缺货现象,采购及时。但是由于各种商品的采购时间不一致,不能享受集中采购的价格优惠,难以制订周密的采购计划。

3. 随时采购

随时采购方式是在商品出现缺货时才去采购。其优点是:可以节省库存支出,但如果不能及时补充到商品,就会延误商机给企业造成一定的损失。常用于一些从本地区进货的小型零售企业。

四、确定采购批量

1. 大量采购

大量采购,是指零售企业为了节省采购费用,降低采购成本而一次性大批量地采购一种商品。

这种采购方式能降低采购成本,获得进货优惠。但是大量采购会占用大量资金和仓储设施,而且大量采购的商品数量一般很难找出规律性,主要依靠零售企业的经营需要、仓储条件和采购优惠条件等情况而定。一般适合以下几种情况。

(1)该商品在市场中的需求量很大,可以大量进货。有些价格弹性较大的商品,价格降低一定幅度以后,可以使需求量迅速扩大。有些企业针对这一特点,采取大量进货、压低进货成本,再通过薄利多销的促销策略吸引消费者购买,从而加速商品周转。对于这些价格比较敏感而大量销售的商品,采购员可以采取大量采购的方法。

(2)在共同采购方式下,可以大量采购。共同采购,即许多独立中小型零售企业为降低采购成本而联合起来的一种联购分销的采购方式,这在国外零售业非常普遍,而在国内这种联盟尚较少见。在这种采购方式下,尽管具体到每个企业采购量不大,但各个企业联合起来采购,聚沙成塔,可以采用大量采购方式。

(3)对供货不稳定的商品,可以采用大量采购方法。有些商品的供应时断时续,没有规律可循。当市场上供应这种商品时,采购员便大批量采购并储存起来,供以后陆续销售。这种情况下,必须准确估计需求量以及商品供应不稳定的缺货时间,否则零售企业会承担商品积压的风险。

2. 适量采购

适量采购就是对市场销售均衡的商品,在零售企业保有适当的商品库存的条件下,确定适当的数量来采购商品。适量采购的关键是确定适当的采购数量,如果数量不当,将直接影响零售企业的销售,增加进货成本。

五、供应商选择规范

1. 选择供应商的基本原则

(1)多家供应商

也就是要保证每个品种都应以两三家供应商为主要供应商。对这两三家供应商,每家要购进一成或三成以上的商品量,但切忌购进量达到七成以上。超过一半后,对供应商的依赖性就加大了,不利于分散采购安全。

(2)供应商组合原则

组合供应商就是把采购品种和供应商交叉组合起来。即不是 A 品种选择甲供应商,B 品种选择乙供应商,C 品种选择丙供应商,而是 A、B、C 各类品种都从甲、乙、丙处进货这样一种方式,避免一类商品依赖于一个供应商。

(3)重视主要供应商

重视能够大量提供单一品种货物的供应商,这是选择供应商的一个重要条件。因为随着零售企业扩张速度的加快,对商品数量的需求也会成倍增长。如果供应商无力提供进一步的支持,企业的发展就会受到很大限制。

(4)逐步更换供应商

采购员应该根据企业所处的不同发展阶段有计划地更换供应商。零售企业在发展初期,相应地选择的供应商规模也不大,随着零售企业阶段性成长,原来小型供应商会变得不太适应企业业务扩大的需要,因此就需要有计划地更换供应商。当然更换供应商还要看实际业务需要,而且要分期分阶段进行。

(5)制定相应的选择标准

◎主要管理人员。通过正式会晤、面谈,了解对方主要负责人的见识、抱负和能力,推测该供应商的经营管理水平。

◎发展前景。可以通过营业数字、各项经营指标,了解供应商的发展状态及未来的发展潜力。

◎连续供应和扩大供应的能力。连续供应和扩大供应能力如何。更具体一点说,是逐年扩大指定量的商品的能力如何。这一点尤其重要。

◎市场地位。通常指那些拥有名牌产品的大型生产厂商,特别是这些生产厂商在不同地区的市场地位差异,对商场更有意义。

2. 合格供应商应具备的基本条件

(1)管理水平

了解供应商的企业是否建立了科学化、系统化的管理制度,是否有完备的工作指导规范,是否能严格执行管理规范。

(2)品质保证

若货源没有问题,就要以商品的品质作为鉴别供应商、选择供应商的标准。在进货时要明确了解供应商提供的商品质量如何,并对不同供应商提供的商品进行比较,比较的项目主要有商品性能、寿命、经济指标、花色品种、规格等,只有商品品质合格的供应商才是理想的合作伙伴。

(3)价格优势

上述两项条件皆没有问题时,就要进行商品价格的比较,价格也是零售企业进货的主要参考因素。采购到物美价廉的商品不但能降低企业的采购成本,还能有力地吸引消费者,增强企业的竞争力。所以,在保证商品质量的基础上,应选择商品价格较便宜的供应商。

(4)信用情况

在进货前采购员必须了解供应商的信用情况,主要包括:是否能准时收款发货、履行采购合同的情况、能否遵守交货期限,选择能长期稳定供货的供应商。

(5)供货时间

了解采购商品的运货时间及结算资金占用情况等。

(6)采购费用

商品采购除了涉及商品质量、价格,还包括采购费用,如运输费、保管费等。比较不同供应商、对比不同地区的进货成本和进货费用,选择采购成本最低的供应商供货。

(7)售后服务

将不同供应商的服务项目和服务质量进行对比,从本身的采购需求出发选择供应商。供应商有良好的服务意识是采购者对供应商的一个比较普通的要求。在市场经济环境下,没有服务意识的供应商是无法长久生存下去的。

3. 考察选择供应商

(1)研究供应商

每个供应商都想把自己的产品尽快地推销出去。供应商通常会印制一些精美的图表画册等宣传资料,作为企业的一种宣传策略。为了获得更多的订单,供应商会把介绍自己企业的资料提供给有采购意向的商场。这样,采购员就会拥有大量的供应商资料。这就需要采购员仔细研究各个供应商提供的宣传材料,大致确定可以进行进一步接触的供应商。

（2）进行实地考察

为了更好地了解供应商的情况，如果有可能的话采购员应该对供应商进行实地考察。这样做的目的一方面是要减少供应链中不必要的中间环节；另一方面是要更真实地了解供应商的实力。实地考察供应商的代价很高，因此只有在进行大量的、高价值的商品采购时才会实施。

（3）通过各种渠道了解供应商

采购员可以充分利用拥有的人力资源访问曾经隶属该企业但现在已经离开的企业员工，向他们了解供应商的实际情况。这种方法所获得的信息甚至比实地考察更有价值，但是使用该方法时要避免触犯法律，避免被人认为是搞不正当竞争。

第三节 商品采购实务

一、制定商品经营目录

（1）商品经营目录是零售企业或商品经营部（组）所经营的全部商品品种的目录，是企业组织进货的指导性文件。

（2）零售企业制定商品经营目录，是根据目标市场需求和企业的经营条件，具体列出各类商品经营目录，借以控制商品采购范围，确保主营商品不脱销，辅营商品花色、规格、式样齐全，避免在商品采购上的盲目性。

（3）零售企业的商品经营目录并不是一成不变的，也根据市场需求变化和企业经营能力适当进行调整。调整中可依据商品销售数据进行分析哪些种类的商品销售下降，如果较长时间内无销售记录，可逐渐筛选淘汰。如果有些商品销售上升，可适当增加经营品种和采购数量。商场还应经常开展市场调研预测，分析市场需求变化趋势，了解新产品开发情况，根据企业条件，增加市场前景好的商品经营。在深入研究市场发展变化、总结自身经营状况的基础上，适当调整商品经营目录，是商场改善经营的重要手段。

二、合理选择采购渠道

零售企业采购渠道多种多样，如何从中进行选择呢？我们换个角度来分析。零售企业的供货渠道可以分为三个方面：一是企业自有供货者；二是原有的外部供货者；三是新的外部供货者。

1. 企业自有供货者

有些零售企业自己附设加工厂或车间，有些企业集团设有商品配送中心。这些供货者是零售企业首选的供货渠道。

零售企业按照市场需要，组织附属加工厂加工或按样生产，自产自销，既是商品货源渠道，又有利于形成企业经营特色。有些商品如时装、针织品；鞋帽，市场花色、式样变化快，从外部进货，批量大、时间长，不能完全适应市场变化。而从加工厂或车间加工定做，产销衔接快，批量灵活。有些商场加工定做的时装品牌也有较高的知名度和市场影响，成为吸引客流,扩大销售的有力手段。

2. 原有的外部供货者

零售企业与经常联系的一些业务伙伴,经过多年的市场交往,对这些单位的商品质量、价格、信誉等比较熟悉了解,对方也愿意与商场合作,遇到困难双方能相互支持。因此,可成为企业稳定的商品供应者。

零售企业稳定的外部供应者来自各个方面,既有生产商,又有批发商,还有专业公司等。在选择供货渠道时,原有的外部供货者应优先考虑,这一方面可以减少市场风险;另一方面又可以减少对商品品牌、质量的担忧,还可以加强协作关系,与供货商共同赢得市场。

3. 新的外部供货者

由于零售企业业务扩大,市场竞争激烈,新产品不断出现,企业需要增加新的供货者。选择新的供货者是商品采购的重要业务决策,要从以下方面做比较分析。

(1)货源的可靠程度。主要分析商品供应能力和供货商信誉。包括商品的花色、品种、规格、数量能否按企业的要求按时保证供应,信誉好坏,合同履约率等。

(2)商品质量和价格。主要是供货商品质量是否符合有关标准,能否满足消费者的需求特点,质量档次等级是否和企业形象相符,进货价格是否合理,毛利率高低,预计销售价格消费者能否接受,销售量能达到什么水平,该商品初次购进有无优惠条件、优惠价格等。

(3)交货时间。采用何种运输方式,运输费用有什么约定,如何支付,交货时间是否符合销售要求;能否保证按时交货。

(4)交易条件。供货商能否提供供货服务和质量保证服务,供货商是否同意零售企业售后付款结算,是否可以提供送货服务、提供现场广告促销资料和费用,供货商是否利用本地传播媒介进行商品品牌广告宣传等。

为了保证货源质量,零售企业商品采购必须建立供货商资料档案,并随时增补有关信息,以便通过信息资料的比较对比,确定选择供货商。

三、购货洽谈、签订合同

在对供货商进行评价选择的基础上,采购人员必须就商品采购的具体条件进行洽谈。在采购谈判中,采购人员要就购买条件与对方磋商,提出采购商品的数量、花色、品种、规格要求,商品质量标准和包装条件,商品价格和结算方式,交货方式,交货期限和地点也要双方协商,达成一致,然后签订购货合同。一般情况下,商品采购合同应包括以下主要内容。

(1)货物的品名、品质规格;

(2)货物数量;

(3)货物包装;

(4)货物的检验验收;

(5)货物的价格,包括单价、总价;

(6)货物的装卸、运输及保险;

（7）贷款的收付；

（8）争议的预防及处理。

签订购货合同,意味着双方形成交易的法律关系,应承担各自的责任义务。供货商按约交货,采购方支付货款。

四、采购的控制

控制好采购环节是实现经营计划目标的重要手段,控制好采购环节就等于控制住了商品流通的起点和源头。

1. 采购控制的目标

采购计划是达到经营目标的依据,因此在采购计划的制订中要控制好经营目标值、市场份额值和赢利值和赢利率,一般可考虑以下集中控制的方法。

（1）采购计划的制订要细分,落实到商品的小分类,对一些特别重要的商品甚至要落实到品牌商品的计划采购量,采购计划要细分到小分类,其意图就是控制好商品的结构,使之更符合目标顾客的需求。同时采购计划的小分类细分也是对采购业务人员的业务活动给出了一个范围和制约。

（2）如果把促销计划作为采购计划的一部分,那么在与供应商签订年度采购合同之前,就要要求供应商提供下一年度的产品促销计划与方案,以便我们在制订促销计划时参考。必须认识到零售企业的促销活动,实际上是一种对供应商产品的促销动员、促销组合。还必须认识到在制订采购计划时要求供应商提供下一个年度新产品上市计划和上市促销方案是制订新产品开发计划的一部分。

2. 采购考核的指标体系

对采购的控制除了采购计划的控制外,还有与供应商进行交易的制度计划（供应商文件）、采购组织机构控制和采购程序控制。但在日常具体的采购业务活动中,还必须建立考核采购人员的指标体系对采购进行细化的控制。采购考核指标体系一般可由以下指标所组成。

（1）销售额指标

销售额指标要细分为大分类商品指标、中分类商品指标、小分类商品指标及一些特别的单品项商品指标。应根据不同的业态模式中商品销售的特点来制定分类的商品销售额指标比例值。

（2）商品结构指标

商品结构指标是以体现业态特征和满足顾客需求度为目标的考核指标。例如,对一些便利店连锁公司的商品结构进行研究发现,反映便利店业态特征的便利性商品只占8%,公司自有品牌商品占2%,其他商品则高达80%。为了改变这种商品结构,就要从指标上提高便利性商品和自有商品的比重,并进行考核,通过指标的制定和考核可同时达到两个效果。

第一,在经营的商品上业态特征更明显。

第二,高毛利的自有品牌商品比重上升,从而增强了竞争力和赢利能力。

（3）毛利率指标

根据零售企业品种定价的特征，毛利率指标首先是确定一个综合毛利率的指标，这个指标的要求是反映零售企业的业态特征，控制住毛利率，然后分解综合毛利率指标，制定不同类别商品的毛利率指标并进行考核。毛利率指标是对采购业务人员考核的出发点，是让低毛利商品类采购人员通过合理控制订单量来加快商品周转，扩大毛利率，并通过与供应商谈判加大促销力度扩大销售量，增大供应商给予的折扣率，扩大毛利率。对高毛利率商品类的采购人员，促使其优化商品品牌结构做大品牌商品销售量，或通过促销做大销售量扩大毛利率，要明白一个道理，零售企业毛利率的增加，很重要的一个途径就是通过促销做大销售量，然后从供应商手中取得能提高毛利率的折扣率。

（4）库存商品周转天数指标

库存商品周转天数指标主要是考核配送中心库存商品和门店存货的平均周转天数。通过这一指标可以考核采购业务人员是否根据店铺商品的营销情况，合理地控制库存，以及是否合理地确定了订货数量。

（5）门店订货商品到位率指标

门店订货商品到位率指标一般不能低于98%，最好是100%。这个指标考核的是，门店向总部配送中心订货的商品与配送中心库存商品可供配的接口比例。这个指标的考核在排除总部其他部门的工作因素后除了特殊原因外，主要落实在商品采购人员身上。到位率低就意味着门店缺货率高，必须严格考核。

（6）配送商品的销售率指标

门店的商品结构、布局与陈列量都是由采购业务部制定的，如果配送到门店的商品销售率没有达到目标，可能是商品结构、商品布局和陈列量不合理。对一些实行总部自动配送的企业来说，如果配送商品销售率低，可能还关系到对商品最高与最低陈列量的上、下限是否合理。

（7）商品有效销售发生率指标

在零售企业中有的商品周转率很低，为了满足消费者一次性购足的需要和选择性需要，这些商品又不得不备，但如果库存准备的不合理损失就很大。商品有效销售发生率就是考核配送中心档案商品（档案目录）在门店 POS 机中的销售发生率。若低于一定的发生率，说明一些商品为无效备货，必须从目录中删除出去并进行库存清理。

（8）新商品引进率指标

为了保证各种不同业态模式零售企业的竞争力，必须在商品经营结构上进行调整和创新，使用新商品引进率指标就是考核采购人员的创新能力，对新的供应商和新商品的开发能力，这个指标一般可根据业态的不同而分别设计。若便利店的顾客是新的消费潮流的创造者和追随者，其新商品的引进力度就要大，一般一年可达 60%～70%。当一年的引进比例确定后，要落实到每个月，当月完不成下一个月必须补上。例如，年引进新商品比率为 60%，每月则为 5%，如当月完成 3%，则下月必须达到 7%。

（9）商品淘汰率指标

由于门店的卖场面积有限，又由于必须不断更新结构，当新商品按照考核指标不断引进时，就必须制定商品的淘汰率指标，一般商品淘汰率指标可比新商品引进率指标低

10%左右,即每月低1%左右。

(10)通道利润指标

零售企业向供应商收取一定的通道费用,只要是合理的就是允许的,但不能超过一定的限度,以致破坏了供商关系,偏离了连锁经营的正确方向。客观而言,在零售企业之间价格竞争之下,商品毛利率越来越低,在消化了营运费用之后,利润趋向于零也不是不可能的,由此,通道利润就成为一些连锁超市公司的主要利润来源,这种状况在一些竞争激烈的地区已经发生。一般通道利润可表现为进场费、上架费、专架费、促销费等,对采购人员考核的通道利润指标不应在整个考核指标体系中占很大比例,否则会把方向领偏,通道利润指标应更多体现在采购合同与交易条件之中。

五、新商品引进与滞销商品淘汰管理

1. 新商品引进管理

新商品引进是零售企业经营活力的重要体现,是保持和强化公司经营特色的重要手段,是零售企业创造和引导消费需求的重要保证,是零售企业商品采购管理的重要内容。

(1)新商品的概念

市场营销观念认为,产品是一个整体概念,包括三个层次:一是核心产品,即顾客所追求的基本效用和利益;二是实体产品,如品质、款式、品牌、包装等;三是附加产品,如售后的运送、安装、维修保证等服务。只要是产品整体概念中任何一部分的创新、变革与调整,都可称为新产品。不仅新发明创造的产品是新产品,像改进型产品、新品牌产品、新包装产品都可称为新产品。当然,新产品的核心就是整体产品概念中的核心产品,即能给消费者带来新的效用和利益的那部分内容,它也是零售企业引进新产品必须遵循的原则。

(2)新商品引进的组织与控制

在零售企业中,新商品引进的决策工作由公司商品采购委员会做出,具体引进的程序化操作由相关商品部负责。

新商品引进的控制管理关键是建立一系列事前、事中和事后的控制标准。

◎事先控制标准。例如,零售企业采购业务人员应在对新引进商品市场销售前景进行分析预测的基础上,确定该新引进商品能给企业带来的既定利益,这一既定利益可参照目前企业从经营同一类畅销商品所获得利益或新品所替代淘汰商品获得的利益,如规定新引进商品在进场试销的 3 个月内,销售额必须达到目前同类畅销商品销售额的 80% 或至少不低于替代淘汰商品销售额。方可列入采购计划的商品目录之中。

◎事中控制标准。例如,在与供应商进行某种新商品采购业务谈判过程,要求供应商提供该商品详细、准确、真实的各种资料,提供该商品进入连锁超市销售系统后的促销配合计划。

◎事后控制标准。例如,负责该新商品引进的采购业务人员,应根据新商品在引入卖场试销期间的实际销售业绩(销售额、毛利率、价格竞争力、配送服务水平、送货保证、促销配合等)对其进行评估,评估结果优良的新商品可正式进入销售系统,否则中断试销,不予引进。

需附带指出的是：随着市场经济的发展，统一开放的市场体系正逐步形成，与之相适应，打破地区界限，对全国各地的"名、特、优、新"商品实行跨地区采购，已成为国内零售企业探索的新模式，它必将推动超市公司商品结构的不断更新，更好地呈现零售企业的经营特色，更大程度地满足消费者需要。目前，我国绝大多数零售企业在商品的经营上缺乏特色，这与新商品的引进和开发力度不大，缺乏体现零售业态的新品采购标准有关，但从根本上说，对消费需求的动态变化缺乏研究是根本原因。另外，零售企业过高的进场费也阻挡了一大批具有市场潜力的新商品的进入，需要引起高度重视。没有新的商品，零售企业就没有活力和新鲜感，就没有经营特色和缺乏对顾客的吸引力。

2. 滞销商品淘汰管理

由于零售卖场空间和经营品种有限，所以每导入一批新商品，就相应地要淘汰一批滞销商品，滞销商品可看做是零售企业经营的毒瘤，直接侵蚀零售企业的经营效益。选择和淘汰滞销商品，成为零售企业商品管理的一项重要内容。

（1）滞销商品的选择标准

滞销商品的选择标准主要有以下几方面。

◎销售额排行榜。根据本企业 POS 系统提供的销售信息资料，挑选若干排名最后的商品作为淘汰对象，淘汰商品数大体上与引入新商品数相当。以销售排行榜为淘汰标准，在执行时要考虑两个因素：一是排行靠后的商品是否是为了保证商品的齐全性才采购进场的；二是排行靠后的商品是否是由于季节性因素才销售欠佳。如果是这两个因素造成的滞销，对其淘汰应持慎重态度。

◎最低销售量或最低销售额。对于那些单价低、体积大的商品，可规定一个最低销售量或最低销售额，达不到这一标准的，列入淘汰商品，否则会占用大量宝贵货架空间，影响整个卖场销售。实施这一标准时，应注意这些商品销售不佳是否与其布局与陈列位置不当有关。

◎商品质量。对被技术监督部门或卫生部门宣布为不合格商品的，理所当然应将其淘汰。

对于零售企业来说，引进新商品容易，而淘汰滞销商品阻力很大，因为相当一部分滞销商品当初是通过不正规渠道进入卖场的。为了保证零售企业经营高效率，必须严格执行标准，将滞销商品淘汰出零售卖场。一个经验型的建议是，如果新品引进率不正常地大大高于滞销品淘汰率，那么采购部门的不廉洁采购是可以确定的。

（2）商品淘汰的作业程序

◎列出淘汰商品清单，交采购部主管确认、核实、批准。

◎统计出各个门店和配送中心所有淘汰商品的库存量及总金额。

◎确定商品淘汰日期。零售企业最好每个月固定某一日期为商品淘汰日，所有门店在这一天统一把淘汰商品撤出货架，等处理。

◎淘汰商品的供应商贷款抵扣。到财务部门查询被淘汰商品的供应商是否有尚未支付的贷款，如有，则做淘汰商品抵扣货款的会计处理，并将淘汰商品退给供应商。

◎选择淘汰商品的处理方式。

◎将淘汰商品记录存档,以便查询,避免时间长或人事变动等因素将淘汰商品再次引入。

3. 退货的处理方式

退货的处理方式是滞销商品淘汰的核心问题之一。

传统的退货处理方式主要有以下两种:一是总部集中退货方式,即将各门店所有库存的淘汰商品,集中于配送中心,连同配送中心库存淘汰商品一并退送给供应商;二是门店分散退货方式,即各门店和配送中心各自将自己的库存淘汰商品统计、撤架、集中,在总部统一安排下,由供应商直接到各门店和配送中心取回退货。传统退货处理方式是一种实际退货方式,其主要缺陷是花费零售商和供应商大量的物流成本。

为了降低退货过程中的无效物流成本,目前零售企业通常采取的做法是在淘汰商品确定后,立即与供应商进行谈判,商谈2个月或3个月后确定退货处理方法,争取达成一份退货处理协议,按以下两种方式处理退货:一是将该商品做一次性削价处理;二是将该商品作为特别促销商品。

这种现代退货处理方式为非实际退货方式(即并没有实际将货退还给供应商),它除了具有能大幅度降低退货的物流成本的优点之外,还为零售企业促销活动增添了更丰富的内容。需要说明的是:

(1)选择非实际退货方式还是实际退货方式的标准,削价处理或特别促销的损失是否小于实际退货的物流成本。

(2)采取非实际退货方式,在签订的《退货处理协议》中,要合理确定零售企业和供应商对价格损失的分摊比例,零售企业切不可贪图蝇头小利而损害与广大供应商良好合作的企业形象和信誉。

(3)标明保质期是消费者选择购买商品的重要因素,零售企业与供货商之间也可参照淘汰商品(虽然该商品本身不属于淘汰商品)的非实际退货处理方式,签订一份长期《退货处理协议》,把即将到达或超过保质期的库存商品的削价处理或特别促销处理的办法纳入程序化管理轨道。

(4)如果退货物流成本小于削价处理损失,而采取实际退货处理方式时,零售企业要对各门店退货撤架及空置陈列货架的调整补充进行及时统一安排,保证衔接过程的连续性。

六、供货商的管理规定

零售企业对供应厂商的管理规定由以下两方面组成。

1. 供货业务管理规定

(1)零售企业的主要功能是供给消费者日常生活用品,满足其每日生活之需,因此商品的周转速度较快,为了保证商品的充分供应,就必须要求供应商供货准时。这就要对供应商在商品的配送方式、配送时间、配送地点和送货次数等方面作出规定,并在确定采购时就与供应商订立协议,明确规定供应商违反规定所负的责任。

(2)供应商的供货,如发生缺货现象,就会影响到零售企业的生意。为此对供应商的缺货的制约要作出规定,如缺货率不得超过5%,超过规定,厂商要做出补偿,这种规定要以厂商订立的协议为执行的依据。

（3）采购业务不可能对厂商提供的几千种甚至上万种商品的质量做出判断，因此在确定采购时要对厂商做出商品质量的有关规定。例如，要厂商出示有关部门签发的商品准产证、商品质量鉴定书等，并要求厂商对商品质量做出法律上的承诺。

（4）供应商的供应价格如果总是变化，对企业经营是十分不利的，一般要求供应商的供货价格在一个相当的时间内保持稳定，如果由于生产成本、市场变化等因素价格必须要做出调整，必须规定厂商在价格调整时有一定的程序。例如，规定厂商在商品价格调整时，要在调整价格生效两星期前事先通知进货方为有效，或在调价时，仍维持一段时间的原有价格的商品供应数量，以保证零售企业采购部门有时间做出相应调整，不致措手不及。

（5）商品的采购，进货方支付给厂商货款的天数是一种公认的交易条件，但也必须对支付贷款给厂商的方式作出规定。例如，与厂商的商品货款的对账应定在每月的哪一天，付款日定在哪一天，付款采取什么方式都要做出明确规定。

（6）对供应厂商的资料管理，是零售企业采购业务管理的重要环节。

2. 供应商资料管理

供应商的资料管理可做出以下 6 个方面的分类。

（1）对供应商进行分类并确定编号。供应商的分类是按照零售企业经营的商品类别来进行的，再依商品的类别来确定供应商的编号，如饮料商品的编号是 3，就可以对各饮料供应商编成 3001 号码……来进行识别管理，零售企业应给每个供应商的每个商品确定编号或代码，以利于进行计算机化管理。

（2）对供应商的基本资料建立档案进行管理。例如将供应商的名称、住所、负责人、电话、营业执照登记号、供应商品的种类、年销售额等建立资料档案，以便管理。

（3）设立厂商商品台账进行管理，对每个厂商供应的商品的进价、售价、规格、数量和毛利率等商品资料设立台账，特别要注意的是，台账除了记录厂商供货给本公司的以上商品资料，最好也能记录供货给其他公司，尤其是主要竞争对手的商品资料。

（4）对每家厂商供应给本企业的所有商品的销售实绩逐月做出统计，包括金额、数量和毛利额，以此作为判定该厂商供货优劣的依据，作为以后订货谈判的讨价筹码。

（5）对供应商的商誉也必须进行调查并建立档案。

（6）对供应商的优劣要做出鉴定和评价，以便对其进行分类的管理，一般可运用ABCD分类法来对厂商进行管理。A 级厂商可由采购部经理或业务主管亲自进行管理。

七、遏制采购腐败

（1）绩效考核不但是调动员工积极性的主要手段，而且是防止业务活动中非职业行为的主要手段，在采购管理中也是如此。可以说，绩效考核是防止采购腐败的最有力的武器。好的绩效考核可以达到这样的效果：采购人员主观上必须为企业的利益着想，客观上必须为企业的利益服务，没有为个人谋利的空间。

（2）如何对采购人员进行绩考核？跨国公司有许多很成熟的经验可以借鉴，其中的精髓是量化业务目标和等级评价。在年中和年初（或年底）跨国公司都会集中进行员工的绩效考核和职业规划设计。针对采购部门的人员,就是对采购管理的业绩回顾评价和未来的目标制定。在考核中,交替运用两套指标体系,即业务指标体系和个人素质指标体系。

(3)业务指标体系主要包括:

◎采购成本是否降低? 卖方市场的条件下是否维持了原有的成本水平?

◎采购质量是否提高? 质量事故造成的损失是否得到有效控制?

◎供应商的服务是否增值?

◎采购是否有效地支持了其他部门,尤其是生产部门?

◎采购管理水平和技能是否得到提高?

当然,这些指标还可以进一步细化。例如,采购成本可以细化为购买费用、运输成本、废弃成本、订货成本、期限成本、仓储成本等。把这些指标一一量化,并同上一个半年的相同指标进行对比所得到的综合评价,就是业务绩效。

(4)在评估完成之后,将员工划分成若干个等级,或给予晋升、奖励,或维持现状,或给予警告或辞退。可以说,这半年一次的绩效考核与员工的切身利益是紧密联系在一起的。

(5)对个人素质的评价相对就会灵活一些,因为它不仅包括现有的能力评价,还包括进步的幅度和潜力。主要内容包括:谈判技巧、沟通技巧、合作能力、创新能力和决策能力等。这些能力评价都是与业绩的评价联系在一起的,主要是针对业绩中表现不尽如人意的方面,如何进一步在个人能力上提高。为配合这些改进,那些跨国公司为员工安排了许多内部的或外部的培训课程。

(6)在绩效评估结束后,安排的是职业规划设施。职业规划设施包含下一个半年的主要业务指标和为完成这些指标所需要的行动计划。这其中又有两个原则:第一是量化原则,这些业务指标能够量化的尽量予以量化,如质量事故的次数、成本量、供货量等。第二是改进原则,在大多数情况下,仅仅维持现状是不行的,必须在上一次的绩效基础上有所提高,但提高的幅度要依具体情况而定。

第四节 商品采购执行规范

一、商品采购操作规范

1. 采购人员行为规范

(1)熟悉分管商品的基本知识、质量标准、特点和市场的需求,熟练掌握商品采购的操作流程,有较扎实的商品采购基本功。

(2)善于捕捉经济信息,掌握一定的谈判技巧,能妥善协调各种公共关系,应变能力强。

(3)思想端正、作风正派,不谋私利,不徇私情,能自觉抵制不正之风。

2. 货源选择规范

(1)应建立合格供应商及产品名单,优先采购名单上的产品,采购前应进行市场调研和质量分析,优先选择功能先进、设计合理、质量优良、安全可靠的产品,对采购名单外的商品应进行审查认可。

(2)采购时应优先选择货源

◎名、特、优产品和性能先进、质量可靠的新产品。

◎国家定点厂家生产的产品。

◎充分证明其质量优良或顾客反映好的产品。

◎通过国际和国家认证的产品。

◎权威部门推荐的产品。

◎按国际标准组织生产的产品。

◎实施生产许可证管理,并已取得生产许可证的产品。

(3)货源采购商品时应特别谨慎

◎不能及时提供有关合法性证明的。

◎不能提供一个或少数产品样品和样本来证明其产品质量的。

◎不能提供充分的质量证明表明其质量状况的。

(4)采购员对供应商及其产品质量不了解时,应对其进行实地重点考察。

◎供应商生产的合法性,查看有关执照、许可证等。

◎必要时,采购员还应对生产条件、设备、生产过程进行考察,查看生产流程。

◎索要产品标准,查其合法性,了解其水平的高低。

◎对产品质量检验设备进行考察,包括对检验记录规范性的验证。

◎了解企业产品质量体系及其运转情况。

二、商品采购合同管理规范

1. 采购合同的内容

零售企业采购合同的条款构成了采购合同的内容,应当在力求具体明确、便于执行、避免发生纠纷的前提下,具备以下主要条款。

(1)商品的品种、规格和数量。商品的品种应具体,避免使用综合品名,商品的规格应规定颜色、式样、尺码和牌号等,商品的数量多少应按国家统一的计量单位标出。必要时,可附上商品品种、规格、数量明细表。

(2)商品的质量和包装。合同中应规定商品所应符合的质量标准,注明是国家标准或部颁标准。无国家标准和部颁标准的应由双方协商凭样订货。对于副、次品应规定出一定的比例,并注明其标准。对实行保换、保修、保退办法的商品,应写明具体条款。对商品包装材料、包装式样、规格、体积、重量、标志及包装物的处理等,均应有详细规定。

(3)商品的价格和结算方式。合同中对商品价格的规定要具体,规定作价的办法和变价处理的办法,规定对副品、次品的扣价办法,规定结算方式和结算程序。

(4)交货期限、地点和发送方式。交货期限要按照有关规定,并考虑双方的实际情况、商品特点和交通运输条件等确定。同时,应明确商品的发送方式。

(5)商品验收办法。合同中要具体规定在数量上验收和在质量上验收商品的办法、期限和地点。

（6）违约责任。签约一方不履行合同,违约方应负物质责任,赔偿对方遭受的损失。在签订合同时,应明确规定,供应者有以下3种情况时应付违约金或赔偿金。

◎未按合同规定的商品数量、品种、规格供应商品。

◎未按合同中规定的商品质量标准交货。

◎逾期发送商品。购买者有逾期结算货款或提货、临时更改到货地点等情况,应付违约金或赔偿金。

（7）合同的变更和解除条件。在什么情况下可变更合同或解除合同,什么情况下不可变更合同或解除合同,通过什么手续来变更合同或解除合同等情况,都应在合同中予以规定。

除此之外,采购合同应视实际情况,增加若干具体的补充规定,使签订的合同更切实际,更有效力。

2. 采购合同签订规范

（1）采购合同签订的原则

◎合同的当事人必须具备法人资格。这里的法人,是指有一定的组织机构和独立支配财产,能够独立从事商品流通活动或其他经济活动,享有权利和承担义务,依照法定程序成立的企业。

◎合同必须合法。也就是必须遵照国家的法律、法令、方针和政策签订合同,其内容和手续应符合有关合同管理的具体条例和实施细则的规定。

◎必须坚持平等互利,充分协商的原则签订合同。

◎当事人应当以自己的名义签订经济合同。委托别人代签,必须要有委托证明。

◎采购合同应当采用书面形式。

（2）采购合同的签订程序。签订合同的程序是指合同当事人对合同的内容进行协商,取得一致意见,并签署书面协议的过程。一般有以下5个步骤。

◎订约提议,是指当事人一方向对方提出的订立合同的要求或建议,也称要约。订约提议应提出订立合同所必须具备的主要条款和希望对方答复的期限等,以供对方考虑是否订立合同。提议人在答复期限内不得拒绝承诺。

◎接受提议,是指提议被对方接受,双方对合同的主要内容表示同意,经过双方签署书面契约,合同即可成立,也称承诺。承诺不能附带任何条件,如果附带其他条件,应认为是拒绝要约,而提出新的要约。新的要约提出后,原要约人变成接受新的要约的人,而原承诺人成了新的要约人。实践中签订合同的双方当事人,就合同的内容反复协商的过程,就是要约→新的要约→再要约→……直到承诺的过程。

◎填写合同文本。

◎履行签约手续。

◎报请签证机关签证,或报请公证机关公证。

有的经济合同,法律规定还应获得主管部门的批准或工商行政管理部门的签证。对没有法律规定必须签证的合同,双方可以协商决定是否签证或公证。

3. 零售企业采购合同的管理

采购合同的管理应当做好以下几方面的工作。

（1）加强零售企业采购合同签订的管理。加强对采购合同签订的管理，一是要对签订合同的准备工作加强管理。在签订合同之前，应当认真研究市场需要和货源情况，掌握零售企业的经营情况、库存情况和合同对方单位的情况，依据本企业的购销任务，收集各方面的信息，为签订合同、确定合同条款提供信息依据。二是要对签订合同过程加强管理，在签订合同时，要按照有关合同法规规定的要求，严格审查，使签订的合同合理合法。

（2）建立合同管理机构和管理制度，以保证合同的履行。零售企业应当设置专门机构或专职人员，建立合同登记、汇报检查制度，以统一保管合同、统一监督和检查合同的执行情况，及时发现问题，采取措施，解决纠纷，保证合同的履行。同时，可以加强与合同对方的联系，密切双方的协作，以利于合同的顺利实现。

（3）处理好合同纠纷。当经济合同发生纠纷时，双方当事人可协商解决。协商不成，可以向国家工商行政管理部门申请调解或仲裁，也可以直接向法院起诉。

（4）信守合同。合同的履行情况好坏，不仅关系到企业经营活动的顺利进行，而且也关系到企业的声誉和形象。

三、商品补充规范

经过前一天的销售，货架、柜台等处所陈列的商品，会出现不丰满、不全或缺档的现象，营业员必须及时进行补货。要求库有柜有，出样齐全。营业员要依据往常货柜、货架的容量和往日的销售量，尽量补足商品。如果出现急缺货或断货，营业员要通知采购部门及时采购商品。

1. 做好某些商品的拆包分装工作

（1）有些商品，从小库搬出后不能直接摆入柜台或货架，因此，必须先拆包、拆篓，甚至还需组装、分装、挑选等。

（2）营业员要依据当地顾客的购买习惯、消费习惯及经营规律，将续补商品整理好，或拆去包装、拆捆，或装组配套，分装，或拆零。若需挑选、分级的商品，还要进行挑选、分级工作。

2. 将续补商品上柜上架摆放好

（1）一般情况下，依往日摆放的样子，缺了什么补什么，缺了多少补多少，将续补商品摆放回原来的位置。

（2）营业员要本着丰满、整洁、美观、大方及便于选购的原则，对摆放不当的，应做合理的调整。

（3）营业员要注意将当日热销商品陈列在显眼的位置上。

（4）在商品上架时，营业员要根据各种商品不同的特点和出售的情况，采取掀起、抹、烫、装等不同的方法对商品进行整理，使商品清洁、美化，整体美观。这样，可以招徕顾客，利于销售。

3. 检查营业员在整理商品的同时,要认真检查商品质量。若发现破损、霉变、腐烂或弄脏的商品,应及时剔除或处理,以维护顾客的利益和企业的良好形象。

四、送货服务规范

送货是指由售货单位为购买笨重或体积庞大商品的顾客提供方便,负责将其运送到家,这种服务方式在售后服务之中称为送货服务或送货上门。对许多顾客来说,送货上门,往往对他们具有一定的吸引力。

根据零售企业服务礼仪的规范,应为顾客提供送货服务,需要在以下五个方面慎之又慎,好上加好。如果在其中某一个方面出现差错,就会对售后服务甚至整个服务过程造成损害。

1. 要遵守承诺

提供送货服务,通常在售货服务进行之中,即明文公告或由营业员口头告诉顾客。不论是明文公告还是口头相告,均应将有关的具体规定,如送货区域、送货时间等一并告知对方,并且必须言而有信,认真兑现自己的承诺。

2. 要有专人负责

一般情况下,零售企业大体上都应当由指定的专人为顾客提供送货服务。在规模较大的零售企业里,还往往需要组织专门的送货人员与送货车辆。即使雇请外单位人员负责代劳,也要与之签订合同,以分清彼此之间的责任,并要求对方认真地做好送货服务工作。

3. 免收费用在正常情况之下,零售企业为顾客所提供的送货服务,是不应额外加收任何服务费用的。如果顾客对于送货提出了某些特定的要求,如进行特殊包装、连夜送货上门或与顾客达成协议。这一费用一经议定,不得随便进行升降。

4. 按时送达

送货上门,讲究的是尽快早。因此,零售企业服务人员通常应当尽一切可能,使自己的送货服务当时进行,或者当天进行。一时难以做到的话,也要争取越快越好。对于自己已承诺的送货时间,则一定要严格遵守。若无特殊困难,必须在规定的时间内准时为顾客送货到家。

5. 确保安全

有关人员在送货上门的过程中,应当采取一切必要的措施,确保自己运送货物的安全。假如在送货期间货物出现问题,应由销售单位负责理赔。根据惯例,送货到家之后,应请顾客对其开箱进行验收检查,然后正式签收。

五、商品验收管理规范

仓管员和理货员应对本企业所进货物严格按《商品质量验收标准》进行检验。

1. 合格证检查

检查产品是否有合格证,证上是否有检验机构和检验员签章。

2. 清点检查

重点检查商品数量、包装质量及其完好性。

3. 抽样检查

抽样应按相应验收标准,采用随机抽取法取出代表样进行检查。

4. 索取有关质量证明

按"随货同行证书的管理程序"操作,向供应商索取有关质量证明,如进口食品卫生证书、进口药品检验报告书、质量保证书等,并与采购订单的内容进行对照,检查是否一一对应,准确无误。索取证书应及时传指定分店质检员存档,按"随货同行证书的存档操作流程"进行管理。

5. 标志、包装检查

对所抽样品进行标志检查时,严格按照《商品质量验收标准》进行检查验收。检查包装是否牢固,是否可能因包装不良而使商品受损及包装本身是否受损。

6. 对有使用期限的商品进行检查

应重点检查有使用期限商品的生产日期、进货日期是否符合《商品质量验收标准》的规定。

7. 感官检查

对商品进行感官检查,根据标准或经验判定产品质量。

六、购进商品的处理规范

(1)商品通常从供应商处运送至仓库,供储存和分配,或者直接运送到零售店的销售货架上。不同规模的零售商有不同的处理方法:连锁经营集中采购的零售商,大部分商品由供应商首先送到中央仓库,进行必要的入库处置,选入仓库,按 POS 系统分配到各零售店;生鲜、肉、禽等鲜活易腐烂商品则由各供应商直接送到连锁经营的各门店上柜台;独立零售商的货物由供应商直接送到各门店验收。

(2)将价格和存货信息标记在商品上。价格和存货标记可通过多种方式完成,小零售企业可能以手工方式标价和记录存货。大型零售商使用自己的计算机生成价格标签,同时依靠包装上印刷的条形码数据保持存货记录。

(3)商品陈列及现场存货数量和品种的多少取决于零售商的规模大小和商店的类型。超市一般利用货箱和货架陈列商品,大多数存货都放置在销售现场。传统百货商店采用各种各样的场内陈列,大多数存货都放置在仓库,而不是销售现场。

(4)处理退货和损坏商品的程序也是必不可少的。特别是零售商必须确定由哪方负责顾客的退货,并制定有关回收损坏商品并负责退款或换货的条款。对于这部分内容,在前面与供应商谈判时提到,要特别写进合同条款中,虽然涉及的这部分商品款和商品数量都不大,但极易产生纠纷,影响零售商与供应商的合作关系。

(5)由于偷窃行为的存在,监视和减少货物失窃成了商品处置过程的一个重要方面,而且其重要性正在急速上升。目前在中国,由于法律原因,以及人们的素质普遍还不是很高,加上商店的商品大部分实行开架销售,如果增加检验装置和加派防损人员就要增加零售企业的营运支出,而在处置偷窃商品行为时,由于受现场管理和防损人员的水平和素质所限,又极易造成对商店的负面影响甚至导致诉讼。因此,越来越多的零售企业已采取积极的防窃行动来解决这个问题。

(6)商品控制包括估计收入、利润、周转率、存货短缺、季节性及零售商经营的每种商品或每件商品/服务的成本。为了达到控制商品的目的,零售商需建立和保持书面的存货数据、定期清点实物存货、核对书面商品存货数字的准确性。

七、商品退换操作规范

1. 商品退换的一般规定

商品退换是经常发生的现象,是零售企业售后服务的重要内容。正确处理售后商品的退换,有助于零售企业服务质量的提高,以体现对消费者认真服务的精神,有利于取得消费者对企业的信任。

2. 退换的一般原则

退换的一般原则如下。

(1)一般来说,只要商品不残、不脏、不走样、没有使用过、不影响出售的,均可以退换。

(2)有些商品,如服装,虽然顾客试穿过,但商品质量确实没有问题,也应予以退换。

(3)过期失效、残损变质、称量不足的商品未经检查过而卖出去的,一律予以退换。

(4)精度较高的商品,如果能鉴别出确属质量不佳,可以根据具体情况,灵活掌握。

(5)对不能退换的商品,如果顾客要求代卖,可根据实际情况,帮助顾客解决困难,按商品的残损程度削价出售。

(6)营业员对待商品退换问题应当有正确的认识,既要认真做好商品进销过程的各项工作,保证出售商品数量准确、质量完好,并实事求是地宣传介绍,使消费者买到适合需要的商品。

(7)对于不能退换的商品,在出售时应向顾客说明,尽量避免和减少商品退换情况;又要热情接待和妥善处理要求退换商品的购买者,听取消费者对商品和服务工作的意见,及时向有关部门反馈,改进企业的服务工作,促进产品适销对路和提高质量。

(8)退换商品时应按规定办理手续,加强退货管理。

八、再次购买与商品评估操作规范

1. 再次购买

对那些不止一次要采购的商品,再次购买的计划是必需的。制订这种计划时,有四个因素是关键的:订货时间和送货时间、存货周转率、财务支出、存货/订货成本。

(1)订货时间和送货时间

对于零售企业而言,发出一份订单到供应商响应直到商品出现在货架和柜台上,需要多少时间是应当明确规定的。提前送到,增加仓库的压力和管理费用;延迟送到,则出现断档缺货,影响企业的信誉。

（2）存货周转率

存货周转率是每种商品从订单开始到销售出去所需的时间，它是制定再订货商品的基础。采用计算机管理系统的大型零售企业可以自动生成。

（3）财务支出

一般而言，一次大量的采购可获得较大的折扣，但它同时带来仓库费用支出的上升，因而单纯为获得高折扣而大量采购是不明智的做法，关于这部分内容，在后面的仓库管理中会有更加详细的分析。

（4）存货/订货成本

从存货成本看，它属于仓库管理部分，在后面的仓库管理部分有详细介绍；而订货成本，则在采购环节出现。大型零售企业采用 POS 系统加 EDI 的订货方式，比较小型的企业派采购员至供应商处采购，具有高效、快捷、费用低廉的特点。

2. 商品评估

（1）建立评估机制

零售企业采用切实可行的方式，对经营商品进行分类、排名。最有效和简便的方法，是将 POS 系统设置商品销售的排名功能，每日的销售报表、月终的销售报表都可生成各类商品的销售排名，提供给市场部和采购部，供决策时使用。

（2）排名分析

POS 系统从销售数字中生成的销售商品排名，供市场部和采购部再订购和对目前经营政策分析。例如，设定对后 5 位的商品进行分析，是产品线太长、定价太高、市场不接受、功能不清楚、质量问题、太超前、已是产品生命末期，进行各项定量分析，找出真实的原因，并在找出原因的基础上，进行决策。

（3）做出对策

对于排名末位商品，一般情况下应淘汰；产品线过长的，增加消费者的选择难度，使之难以做出购买决定；价格、质量、功能方面的问题，零售商一般无能为力；对超前的商品和处于商品生命末期的商品，无法改变商品的命运；也可以选择淘汰。

◎自然淘汰：减少进货量，直到市场无消费意愿时再停止进货。

◎即刻淘汰：将所售商品从卖场撤下，退还给供应商，并不再进货。

◎捐赠：对采用经销方式进货的末位商品，在商品还有使用价值时，捐赠给社会慈善机构、社会贫困人士，让商品的使用价值得以发挥，避免给零售商造成降价的负面影响。

第6章 零售企业商品验收管理规范

第一节 商品验收管理基础

一、商品验收的基本流程

企业采购的商品送到以后,采购员还要联合其他工作人员对运抵的商品进行验收。商品验收主要可分为以下几个步骤。

1. 确定验收日期

一些货物,如机械、设备、大型电子设备装置等,往往需要到供应商处进行现场检验;有些货物,如电子元器件、轻小型物品等,供应商可把货物送到零售企业的仓库进行检验。检验日期及地点按照惯例进行,必要时由采购员临时与供应商沟通确定。

2. 通知检验人员

检验日期确定以后,将检验信息传递至检验部门之后,由部门主管根据所需货物的轻重缓急统一安排,对紧急货物要优先检验,如果检验人员常驻供应商处,则更加便利。

3. 进行检验

对商品的检验包括以下内容。

(1)检查运货车辆卫生

零售企业订购的商品运到以后,验收员首先要大概地观察一下送货车辆的卫生状况。达到规定卫生标准的予以验收,若不符合标准则不予验货,直接退回供货商。合格的可以由送货员将商品用手推车将货物与出货统一发票、附送货单一道送至验收室。

(2)详细验收货物

首先,验收人员要核对送货单上的项目与进货单的内容、规格、数量、重量等是否相符。其次,要检查商品的外包装、商品标示、日期标示等是否合乎规定。再次,检验商品的品质,不合格商品附带检验证明一起退还供货商,合格商品进入下一道程序。

4. 填写相关报表

商品检验合格后由验收人员在进货单上签字盖章,并在进货簿上做好登记。进货簿上必须详细列出进货总金额、商品名称、厂商编号、数量、规格、进货单号码及发票号码等。

5. 问题处理

对于有严重缺陷的商品,可以要求供应商换货;对于有轻微缺陷的商品,与认证人员、质量管理人员、设计工艺人员进行协商后,同时考虑生产的紧急情况,确定是否可以代用。对于偶然性的质量问题,可由检验部门或订单部门通知供应商处理;对于多次存在的质量问题,由采购人员正式向供应商发出质量改正通知书,要求供应商限期改正质量问题。

6. 入库

完成登记以后,送货员将验收人员核对完的商品直接送至仓库或是卖场,由库管或值班经理签收。

7. 复检

商品入库并不是验收作业的完成,入库商品接着还要由仓管人员或营业员做第二次验收,这样整个验收工作才算彻底完成。

二、商品验收的基本内容

1. 对单验收

为防止厂商鱼目混珠,一定要详细检查进货商品的品名、规格、数量及重量。采购的商品进入卖场后,验收人员应对照商品发货单上的商品品名、货号、花色、规格等依次逐项核对进货单与送货的内容是否一致。

2. 数量验收

(1)验收商品数量时,必须对照发货票,详细点数,先点大件,后点细数。注意商品的计量单位,检查商品包装及其标志是否与发票相符,确保单货相符。数量清点的方式主要有三种:手工清点方式,机械清点方式,自动清点方式。

(2)利用工人单品逐渐清点,投资省,可以处理小件商品、箱装商品、托盘装商品等任何种类的单品,但是容易出错、使用人工多、效率低、要求场地大。

(3)机械清点是用秤星器具对单件商品、箱装或托盘商品乃至整卡车商品的重量进行称重以确定单品数量的方法,虽然投资设备资金大,但是精确、场地占用小、人力需要少、效率高。

(4)自动清点是用自动扫描装置扫描商品标签,同时电子秤称取包装箱的重量,计算机将实际称得的重量与计算机表单中同扫描得到的单品条形码信息一致的商品的重量进行比较。这种方式方便快捷、准确率高,但是设备投入较大。

3. 质量验收

(1)商品质量验收主要是对外观质量的检查,通过感官鉴别商品的质量、等级、规格,有无霉变、残损和机械损伤。在检验商品时,有的可以采取抽样验收,有的则需全部检验。

(2)对一些要求特殊的商品,可采取封样验收或以样验收的方法确保质量达到要求。在商品验收中,如发现溢余、短缺、残损、变质或规格、品种、花色、等级不符、包装破损等,应根据不同情况及时处理。

4. 包装验收

对商品包装的验收主要检查商品包装的牢固程度,是否符合各类商品既定包装标准;检查外包装有无受潮、水湿、油污等异状;液体、软膏态商品要检查包装有无渗漏痕迹;还要对商品包装和标志进行仔细检查。

三、商品验收作业要点

有关商品的验收要点与规定如下。

1. 进行车辆温度与卫生检查

有些商品对运输条件有一定的要求，如某些化妆品要求在低温条件下运输。因此，验收时要对运输车辆的温度进行检查，不合格的退回供应商。同时，还应检查车辆卫生，以免商品污染。

2. 核对进货单与实际货物、

为防止厂商鱼目混珠，验收人员一定要详细检查进货商品的品名、规格、数量、重量。

3. 检查货物商标

食品卫生管理法所称的标示，是指标示在食品、食品添加物或食品洗洁剂的容器、包装或说明书上的品名、说明的文字、图画或记号。其标示的事项应包括以下内容。

（1）有容器或包装的食品、食品添加物和食品洗洁剂，应以中文及通用符号显著标示下列事项于容器或包装上。

◎品名：食品添加物应依中央主管机关规定的名称来标示。依前项规定自定品名的，其名称应与主要原料有关。

◎内容物名称及重量、容量或数量：内容物为两种以上混合物时，应分别标明。

◎食品添加物名称：食品添加物名称必须依《食品添加物使用范围及用量标准》上所称的名称来标示。

◎制造厂商名称、地址：进口品还应加注输入厂商的名称与地址。

◎制造日期：经主管机关公告指定需标示保存期限或保存条件者，应一并标示出来。

◎其他经中央主管机关公告指定的标示事项。

（2）对于食品、食品添加物或食品清洁剂的标示，不得虚伪、夸张或易使人误认有医药的效能。

（3）国内制造的，其标示如兼用外文时，其字样不得大于中文。

（4）由国外输入的，由输入者于销售前，根据相关法律规定加中文标示。

（5）凡经改装分装的，还应标示改装的或分装的名称及地址。

（6）食品、食品添加物或食品洗洁剂经各级主管机关抽样检验者，不得以其检验的结果作为标示、宣传或广告。

（7）对于食品、食品添加物或食品洗洁剂，不得借大众传播工具或他人名义，播放虚伪、夸张、捏造事实或易生误解的宣传或广告。

4. 检查标示日期是否即将过期或已过期

依食品卫生法的规定，食品均应标示有效期限，为防止厂商将快到期或过期的商品混入，应检查每项产品的日期，若有前述事实发生，应立即予以退货或拒收。

5. 商品的外观检查

依规定食品必须予以密封包装，且不得以金属或橡胶带卷封，有关冷冻食品或冷藏食品应检查其包装是否以订书针或其他金属密封，或以橡胶圈捆绑，如有前述情形，应予拒收,另遇有破损的包装,因其品质较易发生变异,故亦应予以拒收,而铁罐头食品遇有凹凸罐、变形、油渍的情形也应予以拒收。

6. 检查标示日期

在检查验收时一定要注意包装上的生产日期和保质期,防止即将过期或已过期的商品流入卖场。

7. 拒收仿冒商品、违禁品

8. 商品的品质检查

第二节　商品验收操作规范

一、食品类商品验收规范

1. 引用标准

《食品卫生法》和《食品标签通用标准》。

2. 允许免除标注内容

(1)包装容器最大表面的面积小于 10 平方厘米时,除了香辛料和食品添加剂外,可免除配料表、生产日期、保质期或保存期、质量等级、产品标准号;但在其大包装上应标明食品名称、生产厂家或产地、生产日期、保质期或保存期。

(2)产品标准中已明确规定保质期或保存期在 18 个月以上的食品,可以免除标注保质期或保存期。

(3)进口食品可以免除原制造者的名称、地址和产品标准号。

3. 基本要求

(1)食品标签不得与包装容器分开。

(2)所用文字必须是规范汉字。

(3)所用的计量单位必须以国家法定计量单位为准,如质量单位:g 或克,kg 或千克;体积单位:mL 或毫升,L 或升。

4. 进口食品

(1)引用标准。《进口食品卫生监督管理暂行规定》和各类进口预包装食品(即销售包装食品)的标签要求。

(2)必须索取的法规文件。

◎出入境检验检疫局出具的合格的、有效的、一一对应的卫生证书及附表原件或加盖中华人民共和国地区(市)出入境检验检疫局红色公章的复印件(注意:随货同行,证书中商品的生产日期、保质期必须与所送商品的生产日期、保质期相符)。

◎动植物检验放行单。

(3)标贴标志。必须在每个最小销售包装上粘贴进口食品卫生监督检验标志或以盖章的方式进行检验的标志。

(4)必须具备的中文标签标识内容。

◎食品名称。

◎食品配料表。

◎产品净含量及固形物含量。

◎原产国、地区名。

◎经销者的名称和地址。

◎生产日期(日期的标注顺序为年、月、日)。

◎产品保质期和有效使用期。

◎储藏注意事项。

◎质量等级。

◎特殊标准内容。

5. 国产食品具体要求

(1)引用标准。预包装食品标签必须标注内容详解。

(2)必须索取的法规文件。

◎厂家营业执照。

◎厂家卫生许可证。

◎县级以上卫生防疫站出具的卫生评价报告单和卫生检测报告书。

(3)必须具备的中文标签标识内容。

◎食品名称。

◎食品配料表。

◎净含量及固形物含量。

◎制造者、经销者的名称和地址。

◎生产日期(日期的标注顺序为年、月、日)。

◎保质期或保存期。

◎储藏注意事项。

◎质量等级。

◎产品标准号。

◎特殊标准内容。

◎条形码(自带码或店内码)。

6. 母乳代用品特殊要求

母乳代用品,是指以婴儿为对象的婴儿配方食品,以及在市场上以婴儿为对象销售的或以其他形式提供的经改制和不经改制适宜于部分或全部代替母乳的其他乳及乳制品、食品和饮料,包括瓶饲辅助食品、奶瓶和奶嘴。

(1)引用标准《母乳代用品销售管理办法》。

(2)必须索取的法规文件。

◎厂家营业执照。

◎厂家卫生许可证。

◎食品批准证书。

◎县级以上卫生防疫站出具的卫生评价报告单和卫生检测报告书。

(3)特殊要求。母乳代用品产品包装标签上,应用醒目的文字标有说明母乳喂养优越性的警句;不得印有婴儿图片,不得使用"人乳化""母乳化"或类似的名词。

7. 进口保健食品

(1)引用标准。

《进口食品卫生监督管理暂行规定》《保健食品管理办法》《保健食品标识规定》。

(2)必须索取的法规文件。

◎进口保健食品批准证书。

◎出入境检验检疫局出具合格、有效、一一对应的卫生证书及附表原件或加盖中华人民共和国区(市)出入境检验检疫局红色公章的复印件(注意:随货同行,证书中商品的生产日期、保质期必须与所送商品的生产日期、保质期/保存期相符)。

(3)标贴标志。必须在每个最小销售包装上粘贴进口食品卫生监督检验标志。

(4)必须具备的中文标签标识内容。

◎保健食品名称。

◎天蓝色保健食品标志与进口保健食品批准文号。

◎净含量及固形物含量。

◎功效成分的名称和含量。

◎保健作用。

◎适宜人群。

◎食用方法和食用量。

◎生产日期(日期的标注顺序为年、月、日)。

◎保质期或保存期。

◎储藏指南。

◎产国、地区名。

◎销者的名称和地址。

◎特殊标准内容(辐照食品、警示性标识内容)。

◎形码(自带码或店内码)。

8. 国产保健食品

(1)引用标准。

《保健食品管理办法》和《保健食品标识规定》。

(2)必须索取的法规文件。

◎厂家营业执照。

◎厂家卫生许可证。

◎保健食品批准证书。

◎县级以上卫生防疫站出具的卫生评价报告单和卫生检测报告书。

(3)必须具备的中文标签标识内容。

◎保健食品名称。

◎天蓝色保健食品标志与保健食品批准文号。

◎净含量及固形物含量。

◎食品配料表。

◎功效成分。

◎保健作用。

◎适宜人群。

◎食用方法。

◎生产日期(日期的标注顺序为年、月、日)。

◎保质期。

◎储藏注意事项。

◎品标准号。

◎制造者、经销者的名称和地址。

◎特殊标准内容(辐照食品、警示性标识内容)。

◎条形码(自带码或店内码)。

9. 国产酒类

(1)引用标准。

《酒类管理条例》《饮料酒标签标准》。

(2)必须索取的法规文件。

◎酒类批发许可证。

◎酒类生产许可证。

◎商标注册证。

◎县级以上卫生防疫站出具的卫生评价报告单和卫生检测报告书。

(3)必须具备的中文标签标识内容。

◎注册商标标记。

◎酒类名称。

◎配料表。

◎所含酒精度。

◎制造者、经销者的名称和地址。

◎批号。

◎生产日期。

◎保质期。

◎产品标准号与质量等级。

◎产品类型。

◎条形码(自带码或店内码)。

10. 对进口酒类

(1)引用标准。

《进口酒类国内市场管理办法》《酒类管理条例》《饮料酒标签标准》。

(2)必须索取的法规文件。

◎酒类批发许可证。

◎出入境检验检疫局出具合格、有效、一一对应的卫生证书及附表原件或加盖中华人民共和国出入境检验检疫局红色公章的复印件(注意:随货同行,证书中商品的生产日期、保质期/保存期必须与所送商品的生产日期、保质期相符）。

（3）标贴标志。必须在每个最小销售包装上粘贴进口食品卫生监督检验标志。

（4）必须具备的中文标签标识内容。

◎酒名。

◎配料表。

◎所含酒精度。

◎原产国、地区名。

◎经销者的名称和地址。

◎批号。

◎生产日期。

◎保质期。

◎质量等级。

◎产品类型。

◎条形码（自带码或店内码）。

附注：

（1）对食品送货验收日期的规定（畅销商品例外）。

◎有效期为1天的，必须在当天早上送货验收，当天未卖完须停止销售并予以清退。

◎有效期为3天以下（含3天）、1天以上的，须在第1天送货验收，截至保质期停止销售并予以清退。

◎有效期为7天以下（含7天）、3天以上的，须在第1天起前3天内送货验收，截至保质期停止销售并予以清退。

◎有效期为10天以下（含10天）、7天以上的，须在前5天内送货验收，截至保质期前1天停止销售并予以清退。

◎有效期为半个月以下（含半月）、10天以上的，须在前7天内送货验收，截至保质期前2天停止销售并予以清退。

◎有效期为1个月以下（含1个月）、半个月以上的，须在前20天内送货验收，截至保质期前5天停止销售并予以清退。

◎有效期为3个月以下（含3个月）、1个月以上的，须在1个月内送货验收，截至保质期前7天停止销售并予以清退。

◎有效期为半年以下（含半年）、3个月以上的，须在前1/2保质期内送货验收，截至保质期前1个月停止销售并予以清退。

◎有效期为1年以下（含1年）、半年以上的，须在前1/2保质期内送货验收，截至保质期前1个月停止销售并予以清退。

◎有效期为1年以上的，须在前3/5保质期内送货验收，截至保质期前3个月内停止销售并予以清退。

（2）下列情况的商品不予验收：

◎所有粘贴有其他商场超市打价标签纸的商品不予验收。

◎所有标注两种生产日期、保质期、净含量的商品不予验收。

◎所有外表生锈的商品(如罐头食品、铁罐装奶粉等)不予验收。

◎生产日期、保质期标贴单独粘贴的不予验收。

二、家用电器、燃气器具验收规范

1. 引用标准

《消费品使用说明家用和类似用途电器的使用说明》《实施安全质量许可制度的进口商品适用范围》《实施安全认证电工产品目录》《部分商品修理更换退货责任规定》。

2. 基本要求

(1)使用说明内容要用规范汉字书写,厂名、厂址不得使用汉语拼音、符号、标志或数字。

(2)计量单位应符合国家标准或专业标准的有关规定。

(3)汉语拼音必须书写正确,拼写正确。

(4)使用两种以上文字时,相互之间要区分清楚。

(5)产品上采用图形符号或外文标识的各种控制、调节标记,须在说明书上用汉字表明相应含义。

3. 发放生产许可证的范围电视机、收录机、微型计算机(包括台式微机、专用微机、计算机学习机、笔记本计算机)、显示器、打印机、电话机、手机、电熨斗、电热毯、空调、家用电气灶、家用燃气快速热水器。

4. 进口电器具体要求

(1)必须索取的法规文件。

◎电工产品认证合格证书(部分电器)。

◎进口商品安全质量许可证(部分电器)。

◎国家检验检疫局或指定单位出具的检验报告。

◎海关进口货物报关单。

(2)必须具备的中文使用说明标识内容。

◎产品销售包装上应标明的标识内容:产品名称及型号(规格);商标;产品重量和数量;色别标志;包装外形尺寸;消费者须知(开启包装前)的储存、运输注意事项和标志;必要的开启包装注意事项;制造厂名、厂址。

◎产品说明书应包括的内容:产品名称及型号(规格);产品介绍;额定电压(V)和电源种类;额定频率(Hz)(直流电器除外);额定输入功率;主要使用性能指标;接地说明;组装和安放、安装事项;使用说明;维护保养事项;产品附件名称、数量、规格;常见故障及其处理方法一览表;售后服务事项和生产者责任;制造厂名和厂址。

(3)标贴标志。实施安全质量许可制度的进口商品必须在产品或外包装上印制或粘贴进门商品标志(CCIB标志)和安全认证标志。

5. 国产电器具体要求

(1)必需电器具体要求。

◎电工产品认证合格证书(部分电器)。

◎厂家生产许可证(部分电器)。

◎厂家营业执照。

◎法定质量检验机构出具的合格检验单证。

(2)必须具备的中文使用说明标识内容。

◎产品销售包装上应标明的标识内容:产品名称及型号(规格);商标;产品重量和数量;色别标志;包装外形尺寸;消费者须知(开启包装前)的储存、运输注意事项和标志;必要的开启包装注意事项;制造厂名、厂址。

◎产品说明书应包括的内容:产品名称及型号(规格);产品介绍;额定电压和电源种类;额定频率;额定输入功率;主要使用性能指标;接地说明;组装和安放、安装事项;使用说明;维护保养事项;产品附件名称、数量、规格;常见故障及其处理方法一览表;售后服务事项和生产者责任;制造厂名和厂址。

(3)标贴标志。实施安全认证的电工产品必须在产品或外包装上印制或粘贴安全认证标志。

(4)应在产品或其包装内附有合格证明和保修卡。

6. 国产燃气器具具体要求

(1)必须索取的法规文件。

◎厂家营业执照。

◎厂家生产许可证。

◎法定质量检验机构出具的相关检验单证。

(2)必须具备的中文使用说明标识内容。

◎商品名称。

◎型号和条形码(自带码或店内码)。

◎商标。

◎制造者、经销商的厂名、厂址。

◎产品使用说明书。

(3)应在产品或其包装内附有合格证明和保修卡。

7. 进口燃气具具体要求

(1)必须索取的法规文件。

◎委托授权书。

◎国家检验检疫局或指定单位出具的合格检验单证。

◎海关进口货物报关单。

(2)必须具备的中文使用说明标识内容。

◎原产国(地区)。

◎进口经销者的名称、地址。

◎中文使用说明书。

(3)生产厂家或经销商设立或委托经过审查合格的维修网点,并遵守有关管理规定。

三、电话、传真机验收规范

1. 引用标准

《消费品使用说明家用和类似用途电器的使用说明》《实施安全认证电工产品目录》《部分商品修理更换退货责任规定》。

2. 基本要求

（1）使用说明内容要用规范汉字书写，厂名、厂址不得使用汉语拼音、符号、标志或数字代替。

（2）计量单位应符合国家标准或专业标准的有关规定。

（3）汉语拼音必须书写正确，拼写正确。

（4）使用两种以上文字时，相互之间要区分清楚。

（5）产品上采用图形符号或外文标识的各种控制、调节标记，须在说明书上用汉字表明相应含义。

3. 进口电话、传真机

（1）必须索取的法规文件。

◎中华人民共和国信息产业部电信设备进网许可证。

◎海关进口货物报关单。

◎进口商品安全质量许可证。

（2）必须具备的中文使用说明标识内容。

◎原产国（地区）。

◎国内经销商名称和地址。

◎规格（型号）。

◎功能、使用要求。

◎中文产品说明书。

（3）标贴标志。中华人民共和国信息产业部电信设备进网标志、进口商品保修卡和进口商品标志、进口商品保修卡和进口商品标志（CCIB标志）。

4. 国产电话、传真机

（1）必须索取的法规文件。

◎厂家生产许可证。

◎中华人民共和国信息产业部电信设备进网许可证。

（2）必须具备的中文使用说明标识内容。

◎厂家名称和地址。

◎规格（型号）。

◎功能、使用要求。

◎中文产品说明书。

（3）标贴标志。中华人民共和国信息产业部电信设备进网标志。

（4）应在产品或其包装内附有合格证明和保修卡。

四、化妆品验收规范

1. 引用标准

《化妆品卫生监督条例》《消费品使用说明化妆品通用标签》。

2. 基本要求

（1）化妆品销售包装中的标签，可直接印刷、粘贴在商品容器上、小包装物上或商品说明书上。

（2）标签所用文字必须是规范汉字。

（3）所用的计量单位必须以国家法定计量单位为准，如质量单位：g 或克，kg 或千克；体积单位：mL 或毫升，L 或升。

3. 发放生产许可证的化妆品

（1）护肤类。润肤乳液、化妆粉块、香脂、香粉、爽身粉、雪花膏、痱子粉、护肤水、洗面奶。

（2）发用类。染发乳液、冷烫液、发用摩丝、护发素、洗发膏、发乳、洗发液、发油、染发水、定型发胶、染发粉、染发剂等。

（3）美容类。唇膏、指甲油、花露水、香水、睫毛膏。

（4）特殊用途化妆品。染发剂、脱毛露、祛斑霜、除臭剂、防晒露。

其他种类均不属发证范围。

4. 进口化妆品

（1）必须索取的法规文件。

◎进口化妆品卫生许可批件。

◎国家检验检疫局或指定单位出具的卫生评价报告单和卫生检测报告书。

◎中华人民共和国海关进口货物报关单。

（2）必须具备的中文标签标识内容。

◎化妆品名称。

◎原产国名、地区名。

◎制造者名称、地址或经销商、进口商在华代理商的名称和地址。

◎净含量或净容量。

◎生产日期及保质期，有两种标注方式：按生产日期（按年、月或年、月、日顺序标明）和保质期（保质期年或保质期月）的方式标注。按生产批号和限期使用日期（请在年、月之前使用等语句）的方式标注。

◎必要时应注明安全警告和使用指南、满足保质期和安全性要求的储存条件。

（3）标贴标志。必须在每个最小销售包装上粘贴进口商品标志（CCIB 标志或 CIQ）。

5. 国产化妆品具体要求

（1）必须索取的法规文件。

◎厂家生产许可证。

◎厂家卫生许可证。

◎特殊用途化妆品卫生审查批件或特殊用途化妆品证书。

◎县级以上卫生防疫站出具的卫生评价报告单和卫生检测报告书。

（2）必须具备的中文标签标识内容。

◎化妆品名称。

◎制造者的名称和地址。

◎净含量或净容量。

◎生产日期及保质期,有两种标注方式:按生产日期(按年、月或年、月、日顺序标明)和保质期(保质期年或保质期月)的方式标注。按生产批号和限期使用日期(请在年、月之前使用等语句)的方式标注。

◎必要时应注明安全警告和使用指南、满足保质期和安全性要求的储存条件。

6. 其他

（1）对体积小又无小包装、不便标注说明性内容的裸体产品(如唇膏、化妆笔类等),可不标注其他内容,应标注产品名称和制造者的名称。

（2）生产日期、保质期标贴单独粘贴的不予验收。

五、照相器材类商品验收规范

1. 进口照相器材

（1）必须索取的法规文件。

◎委托代理或委托经销证明。

◎国家机械工业部核发的批文。

◎法定质量检验机构出具的合格检验单证。

◎海关进口货物报关单。

（2）必须具备的商品中文标签标识内容。

◎中文使用说明书。

◎商品的原产国(地区)及国内代理(经销)商的名称和地址。

◎包装内应附有合格证明和保修卡。

（3）必须具备的标贴标志。机械工业部核发的准销标志。

2. 国产照相器材

（1）必须索取的法规文件。

◎厂家营业执照。

◎法定质量检验机构出具的合格检验报告单。

（2）必须具备的商品中文标签标识内容。

◎必须标明产品的品名。

◎注册商标。

◎产地名称。

◎型号及机身号。

◎制造商的厂名、厂址。

◎质量检验合格证。

◎操作使用说明书。

◎保修卡及相关配件。

六、计算器及电子记事本类商品验收规范

1. 国产产品

(1)必须索取的法规文件。

◎厂家营业执照。

◎国家检验检疫局或指定单位出具的检验报告。

(2)必须具备的商品中文标签标识内容。

◎必须在外包装上注明该商品的生产厂家名称、地址。

◎在商品外包装上必须标注该商品的中文品名(字体应使用标准汉字)、型号。

◎供应商必须提供商品的使用说明书及合格证,使用说明书上应对该商品的功能、配件的性能及具体使用方法做出详尽的介绍。

2. 进口产品

(1)必须索取的法规文件。

◎委托代理或委托经销证明。

◎法定质量检验机构出具的合格检验单证。

◎进口货物报关单。

(2)必须具备的商品中文标签标识内容。

◎须在外包装上标注原产国名称。

◎须标注该商品进口代理(经销)商名称、地址及联系电话。

◎须标注该商品的中文品名、型号、功能及简要说明。

◎须具备中文使用说明书及相应的配件表。

七、钟表类商品验收规范

1. 进口钟表

(1)必须索取的法规文件。

◎委托授权书。

◎国家检验检疫局或指定单位出具的合格检验单证。

◎中华人民共和国海关进口货物报关单。

(2)必须具备的中文使用说明标识内容。

◎品名。

◎商标。

◎型号。

◎产品使用说明书。

◎原产国(地区)。

◎国内经销商名称和地址。

（3）应具备国内保修单位名称、地址及联系电话。

2. 国产钟表

（1）必须索取的法规文件。

◎制造厂家营业执照。

◎法定质量检验机构出具的合格检验单证。

（2）必须具备的中文使用说明标识内容。

◎商品名称。

◎商标。

◎型号。

◎产品使用说明书。

◎生产商的厂名、厂址。

（3）应在产品或其包装内附有合格证明和保修卡。

八、鞋类商品验收规范

1. 引用标准

《消费品使用说明总则》《皮鞋（胶鞋、布鞋）验收、标志、包装、运输和储存》。

2. 进口皮鞋

（1）必须索取的法规文件。

◎委托代理或委托经销证明。

◎出具的合格检验单证。

◎海关进口货物报关单。

（2）必须具备的商品中文标签标识内容。

◎在鞋盒上应注明该产品的商标（代号）、色别、型号、鞋号、产品等级。

◎条形码（自带码及店内码）。

◎须标注原产国（地区）和国内经销（代理）商的名称和地址。

3. 国产皮鞋

（1）必须索取的法规文件。

◎厂家营业执照。

◎出具的检验报告。

（2）必须具备的商品中文标签标识内容。

◎在鞋盒上应注明该产品的名称（代号）、色别、型号、鞋号、产品等级。

◎条形码（自带码及店内码）。

◎制造者的厂名、厂址。

◎在皮鞋的鞋身上应注明该产品的商标、型号、鞋号、检验章。

4. 进口胶鞋

（1）必须索取的法规文件。

◎委托代理或委托经销证明。

◎国家检验检疫局或指定单位出具的合格检验报告单。

◎中华人民共和国海关进口货物报关单。

（2）必须具备的商品中文标签标识内容。

◎鞋号。

◎商品名称或商标。

◎产品等级。

◎穿着注意事项、修理及调换规定。

◎须标注原产国（地区）和国内经销（代理）商的名称和地址。

5. 国产胶鞋

（1）必须索取的法规文件。

◎厂家营业执照。

◎法定质量检验机构出具的检验报告。

（2）必须具备的商品中文标签标识内容。

◎制造厂名称、产品名称。

◎中国鞋号（出口产品不在此限）。

◎商品名称或商标。

◎产品等级。

◎检验合格章。

◎穿着注意事项及修理与调换规定。

6. 进口布鞋

（1）必须索取的法规文件。

◎委托代理或委托经销证明。

◎国家检验检疫局或指定单位出具的合格检验单证。

◎海关进口货物报关单。

（2）必须具备的商品中文标签标识内容。

◎每只鞋的鞋身上都应具备注册商标、鞋号及鞋型。

◎外包装上应标注内容品名、注册商标，鞋的颜色、鞋号及鞋型。

◎须标注原产国（地区）和国内经销（代理）商的名称和地址。

7. 国产布鞋

（1）必须索取的法规文件。

◎厂家营业执照。

◎法定质量检验机构出具的检验报告。

（2）必须具备的商品中文标签标识内容。

◎每只鞋的鞋身上都应具备下列标志：制造厂名与注册商标，鞋号及鞋型，检验章。

◎外包装上应标注以下内容：品名、注册商标，制造厂名、厂址，鞋的颜色、鞋号及鞋型。

九、日用百货类商品验收规范

1. 引用标准

《消费品使用说明总则》。

2. 国产商品

(1)必须索取的法规文件。

◎厂家营业执照。

◎法定质量检验机构出具的检验报告。

◎厂家生产许可证(压力锅和餐具洗涤剂、无磷洗衣粉、无磷洗衣液、消毒用品、保健用品)。

(2)必须具备的商品中文标签标识内容。

◎生产厂商名称、地址。

◎使用说明和维修保养说明。

◎警示标志及说明。

◎生产日期、安全使用期或失效期。

◎产品规格、等级、成分等。

(3)必须附有生产厂家的出厂检验合格标记。

3. 进口商品

(1)必须索取的法规文件。

◎委托代理或委托经销证明。

◎国家检验检疫局或指定单位出具的合格检验报告单。

◎中华人民共和国海关进口货物报关单。

(2)必须具备的商品中文标签标识内容。

◎使用说明和维修保养说明。

◎警示标志及说明。

◎生产日期、安全使用期或失效期。

◎产品规格、等级、成分等。

◎须标注原产国(地区)和国内经销(代理)商的名称和地址。

4. 发放生产许可证的商品

压力锅、餐具洗涤剂、消毒用品、保健用品。

十、运动器材类商品验收规范

1. 进口商品

(1)必须索取的法规文件。

◎委托授权书。

◎国家检验检疫局或指定单位出具的合格检验单证。

◎中华人民共和国海关进口货物报关单。

（2）必须具备的商品中文标签标识内容。

◎在商品上须注明商标、型号、商品名称、规格、功能等标识。

◎须具备产品合格证、使用说明书、配件表。

◎须在外包装上标注在华代理商名称、地址及原产国。

2. 国产商品

（1）必须索取的法规文件。

◎厂家营业执照。

◎国家检验检疫局或指定单位出具的检验报告。

（2）必须具备的商品中文标签标识内容。

◎须注明商标。

◎型号。

◎商品名称。

◎规格。

◎功能。

◎产品合格证。

◎使用说明书。

◎配件表。

◎须在外包装上标注生产厂名、厂址及联系电话。

十一、金银饰品类验收规范

1. 引用标准

《金银饰品质量检验暂行规定》《金银饰品标识管理规定》《金银饰品重量测量允许的规定》。

2. 进口金银饰品

（1）必须索取的法规文件。

◎委托（代理）授权书。

◎国家检验检疫局或指定单位出具的合格检验单证。

（2）必须具备的商品中文标签标识内容。同国产商品，可不标注生产者的名称、地址，但应当标明该产品的原产地（国家/地区，下同），以及代理商或进口商或者销售商在中国依法登记注册的名称、地址。

3. 国产金银饰品

（1）必须索取的法规文件。

◎厂家营业执照。

◎中国人民银行金银经营许可证。

◎法定质量检验机构出具的检验报告。

（2）必须具备的商品中文标签及说明标识内容。金银饰品标识包括印记和其他标识物。

◎金银饰品印记包括材料名称、含金(银、铂)量(单件金银饰品重量小于0.5克或确实难以标注的,印记内容可以免除)。

◎金银饰品其他标识物可以是单个或数个,其他标识物的内容包括金银饰品名称、材料名称、含金(银、铂)量、生产者名称、地址、产品标准编号、产品质量检验合格证明,按重量销售的金银饰品还应当包括重量。

十二、药品类商品验收规范

1. 引用标准

《药品管理法》。

2. 进口药品

(1)必须索取的法规文件。

◎药品经营企业许可证。

◎口岸进口药品检验报告书原件或盖有供应商公司公章的复印件(随货同行书中药品的生产批号必须与所送药品的生产批号一致)。

(2)必须具备的中文标签或说明书标识内容同国产药品,须加注国内经销商名称和地址。

3. 国产药品

(1)必须索取的法规文件。

◎药品生产企业许可证。

◎药品经营企业许可证。

◎药品生产企业合格证。

◎商标注册证。

◎法定质量检验机构出具的药品检验报告书。

(2)必须具备的中文标签或说明书标识内容。

◎药品品名、规格。

◎生产厂家。

◎批准文号(中药饮片除外)、产品批号。

◎主要成分。

◎适应症状。

◎用法、用量、禁忌、不良反应。

◎注意事项。

◎规定有效期的药品,必须注明有效期。

◎除中药材、中药饮片外,药品必须使用注册商标。

◎销售地道中药材,必须标明产地。

十三、玩具类商品验收规范

1. 引用标准

《消费品使用说明玩具使用说明》。

2. 进口玩具

（1）必须索取的法规文件。

◎委托代理或委托经销证明。

◎法定质量检验机构出具的合格检验单证。

◎海关进口货物报关单。

（2）必须具备的商品中文标签标识内容。

◎产品名称。使用说明中的产品名称应与国家、行业、企业标准的名称相一致，并与其实际内容相符。

◎产品型号。使用说明应与产品型号相一致，不同种类、不同形式的产品不能通用同一说明。

◎主要成分或材质。对含有填充物的玩具，应标明主要成分或材质。

◎年龄范围。在包装及说明书、标签上应标明适合儿童使用的年龄范围。

◎安全警示。对需要有警示说明的玩具应予以标明。

◎使用方法。使用说明上应标明使用玩具的操作方法和注意事项。

◎组装程序图。拼插玩具、组装玩具有组装程序图。

◎维护和保养。较复杂和容易损坏的玩具有维护、保养方法。

◎安全使用期限。需要限期使用的产品，应标明生产日期和安全使用期（按年、月、日顺序标注）。

最后，还须标明原产国、地区和代理商、进口商在国内依法登记注册的名称和地址。

3. 国产玩具

（1）必须索取的法规文件。

◎厂家营业执照。

◎国家检验检疫局或指定单位出具的检验报告。

（2）必须具备的商品中文标签。

◎产品名称。使用说明中的产品名称应与国家、行业、企业标准的名称相一致，并与其实际内容相符。

◎产品型号。使用说明应与产品型号相一致，不同种类、不同形式的产品不能通用同一说明。

◎主要成分或材质。对含有填充物的玩具，应标明主要成分或材质。

◎生产者的名称和地址。应标明玩具生产者经合法登记注册的名称、通信地址。

◎产品标准号。应标明产品所执行的国家标准、保养方法。

◎产品检验合格证。每单件玩具产品应有产品出厂质量检验合格证明。

◎安全使用期限。需要限期使用的产品，应标明生产日期和安全使用期（按年、月、日顺序标注)。

(3)必须具备的商品说明标识内容。

◎年龄范围。在包装及说明书、标签上应标明适合儿童使用的年龄范围。

◎安全警示。对需要有警示说明的玩具应予以标明。

◎使用方法。使用说明上应标明使用玩具的操作方法和注意事项。

◎组装程序图。拼插玩具、组装玩具有组装程序图。

◎维护和保养。较复杂和容易损坏的玩具有维护、保养方法。

十四、香烟验收规范

1. 进口香烟

(1)必须索取的法规文件。

◎特种烟草专卖经营许可证。

◎原产国授权的证书。

(2)必须具备的商品中文标签标识内容。

◎原产国和地区。

◎烟型。

◎条形码(编码)。

◎焦油含量。

◎内外大小包装上必须标有"中国烟草总公司专卖"字样。

2. 国产香烟

(1)必须索取的法规文件为特种烟草专卖经营许可证。

(2)必须具备的商品中文标签标识内容。

◎产品注册商标、名称、规格。

◎烟型。

◎条形码(编码)。

◎焦油含量。

◎生产商的厂名、厂址及"吸烟有害健康"等警句。

十五、服装、纺织品验收规范

1. 引用标准

服装、纺织品的验收标准为《消费品使用说明纺织品和服装使用说明》。

2. 进口商品

(1)必须索取的法规文件。

◎委托(代理)授权书。

◎国家检验检疫局或指定单位出具的合格检验单证。

◎中华人民共和国海关进口货物报关单。

(2)必须具备的商品中文标签标识内容。

◎品名、型号、规格等级。

◎产品标准号。

◎布料原料名称及主要成分的标志和标识。

◎产品使用洗涤标识。

◎须标注原产国(地区)和国内经销(代理)商的名称及地址。

3. 国产商品

(1)必须索取的法规文件。

◎厂家营业执照。

◎法定质量检验机构出具的检验报告。

(2)必须具备的商品中文标签标识内容。

◎品名、型号、规格、等级。

◎产品标准号。

◎布料原料名称及主要成分的标志和标识。

◎产品使用洗涤标识。

◎生产商的厂名、厂址。

◎商品检验合格标识。

(3)型号、规格、原料成分、洗涤方法,应标注在耐久性标签上。

十六、皮制品类商品验收规范

1. 引用标准

皮制品类商品的验收标准为《消费品使用说明总则》。

2. 进口商品

(1)必须索取的法规文件。

◎委托授权书。

◎国家检验检疫局或指定单位出具的合格检验单证。

◎中华人民共和国海关进口货物报关单。

(2)必须具备的商品中文标签标识内容。

◎品名、商标、型号及规格。

◎条形码(自带码及店内码)。

◎原产国(地区)。

◎国内经销(代理)商的名称和地址。

◎原材料或成分。

◎使用(保养)说明书及注意事项等。

3. 国产商品

(1)必须索取的法规文件。

◎厂家营业执照。

◎法定质量检验机构出具的检验报告。

（2）必须具备的商品中文标签标识内容。

◎品名、商标、型号及规格。

◎条形码（自带码及店内码）。

◎生产厂家的厂名、厂址。

◎原材料或成分。

◎使用说明书及注意事项等。

（3）必须附有生产厂家的出厂检验合格证。

第三节 验收后商品的处理规范

一、验收后商品的处理流程

1. 商品登记

商品入库储存应有登记手续，登记要有统一设计的登记卡，登记卡的项目包含进货的品名、日期、数量、规格，出仓的日期、数量和金额及每笔商品变动的经手人。一些大规格包装箱进仓，不但要填写好登记卡，在箱体上也应标示进货日期，以避免储存过期。

2. 堆放

（1）商品进库以后的堆放，可以采取和卖场相似的方式，这样便于商品的存放不至于出现差错。商品堆放在仓库里，底下要有栈板铺地，边上需和墙壁有 5 厘米的间隙，以防止商品受潮。

（2）商品堆放应有货架，便于利用空间。如果多层堆放，则应把体积大、重量也较大的商品放在后面和下面，体积小、重量较轻的商品放在上面和前面。这样可以避免压碎碰坏商品。

（3）退货、换货、报废的商品应集中在专门区域，定期处理，不能和正常商品混放在一起。

3. 整理仓库

（1）仓库应该保持清洁、卫生、通风、干燥，货架和堆栈之间有足够的通道。库房必须有防火措施和设备、排水和通风设备及有警报装置。

（2）对于食品的处理，应区分不同种类，如水果、蔬菜类应储放在阴凉通风处或冷藏。冷冻小包装食品应标价后储放在冷冻柜或冷冻库。冷冻水产品、畜产品应储放在冷冻库或冷藏库。干货类食品进货后即储放在货架上。冷冻库和冷藏库应定期除霜、清洗、清除异味、保持清洁。

4. 进出库

（1）商品进出库必须有专人负责办好登记手续，日清月结。

（2）退货、检货、报废都应该登记造册，经查验后方能取退。

（3）库内商品进出次序应按时间先后，先进先出。

（4）与库房无关的闲杂人员，不应进出仓库。

二、生鲜食品处理规范

1. 熟食类

（1）进货质量要求

◎制作：原材料必须保证新鲜、卫生，符合该类食品的行业标准，成品及半成品要有足够的有效保质期。

◎来货：必须使用食品袋密封包装，生熟食必须分开。

（2）加工、制作要求

◎加工熟食不能使用明火炉具，使用高温炉具应有一定的保护设施，或在可能接触到顾客的方向做显著标示，防止烫伤。

◎制作过程中应随时观察加工产品的变化，保证制成品的质量。

◎视察各品种的销售情况及时加工补充台面。

（3）保存、保鲜要求

◎易变质的食品，应存放在保鲜柜内，不宜在高温或常温下长时间摆放。

◎气温较高时，对于卤水类食品要每隔2小时放入沸腾的卤水浸泡5分钟。

◎对于烧烤类食品，应存放在保温箱内，不宜在温度较高的空气中长期存放。

（4）人员卫生要求

◎加工人员必须保持双手卫生，以下情况必须用消毒水洗手：上岗前；离岗后返间或触摸其他非熟食的物品；洗手后经过2小时继续烹饪、加工。

◎直接与食品原料、半成品和成品接触的人员不允许戴手表、戒指、手镯、项链和耳环。不得涂指甲油、喷洒香水。

◎工作时不得抓头皮、揩鼻涕、挖耳朵。不得用勺直接尝味或用手抓食品销售，不接触不沾物品。加工人员手部有伤，不得接触食品或原料。经过包扎治疗戴上防护手套后方可参加不直接接触食品的工作。工作间不得存放个人用品。

◎员工进入加工间前必须穿戴整洁的工作服、帽、鞋、口罩。工作服应干净整洁。头发保持干燥。

2. 水产类

（1）进货质量要求

◎水产品质量标准必须符合国家关于《水产品卫生管理规定》的要求。

◎鲜鱼类：体表黏液透明、色有光泽，气味正常；鱼鳃禁闭，色泽鲜红或分红，眼角膜光亮、透明，眼球突出；腹部发白，不膨胀；鱼鳞完整，闪光滑润，无脱落；手持鱼体头尾下垂，不弯曲，肌肉有弹性，不易压出凹陷能迅速复平；肌肉呈现正常颜色。

◎虾类：头尾完整，有一定的弯曲度，虾身较挺，呈青白色，半透明不发红，外壳有光泽，稍湿润。

◎蟹类：腿肉肥壮，蟹壳纹理清楚，用手夹持背两面平直，体重、气味正常。

◎贝类：鲜蛤外壳紧闭，肉质新鲜，无臭味，两贝壳相碰时发出实响。

◎乌贼：色鲜艳，皮微红，有光彩，多黏液，体形完整，肌肉柔软，有弹性，光滑。

（2）活鲜水产品的蓄养要求

◎引进的活鱼必须放入水池中蓄养。

◎视活鲜鱼生存环境分置于淡水或海水池中蓄养。咸、淡水鱼不能同池蓄养。

◎水池中的水要定期更换，要保持水质清洁，供氧充足。

（3）温度和盐度要求

海水温度和盐度应控适宜，一般温度在零上2℃以下，盐度约为3.5%。

（4）卫生要求

◎蓄养池要定期进行彻底清洁，用消毒水清洗水池。

◎清洗过的蓄养池注入新水后须经过至少12小时的沉淀方可放鱼入池。

◎其他蓄养用具也应定期清洁。

（5）安全要求

◎危险活鲜动物不得在无保护网情况下敞开展示。

◎取放有危险性的动物应由销售人员负责并使用专用工具。

（6）包装要求

◎活鲜水产品经屠宰后应清洗干净，用无毒透明的包装材料包装，保存在冷藏柜内。

◎活鲜水产品出售时，如顾客要求，可提供维持短期生存的条件，如活鱼，出售时可以在袋内装一定量的水。

◎售出的商品必须在外包装上粘贴商品标价。

3. 蔬果类

（1）进货卫生、质量要求

新鲜蔬菜进入卖场前必须经过冲洗，不得腐烂，不得带有泥土、枯枝等。

（2）进货分类、分级

◎新鲜蔬果上柜前要按种类分存，并标注等级。

◎蔬果等级与价格必须保持一致，标价必须符合公司的规定。

（3）修剪要求

对于散装蔬菜中不符合要求的部分，在包装上柜前须进行修剪，保证上柜商品的质量。

（4）包装要求

◎新鲜蔬果的包装要在包装袋上打少量透气孔。

◎需冷藏保鲜的蔬果在包装材料上要选用耐低温材料。

◎外包装上必须注明商品的生产日期、保质期、保存条件等。

◎为了保证蔬果鲜度，包装后应尽快销售。

◎蔬菜必须包装后再放入保鲜柜销售。

（5）陈列、保存要求

◎蔬果类商品陈列除按类分存外，还要注重色彩的搭配，以显示货色齐全。

◎应注重量感，保持台面货品丰满，品种充足，内容丰富。

◎蔬果应每周调整陈列位置，不要固定于一个地方。

◎属于需求量较小的商品，应力求陈列在必需品附近。

◎新鲜蔬果陈列地点应保持温度在5～10℃;冷藏蔬果应陈列在冷藏柜内,冷藏柜温度保持在－2～3℃。

◎根茎类蔬菜如地瓜、土豆、芋头、山药、洋葱、大蒜等温度保持在0～5℃。

4. 面包、糕点

(1)原料质量要求

◎制作之前要检查原料的质量是否符合制作品种的要求。

◎糖类:夏天要注意防止糖浆发酵变质。糖浆桶或盛放糖浆的其他容器要经常洗涤,保持清洁,并加盖、加罩,防止杂质混入。

◎油脂:糕点加工使用的油脂应有优良的起酥性、较高的稳定性、良好的风味和适当的熔点,不得使用酸败的油脂。

◎奶制品:奶品的卫生质量直接影响成品的质量,特别是鲜牛奶和炼乳要防止掺水、掺假和变质的情况,奶粉要防止掺糖、掺淀粉和工业级冒充食用级的情况。

◎蛋品:包括蛋制品,在蛋糕、面包中也是重要的原料,使用鲜蛋做原料时,应进行卫生清洁,防止鲜蛋壳带菌对产品造成污染。

◎食品添加剂:饼干、面包、蛋糕生产中应用的添加剂主要有香精、色素、疏松剂、品质改良剂,这些品种应是国家批准使用,由定点厂生产的合格产品。香精的添加量不能过量;色素使用不能过量;品质改良剂应尽量少用或不用。

(2)面团调制要求

◎制作不同的面点面团的调制要求也有所不同,分一次调制和两次调制。每次调制都要严格按照配方中的配料比例和规定的顺序加料。

◎饼干面团的调制关键是对面筋形成量和面筋性的合理控制。要求饼干面团的面筋形成量低,面筋特性弱。生产不同种类的饼干面团的特性也有不同的要求,应采取不同的工艺措施。

◎蛋糕制作要先将蛋、糖通过打蛋机高速搅拌形成蛋浆,打蛋结束时的体积比原体积增加2～3倍,蛋浆结构细腻,呈乳白色略带黄色。然后加入面粉,调糊时间要短,搅拌速度要慢。

◎调制过程中要严格控制搅拌时间,使各种辅料充分混合、生成。

(3)发酵要求

◎发酵分一次发酵和两次发酵两种,制作面包和个别饼类必须经过发酵。

◎发酵过程应控制适当的温度、湿度和时间,夏季、冬季发酵的温度应有所不同。

◎面团在发酵过程中要每半小时检查一次发酵情况并适当地调整发酵箱温度和发酵时间。

(4)整形要求

◎面包面团制作完毕要将大块面团按照成品的重量要求分割成小面包块。

◎经过搓圆、自然发酵后把做成形的面包装入模具,形成面包的基本形状。

◎装模前需对烤模进行预处理,使烤模温度不低于32℃,清理烤模内表面面包屑和油垢并涂油。

◎某些饼干在面团调制完毕后还需要经过辊轧工序,使疏松的面团形成具有一定黏结力,比较紧实的成片,排除面团内的大气泡防止饼干坯在烘烤后产生较大的空洞,提高成品表面的光洁度,花纹清晰。

◎蛋糕的整形是将蛋糊注入蛋糕模子内,在模子内装入蛋糊的量大约为模具容积的80%,蛋糊入模具前,在模具内壁涂上油,有利于制成后成品脱模。

(5)烘烤要求

制作不同的糕点所需的烘烤温度(底火、面火)、时间均不同,即使同一品种糕点在烘烤过程中由于种种原因(如前期的搅拌、发酵是否充分,温度是否适中等)也会出现不同情况,这就需要制作人员随时查看不同阶段的烘烤变化,及时调整合理温度以达到成品色、香、形、味的完美合一。

(6)冷却要求

◎刚出炉的糕点表面温度及中心温度较高,为防止糕点变形和霉变,一般在包装前要经过一段时间的冷却,使其内部中心温度达到30℃左右及水汽消失后才能包装。

◎糕点的冷却最好采用自然冷却法,将出炉的糕点放在冷却架上,一般在3~4小时(蛋糕一般为1小时),让其自然散热以保持其固有的香味和外形的美观。

◎刚出炉的糕点应放入成品间进行冷却,成品间室内温度应保持在15℃左右,室内干燥,备有灭蚊及杀菌设备。

(7)包装要求

◎糕点的包装应选用无毒、无异味符合卫生要求的包装材料,对成品进行简单的外形修整及切割之后即可装袋或装盘。

◎柜台销售的无小包装的面包应装盘陈列在清洁的面包专用陈列柜内。

◎各类糕点必须使用其专用的包装用具,在成品外包装上加贴标签,标明品名、生产日期、保质期、价格、重量、保存条等。

(8)保存、保鲜要求

◎各类糕点成品应与原料、半成品分开存放。

◎上柜糕点做好验收工作,并做记录保证变质食品不上柜,定期对库存食品进行卫生质量检验。

◎各类糕点应标志明显,分类存放。面包、饼干及蛋糕坯应存放在有防潮设施的房间,以防吸湿发生溶化、霉变。成品面包在柜台常温下一般保存2天。

◎经加工制成的奶油蛋糕须冷藏而且储存时间不宜过长,一般为4天。

三、冻冷、藏库管理规范

1. 冷冻、冷藏库房作业管理规范
◎库房内依商品性质、厂商品牌规划暂定的位置。
◎每日进出货同时整理商品,放置整齐。
◎做好商品先进先出,掌握进货时间,货量避免积压库存。
◎库房内规划进出货走道,以便进货、补货整理。
◎规划集中退货区,每周定时办理手续。

◎冷藏破损污染的商品，另外规划区域存放。

◎商品库存高度不可过高，避免倾倒或挡住风扇。

◎冷藏无法堆叠的商品应以层板、台车存放。

◎进入库房须检查安全开关是否正常，出库房随手关灯、关门。

◎拖板车与非商品的杂物不可置于库房内。

◎每日检查库房温度是否正常，是否有异常回温的情形，发现异常立即通知主管与维修处理，并避免开启库门。

◎冷冻库门胶帘不能任意卸下或卷起。

◎库房上方不可放置物品，人员不可随意攀爬。

◎非工作需要，人员不可任意在库房逗留。

◎顾客、厂商与非授权人员，未经许可，不得随意进入。

2. 冷藏、冷冻设备清洁作业规范

◎各式冷藏、冷冻设备陈列货品时须避免挡住风口。

◎每日营业结束后须将夜间窗帘关上以减少能源损失。

◎进入冷冻、冷藏库房时须将门关上。

◎冷冻、冷藏库房内，货品堆放须离地面，及板边5厘米以上以利空气流通。

◎所有器材表面只能以中性清洁剂及软布清洗，严禁使用钢丝球及钢刷清洗。

◎严禁用水冲洗风扇，以免造成短路。

◎所有管路不可任意移动，清洁时须注意避免碰撞以防冷气外溢。

◎蒸发器散热片非常锋利，清洗须戴手套以免割伤。

◎有异常状况及运转时有异常声音，须通知维修。

3. 冷冻、冷藏库房作业规范

◎商品无解冻、变质现象。

◎商品进货验收，往常温下不要放置超过30分钟。

◎库门不可长时间打开。

◎自行加工包装的商品，库存时须标注日期。

◎规划商品暂存区、退货区及走道。

◎商品堆叠高度不可超过风扇，并避免倾倒。

◎无法堆叠的商品以层板或台车存放。

◎退货商品集中于退货区，每周定时办理退货。

◎每日定时检查温度是否正常。

◎库存内不准停放杂物或拖板车。

◎在库房工作须穿防寒衣、鞋。

◎进入库房检查安全开关是否正常。

◎风扇与地面发现积水，须立即清除。

◎库房上方不可放置物品，人员不可随意攀爬。

◎冷冻库每月清理一次，冷藏库每周清洗一次。

◎非工作需要，人员不可在库房逗留。

◎商品确实做到先进先出。

◎出货同时也须做好商品整理。

◎出库房随手关灯、关门。

4. 冷冻、冷藏货品厂商补货管理程序

(1)供货厂商识别证。

(2)供货商每日配送的冷藏品应在上午 9:00 前送达收货区,并通知相关部门共同验收。

◎品名、数量依据表单。

◎品质依据外观颜色。

◎测温,冷冻 -18℃以下,冷藏 0～15℃。

(3)先进先出。

◎已陈列商品向前向左挪动,并检视之。

◎新补货品由内而外,由左而右陈列。

◎商品陈列,标示的正面面对顾客。

(4)原陈列位置,不能随意更动。

(5)未补完货品进冷冻(藏)库。

◎依退、换货程序办理退换货(包括过期、不良品)。

◎塑胶篮筐,包装容器线板须带离卖场。

四、一般商品处理规范

(1)冷藏日配类食品,经验收后应即送往冷藏柜。经标价后陈列于冷藏柜,如果有剩余则须储存于冷藏库中。

(2)冷冻食品,于验收、标价后,应送往冷冻展示柜陈列,至于剩余品则可储存于冷冻库中。

(3)干货类的一般食品及用品,经验收后即行标价并陈列于货架上,如果有剩余,则送往仓库储存,以待销售。

五、退、换货作业操作规范

1. 退货作业操作规范

(1)零售企业遇有退货产生时,应请相关人员清点整理退货品,送至仓库保管、登记。

(2)填写退货申请单,经零售企业主管签核后,将退货申请单送往采购部门,通知厂商办理退货。

(3)厂商接到采购部门的通知后,到采购部门领取退货单,并持退货单至零售企业仓库登记并取回退货品,经验收人员查验、登记后放行。如厂商接获退货通知 10 天内未办理退货手续,则视同放弃该退货品,由采购人员通知仓管人员报请主管裁决处理。

(4)验收人员完成退货品的查验后,将退货单呈报主管核定,由采购人员编制退货报表,送往会计部门扣款,完成退货手续。

2. 换货作业操作规范

(1)零售企业相关人员发现有不符合验收规定的商品时,应立即通知负责核验商品的相关人员办理换货手续。

(2)发现换货商品、接获换货通知时,应立即整理清点换货商品,一方面将该商品送至仓库,由仓管人员登记保管;另一方面通知采购人员联络厂商办理换货。

(3)厂商接到采购人员的换货通知后,应在供货合约中规定的期限内,将换货商品送至零售企业验收,然后送至仓库并将更换情况进行记录。经验收人员复核、登记、查验后,厂商取回换货品。

零售企业商品定价管理规范

第一节 零售企业商品价格管理基础

一、商品价格构成与商品价格体系

1. **商品价格构成**

商品价格是由生产成本、流通费用、利润和税金四个基本要素构成的。生产成本,是指生产商品过程中所耗费的物质资料和劳动。流通费用,是商品从生产领域转移到消费领域过程中的劳动消耗,包括运杂费、保管费、包装费、利息、商品损耗、经营管理费等。税金,是指生产和经营单位按照国家税法规定应计入商品价格和服务收费中的纳税金额,是国家财政收入的重要来源。利润是生产劳动者为社会创造价值的货币表现,是商品销售价格减去生产成本、流通费用和税金后的余额,分为生产利润和商业利润。

2. **商品价格体系**

商品价格体系是指相互联系、相互制约构成的价格有机整体。在价格体系中各种商品价格不是孤立存在的,相关商品之间还存在着某种比例关系。部门与部门之间也存在比例关系。它们的横向联系形成了价格体系中的比价体系,包括农产品比价、工业品比价和工农业产品比价。由于商品从生产领域向消费领域运动的过程中存在着流通环节、时间、空间上的差别,这些纵向联系形成了差价体系,主要有购销差价、批零差价、季节差价、质量差价和地区差价等。

二、零售企业定价策略

1. **零售企业的定价权限与定价原则**

(1)对实行国家指导价的商品和收费项目,按照有关规定制定商品价格和收费标准。

(2)制定实行市场调节的商品价格和收费标准。

(3)对经济部门鉴定确认、物价部门批准实行优质加价的商品,在规定的加价幅度内制定商品价格,按照规定权限确定残损废次商品的处理价格。

(4)在国家规定期限内制定新产品的试销价格。

2. **定价策略**

随着商品经济的发展和价格体系的深入改革,市场商品可供量不断增加,企业和商场定价权限逐步扩大,市场竞争也越来越激烈。零售企业要在竞争中得到发展,必须学会运用价格杠杆,根据市场条件掌握一定的定价策略。定价策略很多,这里简单介绍几种。

（1）薄利多销定价策略

薄利多销定价策略是指尽量降低商品价格中所计的利润，以求扩大商品的销售量，从扩大的商品销售额中取得较多的总利润。实行薄利多销定价策略，是与我国人民当前生活水平相适应的，能刺激大多数人的购买欲望，扩大商品销售。同时，实行薄利多销策略可以促进零售企业加强经营管理，降低费用，加速资金周转。

（2）阶段定价策略

阶段定价策略是指零售企业根据商品寿命周期的不同阶段、产销成本的变化和商品本身的性能及特点所采取的定价策略。商品寿命周期一般分为四个阶段：投放期、成长期、成熟期和衰退期。在投入期，由于新产品生产数量较少，试制成本较高，消费者不够熟悉，商品之间缺乏可比性，这时，如果商品寿命周期较短，花样翻新快，销路看好，可以高价出售。如果是一般日用生活必需品和重要的生产资料，应中价出售。在成长期，商品销售量迅速增加，成本不断下降，质量逐步提高，这时，可按目标利润定价。在成熟期，大批竞争者进入市场，市场需求接近饱和，这时要制定出能战胜竞争者的价格。在衰退期，商品销售量迅速下降，这时只能保持原有销售市场，维持原有经济效益，在尽量减少损失的前提下，制定商品价格。

（3）心理定价策略

心理定价是根据消费者购买心理特点，为迎合消费者某些需要而采取的一种定价策略。心理定价策略有多种形式，主要有：

◎零头定价法，又称尾数定价法。即在制定商品零售价时以零头数结尾（如某商品单价18元定为17.98元），以增加顾客对价格的可信度和真实感。

◎整数定价法，即对一些名优高档商品定价不用零头，可满足一些顾客的炫耀心理。一件8800元的皮夹克有时反而比8280元一件的好销。

◎声望定价法，即凭借零售企业信誉及消费者的求名心理，可以把价格定得高一点，但一定要坚持质价相符，否则会败坏名声。

◎分级定价法，即把某一类商品分为几档，每档定一个价格，使不同购买心理的消费者得到不同价格的商品。

（4）差别定价策略

差别定价是指在销售商品时，按照不同的交易对象、不同的交易数量、不同的季节、不同的地点和不同的付款条件等采取不同的定价策略，以达到扩大销售的目的。比如，可以利用进销差价、调拨差价、地区差价和批零差价，根据不同情况给予某些优惠。

3. 物价管理的基本制度

要管理好物价，必须建立健全相应的规章制度，这些规章制度主要有：

（1）明码标价制度

实行明码标价制度，便于顾客挑选商品。明码标价，要做到有货有价，有价有签，标签美观，字迹清楚，一目了然。标签的内容要完整，应有货号、品名、产地、规格、牌号、单位、价格等。标签的颜色要醒目、易于区分，目前有些地方已将标签换成红、蓝、绿三种颜色。用红色标签表示国家统一价格，用蓝色标签表示浮动价格，用绿色标签表示自由价格。实行一物一签制，货签对位。对标签要加强管理，标签的填写、更换、销毁都应由专职或兼职物价员负责,标签上没有物价员名章无效。对于失落、错放、看不清的标签要及时纠正、更换。

（2）价格登记制度

价格登记就是把本商场经营的全部商品的价格进行系统的记录,建立价格登记簿和物价卡片。它是检查物价的依据,所以要及时、准确、完整,便于长期保存。

（3）物价监督和检查制度

物价监督包括国家监督、社会监督和单位监督三种基本形式。国家监督就是通过各级物价机构、银行、财政、工商行政和税务部门从各个侧面对物价进行监督。社会监督就是群众团体、人民代表、消费者以社会舆论对物价进行监督。单位内部监督就是零售企业内部在价格联系中互相监督。

三、物价管理权限

（1）认真贯彻执行党和国家有关物价的方针、政策,负责组织学习培训、加强物价纪律教育,不断提高企业员工的政策观念、业务水平和依法经商的自觉性。

（2）正确执行商品价格,按照物价管理权限制定审批商品或服务收费的价格,检查、监督基层物价管理工作的执行情况,发现价格差错,及时纠正,情节严重的予以经济处罚。

（3）认真做好物价统计工作,搞好重点商品价格信息的积累。

（4）对重点商品和招商（引厂进场店）商品的价格,实行宏观控制,限定综合差率,审批价格。

（5）凡新上岗的物价员,审批价格由市场经营部负责。半年后视工作情况,下放审批价格权。

（6）按照权限审批处理价格:凡处理残损商品,损失金额不超过 500 元的（一种商品）,由各专业零售企业主管经理审批,交市场经营部备案,损失金额在 500～3000 元的（一种商品）,由市场经营部主管部长审批。损失金额超过 3000 元的（一种商品）,由零售企业主管副总经理审批。

四、零售企业价格检查

1. 检查内容

（1）商品的零售价格,以及服务收费标准（包括生产配件、加工费率、毛利率、产品质量等）是否正确。

（2）有无违反有关规定越权定价、调价和处理商品现象。

（3）是否正确执行明码标价和使用统一商品标价签。

（4）商品质量、价格是否相符,有无以次充好、以假充真、掺杂使假、改头换面、变相涨价的问题。

2. 检查形式方法

（1）每日自查:每日开门前后一小时,商场专职物价员自查。

（2）每周互查：每周三由市场经营部组织安排专职物价员互查。

（3）节假日重点抽查：元旦、春节、"五一""十一"进行全场抽查。

（4）调价检查：调价前一天营业终了和执行新价前检查。

对检查中发现的问题和差错，逐笔进行登记，作为处罚的依据。为便于顾客监督，形成企业自我约束机制，市场销售部门要负责在店堂明显处张贴（悬挂）上级主管部门、本市场的监督电话，建立投诉站。

第二节　零售企业价格政策管理规范

一、价格政策的制定

（1）若想制定一套完整的能正确地反映市场需求的价格政策，首先必须考虑与实际需求最相近的价格商品政策，商品价格是否会引发消费者的抗拒心理，再进一步根据竞争关系与消费环境的变化，决定是否修正价格政策，甚至商品政策。

（2）零售企业开店之前，所做的商圈与店址条件的评估及开店后所做的商品定位，都会针对消费者意识形态进行调查，此时必须特别注意的是，应将消费者的价值判断列入考虑范围。例如询问消费者对价格的看法，或与其他零售店的商品进行价格比较。从调查中，我们可以摸清该地区消费者对价格、品质的看法。如果多数人对价格比较敏感，或觉得价格很重要，则必须将价格政策定低；如果觉得品质较重要，则可采取高品质、高价格的价格政策。

（3）以往价格政策都涵盖于商品政策中，因为在不充分竞争的时代里，消费者都会很单纯地把品质与价格画上等号，认为高价格的商品即为高品质的商品，而低价格的商品即一般品质的商品。

（4）时至今日，商业走入竞争白热化时代，零售店老板可能把高品质的产品以极低的价格出售，以吸引消费者并建立口碑，因此商店必须根据消费者的意识形态与价值判断，如某零售店的商品政策为"高品质""高鲜度""低价格"，也顺带将价格政策明白地表现出来了。

（5）另外，企业的价格政策必须与企业的经营策略相结合。有了企业的价格政策后，商品计划人员就可据以设定价格。商品计划人员，在做新产品的价格决定时，必须考虑地域的差别性及商品差别性，而开店后，或新产品销售过一段时间后，则需考虑消费者的接受度，做既存商品的价格变更，当其他零售企业的同类商品有现金或数量等折扣时，也应考虑做价格变更。

二、价格政策的决定要素

所谓价格政策或价格战略，即以价格决定与价格维持等操作价格，借以达到短期或中长期的销售目标，并同时谋求提高效益。其政策的决定要素大致如下：

1. 消费者的价格意识与价值判断

如前所述,其主要的做法如下。

(1)顾客阶层的细分化即在商圈调查时所做的客层定位。没有一家零售企业可以满足所有的消费者,所以只能利用客层定位,选择最多的客层或族群作为服务对象。

(2)商品层级的决定此即依据客层定位所做的商品定位,商品定位包含了商品组合,当然也涵盖了商品品质的层级。商品层级不同,价格策略自然不同。

2. 与整个市场经营的关系

(1)与商品组合的关系。商品的定价,必须从整个商品群去考虑,而不要以个别商品做定价。例如,先设定果菜需达到20%毛利,虽然如此,并非将每样果菜商品都加20%的毛利出售,而需视消费者对个别产品的敏感度及销售量而定。

(2)与广告宣传的关系。新推出的商品,或可增加零售店形象的商品,其定价当然不可以过高;此外厂商正在媒体广告中的商品,往往也是消费者最为敏感的商品,其售价也不可过高,以免破坏企业形象,引起消费者的反感。

(3)与流通管道的关系。通路越短,中间所经过的层次越少,其价格通常都比较有竞争力。例如,从产地直接进货的果菜产品、从国外直接进口的肉品或日用杂货等。再者,这些商品也较具特色,较易获取应得的利润。

(4)与促销方法的关系。办促销活动总会花钱,而且有时要降低某些商品的价格,牺牲利润。但办促销活动的目的不外是要吸引更多的消费者前来,以获取更多的无形利益(如形象、口碑)及实质的利益,所以办促销活动一定要以至少不亏钱为目标,至于减损的利润则可以数量来补足。

3. 在行业中的竞争地位

(1)行业的领导者或非领导者。如果你是业界的领导者,那么你所制定的价格也一定会成为领导价格,此时对价格的升降更需谨慎,以防紧随在后的业者迎头赶上;如果在业界非居于领导者的地位,在价格上则需紧追着前一名业者,不要无端引起战火,以免遭围剿或攻击。

(2)与竞争对手的关系。除了了解自己的优点外,也要了解对方的优缺点,所谓知己知彼,百战百胜。若能走出自己的路,与其他同业取长补短,则为上策;若无法走出自己的路,最好商品重叠的部分不要太多,而应以和平共处为原则,此为中策;如果碰到短兵相接,已无合理价格策略时,只有选择竞争的价格策略,此为下策。

4. 与产品生命周期的关系

(1)导入期

商品在导入的阶段,较易引起消费者的注意,此时应以较低的价格出售。例如柑橘初上市,可以选出品质最好的商品,而以近于成本的价格出售,以换取消费者的好感;如果该项新商品属于"育成商品",即有意将其培育成明日之星的产品,则更需长期抗战,在初期绝对不可以赚取过多的利润,以免一下子就吓跑消费者,等到该项商品的销售已经发展到一定阶段,如每天都已有相当固定的销售数量后,才可慢慢地提高售价。

(2)成长期、成熟期

成长期的产品,可以维持一个稳定且适当利润的价格,偶尔也可以运用促销手段,以再度吸引消费者的注意。成熟期的商品其定价策略与成长期相同，但须随时注意观察，并准备新的替代品，待准备好替代品，在成熟期末端出清存货，如此回转的速度才会快，消费者也才会有新鲜活泼的感觉。

（3）衰退期

已步入衰退期的商品应在举办促销活动时，尽快出清存货，若能收回成本，尽快出清就算是赚钱了。消费者对衰退期的商品，已经没有新鲜感了，此时回转率自会变慢，而且可能会产生"滞销品"或"残货"，所以宁愿出清存货而不要让商品变成滞销品，因为滞销品不但会占据宝贵的货架，而且在办理退货时超市还需付出更多的代价。

三、价格决定的基本观点

1. 价值 ≥ 价格

所谓价值，意指"事物的重要程度""品质""效用"等均"良好"的性质。"不良"的性质则属反价值。广言之，价值包含价值与反价值。所谓商品的价值，是指其所具有的功能、品质、素材、设计、形象等价值。因此，所谓销售，即以价格表现商品的价值，让顾客愿意购买。

换言之，必须买方的顾客承认该商品具有价值，而且认为所显示出的价格值得以自己所拥有的金钱与其交换，此项商品才能卖出去，亦即唯有买方认为商品的价值比价格大，即"价值 ≥ 价格"公式成立时，该商品才具有"使用价值"与"交换价值"。

商品的价格，是卖方对价值的估价而以金额表示出来，至于能否被接受，则需视消费者对该物品价值的认知程度。如果商品具有的价值被认为超过其售价以上，则必畅销无疑，甚至商家还能提高售价出售。反之，商品价值被认为低于其定价，则必然卖不出去，即使降价也未必能挽回颓势。

（1）商品的评价、价格与成本

◎畅销商品的商品价值大于或等于价格。

◎商品的评价与标价相等则商品售价等于商品价值。

◎滞销商品的商品价值小于或等于价格。

◎由此可以推出生产者对自己生产的商品的应有价值大于或等于价格，大于或等于成本。

（2）价值判断的立足点

◎价值 =（品质 + 机能 + 服务）÷ 价格

◎卖不出去 = 80/100 = 0.8

◎卖得出去 = 120/100 = 1.2

2. 与消费者立场的一致

截至目前，并没有一套固定的价格决定方法，多数企业均依习惯，或以简单的标准为基础去决定价格。而此基准大致为回收投入成本，获得更高的市场占有率及和竞争对手一决胜负。

决定价格的因素，包含以下两种。

（1）站在消费者立场,考虑如何决定商品价格,消费者才会购买。

（2）站在企业立场,考虑如何决定商品价格,才能收回成本并获得利益。

简单地说,前者是依市场价值来决定价格,后者是先决定价格才考虑市场价值。这两种立场有其本质上的差异,且就字面上而言也是相互矛盾,但若能使其趋于一致,就是最合适价格。因此零售企业的商品计划人员,在决定价格时,一方面要站在公司的立场考虑;另一方面也要站在消费者立场考虑。

3. 容许值的观念

零售企业所希望的销售价格,是以进货成本加单位利益为决定的根本,而消费者所希望的价格,则是消费者甘心购买的价格,也就是市场价格减去企业利润的余额。由此可知买卖双方的逻辑正好相反。

就现实问题而言,包含这两种逻辑的价格设定,虽因业种和条件而异,但大致上均必须是能"确保适当的利益、禁得起其他公司的竞争、重视消费者意向、消费者能够认可",必须是能让消费者甘心购买的价格,但何为消费者甘心购买的价格? 即将市场价格减去企业必须获取的利益,所得余额,又称其为"容许值",此价值必须与成本一致。其关系如下:

（1）成本 + 利益 = 价格,此为厂商的立场,这种情形必须在需要超过供给时才有可能。

（2）价格 - 成本 = 利益,此为消费者的立场,即消费者能够接受而且厂商尚有利益的价格。

（3）市场价格 - 希望利益:容许成本,即消费者所能接受的价格,卖方如能获得利益最好,如果不能获取利益,至少必须做到不亏本,亦即利益为零。换句话说,市场价格等于容许成本,而容许成本应包含销售所应付出的一切成本。

如果从另一个角度来看,消费者能够接受的价格是固定的,而企业若想有利益,就一定要想办法降低成本。

所以,对容许值的观念,经营者应从上述的"价格结构图"中,找出降低进货价格的方法。

第三节　零售企业价格策略管理规范

一、零售企业基本定价策略

1. 心理定价

消费者的价格心理复杂而又微妙。一些消费者认为货真价实的商品,另一些消费者可能认为价格太高。即使同一消费者,对不同商品价格的心理反应差别也很大。市场上常常可以看到这种现象:商品越是大幅度削价,消费者越是不买;而有些商品的价格越高,销售量也就越高。这种反常的消费现象背后,隐藏着种种价格心理。心理定价即根据顾客在售货现场的心理制定价格,主要有以下形式。

（1）不二价

不二价是指商场对于本商场出售的商品都只定一个固定价格，不允许讨价还价。不二价让人产生信赖感，是常用的方法。有时也会满足消费者高消费的心理，使顾客感到消费这种商品与其地位、身份、家庭等方面协调一致，从而迅速做出购买决定。

（2）弹性定价

弹性定价即允许顾客对售价还价这种定价方法是针对喜欢讲价的顾客，这类顾客认为商家总是标虚价黑着心赚钱。而讨价还价后，自己买到的商品比定价低一些，就会有一种成就感和满足感。一般来讲，零售企业制定弹性价格需要高额的初始价格，并配备合格的销售人员。

2. 奇零定价（尾数定价）

奇零定价即保留价格尾数，采用零头定价。例如价格为 9.98 元，而不是 10 元，使价格保留在较低一级档次。奇零定价一方面给人以便宜感；另一方面又因标价精确给人以信赖感，满足顾客求实、求廉的消费心理。尽管奇零定价在零售业务中占重要地位，但关于它的心理效果的研究极少。

最近一项调查研究表明（虽然它的成果还不是结论性的），因顾客在感觉上，奇零数化整到接近的最低价格而形成的低价错觉，只在某种环境下对某种商品才会发生，并不是在任何环境下对所有商品都会发生的。

美国定价研究会的施密斯教授认为，这种所谓的九毛九商店定价法，顾客初看感觉合算，可是在接到找回来的钱时，马上感到不合算了。因为找回来的一分二分，随便塞进什么地方，几乎不算个钱，购买九毛九的商品感觉上还是付出 1 元。所以，最理想的定价方法，应该是把 1 元的商品定在 1.01～1.05 元。这样，顾客拿出 1 元整钱，随便再从哪个衣袋角落里搜出个硬币，感觉上仍是 1 元。多付了钱，心里却是舒畅的。

3. 整数定价

整数定价与尾数定价相反，一律不保留零头。这是为迎合另一部分人"求名"的消费心理而采取的定价策略。对于一些名店、名牌商品或高档商品，采用整数价格会抬高商品的"身价"，进而提高消费者的"身份"。此外，整数定价还有便于结算、增加商场赢利等特点。其适用范围是贵重商品、礼品，以及能够显示消费者身份地位的显露性消费品，目标顾客是经济地位优越和社会地位较高的购买者。

4. 声望定价

声望定价是利用商场的名声、威望和名牌商品的市场地位，把价格定得高于同类商品。这种价格策略有利于树立商场形象，提高商品的市场地位，增加商场赢利，但不能吸引广大消费者购买，难以销售大量的商品。

5. 招徕定价

商品价格若低于其市场的通行价格，总会引起消费者兴趣，这是一种"求廉"的消费心理。有些零售企业把经营商品中的一种或几种商品价格定得较低，以吸引广大消费者进店，不仅购买标价低的商品，同时顺便购买连带商品，从而提高了商场的销售总收入。

招徕定价一般用于频繁地购买全国性商标的、周转率高的商品。因为顾客容易觉察这些商品价格低，并能够带给商场很大的客流量。例如，在一些零售店中，最畅销的商品是胶卷。胶卷是招徕定价的理想商品,因为顾客都很清楚胶卷的价值而极有可能增加购物频率,从而增大购买量。

运用招徕定价法主要有以下4种情况。

(1)将少数几种本小利薄的日用品低价出售,使消费者受此吸引而经常光顾本店。

(2)把相互有补充关系的商品区别定价,有意识地把主要的耐用商品价格定得低些,把从属、消耗大的商品价格定得高一些。由于主要商品价值大,消费者购买次数少,对价格又比较敏感,所以适当降低这种商品的价格,既能使消费者满意,企业损失也不大。最主要的是以此种商品的低价招徕消费者。诱导消费者购买主要商品后,继续大批量地购买消耗大的从属性的附件和材料等,就可以保证企业获得最大的整体利益。

(3)对同一商场销售的商品,按不同的原则定价,将有些商品价格调高,有些商品价格调低,以便招徕顾客。

(4)高价引客。既然招徕定价是针对消费者对不同商品的消费心理,以及不同消费者的消费特点灵活定价的一种方式,所以招徕并非一定是超低价,有时,超高价也能起到很好的引起消费者注意的作用。珠海某商城里有种8000多元一只的打火机,引起了人们的兴趣,许多人都想看看这"高贵"的打火机到底是什么样子,于是,该商城里平添了不少前来一睹打火机为快的人。其实,这种高价打火机摆在柜台里较长时间无人问津,但它边上80元一只的打火机却销路大畅。许多打算目睹8000多元一只打火机"风采"的人,顺便在那里购买了不少物品。

看来,确定招徕价的根本在于从商品组合的角度出发,以牺牲少数商品利润为代价,或以个别商品奇价为幌子,设法将更多的消费者吸引到本商场来,以利于整个零售企业的销售业绩提高。

6. 习惯定价

习惯定价即按照消费者的习惯价格心理制定价格,或叫"例行定价"。例如报纸、糖果、香烟这类日常消费品的价格,通常易于在顾客心中形成一种习惯性标准。符合其标准的价格被顺利接受,偏离其标准的价格则易于引起疑虑。高于习惯价格常被认为是不合理的涨价,低于习惯价格又可能使消费者怀疑是否货真价实。

7. 自动降价

西方国家的不少零售店,实行部分商品或全部商品"自动降价"的定价策略。所谓的"自动降价",实际是针对消费者心理采用的一种营销技巧。主要做法如下。

(1)标出商品价格及首次上架时间。

(2)确定商品价格折扣幅度和不同价格的保持时间,将其公布于众。

(3)在整个销售过程中,对商场的商品拥有量保密。

运用这种定价技巧的关键问题是把握价格折扣率和不同价格的保持时间。当然,若在销售过程中泄露了商场存货数量,这种技巧就没有什么刺激性了,商场也会遭受不必要的损失。

国外有些企业对积压滞销商品拍卖时,也运用"自动降价技巧"。经常的做法是:首先宣布商品基价和拍卖日期,拍卖日期一般定为16天。第1天,商品9折拍卖;第2天8折拍卖;第3和第4两天7折拍卖;第5和第6两天6折拍卖……第15和第16两天1折拍卖,即基价 100 美元的商品 10 美元即可到手。

一般来说,所有的自动降价商品在销售或拍卖开始阶段,人们基本上采取观望的态度;而商品降价至七八折时,有人便开始有所担心,不知存货情况如何;而商品降价至五六折时,许多人便会产生不能再等下去的心理。据西方国家的一些资料来看,如果降价折扣率和不同价格的保持时间确定适度,商品降价至五六折时的销售量最大,全部商品最终平均五折售出。降价至二三折时,常常就剩些根本卖不出去的东西了,只有送慈善机构了事。自动降价技巧建立在充分了解和利用消费者心理的基础上,既能满足消费者的需求,又能为商场带来可观的利润。

自动降价技巧既适用于积压商品、滞销商品拍卖,也适应于优质畅销和时令商品销售。对于零售企业来说,滞销商品采用自动降价方式可能不会得到直接利润,但以此方法,可以尽快收回占用资金,其间接利润不可低估。而对一般的商品实行自动降价,除了加快资金周转速度,还会以其独特的营销方式提高零售企业的知名度。

8. 折扣定价

折扣定价是零售企业在消费者大量购买时给予一定比例折扣的一种策略。采用折扣定价有两个理由:第一,商家想使顾客增加对一个品种的购买量;第二,折扣定价使商场能清除滞销货和季尾商品。

(1)现金折扣

现金折扣也称付款期折扣。即对现款交易或按期付款的顾客给予价格折扣。其目的在于鼓励顾客提前付款,以加速企业的资金周转、减少利率风险。现金折扣的大小一般根据提前付款的天数和风险成本来确定。

(2)数量折扣

数量折扣是指为了鼓励顾客大量购买,或集中购买一种商品,根据购买数量给予不同的价格折扣。数量折扣分为累计数量折扣和非累计数量折扣两种形式:

①累计数量折扣,即对一定时期内,累计购买数额超过规定量的给予价格优惠。目的是与顾客保持长期稳定的关系。

②非累计数量折扣,即对一次购买量达到规定数量或金额标准的给予价格优惠。目的是鼓励顾客增加每次购物的购买量,便于企业组织大批量销售。

零售企业通常不可能储备所有不同价格水平的商品,而运用"底价"以吸引具有类似价格偏好的某个细分市场,所以零售店集中经营低价的、中等价格的或高价的商品,零售店在选定价格幅度之后,再在这个幅度内设定数目有限的若干价格点。

底价对顾客和商场都有利。运用底价可以使消费者在选购时无所适从的情况减到最低限度,如果衬衣的价格幅度是 200 ~ 500 元,而价格点是 200 元、300 元、400 元、500元,顾客就知道商品质量有明显不同。如果商场所列的价格是 100 元、120 元、140 元、160元,顾客通常就弄不清商品的质量和差异了。

对零售企业来说,采用底价在采购过程中的好处如下。

(1)零售企业的采购员只需找到提供价格合适商品的供应商。

(2)可以用最后销售价作为出发点同供应商讲价。

(3)零售企业自然而然不去注意那些不在价格线范围内的商品,从而减少存货投资。

运用底价也存在如下缺点:

(1)底价方法是依赖所选定的特定价格点的,但有可能在两档价格之间出现被顾客认为过大的缺口。

(2)减价销售或特价销售会打破价格线内的平衡,除非价格线内的所有商品都按比例降价。

9. 分档定价

分档定价是把商品分为不同的档次,每个档次确定一个价格。这种策略体现了商品的质量差价,给顾客以定价比较认真、准确的感觉,同时又避免一种规格一种价格的烦琐。其适用范围是服装、鞋帽等规格复杂的商品,以及有质量差异的蔬菜和副食品,目标顾客是对商品规格和质量有不同要求的顾客。

10. 综合定价

综合定价,是指零售企业从追求整体效益最大和动态最优出发,对所经营的各种商品及细分的目标市场进行最佳的价格组合。根据系统论原理,零售企业在对某一商品采取不同的价格策略时,还需综合配套、动态优化,这样才能顺利地实现零售企业的定价目标。

(1)替代商品综合价格策略

替代商品是指用途大致相同,消费中可以互相代替的商品。替代商品价格策略是商场为达到某种营销目的,有意识地安排本企业替代商品之间的价格比例而采取的定价措施。对于有替代关系的商品,提高一种商品的价格,不仅会使该商品销量降低,而且会同时提高其替代商品的销量。零售企业可以利用此效应来制定组合价格策略,通过适当提高畅销品价格、降低滞销品价格使两者的销量相得益彰,从而增加企业的总赢利。

(2)互补商品综合价格策略

互补商品是指需要配套使用的商品。互补商品价格策略是商场利用价格对消费连带品需求的调节功能来全面扩展销量所采取的定价技巧。对于互补商品,有意降低购买频率低、需求弹性高的商品价格,同时提高购买频率高而需求弹性低的商品价格,会取得各种商品销量全面增长的效果。例如,降低点读笔的价格,而提高配套图书的价格,就是对互补商品价格策略的实际应用。

(3)连锁品的综合定价策略

连锁品是指存在投入产出关系的商品,如零售企业的五金部既整件出售自行车,又出售各种零配件。这些原料、半成品与成品,或零配件与整机之间的价格变动具有双向联动效应,即原料、零配件价格的升降会导致半成品、成品或整机成本的升降,引发其价格涨跌;反之,后者价格的升降也会拉起或紧缩对商品的需求,使前者价格相应涨跌,从而使连锁品价格比值稳定在某个参数上,而不致相差甚远。例如,据有关方面统计,衣料与成衣的比价大体为1:1.6。

(4)销售与服务综合定价策略

对于大件耐用消费品,消费者往往担心能否长期安全使用,或担心搬运难,怕损坏,怕维修难,怕易耗件不易买到,等等。这些担心都会影响产品的销售和企业的收入。改变单纯制定销售价的办法,变为销售与服务"一揽子"综合定价,即将提供商品售后服务的费用(包括送货上门、代为安装、调试、附送易耗件、三包期内上门修理的费用)算入销售价格内,并将售后服务措施公布于众,这就可以消除顾客的心理障碍,大大促进销售。

(5)亏损前导定价策略

亏损前导定价策略是指零售企业以某一种或几种商品作为前导,以低于成本的价格销售,以吸引广大顾客在购买廉价品的同时,购买某系列或相关的商品,从总体上扩大销售和增加赢利。实行亏损前导定价应具备的条件是:商场经营品种、规格、花色多而全,可以任凭消费者选购;前导商品具有吸引力,消费者对其价格反应敏感,需求弹性较大;前导商品具有互补品,或形成系列;前导商品在零售企业全部经营商品中比重较小,能保证其亏损可以在其他商品的扩大销售中补偿。

(6)消费者自行定价

让消费者自己给商品定价,这是国外某些企业在价格营销中想出的奇招。这一违反常规的定价策略,会吸引好奇心强的消费者前来一睹究竟,从而起到营销的作用。在这种定价策略中,有一种形式是以拍卖的形式出售商品,让消费者在竞买的环境中自己为商品定价。把拍卖形式用到商品销售中,在国外已不少见。在我国香港,这种方式也已在商品零售中用了几年,目前,我国内地商业企业也有试用者。进行拍卖定价,预先要由拍卖人向消费者发出公告,在一定时间、一定地点将拍卖的商品整理好,向消费者展示,经消费者看货后,自行为其估价进行竞买,最后,拍卖人获取最高价。

拍卖定价方法有以下3种。

(1)由拍卖人报出拍卖底价,即最低价,由认购者自行向高报价竞买,出价最高者为购物人,此时的价格为成交价。

(2)由拍卖人报出最高价,即由拍卖人从高向低喊价叫卖,直到有人应买,此时价为成交价。

(3)拍卖人不出价,任由购买者自由起价,直至再无出高价者,此时价为成交价。

最后这种方法对于卖方来说风险较大,只有处理清仓积压物品时才偶尔被采用。这种定价策略利用的是消费者的竞争心理和从众心理。通过自己出价竞买,成功了,会产生心理满足感。有些人本不想参加竞买,但因受到现场氛围的影响,也会跃跃欲试。所以,让消费者自行定价的营销效果很好。

让消费者自行定价的策略适用面比较广,但在具体运用时,要注意以下几个问题。

(1)高档商品不能采用由消费者完全自由给价的方式,必须规定最低限价。

(2)自行定价的商品不能只是低档货。选用适量的中、高档货,激发消费者的购买欲望,活跃市场的效果会更好。

(3)零售企业搞拍卖定价,应选择客流量最少的时间进行。这时组织拍卖,首先不会影响正常的销售工作;其次还能起到招揽顾客的作用。

二、价格调整策略

零售商应根据本企业所经营的商品种类的不同,目标市场、目标顾客群体的不同,分别采取不同的价格调整策略,以达到最佳的效益。

1. 高档商品价格调整策略

零售企业所经营的高档商品，其目标顾客群大多是高收入阶层或是礼品馈赠者。他们的消费心理一般是把价格作为自身社会地位或经济地位的象征，无论是自用或是赠送，都与其身份相联系。因此，消费者对于高档商品的关注焦点在于质量保证与地位显示，而消费者对于这两种功能和判断几乎只是依据价格的高低这一标准。因此，对于高档商品的价格调整，尤其对于降价，要慎之又慎。因为降价会动摇消费者对于高档商品质量的信心，怀疑此商品原来的定价，进一步怀疑商家的信誉。

2. 中档商品价格调整策略

在零售企业所经营的商品之中，中档商品一般是主角，这是由目标市场的规模决定的。因此商家对于经营的中档商品，应花大力气对其价格体系进行调整，以达到整体利润最大的目的。因为，消费者购物是一个学习的过程，购买前需了解零售企业信息，购买之后，要使用，要评价，同时对商品、对企业也就有了一个印象。所以，商家应借助于广告、宣传等手段把商品价格调整的信息（对于中档商品，主要是降价信息）传达给消费者，这样消费者在购物时就会首先考虑。当商家调低价格降低消费者购物的风险，从而吸引消费者前来购物时，实际上是促使消费者在本商店购物。

3. 低档商品价格调整策略

低档商品的主要购买者是中、低收入阶层，他们对价格非常敏感，常常是微小的价格上调，就会引起他们的强烈不满而拒绝购买。同样，即使是价格微小的下跌，也会刺激他们的购买欲望。同时，由于大多数中、低收入阶层受教育的程度比较低，受外界影响的可能就比较大，很容易受群体的暗示而购买。因此，商家对于所经营的低档商品，要经常挑选一些日常生活用品打折，配合卖场的布置和气氛的营造，刺激他们的购买欲望，以最终达成交易。

总之，零售企业应根据自己的长期战略目标，分析特定的目标市场，构造自己的价格结构体系，灵活地做出价格调整，以适应市场情况的变化，最终达到长期利润最大化的目标。

价格调整有两种形式，即提价或降价。提价，是在原有价格之上追加零售价格，这是在需求出乎意料时或成本上升时运用的。商家最常用的价格调整方式是降价。顾客常常从不同角度来理解和解释降价，例如：

（1）该商品将被更新的型号所替代；

（2）该商品退货量大，商场库存积压；

（3）该商品的旺季已过；

（4）该零售企业已陷入财政困难；等等。这些解释对零售企业减价销售会带来不利的影响，并且可能损害企业形象。所以，非常有必要实施降价控制，但不能把控制理解为一切降价都能减少到最小限度或可以消灭降价。

确定商品降价幅度，应以商品的需求弹性为依据。需求弹性大的商品，只要有较小的降价幅度，就可以使商品销量大增；相反，需求弹性小的商品，需要有较大的调价幅度，才会扩大销售量。但是，由于需求弹性小的商品，降价可能会引起销售收入和销售利润减少，所以掌握调价幅度时要慎重。商场调价时应考虑的最重要因素，还是消费者的反应。因为调整商品价格是为了促进销售,实质上是要促使消费者购买商品。忽视了消费者的反应,销售就会受挫,而根据消费者的反应调价,才能收到好的效果。

然而实施降价控制时必须能够对降价做出估计,并修改最近各期的进货计划,以反映每次实行降价的理由。例如,季节终了,为与竞争者的价格相抗衡,陈旧商品、过时的式样等都可以作为采购员的记录事项。

实施降价控制使商家能对零售企业各项政策的执行情况进行检查,如检查商品的储备方式,检查最近的新商品验收情况等。而且,商家经过仔细筹划,可以靠增加广告宣传更好地训练雇员并给他们较好的报酬,在分店之间更有效地分配商品以及退回卖主等办法,来避免某些降价。

三、降价策略

商家会发现降价时机的选择是非常重要的。在差不多所有的情况下,商家会发现某种商品必须减价,但是,要做出决定,关系重大,要考虑时机的选择,考虑如何迅速地贯彻执行。尽管商家对于降价时机有不同的看法,但必须在保本期内把商品卖掉却是共识。在保本期内,可以选择早降价、迟降价、交错降价和全店出清销售。

1. 早降价

注重比较高存货周转率的绝大多数商场采用早降价策略。采用早降价有许多好处:

(1)在实行这一策略的情况下,当需求还相当活跃时就把商品降低价格出售;

(2)同在销路好的季节后期降价相比,实行早降价策略只需要较小的降价就可以把商品卖出去;

(3)早降价可以为新商品腾出销售空间;

(4)商场的现金流动状况得以改善。

2. 迟降价

迟降价策略的主要好处是能有充分的机会按原价出售商品。可是以上列举的早降价策略的种种有利之处,正是迟降价政策的不利之处。季节性商品,在季末时,即使以打折出售,虽然亏本,但这笔货款可再投资于其他商品上,再创下次机会,总比把商品积压八九个月要好得多。

3. 交错降价

除了迟、早的选择,商家还可以运用交错降价的方式,就是在销路好的整个季节期间价格逐步下降。这种政策往往是和"自动降价计划"结合运用的。在自动降价计划中,降价的金额和时机选择是由商品库存时间的长短所制约的。

4. 全店出清销售

全店出清销售是指商场定期降价的一种方式,通常一年搞两三次。这种策略可以避免频繁的降价对正常商品销售的干扰。因此,顾客会懂得每半年一次或一年一度的出清存货大减价。此时所有的或绝大多数的存货是降价销售的。这样,爱买便宜商品的顾客,只是在很少一段时间内被吸引了进来。比如,美国的零售店,全年出清存货一般一年搞两次,常在圣诞节和美国独立纪念日等旺销期之后举行,其目的是在实时盘存和下一季节开始之前把商品清除出去。全店出清存货比自动降价政策的优越之处在于：

（1）为按原价出售商品提供较长期限；

（2）频繁减价会破坏顾客对商场正常定价政策的信任。

第四节　零售企业定价操作规范

一、影响零售企业定价的因素

1. 价格弹性

零售企业经营者必须了解商品价格同消费者的购买和感受的关系。需求规律和需求的价格弹性这两项经济原理可以说明这种关系。需求规律说明顾客在低价时的购买量大于高价时的购买量。需求的价格弹性涉及买主在购买数量上对于价格变动的敏感性。

价格弹性的计算方法，是需求量变动的百分比除以价格变动的百分比。即

$$价格弹性 = 需求量变动的百分比 / 价格变动的百分比$$

价格弹性主要有以下 3 种类型。

（1）弹性 = 1，需求量与价格等比例变化。因此，价格的变动对销售收入的影响不大。这是极特殊的现象。

（2）弹性 > 1，即较小的价格变化就导致购买量大幅度的变化，称为价格富有弹性。弹性 > 1 的商品，也叫"奢侈品"。如果价格高人们就少买或不买；反之，就多买一些。定价时，这类商品可通过薄利多销达到增加销售额的目的。

（3）弹性 < 1，即价格的变化对于购买量影响微小，称为价格缺乏弹性。这类商品称为"必需品"。定价时，低价对于需求的刺激效果不强，薄利不能多销，只会降低零售企业的销售额。较高的价格会增加销售额。

不同价格弹性状态下销售额的变化如下：

◎对于一种商品而言，虽然一般来说是必需品或奢侈品，但在价格达到一定程度时，性质就会从必需品变为奢侈品。

◎对于任何一个零售企业经营者来说，知道某种商品的需求是富有弹性、无弹性，还是单一弹性，以及在什么价格时需求从一种性质变为另一种性质，具有很重要的实际意义。

2. 竞争

一个企业能控制价格的程度，也依赖于它所处的竞争环境。竞争因素对于商场定价的影响表现在两个方面：随市定价和控制定价。

在随市定价的形势下，存在众多竞争者，顾客希望找到最低价格。此时零售企业经营者们只能制定彼此差不多的价格，不能主动控制价格。在这种情况下，价格一旦提高，大量顾客就会转移到竞争对手那里去。

在控制定价下，经营者企图靠零售组合的特色来建立零售企业的信誉。如果能使零售企业差别显著，经营者就能操纵它所售商品的定价。这是由于消费者认为商店的形象、服务、花色品种等比价格更重要，而愿意付高价到有名气的零售企业买东西（人们认

为无名气的商场不能提供丰富的花色品种和良好的服务等)。假如哪家零售企业能提供与众不同的商品与服务,就能在某种程度上操纵所经营商品的价格。

竞争对于价格的影响,关键在于企业经营者使自己同其他竞争者相区别的能力。弱差别只能随市定价,强差别方可控制定价。

3. 经营目标

零售企业的定价战略必须符合并反映出它的全面目标。零售企业的主要目标一般有以下四项。

(1)销售目标;

(2)利润额;

(3)投资收益;

(4)及早收回现金。

销售目标往往是根据在地方或全国占有的份额来确定的。当顾客对某种商品的价格高度敏感时,这时定价应是市场渗透型定价的价格策略。运用渗透定价时,低价可以阻止现实的和潜在的竞争,而销售增加时,零售总成本并不增加很多。低价销售一定要有目的地进行,无计划地低价销售,虽然也能吸引顾客、增加销售,但并不是稳定发展的状态。支持不当低价销售的顾客决不是稳定的顾客,当其他地方出现低价销售的商场时,他们就会立即奔他店而去。

另一种定价被称为市场撇油型定价,是定价高于一般价格,以吸引那些关心身份而不大计较价格的顾客。当商场经营者所设定的目标市场是对价格不敏感的细分市场,暂时又不会有新的竞争者进入市场,而销售额的增加不会大大提高总的零售成本时,采用这种定价策略是合适的。

如果商场经营者把一定的利润额作为目标,如纳税前年利润 30 万元,这就是利润额目标。如果经营者规定利润必须是某投资的一个百分比,如利润为总投资的 10% ,这就是投资收益率目标。那些现金短缺而希望扩大经营的,或对未来举棋不定的经营者,则把及早收回现金定为目标。不论目标定为什么,都必须制定与目标相应的价格。

4. 成本

商业成本是零售企业经营商品所发生的费用总和。商品流通费用由固定费用和变动费用构成。商业成本是销售价格的最低经济界限和基本经济依据。企业要获得赢利,只有在商业成本之上出售商品才能实现。零售企业在进行价格水平决策时,一般运用盈亏临界点分析来确定商品的价格与成本的关系。

5. 保本量与保本价

保本量就是保本时的销售量。这种方法是通过计算求得,或已知企业的固定成本及销售每种商品的平均变动成本,然后求出在某种销售价格下,企业的销量达到多大时,才能做到盈亏平衡。即不仅要补偿变动成本,也要补偿固定成本。企业要生存下去,最起码的条件是实现的销售量应保证不赔不赚,所以,零售企业必须掌握这个保本界限。只有在企业商品销售量超过此数量,企业才有赢利。保本价就是寻找能够保本的销售价格水平。

保本价 =(预计销售量单位变动成本 + 固定成本)/预计销售量

二、价格决策流程

零售企业的总体价格决策有助于商场经营者做出一系列协调的行动,保持统一一致的形象。总体价格决策的步骤如下:

第一步:目标市场的挑选;

第二步:商场形象的选择;

第三步:零售组合的组成;

第四步:总体价格决策的抉择;

第五步:基本价格决策的抉择;

第六步:价格的调整。

总体价格决策的基本流程中前四个步骤集中于总体价格决策的形成,后两步则是以其贯彻执行为核心。

总体价格决策的这六个相继的步骤,每步都给下一步设定了限制,是环环相扣的。企业定价的全过程是一个制定→执行→调整→再制定的连续不断的决策过程。

尤其是目标市场的挑选,它不仅是零售企业价格决策的基础,也是经营者制定任何策略(商品策略、服务策略)的起点。目标市场一经选定,就要创造出适当的企业形象,使企业能在目标顾客心中产生舒适、自豪的联想。因此,目标市场的挑选限定了经营者对商场形象的选择。在组织零售组合时,企业必须确定价格所起的作用。

在进行价格决策时,必须考虑目标市场、企业形象和零售组合的其他变项。而且,零售企业的实际价格和调整措施都必须同企业所定的总体价格决策方针相一致。

供零售企业选择的总体价格决策有以下几种。

1. 制定的价格与市场价格一致

决定商品价格与市场价格一致的商场,是按本行业经营品种流行的市场销价来制定销售价格的。绝大多数制定这种价格政策的零售企业是没有独特的竞争上的优势的。这样一来,他们就只有按市场价格水平制定零售企业的销售价格。

2. 制定商品价格高于市场价格

制定商品价格高于市场价格的零售企业需要有一种高水平的非价格竞争上的独到之处。这种独到之处可由以下因素中的任一种或所有因素来体现:开设地点上的优势;高水平的顾客服务;竞争商品品种范围特别得广;零售店气氛有异乎寻常的吸引力;拥有第一流时装的声誉;专门促进销售有吸引力的措施等。

3. 制定的价格低于市场价格

进行这种价格决策的零售企业需要具备以下三个条件。

◎业务经营费用比较低;

◎存货周转速度快;

◎为顾客提供的服务和其他的费用开支必须保持在最低限度。

在进行这种决策时,价格低廉往往成为该零售企业最突出的特点。

三、定价的基本方法

定价方法是零售企业为实现定价目标所采用的手段。由于价格的高低主要受市场需求、成本费用和竞争状况这三个因素的影响，定价的着眼点各有侧重，便形成了不同定价方法。在制定价格策略时，它们并不是彼此孤立地起作用的。

1. 需求导向定价法

需求导向定价法是以消费需求为基本依据，确定或调整商品价格的定价方法。引起消费需求变化的因素很多，如需求价格弹性、消费者价格心理、收入水平等，这些因素在很大程度上影响着消费者对价格的反应。

2. 理解价值定价法

理解价值定价法是以顾客对商品价值的感受及理解作为定价的基本依据。顾客对商品价值的感受和理解，是他们根据自己对商品的功能、效用、质量、档次等方面的印象对价格做出的评判，即人们买东西时常说的"值"或"不值"。价格与质量联想和声望性定价是理解定价的两个方面。

顾客相信高价意味着高质量，低价意味着低质量，这种观念就是价格与质量联想。这种心理突出地存在于以下情况：除了价格以外难以有其他标准判别商品质量；顾客发现不同牌子的商品质量存在巨大差别；顾客对判断质量毫无经验或信心不足；商标名称对于商品选择是无关紧要的因素。

声望性定价是由价格与质量联想引申出来的。人们设想消费者不会买他认为价格太低的商品。顾客事实上自己设下了价格最低限，不买定价低于这些最低限的某些商品。人们感到太低的价格意味着商品质量低，地位也低。而且，有些顾客把声望性定价用于选择零售店，不到定价太低的那些零售店买东西。应当注意，声望性定价并不是对所有顾客都适用的。

3. 需求差异定价法

需求差异定价法是以销售对象、销售地点、时间等条件变化所产生的需求差异作为定价基本依据。例如人们对于食品、礼品、装饰品和时装的需求强度，在春节前明显高于春节后，那么即使是同样的商品，在价格上也应有所差别。实行这种定价法起码要具备以下条件：市场能够根据需求强度的不同进行细分；细分后的市场在一定期间内相对独立；价格差异适度，不会引起消费者的反感等。

4. 成本导向定价法

成本导向定价法是以成本为主要依据，综合考虑其他因素来制定商品价格的方法。由于商品成本的形态不同及在成本基础上核算利润的方法不同，成本导向定价法又分为以下 3 种形式。

（1）成本加成定价法

成本加成定价法是一种简单易行的定价方法，即在单位商品成本的基础上加一定比例的利润作为商品的销售价格。

计算公式：

$$商品价格 = 批发价(1 + 批零差率)$$

在正常情况下，按此方法制定的商品价格可以使零售企业获得预期的赢利。但是，如果企业处于激烈的市场竞争环境中，或是企业的商品组合比较复杂，则不宜单独使用这一定价方法。因为，此方法缺乏对市场竞争变化的适应性和对市场供求反应的灵活性。

（2）目标利润定价法

目标利润定价法是在预测销售量和总成本的基础上，加上商场确定的目标利润。

计算公式为：

$$商品价格 = (固定成本/总销售量) + 单位变动成本 + 目标利润$$

目标利润定价法可以保证目标利润的实现，但需要准确地预测销量。如果商品销量预测不准，则目标利润实现不了。

（3）边际成本定价法。

边际成本定价法的理论依据是：当全部固定成本与变动成本由现有销售量收回后，再增加的商品成本只是它的可变成本，因此，任何超过可变成本的定价均属对利润的贡献。

计算公式为：

$$商品价格 = 变动成本 + 边际贡献$$

5. 竞争导向定价法

在竞争导向定价法中，商品是以竞争者的价格为指路标，而不是以需求或成本的条件为依据。因此，除非竞争者变更了价格，按竞争导向定价法的商品并不对需求或成本的变化做出反应而变动价格；反之，当竞争者变更价格时，按竞争导向定价的商品也就变更价格，尽管需求因素和成本因素依然如故。按竞争者价格定价的零售企业可以把它的价格定为低于市价、等于市价或高于市价。

竞争导向定价法之所以流行，有以下几个理由。

（1）简单，不必考虑需求曲线或价格弹性；

（2）人们认为现行市场价格对消费者和商家都是公道的；

（3）按市场水平定价并不干扰竞争，所以不会导致报复。

从实际操作上来说，商场应把这 5 种定价方法结合起来运用，因为它们各有其长处和短处。通常，在制定一个价格策略之前，商家必须考虑清楚以下问题。

（1）给定的价格水平会使商场获得传统的毛利吗？（按成本定价）

（2）假如降低价格，销售额会大增吗？（按需求定价）

（3）零售企业应当根据不同顾客的议价、季节性等情况，对一种商品定出不同的价格吗？（按需求定价）

（4）竞争者制定的价格水平怎样？（按竞争导向定价）

（5）根据零售企业的声誉和形象，能制定比竞争者更高的价格吗？（按竞争导向定价）

（6）在采购、销售、送货上需要特殊费用的商品应该制定怎样的价格水平？（按竞争导向定价）

这里所列的一些问题虽然并不完备，但这可以使我们对于零售企业如何运用按需求、按成本或按竞争定价的方法有所了解。

第8章 零售企业商品陈列管理规范

第一节 商品陈列管理基础

一、商品陈列的基本设备

1. 货架

零售企业的货架多以可拆卸组合的钢制货架为主,高度可分为 135 厘米、152 厘米、165 厘米、180 厘米,长度以 90 厘米、120 厘米等为最常用的规格。至于使用哪种规格的货架,则视各商场超市设计理念及现况而定。一般来说,采用较高货架,可陈列较多品种的商品,但商品的损耗率会较高;而采用低矮货架,则视线较为良好,且无压迫感。

2. 价格卡

价格卡用来标示商品售价并进行定位管理,若零售企业使用电子订货(EOS 订货),应用价格卡比较方便。价格卡一般皆以计算机打印,内容包括商品的号码、条码、售价,常贴于该项商品陈列的货架凹槽内。除非商品配置改变,否则价格卡不需移动。价格卡也可采用不同的颜色,以区分存货,使订货、盘点更迅速。

3. 护栏

为避免顾客在选购某些易碎物品时失手打破,造成伤害或损失,零售企业一般会在货架前缘加上护栏。严格来说,护栏并非必需品,但对于高价或易碎商品,加上护栏较有安全感。

4. 端架

在整排货架的最前端及最后端,也就是顾客支线的转弯处,所设置的货架叫作端架。端架是顾客在商场超市经过频率最高的地方,也是最佳的陈列位置。

5. 隔物板

隔物板主要是用来区隔两种不相同的商品,避免混淆不清。目前常用的隔物板有两种:一种为塑料隔物板;另一种为不锈钢隔物板。而在长度的选择上,通常货架上段多使用较低且短的隔物板,货架下段则多使用较高且长的隔物板。

6. 垫板

为避免商品直接与地面接触受潮,必须使用垫板垫在底层。最好使用木制、正方形的块板,这样便可依场地所需任意组合。

二、以方便顾客选购为基本出发点

商品陈列的最基本的想法,是要让顾客很容易看得见,如颜色突出、商标正面看齐、陈列方式创新等,以便容易抓住顾客的眼光。有些零售企业喜欢将水果放在平台陈列,就是要让顾客容易挑选;有些零售企业有时会把单一物品堆积如山,造成丰富的感觉,价格又设定得很低,让顾客觉得买起来很轻松容易。

三、货架位置分区管理

在配置管理上,货架区的三个位置即上段、黄金段、下段分别有不同的货品陈列特点。

1. 上段

上段即货架的最上端及次上端,通常陈列一些推荐品,或有心培养的杂货商品。

2. 黄金段

黄金段高度为 0.75 ～ 1.10 米,即一般人眼睛容易看到、手最易拿取的陈列位置,为最佳陈列位置。此位置一般常用来陈列利润高的商品、自有品牌或独家进口商品,不能用来陈列利润低的商品,否则对于整店的利益贡献将是一个伤害。

3. 下段

下段为货架的最下端及次下端。这个陈列位置通常用来陈列一些周转率很快、易碎、体积大或利润较低的商品,也可以陈列一些低利润商品及本身不想卖但因顾客需要不得不卖的商品。

陈列宽度,一般而言,消费者通常站在货架的 0.5 ～ 0.6 米的地方选购商品。而人的视野宽度在 120 度左右,其中看得最清楚的部分则在 60 度左右,最有利视野幅度约是 0.9 米的陈列宽度。零售企业的每个位置都是寸土必争。最佳陈列宽度的运用,就显得很重要。

四、系列化陈列

按商品种类、用途、式样、规格、质量及连属关系摆列商品,使顾客自然而然地由全貌到局部,进而深入细部,了解和认识商品的品种、外观和功能。商品陈列要掌握以下基本要点。

1. 便于寻找

(1)商品陈列分类要容易选购。目前,国内外营业面积 100 平方米以上的便利店,经营的商品一般在 2000 ～ 2500 种。500 ～ 1000 平方米的商场、超市经营的品种有 5000 ～ 10000 种。店内商品的大、中、小分类要表示清楚,不能混乱,使顾客在零售店内很容易找到自己所需的商品。

(2)商品的陈列位置要容易找到。商品陈列位置要符合顾客的购买习惯。对一些季节性、节日性的新商品、促销品、特价的商品陈列要醒目。

(3)陈列的商品要使顾客容易看见。商品标牌要正面朝向顾客。商品排放要从左至右,标价牌固定在第一件商品的下端,作为商品的起点标志和隔邻商品的分界线。商品陈列在货架下端时,要有倾斜,使顾客容易看见。

2. 大小分开

(1)货架以小分类来陈列,竖的方式从上到下。

(2)单品陈列从左到右横向陈列。

(3)价格带从左到右,由便宜到贵。

3. 方便挑选

(1)有效地使用灯光,让光线明亮,以增加商品的鲜度感、新鲜感。

(2)陈列的状态要使顾客容易挑选。按商品分类进行陈列,商品的价格牌、POP牌要摆放正确。不要给顾客混乱的感觉。标注商品配置位置图,使顾客进店后,马上能找到自己所需的商品。如何让顾客容易看到。有效果的商品陈列首先要让顾客容易看到,一个顾客难以看到的商品实际上与商品断档没什么两样。一般来讲,顾客最容易看到的范围是眼睛的平行线至胸前的高度。可根据商品决定在货架商品陈列中,不同商品所摆放的位置。

(3)商品的陈列要使顾客有比较性的选择,便于顾客区分挑选。

(4)同类商品要垂直陈列,便于顾客查寻商品。

4. 便于取放

(1)商品的陈列位置要恰当方便。货架上陈列的商品与隔板要有一段距离,使顾客能方便取放商品。

(2)货架陈列商品要稳定。排除倒塌的现象,给顾客以安全感。

5. 丰富充足

(1)商品的数量要充足。

(2)商品品种丰富。品种丰富是提高销售额的主要原因之一。从国外零售企业的经营情况看:零售店营业面积每平方米商品的陈列量平均要达到 11 ~ 12 个品种,也就是100 平方米的便利店至少经营品种达 1200 种,500 平方米的商场、超市达 5000 ~ 6000 种,1000 平方米的商场、超市要达到 10000 种以上。

6. 干净整洁

(1)货架的整洁。

(2)商品的整洁。

(3)商品的陈列要有感染力,要引起顾客的兴趣,要注意突出本区域主要顾客的商品品种。季节性商品品种、主题品种。用各种的陈列方式,平面的、立体的、全方位展示商品的魅力。

7. 先进先出

坚持先进先出。对一些保质期要求严的商品尤其加以注意。

8. 保持新鲜度

无论是生鲜食品,还是加工好的熟食,其新鲜感对顾客的吸引力是至关重要的,保持新鲜食品陈列可以增加顾客购买欲,也会使顾客有安全感。

第二节 商品货柜管理规范

一、货柜管理的功能

1. 有效控制商品品种

商店卖场的面积有限,所能陈列的品种数目也有限,欲有效控制商品的品种,提高卖场效率,就要使用货柜。

2. 做好商品定位管理

商品定位是卖场管理非常重要的工作;商品配置表,则是商品定位的管理工具。有了商品配置表,才能做好商品定位,如不事先妥善规划商品配置表,就贸然进行陈列工作,无法持续一致,也不可能把商品定位管理做好。

3. 适当管理商品排面

不能有效地管理商品的排面数,是现阶段零售卖场一项很大的管理缺点。一般来说,零售卖场陈列的品种数往往多达万种以上,而所陈列的商品中,有些商品非常畅销,一天能卖出数十个或数百个,但有些商品则可能一天只卖出几个或连一个也没卖出。因此,安排商品的排面时,就须根据商品销售数量的多少,给予适当的排面数,亦即畅销的商品给予的排面数量、占的陈列空间大,而不畅销的商品给予较少的排面数,所占的陈列空间也小,甚至只给单一的排面数,如此对提高零售卖场的效率,有相当大的好处。

4. 商品配置可以防止滞销品驱逐畅销品

缺少商品配置表规划及管理,而任意陈列商品时,因畅销品的销售速度较快,若没有良好的管理,商品卖完了,又未能及时补充,就易导致较不畅销的商品占据畅销品的排面,形成了滞销商品驱逐畅销商品的情况,等到顾客问起"有××商品吗?"可能已错失不少的商机及减损了商店的竞争力,在没有商品配置表管理的卖场,这种情况时常会发生,有商品配置表管理的卖场就可以避免这种情形。

5. 商品配置可以把利益控制在一定水准

零售卖场所贩卖的商品中,有高利润商品,也有低利润的商品,我们总是希望把利润好的商品配置在好的陈列位置,销售多一点,整体利益也随之提高,把利润低的商品配置在差一点的位置,来控制销售结构,这就要靠商品配置表来给予各种商品适当的配置,以求得整店有一个高利润的表现。

6. 商品配置是连锁经营重要的标准化管理工具

零售企业的连锁分店遍及各地,甚至全国各个角落,总部人员为了管理这些分店的商品陈列能做到一致性的要求,常感到很困难,如果能有一套标准的商品配置表来运作,整个连锁的商品营运会比较容易,对于季节变动修正及新产品的增列,滞销品的删除等工作,执行起来效率也较高。

二、商品配置的制作程序

商品配置表的制作,可分成新开店及旧店修改两种情形来制作。

1. 新开店商品配置的制作程序

(1)消费者调查

新店在决定设立与否时,需进行潜在市场调查;如果潜在市场调查完成,决定要设立新店,紧接着就是消费者调查。消费者调查的内容包括:潜在顾客的收入、职业、家庭结构、购物习惯,希望新店能提供任何种类商品及服务,根据这些调查所得的资料,商品人员做更深入的分析,了解潜在市场内对商品潜在需求,并了解竞争形势,来决定要卖些什么商品。

(2)部门构成

了解到潜在市场内消费者对商品的需求,商品部门要提案,新店要经营哪几大类(部门)的商品。比如,要不要设立玩具、餐饮部门、鲜花部门。把适合潜在市场内销售的大类做几种形态的组合,提供给上级来裁决。

(3)部门配置

决策单位决定要经营何种大类后,商品人员同营业部、开发部共同讨论决定部门的配置,每个部门所占的面积大小,都要有一个最妥善的安排。

(4)品种资料收集

在这一步骤,真正进入制作配置表的实际工作,采购人员要详细地收集每种分类内可能贩卖品项的资料,包括商品的价格、规格、尺寸、成分、包材等资料,尽可能有系统齐全地收集,最好能建立在计算机档案内,便于比较分析及随时可调阅。

(5)品种挑选及决定

品种资料收集齐全后,将所有分类里的商品价格,包装规格及设计,依商品的品质及用途分别做一个详细的比较,将最符合潜在市场顾客所需及能衬托出公司优势的商品,依其优先顺序挑出来,依次排列,挑出需要的商品,打印出商品台账。

(6)商品构成的决策

商品品种一经挑选决定后,把商品的陈列面根据判断的畅销度做适当的安排,并把这些商品与附近竞争店的商品结构做比较,我们的商品品项数、陈列面、优势商品、价格,对比主要竞争对手来看有没有优势,否则就应再调整到最佳的情况。

(7)品种配置规划

这一步骤是把已决定的品种及排面数实际地配置到货架上,这也是费时间的一个步骤,什么商品要配置到上段或黄金线,什么商品要配置到中段或下段,都要应用到陈列原则及经营理念,以及供应商的合作情况,同时也要考虑到竞争对手的情况、自身的采购能力与配送调度的能力,才能把配置的工作做好。例如有的连锁型零售企业本身设有配送中心,其采购的条件优越,商品的调度能力也强,在配置就优先考虑配置这些商品。有些连锁型零售企业,发展自己的品牌及自行进口商品,在配置时这些商品都会被优先地安排到好的位置,商品配置是活的,好与坏全看能否灵活运用。

（8）执行实际工作

配置完成，也就完成一套商品配置表，根据这张表来订货、陈列，然后把价格卡贴好，就算大功告成，但最好能把实际陈列的结果拍照或录制起来，以作为修改辨认的依据。

2. 旧店的配置变更或修正程序

一家店开张以后，并非商品配置好了就永不改变，而是要根据经营的状况加以修改变更，而这种变更的工作，最好是按固定时间来变动，不要想变就变，想动就动，那样商品配置很容易出现混乱不易控制的情形。例如，一个月修正一次配置表或一季变动一次，一年大变动一次，皆是较为妥当的做法。修正商品配置表的程序如下。

（1）确定滞销品及进行淘汰

商品滞销的原因有很多，由于可能是产品本身不好，或厂商的行销方法不佳，也可能是季节性的因素，更可能是零售店的陈列或定价等因素造成，所以滞销原因追查出来后，要判断是否可能改善，若无法改善且已连续几个月出现滞销，就要断然采取剔除的工作，以便能引进些更有效率的商品。

（2）调整畅销品的陈列面及进行新产品的导入

对于特别畅销商品应检查其陈列面积是否恰当，同时对于因被删除的商品而多出的空间，进行新商品的导入，以替换滞销品。

（3）实际进行调整工作

修改配置的最后一个步骤，当然是实际的调整工作，牵一发而动全身，修改一种品项，有时可能会动到整个货架陈列的修改，但为维持好的商品结构，虽然烦琐，都是无可避免的。有些店经营时间长久之后，商业人口、交通状况、竞争情况都出现了变化，这时必须大幅度地修改商品配置，甚至连部门配置都要变，这是大修改，这种情况，则应比照新开店的方式来制作商品配置表，如此会比较顺畅完整。

三、制作要领

在制作商品配置表时，有些技巧要领要把握后，做起来才会比较顺手容易。

1. 货架的规格尽量标准化

商品陈列的货架使用，尽量标准化，如把标准尺数定为长 90 厘米，高 165 厘米，那么在所有的分店每个分类的规划只要两三种商品配置表就可以全部罗列管理，不会出现一个店一种商品配置的情形。

2. 商品卡的建立很重要

每种商品要建立其基本资料，如商品本身的尺寸、规格、重量、进价、售价、成分、供货量、照片等基本资料，在规划时常会用到。

3. 变形规格商品的处理

对于厂商因促销的目的，而将商品附上赠品包装在一起，产生尺寸的变化，此种商品在正常的货架中，应尽量避免。对于变形的尺寸规格，若为畅销品，则可用大陈列或端架陈列的方式销售；若不是很畅销，则不必在大陈列或端架中陈列，将原来的陈列面缩小即可，如原来为两个陈列面的，缩小为一个陈列面。

4. 同类商品尽量使用垂直陈列,避免横式陈列

横式陈列,顾客购买不方便,陈列系统也较乱,应尽量避免横式配置。

5. 特殊商品采用特殊陈列工具

前面提到货架的标准化,但对于某些非常特殊的商品,必须使用特殊的陈列工具,才能把这些商品的魅力显现出来,以增强卖场的活性化及商品的展示效果。

四、商品定型陈列规范

（1）所陈列的商品要与货架前方的"面"保持一致。

（2）商品的正面要全部面向通路一侧。

（3）避免使顾客看到货架隔板及货架后面的挡板。

（4）陈列的高度,通常使所陈列的商品与上段货架隔板保持可放进一个手指的距离。

（5）陈列商品间的间距一般为 2～3 毫米。

（6）在进行陈列时,要核查所陈列的商品是否正确,并安放宣传板、POP。

五、商品变化陈列规范

1. 纸箱陈列

将进货用的纸箱按一定的深度进行裁剪,然后将商品放入其中陈列。

适于此种陈列方法的商品有:

（1）广为人知、深受消费者欢迎的品牌。

（2）预计可廉价大量销售的商品。

（3）中、大型商品。

（4）用裸露陈列的方式,难以往高堆积的商品。

陈列效果:

（1）价格低廉的形象及其价格易被宣传出去。

（2）给顾客一种亲切感、易接近感。

（3）量感突出。

（4）节省陈列操作的人力。

（5）易补充、撤收商品。

（6）可布置成直线、V 形等。

2. 投入式陈列

投入式陈列方法给人一种仿佛是将商品陈列于筐中一样的感觉。

适合这种陈列方法的商品有:

（1）中、小型,一个一个地进行陈列处理很费工夫的商品。

（2）商品本身及其价格已广为人知的商品。

（3）嗜好性、简便性较高的商品。

（4）低价格、低毛利的商品。

（5）不易变形、损伤的商品。

陈列效果：

（1）价格低廉的形象及其价格易被宣传出去。

（2）即使陈列量较少也易给人留下深刻印象。

（3）可成为整个卖场或某类商品销售区的焦点。

（4）陈列时间短。

（5）操作简单。

（6）陈列位置易变更，商品易撤收。

3. 突出陈列

超过通常的陈列线，面向通道突出陈列的方法。

新产品、推销过程中的商品、廉价商品等希望特别引起顾客注意，提高其回转率的商品适用。冷藏商品应尽量避免选用此种陈列方法。

陈列效果：

（1）商品的露出度提高、突出商品廉价性的感觉。

（2）可实行单品销售。

（3）增加商品出现在顾客视线中的频率。

（4）丰富感，并使店铺给顾客一种非常热闹的感觉。

4. 翼型陈列

在平台的两侧陈列关联商品的方法。

通过特卖销售的少量剩余商品适用于此种陈列方法。

陈列效果：

（1）商品的露出度提高。

（2）突出商品的廉价性的感觉。

（3）可实行单品销售。

5. 阶梯式陈列

将箱装商品、罐装商品堆积成阶梯状（3层以上）的陈列方法，增加商品出现在顾客视野中的频率，并使店铺给顾客一种非常热闹的感觉。

适用于此种陈列方法的商品：箱装、罐装堆积起来也不会变形的商品。

陈列效果：

（1）易产生感染力。

（2）易使顾客产生一种既廉价又具有高级感的印象。

（3）在陈列上节省。

（4）不仅可用在货架端头，还可用在货架内部。

6. 层叠堆积陈列

将商品层叠堆积的陈列方法适用于以下商品：

（1）罐装等可层叠堆积的商品。

（2）箱装商品。

（3）中、大型，具有稳定感的商品。

陈列效果：

（1）即使商品的陈列量不大，也可给人一种量感。

（2）可在保持安全感的同时将商品往高陈列。

（3）可突出商品的廉价性及高级感。

7. 瀑布式陈列

瀑布式陈列方法给顾客一种仿佛瀑布下流的感觉。适用于以下商品：

（1）圆形细长的商品。

（2）预计可单品大量销售的商品。

陈列效果：

（1）易突出季节感、鲜度感，并使商品看上去就给人一种味道鲜美的感觉。

（2）以裸露陈列为中心，易给顾客一种廉价的感觉。

8. 扩张陈列

超出一般的陈列线，向前延伸陈列商品的方法。以下商品适用这种方式：

（1）新产品、重点商品、特卖品等希望引起顾客特别注意的商品。

（2）小、中型商品。

（3）希望加深顾客印象并为顾客提供制作菜谱的商品。

陈列效果：

（1）提高商品注视度。

（2）使陈列商品易被识别。

9. 搬运容器陈列

直接利用在商品配送上使用的容器进行陈列的方法。以下商品适用这种方式：

（1）价格广为人知的商品。

（2）可以直接用搬运容器陈列的商品

（3）预计商品回转率较高的商品。

陈列效果：

（1）陈列作业上节省人力、物力。

（2）方便商品种类数的管理。

（3）易突出廉价感。

10. 线状陈列

将商品陈列成线形的陈列方法。以下商品适用此种方法：

（1）罐装饮料等筒型、长方形的商品。

（2）小型、中型商品。

（3）轻量商品。

陈列效果：

（1）突出所陈列商品的效果。

（2）方便补充商品、修改陈列形状。

11. 货车陈列

用带滑轮的货车进行陈列的方法。适用于以下商品：

（1）大中型商品。

（2）较重的商品。

（3）预计可单品大量销售的廉价商品。

（4）具有稳定感的商品。

陈列效果：

（1）可突出商品的廉价性。

（2）属可动式陈列，可使陈列更加及时。

（3）操作上节省人力、物力。

（4）排列的位置可随意改变。

12. 交叉堆积陈列

一层一层使商品相互交叉堆积的陈列方法。以下商品适用种方法：

（1）中大型商品，放入箱、袋、托盘中的商品。

（2）预计毛利低，回转率、销售额高的商品。

（3）希望充分发挥展示效果的商品。

陈列效果：

（1）商品的露出度提高。

（2）增加感染力。

（3）具有稳定感。

13. 墙面陈列

用墙壁及墙壁状陈列台进行陈列的方法。适用于此种陈列方法的商品有：

（1）葡萄酒等瓶装商品。

（2）可吊挂陈列的商品。

（3）中、小型商品。

陈列效果：

（1）可有效地突出商品。

（2）商品的露出度提高。

14. 样品陈列

让顾客观看、触摸的陈列方法。适用于此种陈列方法的商品有：

（1）不易变味腐烂的商品。

（2）颜色、形状、容量易理解的商品。

（3）通过陈列，商品的价格易宣传的商品。

陈列效果：

（1）有效地突出商品。

（2）鲜度、味美感可直接通过视觉传达给顾客。

15. 斜型陈列

将商品相对陈列台斜着陈列的方法。适用于此种陈列方法的商品有：

（1）高额商品、促销商品、畅销商品。

（2）陈列量小的商品。

（3）达到最低陈列量以下并希望将其售完的商品。

陈列效果：

（1）商品的注视率提高。

（2）商品的陈列量大，商品的存在感强。

16. 扇形陈列

接近半圆形的陈列方法。运用此种方法的商品如下：

（1）陈列量较少的商品。

（2）预计商品的回转率不会很高的商品。

（3）希望主要通过陈列效果促进销售的商品。

陈列效果：

（1）突出商品的高级感、鲜度感。

（2）即使商品的陈列量不是很大，也能提高商品的存在感。

（3）使顾客对商品的注视率提高。

17. 箱形陈列

往陈列柜中摆成三角形、四角形的陈列方法。适用于此种陈列方法的商品有：

（1）葡萄酒、果汁等瓶装商品。

（2）小商品，在通常的货架中难以陈列的商品。

（3）高价格、希望突出其高级感的商品。

陈列效果：

（1）品种数管理方便。

（2）易突出高级感。

18. 在库陈列

在卖场内设置库存的陈列方法。通常用于此种陈列方法的商品有：补充用的常规商品。

陈列效果：

（1）提高补充作业的效率。

（2）容易确认库存情况。

六、商品陈列技巧

1. 垂直排列

将易见性放在第一位的常归直排列技法。

2. 水平排列

适用于多种商品陈列的水平型技法。

3. 组合式排列

上层为垂直型、下层为水平型的追求销售型。

4. "沟"式排列

在纵向上排列出"沟"结构的排列技法。

5. 三角形排列

排列成三角形,突出廉价感的排列技法。

6. 货架端头排列

通过强化第三"磁石",提高卖场的畅通性,刺激顾客的购买欲望。

7. 岛式排列

提高主通路的畅通性,实现销售的岛式排列技法。

8. 收银台前端头排列

设置通过率100%的黄金卖角。

第三节　商品陈列标准

一、商品展示柜台陈列标准

1. 分类陈列

依据商品的类别、款式、品牌、性质等因素进行分类陈列。

2. 采用不同的展示方式

根据商品的形状、质地、外包装等特性的不同,分别采用平铺、叠放、堆放、挂置、悬吊等不同的展示方式,以达到最佳的展示效果。

3. 合理利用空间

商品陈列应合理利用空间,尽可能展示更多的商品品种,但不应造成拥挤、杂乱无章的效果。

4. 随时整理商品

陈列商品必须摆放整齐,并做到随时整理商品;带灰尘、伤疤或蔫瘪的商品禁止陈列。

5. 商品陈列应丰满

商品陈列应丰满,避免顾客看到货架隔板及货架后面的挡板。

6. 商品陈列应和谐搭配

商品陈列应力求美观、大方、安全。利用不同颜色进行和谐搭配;适当点缀、配搭装饰品,活跃展示气氛。

7. 品种合理搭配

相关商品、配套使用商品应灵活搭配陈列。

8. 陈列商品

陈列商品的正面必须全部面向通道一侧,每层陈列商品的高度与上段货架隔板必须留有一个手指的距离,每种商品之间应该保持一个合理的距离。标签与商品对应摆放,即做到一货一签。

9. 新品种陈列

新品种必须陈列在最显眼的位置,同时配置新商品的促销牌。促销牌摆放位置要求既能准确指示商品,又不遮挡商品。

10. 样品展示

样品要求选择新商品。样品展示要求品种、款式、颜色齐全。模特服装应3天更换一次,给顾客以新鲜感。

11. 必须确保商品陈列的安全性

(1)外包装有摆放标志的商品必须按照标志要求摆放。

(2)体积大、重量重的商品应摆放在下面。

(3)货架层板必须摆放平稳、固定,层板上摆放的商品不得超重。

(4)商品展示不得超出货架,以防顾客碰撞,如有碰坏商品的应由责任人赔偿。

(5)不得随意拿取或更换用于保护商品的护栏。

12. 其他要求

(1)鞋类商品,应把同一款式的各种颜色的商品全列在货架上,通常可选用小码鞋作为展示品,高档鞋必须使用鞋座作为衬托,展示样品应每周更换,上鞋油,保持亮泽。

(2)箱包的展示要求外形饱满,软包必要时可用纸张或泡沫填充。

(3)服装必须熨烫平整,折放整齐,纽扣扣好。挂式货架两端的服装应面向顾客挂放。

(4)货架前排要求商品摆放饱满,不允许有空位。

(5)对于有中、英文标识的商品,应将中文标识面向顾客放置。

二、货架上方存货陈列标准

货架上方存货陈列标准如下。

(1)按照商品类别、品种整齐摆放,尽可能做到与货架展示商品对应摆放。

(2)注意商品放置的安全性和稳定性。

(3)体积大、重量大的商品摆放在下;防压、易碎商品摆放在上。

(4)摆放不应过高,不得遮挡墙上装饰用的条形码。

(5)应根据商品摆放标志摆放。

(6)商品必须是原包装,必须封箱存货,可将货架端头的存货打开展示。

三、仓库存货陈列标准

仓库存货陈列标准如下。

(1)仓库内的存货必须封箱,严禁将散货存放在仓库内。

(2)仓库应根据商品占位面积大小及存放商品的特点确定每种商品的存货位,并在货架上标注大类标志牌。

(3)存货商品必须与标识牌上所示的商品大类一致。

(4)存货要保持每列内外商品一致,一列摆满另起一列。单品存货量不够摆满另一列,则应放置最里面,所剩位置可摆放其他商品,但不可遮住里面的商品。

(5)同类商品,存货量小的摆放在货架外面,存货量大的摆放在货架里面。

（6）商品摆放不得堵塞通道，须退换或送货的商品应单独归类封箱放置。

（7）商品堆放要求。

◎在理货区内堆放商品时，必须按类、分区堆放，不得堵塞通道。

◎堆放商品时，应符合商品外包装要求。耐压及大包装的商品放在下面，易碎的商品放在上面。

◎不宜受强光照射的商品应摆在避光处。

◎禁止坐、踩商品。

◎暂存在理货区和周转仓的商品必须放在垫板上，堆放整齐、安全。

◎取商品时应由上而下，并将挪动的商品及时还原，严禁从中间抽取。

◎存货量较大的商品存取货采取从左向右逐排存取。

◎一般成箱堆垛的商品，要把握好其堆码极限。

四、堆垛、促销车商品陈列标准

（1）促销车及堆垛商品应为价格特惠、畅销、应季商品、常用消费品或新引进商品。

（2）堆垛陈列应注重气势，有层次感，高度应在 1～1.5 米。

（3）促销车、堆垛商品摆放必须整齐，整箱商品展示时应将向外展示面包装拆除或切开，将商品信息完全展示出来。

（4）所有促销车、堆垛上的商品必须配置促销海报和标价签。

第四节 各种商品的陈列规范

一、食品、洗涤用品的陈列规范

1. 食品

食品是商场超市的主力商品，应该陈列在商场超市主通道两侧或商场超市的主要位置，而这些位置通常是顾客必须经过的地方。

2. 洗涤用品

洗涤用品是顾客的必需品，即使陈列在商场超市通道的末端，顾客也愿意前往，这样反而会吸引顾客进入到商场超市的最里面。

店内配置的主力商品有：

（1）夏季：牛奶、果汁、豆制品、冰激凌。

（2）全年：蛋、面、熟食、速冻水饺。

（3）冬季：冷冻食品、汤圆、水饺、冷冻鱼丸、鱼类制品。

搭配应遵循的原则如下：

（1）主力商品与辅助商品的搭配陈列。

（2）食品与非食品（装食品的器皿、包装等）的搭配陈列。

（3）购买频率高的商品与购买频率低的商品的搭配陈列。

（4）单价高的商品与单价低的商品的搭配陈列。

（5）女性购买商品与男性购买商品的搭配陈列。

（6）成人购买商品与儿童购买商品的搭配陈列。

二、水果、蔬菜的陈列规范

水果蔬菜是零售企业重要的集客部门。通常，果菜部门的营业额约占零售卖场整体营业额的 8%～20%。在商场超市里，果菜的品种一般在 50～100 种，随季节而变化，顾客可从中挑选购买自己所喜好的品种。又因果菜能够保存比较长的时间，不像肉品容易腐坏，因此，果菜采收后如何保持其鲜度并延长其寿命便成为十分重要的课题。

此外，各种果菜的形状、大小、规格各不同，想要在零售企业平台上或冷藏柜中随其形态展现出美感、丰富感及价值感，激起顾客的购买欲望，就得大力依靠果菜的陈列技巧和方法了。

果菜陈列的类型一般可分为几种。

1. 圆积型

常使用于葡萄柚、苹果等圆形的水果陈列，但像高丽菜、高苣等蔬菜也可归于圆体物，也可使用这种陈列形态。

陈列方法：

（1）首先要决定底面最下层的前面部分，接下来排边面，然后才排中央面第一层的部分。

（2）第二层要排在第一层商品与商品的中心点。

（3）接下来再排第三层、第四层。

2. 圆排型

在并排或堆积圆形的蔬菜和水果时，可用隔物板等来支撑邻接的商品，将容易松垮的圆形叠成不容易松垮的形态。凤梨、莴苣、高丽菜等常采用此种陈列形态，但务必记住，凤梨的叶子要朝内侧，高丽菜的叶子、莴苣的芯要朝下。

陈列方法：

（1）排好前面的部分，决定底面的第一层。

（2）因为有隔物板等来固定边面，所以商品与商品之间不要留有空隙。

3. 背向型

把比较长的叶菜类按一定的面、朝一定的方向排列，可依此方法逐渐堆高，也可以每层交换方向，逐渐堆高。

陈列方法：

（1）叶菜类的面可分成叶、茎或根两种。决定一个面后按一定的方向从前面的部分排列起。

（2）要注意使茎或根排成一直线。

4. 搭配型

搭配型即利用两种以上的商品来提高对比色彩的效果，以特殊的组合方式来加以陈列的形态。

所谓对比色彩的效果,指的是将两种以上的颜色互相调和,让彼此的色彩能显得更鲜明、更引人注目。

陈列方法:

(1)根据目的来决定商品的配置。

(2)决定每种商品的最佳陈列形态。

(3)从前面的部分开始检查是否按计划陈列出特殊的效果。

(4)也可利用隔物板来达到边面的整齐排列。

5. 格子型

葱、胡萝卜等长形的商品或装入袋子里的商品,彼此交错组叠成类似格子的陈列,称为"格子型"。

陈列方法:

(1)先决定好第一层商品的排列方向,然后陈列底面的部分,接着排前面和边面的部分。

(2)排第二层的商品时,要与第一层的商品保持直角,形成格子状。

(3)胡萝卜或白萝卜,要将根或叶子的部分保持一定的方向,交互堆积成格子状或"井"字状。

6. 段积型

段积型是商品陈列完成后,顶面的线会呈现阶梯状的一种陈列形态。用来陈列包装品或装入纸盒的商品及零散、形状较固定的果菜。

陈列方法:

(1)决定好前面和底面后,接着排中央面的部分,做好第一层的陈列。

(2)陈列第二层的商品时,要比第一层的商品后退约 1 个或 1/2 个,从前面的部分陈列起(随着商品软硬程度的不同,第二层以上的位置也会随着改变)。

7. 投入型

比较小的果菜(如菜心、红辣椒等)或形状不一致的果菜(如四季豆、豆芽菜等),利用容器或隔物板将前面及边面固定后,就可将此类商品任意地投入,这种陈列形态就是"投入型"。

陈列的顺序及不容易松散的方法:

(1)以隔物板来固定周围时,可将商品堆放到不会掉出的高度为止。

(2)四季豆等比较长的变形果菜,多装入一些也不容易松散。

8. 茎排型

将葱等长形的果菜朝一定的方向排列时,边面的地方就会形成一条直线,这种陈列形态称为"茎排型"。

陈列方法:

(1)决定了果菜的根或叶子的排列方向后,就可以整整齐齐紧密地堆起来。

(2)堆时要注意让商品互相重叠。

(3)边面的部分若摆得整齐,商品就可保持一定的长度。

9. 交叉型(互相配合型)

交叉型用于陈列像芹菜或葱那种长度较长、但厚度不同的果菜。

陈列方法：

(1)一层根(较粗的部分)、一层叶(较细的部分)地交互堆积。

(2)如每层中的两列都以相同的方向来排列,所陈列出来的效果将会相当得完美。

10. 并立型

利用板架等器具,让商品呈站立式的并排陈列,就是并立型陈列。陈列大白菜、芹菜时,为了使陈列多富变化,可采用此种形态。

陈列方法：

(1)先排好前面的部分,然后将商品以呈直角或稍微向后倾斜的方式排列。

(2)商品若稍微倒向板架(阶梯式的台子),则较容易整理。

11. 散置型

形状不一致的根菜类或香蕉等,只在前面和底面的部分排列整齐,中央面的部分任意地排列,就是"散置型"陈列。

陈列方法：

(1)先在底面的前面部分排好商品,接着再排边面的部分。

(2)在陈列第二层、第三层时,前面和边面的部分都要注意使商品的面排列整齐。

(3)中央面的部分,不论在上段或底面,只要没必要留出空间,就可任意堆积。

12. 茎积型

将根茎类果菜的面排列整齐,堆积起来,就成为"茎积型"的陈列形态。请勿与茎排型混淆。

陈列方法：

(1)先决定边面或前面的部分商品应该朝哪个方向,然后才摆底面的商品。

(2)在前面的线上,将商品的展示串间排列整齐并往上堆。

13. 堆积型

将包装过的商品、袋装的商品、变形的商品、长型的商品等非圆形的商品先排好前面和边面的部分,然后往上堆到一定的高度,即为堆积型陈列。

(1)前面的部分要排列整齐,边面的部分则可利用隔物板或商品本身来固定、堆积。

(2)若是变形的商品,则可将上层的商品摆在下层商品的四周或商品之间的间隙中。

14. 植入型

将叶菜类果菜陈列得宛如栽种在田里的形态,即为"植入型"。

陈列方法：

(1)叶子朝前,根或茎朝内,排好前面的部分,由最前面陈列起。

(2)从前面看只能看到叶子的部分,可堆放到2~3层。

(3)比较大把的商品若堆积3层以上,会给人一种宛如层层山丘的感觉。

15. 围绕型

围绕型是一种将某种商品用别的商品来围绕,或利用隔物板、容器等围起来的一种陈列方式。

陈列方法：

（1）一边排列前面和边面的部分，一边决定底面的商品。

（2）将被包围的商品并排堆高。

（3）最重要的是选择商品时，要考虑到色彩的效果。

16. 组合型

将各种同系统的品种组合起来制造一个卖场，即所谓的"组合型"陈列。一般多用于陈列水果和根菜类。若要造成大量陈列的效果，可将 2～3 个展示平台组合起来陈列。如同一系统而品种很多的水果（如苹果）就可采用此种大型的陈列方式。

陈列方法：

（1）同一系统、两种以上商品的颜色与形状时，首先要决定配置的顺序。

（2）从前面和边面排列起，接着再填好中央面。

（3）以配合每个品种的陈列形态的方法，继续往上堆高。

17. 阶梯型

事先准备好阶梯式的陈列架，将不可以堆积的柔软水果陈列在架上的方式，称为"阶梯型"。在盛产期大量展示的情况下使用。

陈列方法：

（1）以适合商品尺寸之形状的阶梯式陈列架来陈列商品，陈列前应决定好商品的展示面。

（2）铺上与商品呈对比色彩的垫底物，可制造出鲜明的效果。例如，红—绿，红—黄，绿—黄等。

（3）瓶装的果酱、调味酱等在进行相关的商品陈列时，也常利用管状组合的陈列来展示。

三、毛纺织品、服装的陈列规范

1. 毛纺织品

（1）不需要浪费过多的颜料在版面上做文章，它们本身的色彩就足以使橱窗五彩斑斓。

（2）主要应从展品中找出突出产品和适合做背景的纺织品，在商标的制作（包括标牌、标志的制作）上下功夫。要使人一看就知道是什么牌子的产品、有什么特点、适合哪种人穿着。

（3）当然也不要忽视把这些静物做活，使它充满活力、饱满、具有立体感。平铺直叙、毫无生气的陈列与橱窗广告的意义相违背。

2. 服装

（1）在干净的展示版面上，设计些精心的装饰，不要多，不要乱。

（2）灯光采取舞台效果，几个身着新颖款式时装的模特即可把各式服装的优点展示出来，使人们产生追求美而合体时装的购物欲望。

（3）如果版面十分华丽、服装成排成行，反而会把每件服装要表现的特点埋没了。

四、儿童玩具、工艺品的陈列规范

1. 儿童玩具

玩具是孩子们的乐趣所在,因此玩具橱窗的广告装饰不宜用冷色调,不宜用会引起孩子们产生恐惧联想的道具和具有危险性的物品,而应采用暖色调和明快的色调,配上孩子们喜爱的故事情节做布景,选一些为儿童所乐于接受的玩具陈列品。孩子们参观之后,必然产生亲切、安全、趣味无穷的感觉,橱窗中的那些玩具也就成了他们渴望得到的礼物。

2. 工艺品

(1)工艺品种类很多,在陈列中可按其性质分为:玻璃器皿、美术陶瓷、花画、草编制品、竹编制品、景泰蓝、各种工艺首饰、文房四宝、雕塑等。

(2)展示工艺品的形式比较讲究,对灯光的要求也高,背景从色彩到质地都要精心挑选,反复对比。

(3)展架不能粗糙,各类工艺品不要混合陈列。

(4)每类工艺品为一组,根据形状、颜色的不同,配以不同的灯光。陈列组合应错落有序,展架要由透明度好、结构精巧的材料制成。

(5)陈列时应把重点商品摆放在明显位置,衬以名贵织物,加投影灯,将其质地、工艺及工艺品所具有的意境价值充分展示出来。

五、水产和肉品的陈列

1. 水产品的陈列

(1)系统化陈列法

◎全鱼集中陈列法。中国人相信:鱼头朝内象征钱财滚滚而进,因此全鱼陈列的方向便须考虑到习惯与其美观,以鱼头朝内、鱼尾朝出口,鱼腹朝边、鱼背朝里的方向摆设。

◎段、块鱼陈列法。鱼体较大的无法以全鱼来陈列,须以段、块片状处理,以符合消费者一餐用完的需求,此时也可利用其白色鱼与红色鱼的肉色来增加美感。

◎虾、贝类的陈列法。虾、贝类及软体类则可集中陈列供消费者选购,其陈列方法是底层陈列剑虾、草虾、大头虾、文蛤、牡蛎等。第二层陈列沙虾、各类虾仁及软体全鱼,像鱿鱼、花枝等。第三层陈列盐鱼类,像盐青鱼、带鱼、鱿鱼丝、鳕螺肉、乌鱼子等。

(2)现捞鱼展示法。有些商场超市为展现商品的活泼性与新鲜感,用有如置于水中的陈列,将部分现捞近海鱼或虾类置于平面柜中,以面对面的方式来贩卖。其陈列则是在平面柜的棚板上铺上碎冰,柜子周边以假草铺置或以生菜衬托。以中间较高,左右略为下倾的方式铺冰,然后以现捞鱼的单品呈鱼腹朝下、鱼头朝里、稍为斜倾的方式置于碎冰中,鱼植入的深度以不超过 $1/2$ 宽度,依序排列,显示出鱼在水中游走的新鲜感及立体美感。

2. 肉品的陈列

肉品种类很多,一般人食用的肉品主要有猪肉、牛肉、羊肉及鸡肉。不过,每个人对肉品的喜爱会因各地习俗与供需的不同而有相当大的差异。

肉品的陈列仍要遵守系列化原则,体积大且重的商品要置于下层,以使顾客易选、易拿、易看,并应按家禽、猪肉、牛羊肉三大类来陈列,其陈列方式如下。

(1)家禽类商品陈列规范

◎家禽类的单品计有 36 种之多。

◎以 3 米的展示柜而言,其底层以陈列体积大、较重的全鸡及全鸭为主,如全土鸡、半土鸡、乌骨鸡、全仿土鸡、半肉鸡、土生鸭等单品。第二层则以切块或切半的鸡、鸭为主,如土鸡八块、土鸡大腿、肉鸡八块、肉鸡大腿、鸡腿排、乌骨半鸡、乌骨鸡八块,土生鸭八块及 1/4 土生鸭等单品。第三层则陈列小部位肉品,如棒棒腿、翅小腿、三节翅、二节翅、鸡里脊、鸡胸肉、鸡胸骨、鸡丁、鸭翅、火鸡腿、火鸡翅及鸡肉丝等单品。最上层则以陈列包装量小的内脏为主,如鸡肝、鸡肫、鸡肠、鸡爪、鸭掌、鸭心、鸭肫、鸭肠、鸭血等单品。

(2)猪肉类商品陈列规范

◎猪肉经商品化处理后的单品有 40 多种,且因人们较喜爱猪肉,因此其陈列面须比家禽类宽。

◎一般而言,以 3.6 米长的展示柜来陈列较能促进其销售。其中,猪肉火锅片及梅花肉片属于火锅类,与牛肉火锅片及羊肉火锅片并排陈列较为合适,其他的单品则宜依陈列原则来摆设。底层陈列龙骨、大骨、小骨、猪肉丝、绞肉、猪小排、前腿红烧肉块、后腿红烧肉块等单品,第二层陈列前腿肉、前腿赤肉、后腿肉、后腿赤肉、后腿猪排、后腿赤肉片、五花肉片、五花扣肉、五花肉、猪肉丁等单品,第三层则陈列猪脚、蹄膀、小里脊、小里脊切半、小里脊切块、里脊肉、里脊肉片、里脊猪排、猪耳等单品。最上层则陈列猪内脏类,如猪肝、猪血、猪心、猪腰子、猪肚、猪大肠、猪小肠、猪尾、大肠头、猪舌等单品。

(3)牛、羊肉类商品陈列规范

随着生活品质日渐提高,牛、羊肉的需求量显然有提高的空间,值得零售企业业者开拓,因此在陈列上就须多加注意,以开发新客源。

◎以 1.8 米长的展示柜为例,其下层可摆设火锅类的肉片,如梅花肉片、牛肉火锅片、羊肉火锅片及鹿肉火锅片等单品,第二层则陈列红烧类的红烧牛脑块、红烧里脊、红烧牛肋块、长条牛腩、羊腱块、红烧羊腩块、带骨羊肉块等单品,第三层则陈列牛排类,如纽约牛排、丁骨牛排、腓力牛排、薄片牛排等单品,第四层则陈列牛腩、牛尾、毛肚、牛筋、牛腱肉、羊肉丝、牛肉丝等单品。

第9章 零售企业商品管理制度与表格

第一节 商品部人员岗位职责

一、商品采购经理岗位职责

1. 负责商品采购部门的全面工作,提出零售企业的商品采购计划,报总经理批准后组织实施,并确保各项采购任务的完成。

2. 对企业各部门物资需求及消耗情况进行调查研究,熟悉各种物资的供应渠道和市场变化情况。

3. 指导并监督下属开展业务,不断提高业务技能,确保企业物资的正常采购量。

4. 完成企业各类物资的采购任务,并在预算内尽量减少开支。

5. 对零售企业的物资采购负重要责任,熟练掌握企业所需各类物资的名称、规格、型号、单价、用途和产地,检查购进物资是否符合质量要求。

6. 检查合同的执行和落实情况,参与大批量商品订货的业务洽谈。

7. 负责审核年度各部呈报的采购计划,统筹策划和确定采购内容,减少不必要的开支,以较少的资金保证最大的物资供应。

8. 认真监督检查各采购员的采购进程及价格控制。

9. 在部门经理例会上,定期汇报采购落实情况。

10. 每月初将上月的采购任务、完成及未完成情况逐项列出报表,呈企业总经理及财务部经理,以便于上级领导掌握企业的采购情况。

11. 负责督导采购人员在从事采购业务活动中,讲信誉,不索贿、受贿,并与供货单位建立良好的关系,在平等互利的原则下进行合作。

12. 负责部属人员的思想教育、业务培训,开展职业道德、外事纪律、法制观念的教育,使所属员工提高工作水平和思想水平。

二、采购部主管岗位职责

1. 合理安排属下工作班次,全面安排采购计划,并保证采购工作的顺利进行。

2. 与供应商建立良好的业务关系,完成零售企业的采购任务。

3. 了解市场信息,比值论价,降低费用开支。

4. 检查和监督进口物品的报关工作,做到手续齐全,资料齐备。

三、采购部文员岗位职责

1. 负责收发各种文件、信件,每日上、下午各一次到总经理室取公文、请购单、采购单,及时交给经理审阅批示,做到不积压、不拖延各类文件。

2. 熟悉和了解本部门各个环节的工作情况。

3. 催办落实上级的指示,并将领导的政策和经营方针及时传达到本部员工,做到上传下达,使本部门工作能顺利进行。

4. 协助经理搞好调查研究,及时向经理提供建设性意见。

5. 做好各类文件的登记与存档,做好往来业务单据的登记,协助领导检查采购过程。

6. 接听电话并认真细致做好记录,接待来访客人,文明待客,做好会议记录及存档。

7. 协调内部员工关系,做好部门考勤和工资发放等工作。

四、采购员岗位职责

1. 掌握零售企业各部门物资需求及各种物资的市场供应情况,掌握财务部和采购部对各种物资采购成本及采购资金控制情况,熟悉各种物资的采购计划。

2. 严格审核合同款项,订购业务必须上报经理或主管,研究后方可实施。

3. 采购物品应做到择优选择、物美价廉;时鲜、季节性物资如部门尚未提出申购计划,应及时提供样板、信息,供经营部门参考。

4. 经常到柜台和仓库了解商品销售情况,以销订购;积极组织适销对路的货源,防止盲目进货;尽量避免积压商品,提高资金周转率;经常与仓库保持联系,了解库存情况,全面掌握库存商品的情况,有计划、有步骤地安排好各项事务。

5. 严格把好质量关,对不符合质量要求的商品要坚决拒收;根据销售动向和市场信息,积极争取订购货源,按"畅销多进、滞销不进"的原则,保证充足货源。

6. 各部门急需的物品要优先采购,并做到按计划采购;认真核实各部的申购计划,根据仓库存货情况,订出采购计划;对常用物资按库存规定及时办理,与仓管员经常沟通,防止物资积压,做好物资使用的周期性计划工作。

7. 严格遵守财务制度,遵纪守法,不索贿、受贿,在平等互利下开展业务活动;购进物资要尽量做到单据随货同行交仓管员验收,报账要及时,不得随意拖账挂账。

8. 努力学习业务知识,提高业务水平,接待来访业务要热情有礼,外出采购时要注意维护企业的礼仪、利益和声誉,不谋私利。

9. 严格遵守企业的各项规章制度,服从上级领导的分工安排。

五、收货主管岗位职责

1. 严格遵守企业有关收货的各项规定。

2. 负责检查收货员工的出勤状况及仪表仪容。

3. 负责维持正常的收货秩序,收货工作所有问题的解决不超过 24 小时。

4. 负责协调并维持与供应商及送货人的良好合作关系。

5. 负责调配收货员工的收货工作。

6. 严把商品质量关,特别是生鲜品的收货,必须按企业的规范执行质检程序。

7. 严格要求收货员工,按收货流程执行验收工作,特别是严格执行扫描程序收货,对无条形码的商品,必须在收货部区域内粘贴完毕才可以收货,指导供应商正确地粘贴条形码。

8. 负责保管所有的收退货资料及单据,并及时归档整理,使档案管理整齐、有序、完整,便于查档。

9. 检查地磅是否准确。

10. 负责所有叉车司机的培训管理和各种电动、手动叉车的保管使用。

11. 负责对收货周转仓库的管理;指导仓库货物的合理摆放;确保所有商品的码放安全;收货、退货区域的清楚划分;杜绝闲杂人员进出收货区、周转仓。

12. 负责所有收货门口的控制管理。

13. 负责所有本部门员工的培训、评估、升迁等工作。

14. 负责本部门区域内的清洁卫生、安全消防、安全作业,避免工伤事故和商品损坏事故的发生,做好安全防火、防盗工作。

15. 负责与其他部门的协调工作,包括计算机中心、生鲜部门、精品部门、客服部门、家电部门等。

16. 保证所收的货物及时运送到楼面相应位置。

17. 保障收货办公区、收货区、周转仓干净整洁。

18. 接受供应商及楼面和财务人员的查单。

19. 负责指导本部门所有用具的正常维护和安全操作。

20. 核对收货报表、解决遗留问题。

21. 主持收货组的晨会,布置工作及重点品项的检查。

22. 协助做好顾客服务工作。

23. 协助做好盘点工作,特别是年度大盘点。

六、收货文件审核员岗位职责

1. 按照送货清单,对全部供应商实行送货电话预约,预约具体的送货时间。

2. 受理所有供应商的送货订单,检查商品订单是否符合零售企业的规定。

3. 登录收货控制单,核发收货标签。

4. 完成计算机终端与主机的数据交换,核查收货资料是否正确,并对已经完成的收货进行确认。

5. 对每单收货进行严格的对单工作,确保所有的收货无误。

6. 负责当日所有的收货,并进行系统的定案确认。

7. 负责保存、整理、分类、归档所有的收货单据。

8. 与供应商保持良好的合作关系。

9. 负责执行收货更正的计算机系统操作。

10. 为供应商提供查询服务。

11. 负责收货办公室所有计算机设备的维护、保养和终端使用的管理工作。

12. 负责做好收货办公室的清洁卫生。

七、收货员岗位职责

1. 根据零售企业的规定和要求，认真、有效地检验到货物品是否符合零售企业要求的质量标准。

2. 办理验收手续时应按照采购单的内容和数量进行。

3. 验货时如发现质量不符合要求、数量差错，应拒绝收货并及时报告主管。

4. 在办理验收手续后应及时通知有关部门取货。

5. 填制每日收货汇总表。

6. 协助采购部经理，跟踪和催收应到而未到的物品。

7. 有条理地做好采购单的存档工作。

8. 积极提出改进工作的设想方案，协助领导做好本部门的工作。

9. 服从分配，按时完成领导交办的任务。

八、收货员、退货员岗位职责

1. 接受楼面、客户服务部送来的退货，办理退货手续，将商品退给供应商。

2. 按采购部的指示进行批量的商品退货。

3. 接受安全部送来的空包装商品，进行计算机库存更正。

4. 对各个楼面送来的报损商品，统一执行报损程序进行报损。

5. 统计每日报损金额，归档退货文件，在系统中对已经办理完毕的退货进行定案确认工作。

6. 将所有需要退货的商品分类别、分区域进行整理。

7. 负责接收家电部、客户服务部送来的需要维修的商品，将商品送店外维修，并追踪维修的结果。

8. 负责退货工作区域的清洁卫生。

九、验收班班长岗位职责

1. 对主管负责，主管验收班工作。

2. 确保零售企业各项规章制度在本班组内贯彻落实。

3. 配合主管协调验收班与其他各班、各职能部室驻配送中心人员、分店理货员及供应商的工作。

4. 按配送中心业务流程要求，审核本班组各类单据。

5. 督导验收员按验收规定操作。

6. 指导员工及厂家送货人员按零售企业规定摆放商品,保证库内、外通道畅通。

7. 跟踪商品的退换货情况,确保退换作业顺畅。

8. 指导员工严格按零售企业规定使用库区装卸设备,确保安全。

9. 为库区装卸设备、工具的安全负责。

十、商品验收员岗位职责

1. 按时参加部门会议,服从收货主管安排的工作,阅读岗位工作日志,做好接班工作。

2. 严格按验收程序进行验收货物。

3. 验收所有的货物,采用开箱抽检、感官检验等方法,参照零售企业有关质量标准进行。

4. 负责把好收货商品的质量关。

5. 优先验收易坏、易腐的生鲜食品。

6. 确保条形码与商品的对应准确无误。

7. 执行扫描原则,用终端逐一进行条形码检验,保证所有条形码有效。

十一、卖场经理岗位职责

1. 按照卖场运营策略进行统筹工作。

2. 制订并执行卖场目标任务和具体计划。

3. 负责制定相关规章、规程、制度,确立服务程序。

4. 负责沟通评议,促进卖场团队业绩的改善。

5. 对商品购、销、进、存和顾客反馈进行审批和处理。

6. 负责每月的营运核算汇报,制订实施加快资金运转报告。

7. 负责卖场新产品和品牌形象推广的策划。

8. 参与相关技能和专业知识培训讲授、指导。

9. 指导、检查并落实卖场安全防范措施。

10. 提高自身的综合素质和管理水平。

十二、理货区主管岗位职责

1. 对分管经理负责,在其指导下全面实施理货区管理工作。

2. 切实保证零售企业各项规章、制度在理货区得以贯彻落实。

3. 对理货员验收的商品进行抽检,确保进场商品及理货区库存商品质量完好、数量准确。

4. 确保理货区商品按类合理摆放,周转畅通,并保障商品安全。

5. 参加零售企业例会并主持理货区例会、班长例会。

6. 负责对理货员进行管理和培训,并指导主管助理和班长工作,按零售企业的商品流转程序要求审核各类单据,并审阅相关报告和文稿。

十三、楼面理货员岗位职责

1. 为顾客提供优质服务,包括微笑服务、礼貌用语、回答顾客咨询、推介商品和为顾客提供购物车/购物篮等。

2. 保障商品销售,及时对端架、堆头和货架上的商品进行补货。

3. 保证销售区域的每种商品都有正确的条形码和正确的价格标签。

4. 保证商品与价格标签一一对应。

5. 按照规范要求贴价格标签和条形码,价格标签必须放在排面的最左端,商品的店内条形码应贴在规定的位置。

6. 检查有无过期、错误、损坏、污浊的价格标签和标牌,剩余的条形码及价格卡要收集起来统一销毁,不得散落楼面。

7. 新商品须在到货当日上架,所有库存商品必须标明货号、商品名称和收货日期。

8. 及时补货,不得出现在有库存的情况下有空货架的现象。

9. 做好理货工作,按要求码放排面,达到整齐、美观的效果。

10. 保持销售区域的卫生,保持购物通道的顺畅,及时清除空卡板、垃圾等。

11. 进行现场促销以提高营业额。

12. 控制商品损耗,对特殊商品进行防盗处理,及时收回零星散货,妥善处理破损包装商品。

13. 整理货架库存区和仓库,做到库存商品标识清楚、码放安全、整齐有序。

14. 执行"先进先出"原则,并检查保质期。

15. 事先整理好退货,填写退货单据。

16. 负责相关的安全操作,包括使用刀具、铝梯,搬运货物等。

17. 树立防盗意识,对容易丢失的商品和可疑人员予以特别关注。

18. 参加零售企业举办的运营培训、安全培训,负责本区域内的消防安全工作。

19. 按主管安排的时间和内容做市场调查,市场资料要真实、准确、及时、有针对性。

20. 劝导顾客遵守零售企业的店规,如不要随意拆包,不要进入仓库等。

21. 参加月度盘点和年度盘点。

十四、补货员岗位职责

1. 保障库存商品销售供应,及时清理端架、堆头和货架,并补充货源。

2. 按要求码放排面,做到排面整齐美观、货架丰满。

3. 及时收回零星物品和处理破损包装商品,及时处理破损或已拆包商品。

4. 保证销售区域的每种商品都有正确的条形码和正确的价格卡,剩余的条形码及价格卡要收集统一销毁。

5. 价格卡必须放在排面的最左端,缺损的价格卡须即时补上。

6. 整理库存区,做到标识清楚、码放安全、整齐有序。

7. 执行"先进先出"原则,并检查商品的保质期。

8. 事先整理好退货物品,办好退货手续。

9. 检查商品有无条码。

10. 检查价格卡是否正确,包括促销商品的价格检查。

11. 确保商品与价格卡一一对应。

12. 补货后要把卡板送回,空纸袋、纸箱、纸盒送到指定的清理点。

13. 新商品须在到货当日上架,所有库存商品必须标明货号、商品名称和收货日期。

14. 必须做到及时补货,不得出现在有库存的情况下有空货架的现象。

15. 检查库存商品的包装是否正确。

16. 补货作业期间,不能影响通道顺畅,不能打扰顾客挑选商品。

17. 依照零售企业要求填写"三级数量账记录",每天定期准确计算库存量、销售量和进货量。

18. 落实岗位责任,减少损耗。

19. 确保卖场铝梯未用时在指定位置。

20. 封箱胶、打包带等物品要放在指定位置。

21. 各种货架的配件要及时收回材料库,不能放在货架底下或其他地方。

22. 及时平息及调解一些顾客纠纷。

23. 对不能解决的问题,及时请求帮助或向主管汇报。

24. 通道要无空卡板、无废纸皮及碎物残留。

25. 保持销售区域的卫生。

十五、条码员岗位职责

1. 负责零售企业的条码制作和打印。

2. 检查每日上机记录。

3. 负责零售企业日常信息资料的打印。

4. 负责计算机部有关资料的打字工作。

5. 监督机房环境卫生。

6. 完成上级领导交办的其他工作。

十六、退货人员岗位职责

1. 接受零售企业营运部门的退货,检查退货单据与货物是否一致、是否有批准签名、批量退货是否与采购部的指示相一致。

2. 负责按采购部的指示进行批量的商品退换货。

3. 将所有需要退换货的商品分类别、分区域进行整理。

4. 通过电话、传真通知供应商来取回退换货,并为供应商办理相关手续。

5. 负责退换货工作区域的清洁卫生。

6. 协助做好年度盘点工作。

十七、报损人员岗位职责

1. 接受卖场的报损商品和安全部的空包装商品,进行报损和系统库存的更正。

2. 将各个卖场送来的报损商品,统一执行报损程序,进行报损。

3. 统计每日报损金额,归档退货文件;在系统中对已经办理完毕的退货进行定案确认工作。

4. 与供应商保持良好的合作关系。

5. 协助退货区的工作,将所有的报损商品进行整理,确保每个供应商的报损及退换货全部集中在一起。

6. 负责做好本部门工作区域的清洁、安全和消防工作。

7. 协助做好年度盘点工作。

第二节　商品管理制度

一、采购管理制度

1. 制订采购计划

(1)由零售企业各部门根据每年物资的消耗率、损耗率和对第二年的预测,在每年年底编制采购计划和预算报财务部审核。

(2)计划外采购或临时增加的项目,应制订计划或报告财务部审核。

(3)采购计划一式四份,自存一份,其他三份交财务部。

2. 审批采购计划

(1)财务部将各部门的采购计划和报告汇总,并进行审核。

(2)财务部根据零售企业本年的营业实绩、物资的消耗和损耗率、第二年的营业指标及营业预测做采购物资的预算。

(3)将汇总的采购计划和预算报总经理审批。

(4)经批准的采购计划交财务总监监督实施,对计划外未经批准的采购要求,财务部有权拒绝付款。

3. 物品采购

(1)采购人员根据核准的采购计划,按照物品的名称、规格、型号、数量和单位适时进行采购,以保证及时供应。

(2)大宗用品或长期需用的物资,根据核准的计划可与有关的工厂、公司、商店签订长期的供货协议,以保证物品的质量、数量、规格、品种等供货要求。

(3)采购人员对餐料、油味料、酒及饮品等,要按计划或下单进行采购,以保证供应。

(4)计划外和临时少量急需品,经总经理或总经理授权有关部门经理批准后可进行采购,以保证需用。

4. 物资验收入库

（1）无论是直拨还是入库的采购物资都必须经仓管员验收。

（2）仓管员验收是根据订货的样板，按质按量核对发票验收。验收完后要在发票上签名或发给验收单，然后须直拨的按手续直拨，须入库的按规定入库。

5. 报销及付款

（1）付款

◎采购员采购大宗物资的付款要经财务总监审核，经确认批准后方可付款。

◎支票结账一般由出纳根据采购员提供的准确数字或单据填制支票，若由采购员领空白支票与对方结账，金额必须限制在一定的范围内。

◎按零售企业财务制度规定，付款 30 元以上者要使用支票或委托银行付款结算，30 元以下者可支付现款。

◎超过 30 元要求付现金者，必须经财务部经理或财务总监审查批准后方可付款，但现金必须控制在一定的范围内。

（2）报销

◎采购员报销必须凭验收员签字发票或连同验收单，经出纳审核是否经批准或在计划预算内，核准后方可给予报销。

◎采购员若向个体户购买商品，可通过税务部门开票，因急需而卖方又无发票者，应由卖方写出售货证明并签名盖章，有采购员两人以上的证明，及验收员的验收证明，经部门经理或财务总监批准后方可给予报销。

二、采购部业务管理制度

1. 按使用部门的要求和采购申请表，多方询价、选择，填写价格、质量及供方的调查表。

2. 向主管呈报调查表，汇报询价情况，经审核后确定最佳采购方案。

3. 在主管的安排下，按采购部主任确定的采购方案着手采购。

4. 按零售企业及本部门制定的工作程序，完成现货采购和期货采购。

5. 货物验收时出现的各种问题，应即时查清原因，并向主管汇报。

6. 货物验收后，将货物送仓库验收、入库，办理相关的入库手续。

7. 将到货的品种、数量和付款情况报告给有关部门，同时附上采购申请单或经销合同。

8. 将货物采购申请单、发票、入库单或采购合同一并交财务部校对审核，并办理报销或结算手续。

三、物品采购制度

1. 物品库存量应根据商场超市货源渠道的特点，以控制在一个季度销售量的一倍为宜。材料存量应以两月使用量为限，物料及备用品库存量不得超过三个月的用量。

2. 坚持"凡国内能解决的不从国外进口,凡本地区能解决的不到外地采购"的规定。

3. 各项物品、商品及原材料的采购,必须遵守市场管理及外贸管理的规定。

4. 计划外采购或特殊、急用物品的采购,各部门通知财务部并报总经理审批同意后,方可采购。

5. 凡购进物料,尤其是定制品,采购部门应坚持先取样品,征得使用部门同意后,方进行定制或采购。

6. 高额进货和长期订货,均应通过签订合同的办法进行。

7. 从国外购进原材料、物品、商品等,凡动用外汇的,不论金额大小一律必须取得总经理的批准,方可采购,否则财务部应拒绝付款。

8. 凡不按上述规定采购者,财务部及业务部门的财会人员,应一律拒绝支付,并上报给总经理处理。

四、能源采购管理制度

1. 零售企业工程部油库根据各类能源的使用情况,编制各类能源的使用量报告,制订出季度使用计划和年度使用计划。

2. 制订实际采购使用量的季度计划和年度计划交总经理审批,同意后交采购部按计划采购。

3. 按照零售企业设备和车辆的油、气消耗情况以及营业状况,定出油库、气库在不同季节的最低、最高库存量,并填写请购单,交采购部经理呈报总经理审批同意后,由能源采购组办理。

4. 超出季度和年度使用计划而需增加能源的请购,必须另填写请购单,提前一个月办理。

5. 当采购部接到工程部油库请购单后,应立即进行报价,将请购单送总经理审批同意后,将请购单其中一联送回工程部油库以备验收之用,一联交能源采购组。

五、食品采购管理制度

1. 由仓管部根据零售企业的销售需要,定出各类正常库存货物的月销售量,制订月度采购计划,交总经理审批,然后交采购部采购。

2. 当采购部接到总经理审批同意的采购计划后,仓管部、食品采购组、采购部经理和总经理室各留一份备查,由仓管部根据食品部门的需求情况,定出各类物资的最低库存量和最高库存量。

3. 为提高工作效率,加强采购工作的计划性,各类货物采取定期补给的办法。

六、订购进货管理制度

1. 订购制度

（1）采购组每日检查库存，若至请购点时，需填写请购单，经主管核章后办理采购事宜。

（2）采购组查询货品供应商的其他货品库存状况，以简化作业并符合规模经济。

（3）采购组依据厂商资料表制作《订货单》一式两联，以传真或电话通知厂商，并将《订购单》第二联交储运组备查，第一联自存。

（4）采购组于每次确认订购单后，当日发出通知，依照与各家厂商协议的时间，送货至请购单位，进货时间安排在每日上午 10:00～11:30，下午 3:00～4:30。

（5）紧急采购经部门主管核准后进行，事后须补填请购单。

（6）储运组也须与采购组共同依照储位大小、经济订购量及安全库存等设立采购量，采购量的最小数量须事先与厂商协议。

（7）采购组应在进货验收单上每日核查应送的物品，如发现过期而未到的订购单，应立即查询货品延误的原因，并催促尽快发货。

2. 进货制度

（1）厂商送交货物时必须填写进货验收单一式三联，详细写明送货内容及订购单号码，连同所送的货品送到指定的收货处，并由储运组收货人员进行验收。

（2）储运组核对进货验收单与订购单无误后，在进货验收单上签章，将第一联退还厂商作为送货的凭证。

（3）储运组将进货验收单的号码抄录在货品上，同时在订购单上填写进货验收单号码与收货日期。

（4）储运组根据进货验收单检查及证明下列各项。

◎货品编号。

◎品名规格。

◎交货者名称。

◎交货数量。

◎实际接收数量。

◎收货日期。

（5）储运组若发现送来的货品混有其他货品或其他特殊状况时，必须在进货验收单接收状况栏内写明，作为品质检验的参考。

（6）储运组在进货验收单上填入必要内容并核章后进行货品质量检验工作。

（7）验收注意事项。

◎货号。

◎品名。

◎规格。

◎数量、重量。

◎包装。

◎品质。

◎有效日期。

◎进价。

(8)验收无误的商品,再由储运组以彩色笔将该货品的储位,于验收时书写在货品包装上,以便于存放定位。

(9)储运组在验货时如有溢收数量,应通知采购部视实际情况决定是否补开《进货验收单》,否则拒收。

(10)储运组应依据《进货验收单》,每日提出应交未交的物品,供采购组跟催,次月5日前应提出超支、欠货资料,供采购、会计、管理部门参考。

(11)储运组将交货实况填入《厂商资料卡》交货资料各栏后办理入库手续。如果验收后发现不符所需,则通知厂商进行退货处理。

(12)储运组核对货品数量与良品总数是否相符,安排货品进入仓库后在进货验收单二联至三联良品总数栏盖仓库接收章,再送至储运组主管处核查。

(13)储运组主管核查后的进货验收单第三联自存,根据良品总数转存至计算机。

(14)进货验收单第二联送会计作为付款的凭证。

3. 报废作业制度

(1)报废管理的目的为有效地控制和计算原材料的成本。

(2)报废品的定义。

◎原材料无法继续使用或转做他用而必须丢弃。

◎凡正常加工过程中所丢弃的残物不应报废而属损耗。

◎研发人员正常研发所丢弃的残物料。

(3)报废品的区分。

◎材料的品质验收未能落实或规格与实际需求不符,致使无法使用且不能退货者。

◎仓储人员保存不当,致使材料损坏无法使用者。

◎研发人员的研发停止,致使该批材料无法转做其他用途者。

◎因运送或搬运不当,造成材料破损污染而无法使用者。

◎原材料、成品过期而无法使用者。

(4)报废品的处理。

◎报废品应存放于暂存区,以便随时资料查询及更正。

◎所需报废的货品应由权责单位于月底填写报废单一式两联。经由品质管理人员确认,并经经理核准后,会同会计部门进行清点,清点完毕,报废单第一联自存,第二联交会计。

◎经核准报废的货品由储运组统一销毁。

◎报废品若是原料,以采购时买进的价格计算;若是商品,则以出货价计算。

七、收货文件管理制度

1. 收货办公室是存放所有收货文件的规定地方。

2. 收货文件的原件必须提供给财务部,收货办公室保存文件的副本。

3. 收货文件必须按时间、按部门、按收货号的顺序进行排列,分柜进行存放;查询时必须经过收货部人员的同意。

4. 所有收货资料保存至少一年。

5. 所有的文件必须在当日工作结束后进行整理、归档;凡有问题的文件,必须做记号说明原因,并交接到明日进行处理。

八、收货办公室管理制度

1. 供应商不得进入收货办公室。

2. 未经授权,楼面人员不得进入收货办公室。

3. 收货办公室在工作结束后实施门禁。

4. 收货办公室必须保持干净、整齐。

5. 收货办公室不是员工或叉车司机的休息场所。

6. 收货办公室禁止吸烟、随地吐痰。

九、商品验收管理制度

1. 仓管人员和理货人员应严格按商品质量验收标准对所有货物进行检查。

2. 清点检查。重点检查数量、包装质量及其完好性。

3. 抽样检查。应按相应验收标准,采用随机抽取法取出代表样商品进行检查。

4. 合格证检查。检查产品是否有合格证及其是否有检验机构和检验员签章。

5. 索证。

(1)按随货通行证书的管理程序操作,向供应商索取有关质量证明,并与采购订单的内容进行对照检查是否一一对应,准确无误。

(2)质量证书应及时转交指定零售企业质检员存档,按随货同行证书的存档操作进行管理。

6. 标志、包装检查。

(1)对所抽样品进行标志检查时,严格按照商品质量验收标准进行检查验收。检查包装是否牢固,是否可能因包装不良而使商品受损及包装本身是否受损。

(2)对有使用期限的商品应重点检查其生产日期、进货日期是否符合商品质量验收标准的规定。

7. 感官检查。对商品进行感官检查,根据标准或经验判定产品质量。

十、商品陈列管理制度

1. 为保持卖场内商品陈列的美观、庄重,并方便顾客选购,特制定本管理办法。

2. 柜台、货架定位。

（1）营业大厅内务柜组的分布位置由总公司经营部门同有关部门进行统一规划,并标位安排。

（2）零售卖场需调整货位时,必须向经营部及保卫部门提出申请;申请批准后由零售企业负责进行内部调整,报总公司经营部备案。

（3）货架、陈列架,实行定位、定量管理,各连锁店要一律按设计方案及经营布局的要求摆放。未经总公司经营部同意,任何人不得随意增减、移动柜台、货架。开架销售商品的摆放要按公司要求保持通道距离。不得随意侵占或阻塞各主、次通道及消防安全通道。

（4）柜台、货架、陈列架需要维修或更换时,由零售卖场向总公司经营部提交报告。

（5）要注意爱护使用柜台、货架、陈列架所用的玻璃板、玻璃拉门,出现破损时,须及时申请更换,不得用其他材料代替,以防伤害顾客。

（6）经过维修或更换的柜台、货架、陈列架,由卖场负责按原样摆放在原处,更换下来的柜台、货架、陈列架、灯具、玻璃等,由卖场自行处理。

3. 商品陈列

（1）柜台、陈列架内的商品要分层次陈列、全方位展示,开架售货商品要有小外包装,整大箱及整包商品不准陈列在柜台和架内。

（2）商品陈列要整洁、丰满、紧凑,要求货价对位,销售后要随时整理、上货。不得将商品拴绑陈列。塑料陈列模特要保持形象的美观、庄重,不得裸体。

（3）封闭柜台、货架与柜台要保持一定通道,原则上不能摆放商品;若遇特殊情况需码放商品,那么一定要码放整齐,以不超过柜台高度为宜。

（4）不得将有破损、污浊、残损的商品陈列或摆放在柜台及陈列架上,应及时收在隐蔽处或返库。

4. 架顶美化

（1）架顶美化要以突出商品特点为原则。

（2）除了用于陈列的商品外,架顶上不得随意堆放其他商品及杂物。

（3）顶架广告灯箱由公关部负责设计、制作;发现脱落应及时报公关部修补;到期的由公关部负责更换。

5. 本规定可根据实际情况报请部门主管批准后进行调整。

6. 本规定自颁布之日起执行。

十一、退换货管理制度

1. 有质量问题的商品,并且在退/换货的时限内的,可以退换。

2. 有质量问题的商品,超出退货的时限,但在换货时限内的,不可退货,但可换货。

3. 有质量问题的商品,超出退/换货的时限的,不可以退/换货。

4. 一般性商品,无质量问题,不影响重新销售的,可以退/换货。

5. 一般性商品,无质量问题,但有明显使用痕迹的,不可以退/换货。

6. 经过顾客加工或特别为顾客加工的,无质量问题的,不可以退/换货。

7. 因顾客使用、维修、保养不当或自行拆装造成损坏的,不可以退/换货。

8. 商品售出后因自然灾害造成损坏的,不可以退/换货。

9. 原包装损坏或遗失、配件不全或损坏、无保修卡的商品,不可以退/换货。

10. 个人卫生用品,如内衣裤、睡衣、泳衣、袜子等,不可以退/换货。

11. 清仓品和赠品不可以退/换货。

12. 消耗性商品,如电池、胶卷,不可以退/换货。

13. 化妆品(不含一般性的护肤品),不可以退/换货。

14. 非本零售卖场的收银小票或非本卖场售卖的商品,不可以退/换货。

第三节　商品管理常用表格

一、采购单

采购项目	序　号	品名	规格说明	数量	单位	估计单位	需用日期	备　注
询价记录	供应商	厂牌	单价	总价	采　购　意　见		裁　决	预订交货期

总经理		采购部		部门经理		使用单位		仓　库		申请人	

二、采购登记表

产品名称			规格说明			生产数量		
序　号	物品名称	物品编号	标准用量	本批用量	供应商	单　价	订货日期	交货记录

三、供应商商品明细表

编 号：　　　　　　　　　　　　　　　　　　　　　　　日　期：

号　码	品　名	规　格	进　价	单　位	最小订货量	备　注

四、供应商进货数量统计表

项　次	供应商名称	1月	2月	3月	4月	5月	6月	7月	8月	9月	10月	11月	12月	年平均
1														
2														
3														
4														
5														
小　计														

五、供应商变动表

月　份	上月供应商数	本月新增供应商数	本月停止供应商数	本月供应商数	备　注
1					
2					
3					
4					
5					
小　计					

六、进货日记表

部　门	总　进　货				进货折让	折价回扣	净进货额	备　注
	笔　数	赊　购	笔　数	现　金	进货折让	折价回扣	净进货额	备　注
合　计								
累　计								

部门经理：　　　　　　　　　　　　　　　经办人：

七、采购进度控制表

日期	请购单号码	供应商	地点	代理	订购				付款条件	需要日期	交货记录	备注
					日期	数量	单价	余额				

八、交期变更联络单

原料编号				品　名	
				规　格	
请购单编号	请购量	原需要日	预到日	急要日	采购部门答复

部门经理：　　　　　　　　　　　经办人：

九、订货表

企业名称			电　话		
地　址			负责人		
品　名	型号/规格	单　位	数　量	单　价	总　价
合　计					
承办人			客户签单		

十、每日进货接收记录表

编　号	供应商	供应商		供应商 名称	发票和退/换 记录的编号	收货员 名称	在发票和退/换记录 上的商品总金额	备　注
		进　入	离　开					

收货员签名：

十一、商品退货申请表

部　门：　　　　　　　　　　　　　　　　　　表　号：

订单号码		促销期数		验收单号	
订单日期		退货日期		终止日期	
厂商编号		名　称			
电　话		传　真		联络人	
备　注					

货　号	品　名	规　格	退货单位	退货数量	实退数量	备　注

备　注：　　　　　　　　　　　　　　　　　　装箱/件数：

经　理		主　管		经办人		计算机输入	

十二、退/换货通知单

填报部门：　　　　　　　　　　日　期：　　　　　　　　　单　位:元

物品编号	物品名称	单价(售价)	数　量	供应商编号	供应商名称	生成码
合　计						
备　注						

财务审核：	收货部门： 经办人	退货部门主管： 经办人

十三、供应商交易登记表

名　称					电　话					
地　址					负责人					
产量规模					联系人					

日　期		产品编号	订购数量	交货数量	单价	总　价	预定交货期	实际交货期	付款日	备　注
月	日									

十四、采购通知表

供应商名称		联系人		电　话	
填写人：		时　间：		审　批：	

编　号	品　名	型　号	单　位	数　量	配　件	金　额	备　注
运输方式		结算方式			预计到货时间		

十五、订货计划表

采购人：									日　期：	

品　种	货物编号	供应商编号	规　格	数　量	单　价	总金额	购进方式	提货方式	采购日期	到货日期

十六、收货登记表

序 号	供应商	时间		供应商 名称缩写	发票和退/换 记录的编号	收货员 名称缩写	在发票和退/换 记录上的商品总金额
		进 入	离 开				

收货员签名:

十七、收货清单

供应商名称:	收货编号:
商品类别:	供应商编号:
收货人:	审 核:
供应商名称:	收货编号:
商品类别:	供应商编号:
收货人:	审 核:
供应商名称:	收货编号:
商品类别:	供应商编号:
收货人:	审 核:

十八、商品入库表

供货商:　　　　　　　　　时 间:　　　　　　　　　仓 库:

编 号	品 名	单 位	数 量	零售单价	金 额						
备 注											

付货人:　　　　　　　　　　　　　　　　　　收货人:

十九、商品验收登记表

日　期：　　　　　　　　　　　　　　　　　　　　　　　　　编　号：

产　地	货　号	名　称	规　格	单位	数量	单价	金额	单位	数量	单价	金额

二十、请购验收表

请购日期			需要日期			验收日期		
品　名			规　格			数　量		用　途
总经理			部门主管			组　长		请购人
请购资料	日　期		询价记录		厂　商	1	2	3	验收记录
	单　价				厂　牌				
	现有存量				单　价				
	签　章				总　价				
准购厂商								

二十一、验收报告表

订单号码		商　号		厂商代号		验收日期			
借方科目		贷方科目		入库单位		需　期		交　期	
件　号	品名规格	厂牌	单位	收货数	实收数	单价	金额	拒收数	拒收数现状	本订单未交量	再交	不交

金额：拾　万　仟　佰　拾　元整　　　　　　　　发票号码

使用部门		用　途	
备　注			

二十二、商品退货登记表

日　期：

商品编号	商品名称	单价(元)	数　量	金额(元)	退货原因
总　计					

退货部门：	财务人员：
退货申请人：	安全部门：
批准人：	供货商：
收货组：	电　话：

二十三、商品报损登记表

总账科目	明细账科目		备　注	
商品编号	品名及规格	部　门	报损数量	单　价	总　价
报损原因			核定办法		
拟定办法					
经　理	财务部门		保管部门		记　账
	主　管	会　计	主　管	会　计	

二十四、商品缺货登记表

商品编号	商品名称	货架数量	库存区	系统数量	未到订货	开始缺货日	平均销量	缺货原因	备　注

二十五、商品破损处理登记表

部 门：　　　　　　　　　　　　　　　　　　　　　　日 期：

商品编号	商品名称	进 价	售 价	毛 利	损耗数量	损耗金额	原 因	责任人	备 注

第三篇

零售企业物流仓储管理

第10章 零售企业物流规划管理

第一节　零售企业物流系统管理基础

一、物流系统规划

物流系统是指为达成零售企业的物流目的而设计的各种要素相互作用的统一体。

从零售企业整体的角度进行物流系统规划,将物流活动从无序状态调整为有序状态,实现物流的合理化和效率化,提高物流服务水平,降低物流成本,是物流服务管理的重要职能。

1. 运输规划

在零售企业的物流成本中,运输成本占有很大的比重,运输管理是受到广泛重视的环节。运输规划中包括运输方式的选择、运输路线及运输批量的确定。

2. 仓储管理

仓储管理包括库存方式的选择、库存商品及库存水平的确定。零售企业在库存管理中的决策会对物流网络规划和运输规划产生重要的影响,所以必须在进行系统规划时予以充分考虑。

3. 信息系统

信息技术和网络技术在物流领域中的广泛应用已经成为提高物流效率、降低物流成本的有效手段,作为物流系统中不可分割的组成部分,信息系统将越来越受到零售企业的关注。

4. 网络规划

物流网络规划的核心目的是为了寻求成本最低或利润最高的需求分配方案。在对所有商品的移动过程及相关成本进行综合考虑后,根据分析结果确定构成物流网络的物流节点和线路。

二、物流系统结构设计规范

1. 信息收集

零售企业应当掌握的物流信息包括:商品清单、商品需求状况、采购方式及成本、运输方式及成本、不同地点和不同商品的库存水平等。

2. 分析信息

在收集必要的信息之后,还要对其进行整理、加工、分析,生成能够支持网络规划的有用数据。一般情况下,需要进行以下分析。

（1）商品分组。零售企业的商品种类很多,可以按照订货批量和运输渠道划分为若干商品组。

（2）运输费用的估计。通常零售企业都会有完整的运营成本记录,因此可以比较容易得出零售企业自营运输和外包运输的单位成本。

（3）客户群分类。按照地理位置将零售企业的客户划分为有限的几个客户群,估算出到达客户群中心位置的运输里程和成本。

（4）分析库存。信息分析中一项重要的工作就是找到网络规划对整个网络中库存水平的影响,根据客户群的需求情况找到网络节点库存与吞吐量之间的关系。

（5）预测需求变化的情况。

3. 创建网络模型

在进行了详尽的信息分析之后,就可以选用适当的方法进行物流网络模型的创建。在创建网路模型时,可采取以下方法。

（1）模拟法

模拟法要求设计者预先提供一定的网点组合,将与网络设计相关的成本和其他信息作为约束条件,运用计算机模拟技术反复多次进行实验,在给定的网点组合中进行比较,寻求满意解。模拟法的决策效果依赖于设计者预先给定的网点组合。

（2）直观法

在计算机时代,统计图表、制图技术和表格对比等直观方法虽然显得比较初级,但是运用这些数学分析水平相对较低的方法,可以将设计人员的经验、资金限制、政策限制、例外情况等难以量化的因素考虑到设计的方案当中,使分析变得更加全面,同样有可能做出令人满意的设计方案。

4. 最终设计方案的确定

在得到初步设计的模型后,还必须结合零售企业的实际情况,如交通、人员等因素,以及预测零售企业的销售情况和预计的网络使用年限,对模型进行相应的调整,最终得到实用设计方案。

三、物流系统的合理性分析

1. 创建物流系统的目的

评价物流系统的合理性,首先应当明确为什么要进行物流系统规划。创建物流系统的目的可以简要概括为以下几个方面。

（1）根据零售企业的销售情况,按照规定的时间、规定的商品类别及数量送达。

（2）保证物流活动中的信息流通畅。

（3）实现物流运作的合理化、省力化,提高作业效率。

（4）在获得满意的物流服务水平的同时尽可能降低物流成本。

2. 物流系统合理性分析

（1）成本情况

成本情况是评价物流系统的经济指标，用来考察在一定的物流服务水平下，物流成本是否最低。由于物流活动的复杂性导致物流成本核算有一定的难度，甚至有些已经发生的费用无法准确计量。所以，进行成本核算时必须选择科学的方法力争反映物流总成本的实际水平。

（2）物流系统的层次性

物流系统是有层次的，虽然层次的多少要依据物流运作的复杂程度具体确定，但是各层级之间的关系都应当是明确的。

◎各层级之间是上下级的关系，低一层系统的目标应当从高一层系统中得到优化。

◎高一层系统为实现其目标而采取的措施或制定的标准就是低一层系统寻求最优目标的约束条件。

◎物流系统中的某一层级系统和其他系统的相应层级之间则应当是相互协调、相互配合的关系。

（3）物流系统的结构

零售企业的物流系统应当有完整的结构以支持商品在其整个生命周期中的物流服务需求。从这个角度来看，商品采购、配送过程及商品销售物流子系统是能够被零售企业所重视的，而商品的招回、返厂、回收等逆向物流子系统则是被普遍忽视的。

（4）服务水准

服务水准能否满足需求、达到既定水平，是评价物流体系合理性时首先需要考虑的。虽然物流系统的规划是以一定的服务水平为前提的，但是实际运行当中系统往往因为众多因素的影响而在较低或次优的水平上运行，所以表现出的服务水平也会与目标有一定差距。

（5）物流系统的反应速度

物流系统的反应速度关系到零售企业的物流服务需求能否得到及时的满足。可以说，造成零售企业资金占用的库存和商品储备在很大程度上是由于物流系统的反应速度不够快而采取的补救措施。接近于理想的快速反应可以使所有的预测徒劳无益，这就足见反应速度对评价物流系统合理性的重要性。

（6）物流系统的稳定性

一个高效的物流系统应当能够在一定的干扰下保持相对稳定的运转。这些干扰可能来自于系统内部和系统外部的众多因素，如配送途中的车辆故障、商品配送过程中时间被延迟、搬运操作不当造成商品破损以及自然界不可抗拒力对系统结构的破坏等。

第二节　物流配送中心设计规范

一、物流配送中心内部设计规范

进行零售企业的配送中心设计时，除了要满足装卸、分拣、流通加工、保管等配送功能要求外，还要从进货场、检验场、保管场、发货场等配送中心内部设施与办公室、场地形状、道路状况等辅助设施的关联性角度全面考虑。配送中心内部设计可以依照以下几个步骤进行。

1. 商品特性分析

(1)将所处理商品的种类按出、入库批次顺序和作业类型进行整理分类,确定不同种类商品的作业量。用横坐标 P 表示种类,纵坐标 Q 表示数量,按照处理量的大小顺序绘制成 P—Q 图。a 区为品种少、批量大的商品;b 区次之;c 区为品种多、批量小的商品。

(2)对商品种类、数量的年增长量进行预测,确定流通加工、发货等作业的高峰系数。如果一年中只有几天的高峰期,就可以通过加班、招聘临时工、备用设备等方法应对,从而避免设计能力过剩。

2. 商品路线分析

(1)按照全面分析的作业量和出、入库等资料编制商品流动的流程。

(2)在物流配送中心,一种方法是先接收大批量、多种类的商品,检查核对各种商品的数量和质量,对照发货单等进行相应的各种作业;另一种方法是在接受发货订单之后,立即进行分拣,按照每个需求者所订的商品进行配货,按照配送方式的不同进行分类,发货配送。

3. 确定物流配送中心使用的设备

物流配送中心选用的设备,影响通道、停车场及其他一些建筑问题,应依据商品的特征、作业能力、占地面积、价格等因素综合考虑。尤其需要注意的是设备的配套问题。例如,自动化立体仓库的码垛机和皮带传输机的出货能力应当匹配。

4. 确定配送中心的面积

设施的面积是按照作业量计算的。根据经验确定的单位面积作业量为:

(1)保管设施:1 吨/平方米。

(2)处理商品的其他设施:0.2 吨/平方米。

5. 绘制设施布局图

将上面计算出的面积整理后,根据相互关系设计设施的位置,绘制成布局图。

配送中心的作业,不可能像工厂的作业过程那样清晰地划分。按照上述的设计程序绘制的布局图,还要详细考虑装卸搬运通道、空间储备、发展余地、经济条件等因素。

二、物流配送中心作业流程设计规范

合理有效的作业流程是提高物流配送中心效率的关键环节。作业流程的设计流程可以按以下步骤进行。

1. 确定作业内容

(1)进行订单汇总

收集并汇总客户的订单是配送中心组织、调度进货、理货、送货等活动的重要依据,是配送中心作业流程的开端。

(2)进货流程

进货流程又包括订货、接货、验收、分拣、储存等作业。

（3）理货与配货

配送中心一般要依据订单要求对商品进行组合，包括拣选、包装、配装等作业。

（4）出货作业

出货作业也是配送中心作业流程一个比较重要的环节，包括装车和送货两项活动，是配送中心的末端作业。

2．确定作业流程类型

设计作业流程的依据是配送中心的类别和功能。比较常用的作业流程有以下两种。

（1）仓储型配送中心的作业流程

仓储型配送中心的作业流程是最常见的一种形式，一般的配送中心都具有储存功能，这种配送中心适用于以中、小件杂货为主的商品配送。批量采购的商品储存在这里，零售企业不再保有库存，根据销售需要由配送中心及时组织配送。

（2）短暂停留型配送中心的作业流程

在短暂停留型配送中心的作业流程中，没有储存工序，商品暂存和配货作业是同时进行的。商品在这里停留的时间非常短，一般只有几个小时或半天。为了保证配货、送货工作的顺利开展，有时配送中心也暂存一部分商品，但一般不单独设置储货场。

不同类型的配送中心，其作业流程的长短不一，内容各有侧重。

第三节　运输系统设计规范

一、选择运输方式

（1）零售企业的物流配送中心往往以货车运输为主。由于汽车运输对于中、小批量的商品近距离运输，运费便宜，因而货物在配送中心到各分店之间的移动，一般由汽车运输来完成。

（2）对一些分店距配送中心较远或国际性的大型连锁零售企业而言，则可以采用空运进行物流配送，这是一种便捷高效的运输方式。

二、设计运输路线

物流配送中心的储运部门应该通过统筹安排、科学统计而设计出一套符合安全、高效、经济等要求的运输路线方案，这些方案在日常配送中起着基本的指导作用，在具体执行配送任务时则主要以下几点。

（1）由相应的主管负责安排每天的出货路线。

（2）应保持每条路线的距离尽量相近，以提高服务效率。

（3）随时对现行路线进行评估，并及时做出相应的调整。

为配合配送运输，配送中心在进行内部的道路、停车场及车辆运行线路的设计时，也要注意以下一些问题。

（1）为了保证配送中心内车辆行驶秩序井然，一般采用单向行驶、分门出入的原则。

（2）对大型车、中型卡车、乘用小车的出入口及车辆行驶路线要分别做出具体规定。

（3）内部的车道应该设计成环状。

（4）配送中心的主要道路，通常设计为4车道，甚至6车道，考虑到大型卡车、集装箱车进出，最小转变半径不宜小于15米。车道应为高级沥青路面。标画白色界限、方向、速度等标记，黑白相间，醒目突出。

三、运输车队选择规范

1. 零售企业物资的配送原则上应该由企业自身的车辆负责进行。

2. 为提高经营效率，物流运输车队也可以考虑下列组合。

（1）内部车辆、内部人员

◎优点：配送品质易掌握；短期成本低；能树立企业形象；可配合公司政策。

◎缺点：长期的粗重工作难接受；成本高，风险大；车辆损耗大。

◎结论：有助于公司发展整体物流体系。

（2）外部车辆、外部人员

◎优点：风险转嫁；配送效率高，可接受较高难度的工作；车辆维修较佳。

◎缺点：配送品质较难控制；易生危机；管理成本较高。

◎结论：专注公司发展，配送委托专业运输人员执行。

（3）内部车辆、外部人员

◎优点：可部分转嫁风险；配送效率高，可接受较高难度的工作；车辆使用较小心；不影响企业形象。

◎缺点：配送品质较难控制；易生危机。

◎结论：解决人力资源不足的现象。

（4）内部人员、外部车辆

◎优点：机动性高，可适时调整公司的配送能力；减少车辆的维修保养成本。

◎缺点：临时性的车辆不容易取得。

◎结论：因季节性原因或偶发性原因使运量突增。

四、物资运输流程

1. 提货通知、提货和装运

（1）物流配送中心调度人员在接到货运通知和登记时，要验明各种运输单据，及时安排接货。

（2）物流配送中心调度人员按商品要求、规格、数量填写运输派车单交给运输员。

（3）运输人员领取单据后，须认真核对各种运输单据，包括发票、装箱单、提单、检验证等。问明情况，办理提货。

（4）提货

◎运输人员提货时，首先按运输单据查对箱号和货号；然后对苫盖、铅封进行认真检查;确认无误后,由运输人员集体拆箱并对商品进行检验。

◎门店提取零担商品时须严格检查包装质量。对开裂、破损包装的商品要逐件点验。

◎门店提取贵重商品要逐个进行检验;注意易燃、易碎商品有无异响和破损痕迹。

◎提货时做好与货运员现场交接和经双方签字的验收记录。

◎对包装异常等情况,要做出标记,单独堆放。

◎在提货过程中发现货损、货差、水渍、油渍等问题要分清责任,并向责任方索要"货运记录"。

(5)装运

◎配送中心运输人员在确保票实无误,或对出现的问题处理后,方可装车。

◎装车要求严格按商品性质、要求,堆码层数的规定,平稳装车码放:做到喷头正确、箭头向上,大不压小,重不压轻,固不压液;易碎品单放;散、破包装在内,完好包装在外;苫垫严密,捆扎牢固。

2. 物资运输、卸货与交接

(1)运输员必须按规定地点卸货,如货运方有其他要求须向调度员讲明,以便重新安排调整。

(2)卸货时按要求堆放整齐,方便点验;喷头向外,箭头向上,高矮件数一致。

(3)定位卸货要轻拿轻放,根据商品性质和技术要求作业。

(4)交货时,配送中心运输人员按货票向接货员一票一货交代清楚,并由门店接货员签字,加盖货已收讫章。

(5)货物移交后,运输员将由接货员在临时入库通知单或入店票上签字、盖章的票据交储运业务部。业务部及时转各商店办理正式入店手续。

(6)若运输货物移交有误,要及时与有关部门联系。

第四节　物流信息管理规范

一、阶段性物流信息管理规范

1. 系统规划

系统规划阶段也是信息系统开发准备和总体部署阶段,是在系统开发前进行的,其主要内容包括:

(1)零售企业内、外部环境的调查分析

◎零售企业的内部环境主要包括零售企业的发展战略、组织机构、经济实力、物流活动范围、业务流程、管理标准等。

◎零售企业的外部环境主要包括行业状况、竞争对手情况、市场情况及国家的相关法规、政策等。

(2)市场需求的调查分析

◎明确零售企业对物流信息系统的管理职能和管理方法需求、对信息处理的需求、对系统集成的需求。

◎对物流系统的信息量、信息种类、信息处理流程、技术标准及现行系统的运行效果、零售企业建立信息系统的投入能力和适应能力、外部环境对零售企业的影响程度等进行分析。

（3）信息系统的规划方案

◎确定信息系统的目标、主要功能、结构、运行模式、系统间接口、运行环境要求、系统网络结构及管理体制、组织机构和人员调整的设想等。

◎进行系统投入概算、开发进度计划、开发人员需求计划等工作。

（4）规划方案的可行性分析

根据上面的分析结果，从技术、经济、组织和管理的角度对开发物流信息系统的可行性进行分析，提交可行性分析报告。

（5）确定信息系统研发人员

选择系统开发的合作单位，明确双方责任和权利，并签订开发合同。

（6）系统分析

进行现行物流系统组织结构及业务功能分析、进行业务流程及数据流程分析、确定编码体系、确定系统逻辑模型。

2. 系统设计

在系统设计阶段，需要进行系统的总体结构设计、代码设计、模块设计、数据库及数据文件设计、处理过程设计、系统通信及网络的设计。

3. 系统实施

进行信息系统程序的编制、设备的安装调试、相关人员培训及系统的调试和转换。

4. 系统运行

在完成了系统实施阶段的工作，并经过试运行后，新开发的物流信息系统就可以投入运行。系统运行阶段的主要工作包括系统的日常维护和系统效果评价。

二、物流信息系统设计方法

1. 生命周期法

（1）生命周期法具有严密的理论基础，它要求信息在建立之前就能够被充分理解。生命周期法将整个设计过程严格地划分为不同的工作阶段，每个阶段又划分为不同的步骤，按照步骤一步一步进行，后一步骤以前一步骤的工作成果为依据。每个步骤和阶段都有明确的要求，通过对各软件文档、关键步骤和阶段的审核、控制，实现工作的衔接。

（2）生命周期法的特点是系统性和严密性较强，适用于大型、结构复杂的物流信息系统的开发。正是由于方法本身的特点，在运用该方法时，应当特别注意开发初期对企业中管理的薄弱环节和可能造成理解混乱的因素进行深入调查和分析，以免开发人员对系统需要了解不全、分析不透，对系统的逻辑描述有偏差或不完整，使开发出的系统功能不全、运行不可靠，导致整个系统开发的失败。

2. 原型法

（1）原型法是同生命周期法完全不同的信息系统开发方法。它摒弃了生命周期法那种按部就班的严密调查分析，而是一开始就由开发人员和用户共同确定系统的基本要求和主要功能，在软件开发环境的支持下，短时间内开发出初始模型系统，通过对初始模型系统的反复评价、修改，达到用户满意。

（2）原型法具有较强的灵活性，可以很好地适应环境变化，对零售企业管理工作的程序化、标准化及稳定性的要求较低，适用于物流管理基础相对薄弱的零售企业进行规模较小、结构不太复杂的物流信息系统开发。

三、建立物流信息系统

完善的物流信息系统包括：入库管理、库存管理、出库管理、财务管理和绩效考核管理五个子系统。

1. 入库管理子系统

入库管理子系统处理与供应商联系的相关作业信息，完成采购订单、到货清单、验货报告等信息处理，并与库存管理和财务管理等子系统传递补货数据、应付账款等数据。

入库管理子系统包括采购管理模块和入库作业处理模块。其中，采购管理模块包括采购预警、供应商管理、采购单据打印及采购跟催四个子模块；入库作业处理模块包括预订入库数据处理和实际入库作业两个子模块。

2. 库存管理子系统

库存管理子系统主要完成库存数量控制和库存量规划，以避免因为库存水平过高造成利润损失。它包括商品分类分级、订购批量及订购时点确定、库存跟踪管理和库存盘点作业四个模块，前三者只需读取现有的数据文件，如库存数据库、货位数据库、厂商报价数据库、采购批量计算公式数据库等进行内部运算。

3. 出库管理子系统

出库管理子系统包括：订单处理、销售分析与预测、拣货规划、包装与流通加工规划、派车计划、出货配送、应收账款等模块，它是配送中心信息系统的核心，也是配送中心完成其配送服务功能，实现配送合理化的有力保证。

4. 财务管理子系统

财务管理子系统由财务处理和人事工资管理两个模块组成，主要完成配送中心的财务管理工作。系统依据商品入库数据核查供应商送来的催款数据，并据此付款或依据出货单制应收账款催款单。此外，财务管理子系统还制作各种财务、工资报表等。

5. 绩效考核管理子系统

绩效考核管理子系统包括配送资源计划、经营管理和绩效管理等模块。它从其他各子系统获取相关数据，并结合外来信息和环境因素制定各种经营政策，将政策内容和执行指令传送给各部门，同时对外提供配送中心的有关数据。

建立配送中心信息系统是一个庞大、复杂的系统工程，各子系统和模块设计都有不同的具体要求，因此，在建立配送中心信息系统时，一定要以实现配送中心的功能为出发点，对其进行详尽、透彻的分析，从而保证信息系统的实用性。

第11章　零售企业仓储管理规范

第一节　仓储管理基础

一、仓储基本设备

1. 搬运车辆

（1）搬运车是用来在库房、货场内做短距离搬运或堆码作业的机具。

（2）搬运车的种类主要有：

◎无动力搬运车；

◎电瓶搬运车；

◎牵引车；

◎自动导向车。

2. 储存架

存储设备因存储物品的商品特性、物品单位、承载容器及存取方式的不同而产生许多种类不同的存储料架，以存取作业方式的程度为依据可划分为以下几种类型。

（1）流动式箱料架

料架上装置多排的塑胶滚轮，以及具有约5°的倾斜角，箱装物品受到重力作用会自动向前端滑移。因此可以利用前端做出货端，后方用来入货。

（2）可移动式料架

◎可移动式料架又称为动力式料架，用轨道以直线水平移动，每列料架的底部皆有马达驱动装置，可密集相接配置，一般还设有控制装置操作开关盘，用以操作移动料架，约在30秒内开启通路，使堆高机进入存取物品。

◎除此之外，附加有变频控制功能，来控制驱动、停止时的速度，以防止放置在料架上物品的颤动、倾斜或崩倒，同时也装设位置设定光电感测器及附刹车齿轮马达，提升停止精度。

（3）栈板料架

栈板料架又可称作可调式栈板料架。一般最常用的是传统式料架，用以存放装载在栈板上的物品，目前都采取组合方式，其拆卸迁移轻易，可依物品堆栈的高度，任意调整横梁位置。

（4）驶入/驶出式料架

◎可存放装载在栈板上的物品。其料架支承栈板的部分，是在两侧立柱的悬轨。中间放空，可节省料架材料，而俾堆高机能在料架内行走存取整个叠栈的物品。

◎驶出式料架和驶入式料架其结构并无太大差异,只是驶出式料架背部无斜撑元件,利于堆高机两端进出。

(5)悬臂式料架

悬臂式料架适合于存放钢管、型钢等长形的物品。是一种立柱上装设杆臂而构成的料架,若要放置圆形物品时,在其臂端装设阻挡以防止滑落。

(6)窄道式料架

窄道式料架较传统栈板料架要高,其作业走道空间可缩减至最小并配合高层式。

(7)可携式料架

可携式料架本身可当存储容器随堆高机搬运,不使用时更可叠放节省空间,大幅增加仓库使用弹性。当料架存放货物时,可彼此叠架避免物品压损,高度可达三四层。

(8)后推式料架

◎在前后梁间以滑座相接,由前方将叠栈货物植入。当物品置于滑座上,后来植入的会将原先的推到后方。

◎目前最多可推入五个栈板。滑座跨于滑轨上,滑轨本身具有倾斜角度,滑座会自动滑向前方入口。

(9)流动式栈板料架

◎流动式栈板料架包含许多列的重力滚轮或滚筒输送装置,叠栈物品由较高的一端植入,会自动滑向较低的出货端。

◎目前有部分厂家将软管理于滚轮下,用以控制倾斜角度,进而调整栈板行进速度。

(10)积层式料架

◎将空间作双层以上活用的设计规划,在厂房地板面积有限的情形下,可做立体规划,有效地充分利用空间。

◎简单来说,就是利用钢梁和金属板将原有储区做楼层区隔,每个楼层可放置不同种类的料架,而料架结构具有支撑上层楼板的作用。

(11)旋转式料架

◎旋转式料架适用于电子零件、精密机件等,少量多品种小物品的储存及管理。

◎其料架移动快速,可达每分钟30米,存取物品的效率很高,又能自动存取物品,且受高度限制少,故空间能有效利用。可分为垂直旋转式料架和水平旋转式料架。

3. 储物柜

单行的储物柜应被安排背对背,若可能,最好靠墙放置,因靠墙放置能提供良好的位置来储存不规则形状物品及需长时间储存的物品。

4. 自动仓库

目前所使用的自动仓库类型常见的有下列两种。

(1)单位负载式自动仓库。

(2)小料件式 AS/RS(自动化仓储系统)。

二、仓库的基本类型

仓库的分类方法有很多,根据其划分形式的不同,仓库可有多种类型。

1. 根据存储形态进行分类

（1）普通仓库

普通仓库用于存放一般性的商品，一般设施比较简单。主要是指常温下的一般仓库，对仓库没有特殊的要求，只要具备一些基本的储存条件就可以了。

（2）简易仓库

简易仓库主要存放不需要长时间存储或不宜放入库房的商品。一般用油毡、石棉瓦、瓦楞铝板等临时、简单搭建而成没有正式的固定建筑的仓库，如罩棚、帐篷等。

（3）冷藏仓库

冷藏仓库一般称为冷藏库。库房内需要配备冷却设备而且需要具有较强的隔热性能，使库房内温度保持在 10℃ 以下。多被用来储存肉类、鲜奶等受热容易变质的商品。

（4）保温仓库

保温仓库也称为恒温库，一般要求具备简单的调节温度和湿度的设备，使库房内的温度大致保持在 10~20℃。多被用来储存蔬菜、粮食等对温湿度要求比较高的商品。

（5）露天仓库

露天仓库是指露天堆码并存储商品的室外堆存场所。

2. 根据建筑形态进行分类

（1）平房型仓库。

（2）二层楼房型仓库。

（3）多层楼房型仓库。

（4）地下仓库。

（5）立体仓库。

3. 根据经营者的性质进行分类

（1）营业用仓库

根据《仓库业者仓库业法》经营的仓库。这类保管杂货的仓库有：

◎保管小麦、肥料的Ⅰ类仓库。

◎保管玻璃、瓷砖的Ⅱ类仓库。

◎保管水泥、缆线的露天Ⅲ类仓库。

◎保管危险物品的危险品仓库。

◎保管农产品的农产品仓库。

◎保管水产品的水产品仓库。

◎保管冷藏品的冷藏仓库。

（2）自用仓库

自用仓库多指自家使用的仓库。

4. 根据保管目的进行分类

（1）配送中心型仓库

具有发货、配送和流通加工的功能。

（2）存储中心型仓库

以储存为主的仓库。

（3）物流中心型仓库

具有储存、发货、配送、流通加工等功能的仓库。

三、商品储存的基本形式

1. 分类储存

所有的储存货品通常按商品相关性、流动性、商品尺寸与重量、商品特性加以分类，每类货品都有固定存放的位置，而同属一类的不同货品又按一定的法则来指派储位。

（1）分类储存的优点

◎便于畅销品的存取，具有定位存储的各项优点。

◎各分类的储存区域可根据货品特性再做设计，有助于货品的储存管理缺点。

（2）分类储存的缺点

◎储位必须按各项货品最大在库量设计，因此储区空间平均的使用效率低。

2. 随机储存

随机储存是指每个货品都可以被存放在任何可利用的位置，一般是由储存人员按习惯来存储，且通常按货品入库的时间顺序存储于靠近出入口的储位。

随机储存适用于厂房空间有限、种类少或体积较大的情况。

采用随机储存形式时，要对商品的储存情况做好记录，记录方式有人工记录和计算机记录两种，分别填制不同的记录表格，即随机储存人工储存记录表和随机储存计算机记录表。

（1）随机储存的优点

◎由于储位可共用，因此只要按所有库存货品最大在库量设计即可。

◎储区空间的使用效率较高缺点。

（2）随机储存的缺点

◎货品的出入库管理及盘点工作的进行困难度较高。

◎周转率高的货品可能被存储在离出入口较远的位置，增加了出入库的搬运距离。

◎具有相互影响特性的货品可能相邻储存，造成货品的受损或发生危险。

3. 分类随机储存

每类货品有其固定的存放位置，但在各类的储区内，每个储位的指派是随机的。

（1）分类随机储存的优点

◎具备分类储存的部分优点。

◎可节省储位数量，提高储区利用率。

（2）分类随机储存的缺点

货品出入库管理及盘点工作的进行困难度较高。

4. 定位储存

（1）定位储存的特点

◎每个储存货品都有固定储位，货品不能互用储位；

◎必须规划每项货品的储位容量不得小于其可能的最大在库量。

（2）定位储存适用于以下两种情况

◎厂房空间大的存储；

◎多种少量商品的存储。

（3）定位储存的优点

◎每种货品都有固定存储位置,拣货人员容易熟悉货品储位。

◎货品的储位可按周转率大小或出货频率来安排,缩短了出入库的搬运距离。

◎针对各种货品的特性做储位的安排调整,将不同货品特性之间的相互影响减至最小缺点。

（4）定位储存的缺点

◎储位必须按各项货品的最大在库量设计,因此储区空间平时的使用效率较低。

◎需要较多的储存空间。

5. 共用储存

共用储存是一种在知道各货品进出仓库的确切时间的情况下,不同的货品可共用相同储位的方式。

（1）共用储存的优点

所要的储存空间及搬运时间更经济。

（2）共用储存的缺点

管理比较复杂。

第二节　仓储作业流程

一、仓储作业流程

1. 收货

收货是指零售企业的进货指令向供货厂商发出后,配送中心对运送的货物进行接收。

2. 入库

待商品验收合格后,需要将其运送到库房而进行的作业环节。

3. 存储

商品的储存是指在严格遵照商品保管的操作规程和技术要求的前提下,合理安排库存量,做好商品的堆码、苫垫、保管等工作的作业环节。

4. 盘点

通过盘点作业可以计算出真实的库存量、费用率、毛利率、货损率等指标。

5. 出库

出库即根据正式凭证和手续,准确、及时地组织好商品出库的作业环节。

二、收货作业流程

1. 投单

供应商到达收货部的停车区域后,应立即将送货订单、送货明细等交到收货部受理处,进行投单。

2. 审核

收货员接到订单后,对订单上所列项目,逐项仔细核对其是否清楚,同时检查文件档案中是否有待退商品等内容。

3. 卸货

轮到该供应商卸货时,应将货物按码放的原则在规定的区域内进行卸货。

4. 验收

请供应商将货物拉到正确的区域内,由专门的验收人员进行验货的程序。

5. 退/换货

对于在商品验收中不符合规定的商品,或者和订货合约中规定有出入的商品,验收人员应拒绝接收并责令供应商退/换货。

6. 填制相关表单

仓库保管员按表式规定填写商品退货验收单。如果已有合同管理员填制过进货凭证,就可借用该凭证进行工作,不必另行填制退货验收单。

7. 记录物资存货账

物资验收结束后,保管员根据验收凭证,记载保管商品存货账。

仓库用的保管存货账可使用市场上现售的物资明细分类账。有些仓库控制数量、不计算金额,还可用具有数量收、发、存的三类账页。

8. 入库

物资入库前应做好准备工作,如安排货位、准备苫垫用品、搬运工具、检验度量衡器具,组织好收货人力等,还要准备好商品标签。

三、收货操作规范

1. 正常商品收货操作规范

(1)收货人员在收到供应商到货通知,并在货物到达后,根据司机的随货箱单清点并收货。

(2)收货人员应与司机共同掐铅封,打开车门检查货品状况。

(3)收货人员卸货时的职责如下。

◎严格监督货物的装卸状况。

◎确认商品的数量、包装及保质期与箱单是否严格相符。

◎任何商品破损、短缺情况必须在收货单上严格注明,并保留一份由司机签字确认的文件。

◎事故记录单、运输质量跟踪表、送货单等如有破损短缺的情况须及时上报上级主管机关，以便及时通知客户。

◎卸货人员监督商品在码放到托盘上时须全部向上，不可倒置。

◎必须严格按照商品码放示意图中标示的商品每堆码放的数量和位置、方式码放。

（4）卸货时如遇到恶劣天气，必须采取有效办法确保商品不会受损。

（5）收货人员签收送货箱单并填写相关所需单据，将有关的收货资料商品名称、数量、生产日期、货物状态等交给指定的负责人。

（6）会计部门接单后必须在当天完成将相关资料通知记入台账。

（7）破损商品须与正常商品分开单独存放，存入相关记录，等候处理办法。

2. 退货或残次商品收货操作规范

（1）各种退货及换残商品入库都须有相应单据，如果运输超市或司机不能提供相应单据，仓库人员有权拒收货物。

（2）退货商品有良品及不良品的区别：

◎良品退货收货时，货物必须保持完好状态，否则仓库拒绝收货；

◎不良品收货时，商品基本情况必须与相应单据相符，并且有完好的包装。

（3）换残商品的型号、编号须与通知单记录内容相符，否则仓库拒绝收货。

（4）收货人员依据单据验收货物后，将不同状态的货物分开单独存放，记录商品名称、数量、状态等，将退货单据或换残单据及收货入库单上交有关部门。

（5）依据单据记入台账。

第三节　仓储管理实施规范

一、入库前准备

根据仓储业务的要求，仓储管理部门在收到商品入库计划后，要及时进行入库前的准备工作。其具体内容包括：

1. 了解商品详情

在接受商品前，要认真检阅即将入库商品的相关资料。

掌握商品的品种、规格、数量、包装状态、单件体积和重量、理化性质、存储要求及确切的到库时间和存储期限等，便于进行货位安排、商品养护等作业。

2. 留存存储区域

核算存储区域的面积，要根据商品的形状、数量、特性、类别及存储要求等参数，并结合货位的通风、光照、邻近货位商品特性等情况，合理安排存储区。

存储区域的安排可遵照以下要点：

（1）依照货品特性来储存。

（2）大批量使用大储区，小批量使用小储区。

（3）高位的物品使用高储区。

（4）笨重、体积大的货品储存于较坚固的层架底层及接近出货区。

（5）轻量货品储存于有限的载重层架。

（6）将相同或相似的货品尽可能靠近储放。

（7）滞销的货品或小或轻及容易处理的货品使用较远储区。

（8）周转率低的货品尽量远离进货、出货区及仓库较高的区域。

（9）周转率高的货品尽量放于接近出货区及仓库较低的区域。

（10）服务设施应选在低层楼区。

（11）在大量储存区的栈板架上，第一、二层货品供整箱配货之用，第三层以上的货品作存补货之用。

（12）大量储存区储存畅销品或整箱销售的商品，以栈板堆高方式或以栈板架的方式储存商品。

（13）在大量储存区内另规划特价区、进货暂存区、进口品暂存区等以安置大量进货的货品或尚未归位的新商品。

（14）小量储存区储存小量零星出货的商品，以流动料架或一般货品架来储存商品。

（15）认真详细地检查库内的照明、通风、除湿等设备，发现故障立即报修。

（16）及时清洁存储区残留物质，必要时进行消毒、除虫和衬垫材料的铺设。

3. 设备与单据的准备

（1）根据入库作业安排，准备材料。

（2）根据验收作业要求，准备点数、称量、测试开箱、封箱、度量、移动照明灯等作业用具。

（3）根据装卸搬运作业要求和商品尺寸、包装状况、货位方式等情况，准备相关机具。

（4）根据入库作业要求，准备各种报表、记录本等单证。

二、入库作业流程

1. 填写入库申请表

以成品库的入库流程为例，外购成品或自己零售企业生产的成品，首先由申请人填写入库申请单。

2. 办理相关入库手续

商品入库，有两种情况：一种是入本库；另一种是入外库，其操作手续应按各自规定来办理。

3. 商品入库

在商品入库当日，进行入库资料查核、入库质检。当质量或数量不符时即进行适当修正或处理，并输入入库数据。入库管理中可按一定方式指定卸货及托盘堆叠。

三、商品入库管理操作规范

1. 商品入库

商品入库是仓库业务的开始，也是商品由采购进入保存的第一道环节。因此，要做

好以下工作:

(1)商品入库必须票货同行,根据合法凭证收货,及时清点商品数量。收货员要审核运输员交给的随货同行单据,票货逐一核对检查,将商品按指定地点入库验收。

(2)商品入库必须按规定办理收货。零售企业收货员验收单货相符,要在随货同行联上签字,加盖"商品入库货已收讫专用章"之后,方可交运输员随车带回交给零售企业调度员。

(3)验收中发现单货不符、差错损失或质量问题,零售企业收货员应当立即与有关部门联系,并在随货同行联上加以注明,做好记录。经双方签字后,收货员方可在单上签字、盖章,带回交储运业务索赔员,按期办理查询事宜。

(4)同种商品不同包装或使用代用品包装,应问明情况,并在入库单上注明后,办理入库。

(5)送货上门车辆,无装卸工的经双方协商同意,仓库可有偿代为卸车,按储运劳务收费办法执行。

(6)商品验收后,须零售企业保管员签字、复核员盖章;入账后注明存放区号、库号,票据传回。

(7)临时入库商品要填写临时入库票,由零售企业收货员、保管员签字、盖章后,交跑票员带回商店。

(8)仓库保管员接正式入库单后,应当即根据单上所注的商品名称仔细点验件数,加盖"货已收讫章"。同时,由保管员签字、复核员盖章,将回执退回委托单位。

(9)属下列情况之一的,仓库可以拒收不合法入库发运凭证。例如字迹模糊,有涂改等。错送,即发运单上所列收货仓库非本仓库。单货不符。商品严重残损,质量包装不符合规定,违反国家生产标准的商品。

(10)商品入库时,要轻卸轻放;保持清洁干燥,不使商品受潮玷污;检查商品有无破损或异样,及时修补或更换包装;抽查部分商品,特别是包装异样商品;用感官检查商品有无霉、溶、虫、损、潮、漏、脏等情况,分清责任。

2. 商品验收

商品验收是对购进商品按进货合同或发货票的数量点收和质量检验。

商品验收是零售企业业务经营活动的重要一环。开展商品验收能保证商品的数量准确、质量完好,阻止伪劣商品进入零售企业,防止和消灭差错事故。商品验收是通过对商品的检查实现的。

商品检查的方式,有以下四种。

(1)直查。这种方法的优点是快速、简便。零售企业根据订货单检查供货商的发票、运送单,清点大类及项目。如果发票检查无效,再进行对商品实际的开箱拆包清点检查。

(2)盲查。这种方法的优点是准确,但费时费力。这是指检查者没有持有自身的订货单和运送单,而就供货者的商品现场实际清点和记录,然后将清查的各项商品数量、质量、损伤状况一一登记和描述,并交付采购部门。采购部门的管理人员再与订货单核对。

(3)半盲查。这种方法的优点是快速、准确。这是指检查者持有运送单和说明,有商品大类的数量而没有每类商品项目的数量。检查员必须实际地清点商品项目和数量。

(4)直查与盲查相结合。当供货者的发票、运送单标明的内容细致、清楚,与零售企业订货单完全相同时,实行直查即可。当供货者的发票、运送单所标明项目较粗略,不清楚时,零售企业要实行盲查或半盲查。

关于零售企业内部商品流通环节的验收,是指销售部门对储存部门提供的商品进行验收。目的是为了划清经济责任,防止和减少商品损失与零售差错而设立的。

零售企业对供应商所供商品的检验,包括以下几方面。

(1)发票检查。零售企业要一一核对自己的订货单与供应商的发票。包括对每个商品项目、数量、价格、销售期限、送货时间、结算方式等项目。检查人通过检查确认供应商所供货物是否与商场超市需求完全相符。

(2)数量检查。清点货品数量,不仅清点大件包装,而且要开包拆箱分类清点实际的商品数量,甚至要核对每个包装内的商品式样型号、颜色等。一旦发现商品短缺和溢余,要立即填写商品短缺或溢余报告单,报告给采购部门,以便通知供货商,协商解决办法。

(3)质量检查。有以下两种情况要注意:

◎检查商品是否有损伤。一般来说,商品在运送过程中会出现商品损伤情况,这种损伤往往由运送者或保险人承担责任。

◎检查是否有低于订货质量要求的商品。发现低于订货质量要求的商品,要及时提出来。因为低质量的商品会给商店带来麻烦,如影响销售、影响收入,也会损害零售企业的形象等。

3. 验收作业

验收作业可按进货的来源分为两种:企业进货验收和自行进货验收。

(1)企业进货验收。由于企业总部已进行进货验收,所以可由业务人员或司机把商品送到门店,而不需当场验收清点,仅由门店验收员立即盖章签收。至于事后店内自行点收发现数量、品项、品质、规格与订货不符时,可通知总部再补送。

(2)自行进货验收。

◎要核对送货单的商品品名、规格、数量、金额与发票是否相符。

◎要核对实物与发票是否相符,具体的检查内容包括:商品数量、商品重量及规格、商品成分、制造商情况及有关标签、制造日期及有效日期、商品品质、送货车辆的温度及卫生状况、送货人员等。

◎要对散箱、破箱进行拆包、开箱查验,核点实数。

◎要对贵重商品拆箱、拆包逐一验收。

◎要对无生产日期、无生产厂家、无地址、无保质期、商品标签不符合国家有关法规的商品拒收。

◎要对变质、过保质期或已接近保质期的商品拒收。

(3)验收作业应注意的事项。

◎不要一次将几家厂商的进货同时验收。

◎不可直接送货至仓库。

◎避免在营业高峰时间进货。

◎不要让厂商清票据。

4. 商品出入库票据的管理

（1）商品出库票据由储运部统一发放，任何单位不得私自印制商品出库库票，各部室派专人领用时，储运部须按票号、编号登记备案。

（2）各商店的出入库票上，须盖有本店出入库章和储运部出入库章。

四、入库作业要点

1. 办理入库手续

（1）入本库

◎仓库保管员收到供销商的正式发票或储运部转来的运单、随货同行联、到货通知单后，由合同员审核、注销合同、加盖经销商品章转由零售企业物价员编号、核定价格。

◎仓库保管员接到物价员转来的票据后，凭此票验收商品数量、品名、规格、包装、质量等，票货相符、质量合格后，将商品入库。

◎仓库保管员凭审核、定价后的原始单据，填制零售企业经销商品入库申请单1～5联。

◎仓库保管员将原始单据及自制入库单1～5联转企业会计部门，会计部门对商品账进行复核、签字后，再转给仓库保管员。

◎仓库保管员在自制1～5联入库单上加盖"货已收讫"章并签名后，自留第一联，增记"库房经销库存明细账"中入库数量。内库增加，要求一货一价一账页，随后将2～4联及原始单据转商品账，5联转营业部。

◎会计部门商品账接到仓库保管员转来的超市经销商品入库单2～4联，凭第三联记"经销库存商品明细账"进货数量，结存数量、内库存增加。

◎会计部门商品账根据当日"经销商品入库单"填制营业部"进货存日报表"1～3联，凭第一联记经销库存商品金额账，库存金额增加。

◎会计部门商品账将进销存日报表第二联附进货原始单据及入库单第二联转会计室，进销存日报表第三联附入库单，第四联转统计员。

◎会计员按到三级账转来的"进销存日报表""原始单据""经销商品入库单"审核准确后，做记账凭证入账。统计员也做相应的账务处理。

（2）入外库

◎仓库保管员接到储运部转来的"运单""随货同行联""到货通知单"需要入外库的，应先将单据转合同员审核，注销合同，加盖经销商品章后转物价员编号，核定价格。

◎仓库保管员凭审核计价后的原始单据填制零售企业外库货物入库单1～4联，第一联存根，3～4联交储运部，转外库办理正式入库存手续。

◎外库保管员将储运部货物入库单第4联加盖"货已收讫"章，收货人签字后，经储运部转交零售企业仓库保管员。

◎仓库保管员根据储运部传来的"储运部货物入库单"，第4联与存根第一联核对无误后，做零售企业经销商品入库单1～5联，并加盖"货已收讫"章，签字后，储运部入库单第4联与超市入库单第1联核对，增记库房经销库存商品，明细账中的入库数量及外库增加。2～5联流转程序视同入本库。

2. 商品的入库作业

（1）对于退回商品的入库须经过质检、分类处理，然后登记入库。

（2）商品入库后有以下两种作业方式

◎商品入库上架，等候出库需求时再出货

商品入库上架可由计算机或管理人员按照仓库区域规划管理原则或商品生命周期等因素来指定储放位置并登记，以便日后库存管理或出货查询。

◎直接出库

须按照出货要求将商品送往指定的出货码头或暂时存放地点。入库搬运过程中须由管理人员选用搬运工具、调派工作人员，并安排工具和人员的工作流程。

五、储存作业规范

1. 记账、登卡

商品验收无误后，要及时记账、登卡。

2. 填写储存凭据

详细记明商品名称、等级、规格、批次、包装、件数、重量、运输工具及号码、单证号码、验收情况、存放地点、入库日期、存货单位等，做到账、卡齐全，账、货、卡相符。

3. 安排存货区域

入库商品验收以后，仓库要根据商品的性能、特点和存储要求，安排适宜的储存场所，做到分区、分库、分类存放和管理。

4. 堆放商品

仓间面积的利用要合理规划，干道、支道要画线，垛位标志要明显，要编顺序号。符合安全第一、进出方便、节约仓容的原则。

六、库存作业要点

1. 存量管理

存量管理标准如下：

（1）安全存量 = 3 天每日出货量；

（2）最高存量 =（9 天每日出货量）+ 安全存量；

（3）最低存量 = 请购量 =（领先时间每日出货量）+ 安全存量；

（4）请购量 = 最高存量 － 安全存量。

2. 仓库温湿度控制

（1）仓库温湿度的测定

在库外：

◎干湿表应设置在百叶箱内，避免阳光、雨水、灰尘的侵袭；

◎百叶箱的门应朝北安放，以防观察时受阳光直接照射；

◎百叶箱中温度表的球部离地面高度为 2 米；

◎箱内应保持清洁,不放杂物,以免造成空气不流通。

在库内:

◎干湿表应安置在空气流通、不受阳光照射的地方,不要挂在墙上;

◎干湿表挂置高度应与人的眼睛基本平行,约1.5米;

◎每日必须定时对库内的温湿度进行观测记录;

◎一般在上午8~10时,下午2~4时各观测一次;

◎记录资料要妥善保存,定期分析,摸熟规律,以便掌握商品存储的主动权。

(2)仓库温湿度的调节

为了维护仓储商品的质量完好,采用密封、通风与吸潮相结合的办法,是控制和调节库内温湿度行之有效的办法。

◎密封

密封,就是把商品尽可能严密地封闭起来,减少受外界不良气候条件的影响,以达到安全存储的目的。

采用密封方法,要和通风、吸潮结合运用,如运用得当,可以收到防潮、防霉、防热、防溶化、防干裂、防冻、防锈蚀、防虫蛀等多方面的效果。

◎通风

通风是利用库内外空气温度不同而形成的气压差,使库内外空气形成对流,来达到调节库内温湿度的目的。

对库内环境进行通风时,要注意以下两点:库内外温度差距越大,空气流动就越快;库外有风,借风的压力更能加速库内外空气的对流。但风力也不能过大。

(3)吸潮

在梅雨季节或阴雨天,当库内湿度过高,不适宜商品存储,而库外湿度也过大,不宜进行通风散潮时,可以在密封库内用吸潮的办法降低库内湿度。

吸湿机一般适用于储存棉布、针棉织品、贵重百货、医药、仪器、电工器材和烟糖类的仓间吸湿。

3. 核查库存商品

(1)一般商品的核查

◎以系统化原则储存商品,最好采取与卖场相似的配置方式。

◎商品储存须设有登记卡,登记进货的品名、日期、数量、规格,出仓的数量、余额。

◎商品堆积要以栈板铺地后再堆放商品,以防止商品潮湿。

◎陈列时,不得与墙壁接触,须留有5厘米的间隙。

◎体积大、重量重的商品应置于底层,轻薄短小的商品则可置于上层,以防压碎商品。

◎大箱包装应标示出进货日期。

◎仓库内架设钢架木架,以充分利用空间。

◎商品应按先进先出法出仓。

◎轻薄短小的商品,应置于大体积、大重量的商品前面。

◎清洁剂不要与烘烤食品存放在一起,以防止受污染。

◎仓库应保持干燥通风良好。

◎禁止闲杂人员进出仓库,以保证安全。

◎应有防火措施与设备并应保持完好。

◎退货、换货、报废的商品应集中于专区中,并定期予以处理。

◎干货类的食品及用品,经验收后即行标价并陈列于货架上,如果有剩余,则送往仓库储存,以待销售。

(2)冷冻、冷藏商品的核查

◎商品无解冻、变质现象。

◎商品进货验收,常温下不要放置超过30分钟。

◎库门不可长时间打开。

◎自行加工包装的商品,库存时须标注日期。

◎合理规划商品暂存区、退货区及走道。

◎商品堆叠高度不可超过风扇,并避免倾倒。

◎无法堆叠的商品以层板或台车存放。

◎退货商品集中于退货区,每周定时办理退货。

◎每日定时检查温度是否正常。

◎库存内不准停放杂物或拖板车。

◎在库房工作须穿防寒衣、鞋。

◎进入库房检查安全开关是否正常。

◎库房上方不可放置物品,人员不可随意攀爬。

◎冷冻库每月清理一次,冷藏库每周清洗一次。

◎非工作需要,人员不可在库房逗留。

◎商品确实做到先进先出。

七、出库作业规范

1. 填写出库单

无论采用哪种出货的方式,都要填写出库单,出库单主要有以下项目:发货单位、发货时间、出库品种、出库数量、金额、出库方式选择、运算结算方式、提货人签字、成品库主管签字。

2. 审批

管理者审批该申请出库单:如果审批通过,此单属性变更为"出库单";如果审批未通过,需要写明未通过原因,且此单属性变更为"未批准"。

3. 出库单验收

由管理者审批通过的出库单,商品确实出库后,管理者验收。

4. 验收出库单

如果验收通过,此单属性变更为"验收出库单"。

5. 未通过

如果验收未通过,需要写明未通过原因,且此单属性变更为"未通过"。

6. 出库

完成出库业务,同时,验收出库单中的商品,并在库存中相应减少。

八、出库操作要点

(1)仓管人员要注意在下列情况下可出货:

◎交货。

◎交货给客户试用。

◎示范表演。

◎展示中心陈列。

◎本企业同事的职前或在职训练使用。

◎本企业各部门因业务需要而借用。

(2)若发现下列问题要立即与库存管理单位联系,双方取得一致意见以后才能出库:

◎一票入库商品没有全部到齐的。

◎入库商品验收时发现有问题尚未处理的。

◎商品质量有异状的。

(3)认真做好出库凭证和商品复核工作。只有凭订货单,才可以对其出货。

(4)接到订货单时,应于当日发货,如缺货而需调拨供应时也应于当日回复预定供货的日期。

(5)库存充足时,应依据过去的销售资料统计及需要预测随时注意库存情形,将库存商品按比例分配。

(6)任何出货情况,均应于出货当日将有关资料入账以便于存货的控制。

(7)要分清仓库和承运单位的责任,办清交接手续。开具出库商品清单或出门证,写明承运单位的名称、商品的名称、数量、运输工具和编号,并会同承运人或司机签字。

(8)商品出库以后,存储人员要在当日根据正式出库凭证销卡、销账,清点货垛结余数,与账、卡核对,做到账、货、卡相符。并将有关的凭证、单据交账务人员登账复核。

第四节　商品保管操作规范

一、商品保管的基本要求

1. 严格控制入库商品

首先要严格验收入库商品,弄清商品及其包装的质量状况,防止商品在储存期间发生各种不应有的变化。对吸湿性商品要检测其含水量是否超过安全水分,对其他有异常情况的商品要查清原因,针对具体情况进行处理和采取救治措施,做到防微杜渐。

2. 安排适当的储存场所

由于不同商品性能不同,对保管条件的要求也不同。性能相互抵触或易串味的商品不能在同一库房混存，以免相互产生不良影响。尤其对于化学危险物品，要严格按照有关部门的规定，分区分类安排储存地点。

3. 合理进行堆码苫垫

地面潮气对商品质量影响很大，要切实做好货垛下垫隔潮工作，存放在货场的商品，货区四周要有排水沟，以防积水流入垛下；货垛周围要遮盖严密，以防雨淋日晒。应根据各种商品的性能和包装材料，确定货垛的垛形与高度，并结合季节气候等情况妥善堆码。含水率较高的易霉商品，热天应码通风垛；容易渗漏的商品，应码间隔式的行列垛。除此之外，库内商品堆码留出适当的距离：顶距，平顶楼库为 50 厘米以上，人字形屋顶以不超过横梁为准；灯距，照明灯要安装防爆灯，灯头与商品的平行距离不少于 50 厘米；墙距，外墙 50 厘米，内墙 30 厘米；柱距，一般留 10 ~ 20 厘米；垛距，通常留 10 厘米。对易燃商品还应留出适当防火距离。

4. 仓库温、湿度的控制

仓库的温、湿度，对商品质量变化的影响极大。各种商品由于其本身特性，对温、湿度一般都有一定的适应范围，超过规定的范围，商品质量就会发生不同程度的变化。因此，应根据库存商品的性能要求，适时采取密封、通风、吸潮和其他控制与调节温、湿度的办法，力求把仓库温、湿度保持在适应商品储存的范围内，以维护商品质量安全。

5. 库存商品的检查

做好商品在库检查，对维护商品安全具有重要的作用。库存商品质量发生变化，如不能及时发现并采取措施进行救治，就会造成或扩大损失。因此，对库存商品的质量情况，应进行定期或不定期的检查。

6. 保持仓库的卫生清洁

储存环境不清洁，易引起微生物、虫类滋生繁殖，危害商品。因此，对仓库内外环境应经常清扫，彻底铲除仓库周围的杂草、垃圾等物，必要时使用药剂杀灭微生物和潜伏的害虫。对容易遭受虫蛀、鼠咬的商品，要根据商品性能和虫、鼠生活习性及危害途径，及时采取有效的防治措施。

二、仓库温湿度管理

1. 温湿度管理概述

要做好仓库温湿度管理工作，首先要学习和掌握空气温湿度的基本概念及有关的基本知识。

（1）空气温度是指空气的冷热程度。

一般而言，距地面越近气温越高，距地面越远气温越低。在仓库日常温度管理中，多用摄氏度表示，凡 0℃ 以下度数，在度数前加一个"－"，即表示零下多少摄氏度。

（2）空气湿度是指空气中水汽含量的多少或空气干湿的程度。

表示空气湿度，主要有以下几种方法：

◎绝对湿度，指单位容积的空气里实际所含的水汽量，一般以克为单位，用克/立方米来表示。

温度对绝对湿度有着直接影响。一般情况下,温度越高,水汽蒸发得越多,绝对湿度就越大;相反,绝对湿度就小。

◎饱和湿度是表示在一定温度下,单位容积空气中所能容纳水汽量的最大限度。如果超过这个限度,多余的水蒸气就会凝结,变成水滴。此时的空气湿度便称为饱和湿度。

空气的饱和湿度不是固定不变的,它随着温度的变化而变化。温度越高,单位容积空气中能容纳的水蒸气量就越多,饱和湿度也就越大。

◎相对湿度。相对湿度是指空气中实际含有的水蒸气量距离饱和状态程度的百分比。即在一定温度下,绝对湿度占饱和湿度的百分比数。相对湿度用百分率来表示,公式为:

$$相对湿度 = 绝对湿度饱和湿度 \times 100\%$$

$$绝对湿度 = 饱和湿度 \times 相对湿度$$

相对湿度越大,表示空气越潮湿;相对湿度越小,表示空气越干燥。

空气的绝对湿度、饱和湿度、相对湿度与温度之间有着相应的关系。温度如果发生变化,则各种湿度也随之发生变化。

◎露点,指含有一定量水蒸气的空气在温度下降到一定程度时,所含的水蒸气就会达到饱和状态并开始液化成水,这种现象叫作结露。水蒸气开始液化成水时的温度叫作"露点温度",简称"露点"。如果温度继续下降到露点以下,空气中超饱和的水蒸气,就会在商品或其他物料的表面上凝结成水滴,此现象称为"水池",俗称商品"出汗"。此外,风与空气中的温湿度有着密切的关系,也是影响空气温湿度变化的重要因素之一。

2. 库内外温湿度的变化

从气温变化的规律分析,一般在夏季降低库房内温度的适宜时间是夜间 10 点钟以后至次日晨 6 点钟,而降低湿度的适宜时间是上午 6 点钟以后至下午 4 点钟。当然,降温还要考虑到商品特性、库房条件、气候等因素的影响。

3. 仓库温湿度的控制与调节

(1)仓库温湿度的测定。测定空气温湿度通常使用干湿球温度表。

在库外设置干湿表,为避免阳光、雨水、灰尘的侵袭,应将干湿表放在百叶箱内。百叶箱中温度表的球部离地面高度为 2 米,百叶箱的门应朝北安放,以防观察时受阳光直接照射。箱内应保持清洁,不放杂物,以免造成空气不流通。

在库内,干湿表应安置在空气流通、不受阳光照射的地方,不要挂在墙上,挂置高度与人眼平,约 1.5 米。每日必须定时对库内的温湿度进行观测记录,一般在上午 8 ~ 10时,下午 2 ~ 4 时各观测一次。记录资料要妥善保存,定期分析,摸出规律,以便掌握商品保管的主动权。

(2)控制和调节仓库温湿度。为了维护仓储商品的质量完好,创造适宜于商品储存的环境,当库内温湿度适宜商品储存时,就要设法防止库外气候对库内的不利影响。当库内温湿度不适宜商品储存时,就要及时采取有效措施调节库内的温湿度。实践证明,采用密封、通风与吸潮相结合的办法,是控制和调节库内温湿度行之有效的办法。

◎密封。密封就是把商品尽可能严密地封闭起来,减少外界不良气候条件的影响,以达到安全保管的目的。

采用密封方法,要和通风、吸潮结合运用,若运用得当,可以收到防潮、防霉、防热、防溶化、防干裂、防冻、防锈蚀、防虫等多方面的效果。

◎密封保管应注意的事项有：

第一，在密封前要检查商品质量、温度和含水量是否正常，如发现生霉、生虫、发热、水淞等现象就不能进行密封。发现商品含水量超过安全范围或包装材料过潮，也不宜密封。

第二，要根据商品的性能和气候情况来决定密封的时间。易潮、易溶化、易霉的商品，应选择在相对湿度较低的时节进行密封。

第三，常用的密封材料有塑料薄膜、防潮纸、油毡纸、芦席等。这些密封材料必须干燥清洁，无异味。

密封常用的方法有整库密封、小室密封、按垛密封以及按货架、按件密封等。

◎通风是利用库内外空气温度不同而形成的气压差，使库内外空气形成对流，来达到调节库内温湿度的目的。当库内外温度差距越大时，空气流动就越快。若库外有风，借风的压力更能加速库内外空气的对流。但风力也不能过大。正确地进行通风，不仅可以调节与改善库内的温湿度，还能及时散发商品及包装物的多余水分。按通风的目的不同，可分为利用通风降温和利用通风散潮两种。

◎吸潮。在雨季或阴雨天，当库内湿度过高，不适宜商品保管，而库外湿度也过大，不宜进行通风散潮时，可以在密封库内用吸潮的办法降低库内湿度。

随着市场经济的不断发展，商场超市仓库普遍使用机械吸潮方法。即使用吸湿机把库内的湿空气通过抽风机，吸入吸湿机冷却器内，使它凝结为水而排出。

吸湿机一般适宜于储存棉布、针棉织品、贵重百货、医药、仪器、电工器材和烟糖类的仓间吸湿。

三、储存商品的霉变腐烂与防治

1. 易霉腐商品

凡是生物制品如植物的根、茎、叶、花、果及其制品，动物的皮、毛、骨、肌体、脏器及其制品，在适宜于菌类生长的条件下，都易发生霉变。矿产品、金属商品其本身虽不会发霉，但如沾染污垢或以生物为原料制成的附件、配件，在一定条件下，菌类也会生长。一般仓库中，主要有下列各类商品容易生霉。

棉麻、纸张等含纤维素较多的商品；鞋帽、纸绢制品（含糊糊、浆料）等含淀粉的商品；皮毛、皮革、丝毛织物等含蛋白质较多的轻纺工业商品；鱼肉蛋乳及制品等含蛋白质较多的食品商品；烟酒糖茶、干鲜果菜等含多种有机物质的商品。

2. 商品霉腐的防治

（1）影响霉腐微生物生存的外界条件。

◎水分和空气湿度。试验证明，只有当空气相对湿度达到75%以上时，多数商品的含水量才可能引起霉腐微生物的生长繁殖。因而通常把75%这个相对湿度叫作商品霉腐临界湿度。

◎温度。根据微生物对温度的适应能力，可将其分为低温性微生物、中温性微生物和高温性微生物。每个类型的微生物对温度的要求又分为最低生长温度、最适合生长温度和最高生长温度。超过这个范围其生长会滞缓或停止。

◎日光对于多数微生物的生长都有影响。多数霉腐微生物在日光直射下经 1～4 小时即能大部分死亡。因此,要将商品存放于阳光能直射到的地方,但必须要放在阴暗地方的商品除外。

◎溶液浓度。多数微生物不能在浓度很高的溶液中生长。因为浓度很高的溶液能使菌细胞脱水,造成质壁分离,使其失去活动能力甚至死亡。因此,盐腌和蜜饯食品一般不易腐烂。但也有少数微生物对浓度高的溶液有抵抗能力。

◎空气成分——二氧化碳。多数霉腐微生物特别是霉菌,需要在有氧条件下才能正常生长,在无氧条件下不形成孢子。二氧化碳浓度的增加不利于微生物生长,如果改变商品储存环境的空气成分,如使二氧化碳逐渐增加,使氧逐渐减少,那么微生物的生命活动就要受到限制,甚至导致死亡。当空气中的二氧化碳浓度达到 20% 时,霉菌中的某种青霉和毛霉的死亡率就能达到 50%～70%,二氧化碳在空气中达 50% 时将全部死亡。

(2)商品霉腐的防治

◎加强入库验收。易霉商品入库,首先应检验其包装是否潮湿,商品的含水量是否超过安全水分。易霉商品在保管期间应特别注意勤加检查,加强保护。

◎加强仓库温湿度管理。要根据不同性能的商品,正确地运用密封、吸潮及通风相结合的方法,管好库内温湿度,特别是在雨季,要将相对湿度控制在不适宜于霉菌生长的范围内。

◎选择合理的储存场所。易霉商品应尽量安排在空气流通、光线较强、比较干燥的库房,并应避免与含水量大的商品共同储存,防止发生霉腐。

◎合理堆码,下垫隔潮。商品堆垛不应靠墙靠柱。

◎商品进行密封。

◎做好日常的清洁卫生。仓库里的积尘能够吸潮,容易使菌类寄生繁殖。

◎化学药剂防霉。对已经发生霉腐但可以救治的商品,应立即采取措施,以免霉腐继续发展,造成严重损失。根据商品性质可选用晾晒、加热消毒、烘烤、熏蒸等办法。

3. 仓库害虫的防治

仓库内害虫的防治,是搞好商品保管的一个重要的组成部分。

(1)仓库内害虫的来源

◎商品入库前已有害虫潜伏在商品之中。

◎商品包装材料内隐藏害虫。

◎运输工具带来害虫。车船等运输工具如果装运过带有害虫的粮食、皮毛等,害虫就可能潜伏在运输工具之中,再感染到商品上来。

◎仓库内本身隐藏有害虫。

◎仓库环境不够清洁,库内杂物、垃圾等未及时清除干净,潜有并滋生害虫。

◎邻近仓间或邻近货垛储存的生虫商品,感染了没有生虫的仓间和商品。

◎储存地点的环境影响。例如仓库地处郊外,常有麻雀飞入、老鼠窜入,它们身上常常带有虫卵或虫体。田野、树木上的害虫也会进入仓间,感染商品。

(2)仓库内害虫的特性。仓库内害虫大多来源于农作物,由于长期生活在仓库中,其

生活习性逐渐改变,能适应仓库的环境而继续繁殖,并具有以下特性:

◎适应性强。仓库害虫一般能耐热、耐寒、耐干、耐饥,并具有一定的抗药性。适宜仓库害虫生长繁殖的温度范围一般为18～35℃,仓库害虫在每年的5～8月间生长繁殖最为旺盛,一般能耐38～45℃的高温。在10℃以下,大多数仓库害虫停止发育,0℃左右处于休眠状态,但不易冻死。大多数仓库害虫能生活于含水量很少的物品中,而且大部分仓库害虫能耐长时期的饥饿而不死。

◎食性广杂。仓库害虫的口器发达,便于咬食质地坚硬的食物,大多数仓库害虫具有多食性或杂食性。

◎繁殖力强。由于仓库环境气候变化小,天敌少,食物丰富,活动范围有限,雌雄相遇机会多等原因,仓库害虫繁殖力极强。

◎活动隐蔽。大多数仓库害虫体型很小,体色较深,隐藏于阴暗角落或在商品中蛀成"隧道"危害商品,不易发现,寒冬季节又常在板墙缝隙中潜伏过冬。

(3)常见的仓库害虫。仓库害虫的种类很多,世界上已定名的有500多种。在我国发现有近200种,在仓储管理中已发现危害商品的就有60多种,严重危害商品的达30多种。主要仓库害虫有:黑皮囊、竹长蠹、烟草甲、锯谷盗、袋衣蛾。

(4)常见易虫蛀商品。容易虫蛀的商品,主要是一些由营养成分含量较高的动植物加工制成商品。为了做好这类商品的虫害防治,现将它们遭受虫害情况介绍如下。

◎毛丝织品。这类商品含有多种蛋白质,常见危害这类商品的害虫生长繁殖期是4～9月份,其中以6～8月份为盛。对温湿度要求:温度25～30℃,相对湿度70%～90%。

◎竹藤制品。这类商品含纤维素和糖分,常见蛀虫性喜温湿,怕光,一般在4～5月份发现成虫,最适宜生长繁殖的气温28～30℃,相对湿度70%～80%。

◎纸张及纸制品。这类商品含纤维素和各种胶质、淀粉糊,常见的蛀虫喜温湿、阴暗环境。仓库中如有新鲜松木或胶料香味时,就容易诱集白蚁与毛衣鱼。危害严重季节:毛衣鱼在7～9月份,白蚁一般在4～9月份。此外,常见虫蛀的商品还有烟叶和卷烟、干果等。这类商品含糖类、蛋白质、烟碱等物质,主要害虫有烟草甲和烟草粉螟等。干果糖分、淀粉及水分含量较高,蛀虫有锯谷盗、花斑皮蠹、玉米象、咖啡豆象、螟蛾等。此类蛀虫生长繁殖的旺盛期在6～8月份,最适温度为28～30℃,相对湿度为70%～80%。

(5)仓库害虫的防治。商品中发生害虫如不及时采取措施进行杀灭,常会造成严重损失。

杜绝仓库害虫来源。要杜绝仓库害虫的来源和传播,必须做好以下几点。

◎商品原材料的杀虫、防虫处理。

◎入库商品的虫害检查和处理。

◎仓库的环境卫生及备品用具的卫生消毒。

药物防治。使用各种化学杀虫剂,通过胃毒、触杀或熏蒸等作用杀灭害虫,是当前防治仓库害虫的主要措施。常用的防虫、杀虫药剂有以下几种。

◎驱避剂。常用驱避剂药物有精萘、对位二氯化苯、樟脑精等。

◎杀虫剂主要通过触杀、胃毒作用杀灭害虫。触杀剂和胃毒剂很多,常用于仓库及环境消毒的有敌敌畏、敌百虫等。

◎熏蒸剂。常用的有氯化苯、溴甲烷、磷化铝、环氧乙烷和硫黄等。熏蒸方法可根据商品数量多少,结合仓库建筑条件,酌情采用整库密封熏蒸、帐幕密封熏蒸、小室密封熏蒸和密封箱、密封缸熏蒸等形式。但是,上述几种熏蒸均系剧毒气体,使用时必须严格落实安全措施。

仓库害虫的防治方法,除了药物防治外,尚有高低温杀虫、缺氧防治、辐射防治及各种合成激素杀虫等。

四、金属类商品的锈蚀与防治

1. 金属制品锈蚀的原因

金属锈蚀的原因很多,有的属于化学锈蚀,有的则属于电化学锈蚀。就金属锈蚀的原因分析,既有金属本身的因素,也有大气中的各种因素的影响。

(1)金属材料本身的原因。金属材料在组织、成分、物理状态等方面存在着各种各样的不均匀性和热、冷加工而产生的不均匀性,从而引起电极电位不均而影响或加速锈蚀。

(2)大气中的因素。金属制品锈蚀与外界因素有直接关系。例如受温度、湿度、氧、有害气体、商品包装、灰尘等的影响。

2. 金属制品的防锈

金属制品的防锈,主要是针对影响金属锈蚀的外界因素进行的。

(1)控制和改善储存条件。金属商品储存的露天货场,要尽可能远离工矿区,特别是化工厂,应选择地势高、不积水、干燥的场地。

较精密的五金工具、零件等金属商品必须在库房内储存,并禁止与化工商品或含水量较高的商品同库储存。

(2)涂油防锈。在金属制品表面涂一层防锈油脂薄膜,金属制品就不会生锈。

防锈油分为软膜防锈油和硬膜防锈油两种。软膜防锈油防锈能力稍差,但容易用有机溶剂清除。硬膜防锈油防锈能力强,但油膜不易清除。软膜防锈油的使用有按垛油封、包油封、个体油封3种。硬膜防锈油多用于露天存放的钢材,方法以喷涂为佳。防锈油都具有易燃成分和一定的毒性。

(3)气相防锈。利用一些具有挥发性的化学药品,在常温下迅速挥发,并使空间饱和。它挥发出来的气体物质吸附在商品表面,可以防止或延缓金属制品的锈蚀。

3. 金属制品的除锈

目前除锈的方法大体有手工除锈、机械除锈和化学除锈3种。

(1)手工除锈。主要是进行擦、刷、磨,以除去锈迹。

(2)机械除锈。常见的有滚筒式除锈、抛光机除锈等。

(3)化学除锈是利用能够溶解锈蚀物的化学品,除去金属制件表面上锈迹的方法。

化学除锈液一般由两部分组成:一部分是溶解锈蚀物,大多是采用无机酸,其中以磷酸使用得最多,因为它的腐蚀性较小;另一部分是对金属表面起钝化作用的铬酸等。金属制品的化学除锈主要是在各种酸液中进行,也称酸洗。

第12章 零售企业商品盘点管理规范

第一节 商品盘点管理基础

一、盘点的目的

零售企业在运营的过程中存在各种损耗,有的损耗是可以看见和控制的,但有的损耗是难以统计和计算的,如偷盗、账面错误等。通过盘点可以达到下列目的。

(1)了解商店在一段时期间内的经营损益情况。

(2)了解商店的存货水平、资金的积压情况及商品周转情况。

(3)了解目前商品的存放位置、缺货情况。

(4)发现并清除滞销品和快过期商品。

(5)发现盘盈、盘亏,并尽早采取防范措施。

(6)对异常的门店或部门采取抽查方式,可发现弊端或管理不足之处。

(7)整理环境并清除死角。

二、盘点的基本原则

(1)真实。要求盘点所有的点数、资料必须是真实的,不允许作弊或弄虚作假,掩盖漏洞和失误。

(2)准确。盘点的过程要求是准确无误,无论是资料的输入、陈列的核查、盘点的点数,都必须准确。

(3)完整。所有盘点过程的流程,包括区域的规划、盘点的原始资料、盘点点数等,都必须完整,不要遗漏区域、遗漏商品。

(4)清楚。盘点过程属于流水作业,不同的人员负责不同的工作,所以所有资料必须清楚,人员的书写必须清楚,货物的整理必须清楚,才能使盘点顺利进行。

(5)团队精神。盘点是全店人员都参加的运营过程。为减少停业的损失,加快盘点的时间,零售企业各个部门必须有良好的配合协调意识,以大局为重,使整个盘点按计划进行。

三、盘点的周期

(1)定期盘点

定期盘点,即每次盘点间隔期间一致,如一个月或一季度盘点一次。采用定期盘点可以事先做好准备工作,因而一般连锁企业都采用这种方式,但是该方式未能考虑节庆假期等特殊情况。

(2)不定期盘点

不定期盘点,即每次盘点间隔期间不一致,机动弹性较大,主要考虑到节庆假期、经营异常或意外事件的发生等特殊情况。它是在调整价格、改变销售方式、人员调动、意外事件、清理残货等情况下进行的盘点。

四、盘点的基本方法

1. 以实地盘点的时间来划分

(1)营业前盘点

营业前盘点,即在门店开门营业之前或关门之后盘点。这种方法可以不影响门店的正常营业,但是有时会引起员工的消极抵触,而且零售企业将额外支付给员工相应的加班费。

(2)营业中盘点

营业中盘点,也称即时盘点原则,即在营业中随时进行盘点,营业和盘点同时进行。不要认为"停止营业"及"月末盘点"才是"正确"的盘点,大型零售企业,尤其是连锁型零售企业,可以在"营业中盘点",而且任何时候都可以进行。这样可以节省时间,节省加班费等,但在一定程度上可能影响顾客的购物。

(3)停业盘点

停业盘点,即门店在正常营业时间内停止营业一段时间进行盘点,这种方法员工较容易接受,而对于连锁门店来说,会减少一定的销售业绩,同时也会在一定程度上造成顾客的不便。

2. 现代化的盘点作业方法

盘点作业最使人感到头痛的是点数,其工作强度极大,且差错率也较高。在手工盘点的零售企业门店中往往会产生这样一种通病,在正式盘点的前几天,门店为了降低盘点的差错率,就较大幅度地降低向配送中心要的订货量,从而直接影响了门店的正常销售。通常为了改变手工盘点的不利影响,可采用以下两种主要方法。

(1)使用现代化技术手段来辅助盘点作业,如利用掌上型终端机可一次完成订货与盘点作业,也可利用收银机和扫描器来完成盘点作业,以提高盘点人员点数的速度和精确性。

(2)成立专门的总部盘点队伍进行手工盘点,这种形式较适应于小型连锁超级市场和便利店。

五、盘点的基本要求

(1)要求盘点所有的点数、背景知识必须是真实的,不允许作弊或弄虚作假,掩盖漏洞和失误。

（2）盘点的过程要求是准确无误，无论是背景知识的输入、陈列的核查、盘点的点数，都必须准确。

（3）所有盘点的流程，包括区域的规划、盘点的原始背景知识、盘点点数等，都必须完整，不要遗漏区域、遗漏商品。

（4）盘点过程属于流水作业，不同的人员负责不同的工作，所有背景知识必须清楚，人员的书写必须清楚，货物的整理也必须清楚，才能使盘点顺利进行。

（5）盘点是全店人员都参加的营运过程。为减少停业的损失，加快盘点的时间，零售企业各个部门必须有良好的配合协调意识，以大局为重，使整个盘点按计划顺利进行。

六、盘点区域的编号原则

盘点区域是指需要盘点的销售区域和库存区域。为了准确、完整地将区域内的商品无一遗漏地进行盘点，就需要对所有盘点区域内的货架、端架、促销区、仓储货架等进行编号。

盘点区域的编号原则如下。

1. 陈列区域的编号

（1）正常货架的陈列区：商店中所有货架按一定的顺序进行编号，中间不间断。

（2）冷冻的陈列区包括日配部门的冷冻陈列柜、冷藏陈列柜，整齐编号从左到右，不间断。

（3）促销的陈列区从卖场的一头编起，连续编，不中断，并且方向一致，包括堆头、挂墙、端架等。

2. 库存区域的编号

（1）货架库存区，即销售区域货架的顶层，是用来存放商品库存的空间，称为货架库存区。其编号要注意将货品整理成明确单位后再编号。

（2）仓库库存区，指后仓、冷藏库、冷冻库、周转仓等。所有的仓库连续编号，不中断。

七、商品盘点类型

零售企业盘点分类依据的不同，使盘点的类型呈现出很多种。

1. 依据盘点的方式划分

（1）人工盘点

所谓人工盘点，是由人员直接实际点算并确定商品的数量，以验证账面数量是否正确的管理和审查行为。

（2）电子扫描

利用数据采集系统对商品进行扫描确定数量，从而实现商品盘点的方式。

（3）混合盘点

采用人工方式和电子扫描方法相结合的方式进行商品盘点的方式。

2. 按商品库存量划分

（1）账面盘点

账面盘点又称为永续盘点，就是把每天入库及出库货品的数量及单价，记录在计算机或账簿上，而后不断地累计加总，算出账面上的库存量及库存金额。

（2）现货盘点

现货盘点也称为实地盘点或实盘，也就是实际去点数调查仓库内的库存数，再依货品单价计算出实际库存金额的方法。

3. 依照进行的目的及方式划分

（1）年终盘点

根据相关的规定，定期举行大规模、全面性的盘点工作，一般每年年终应该实施全面的盘点，部分大型零售企业在年中还要实施一次全面的盘点。

（2）循环盘点

采用信息化管理的零售企业，为了确保商品数量、金额和账面记录随时一致，将商品依照重要性区分成不同等级后赋予不同循环盘点码，再运用信息工具进行周期性的循环盘点。

（3）抽样盘点

由审查部门或其他管理部门所发起的突击性质的盘点，目的在对仓储管理部门是否落实管理工作进行审核。抽样盘点可针对仓库、商品属性、仓库管理员等不同方向进行。

（4）临时盘点

因为特定目的对特定商品进行的盘点。

4. 按盘点对象划分

（1）商品盘点

商品盘点就是定期或不定期地对店内的商品进行全部或部分的清点，以确实掌握该期间内的实际损耗。商品盘点也是零售企业盘点的主要内容，是衡量零售企业一定时期内销售情况的指标之一。

（2）备品盘点

零售企业内经常使用的备品，如生鲜用保鲜盒、保鲜膜、标签纸、购物袋、可乐用纸杯等。

（3）设备盘点

零售企业的设备繁多，且价值不菲，故管理较佳的零售企业，都会建立财产卡来予以管理，并每半年实地盘点一次，以了解各项设备的使用状况。

（4）人员盘点

零售企业场属人才产业，人员的素质与能力，是经营主管部门必须审慎管理的要项，故应定期盘点人力，尤其是绩效的考核，以掌握人力资源并奖励优秀员工。

人员盘点的先决条件是要先做好标准人员编制表及绩效考核表，并公布周知，但务必公平、公正、公开，这样才能使众人心服口服。

（5）现金盘点

商品存货与销货收入现金是零售企业管理中非常重要的两个方面，尤其现金更易引人觊觎，故须规定出纳人员每天盘点一次金库，店长或单位会计主管每周至少抽查一次。

八、盘点作业的注意事项

(1)店长在平时要教育和启发员工了解有关商品盘点的重要性与必要性。

(2)应做好与盘点有关的工具、用品和卖场的准备。

(3)把实施盘点作业的组织分配图及盘点范围告知各有关人员,并于盘点前再做说明。

(4)盘点时为配合实际需要,可成立临时机动支援小组,以达到盘点工作的时效性。

(5)负责盘点的主管人员在盘点进行当中,应注意是否有漏洞,必要时可采取随时抽点。

(6)有关盘点区域事前应予妥善划分。

(7)卖场上的商品在盘点展开前应集中整理,以便于盘点的实施。

(8)在盘点商品时,应同处理现金一样重视并谨慎行事。

(9)盘点人员在实施盘点时,应按照负责的区位,依序由上而下或由左而右展开盘点。

(10)盘点时最好两人一组,一人盘点,一人记录,并注意复诵,以免出错,同时可以采用复点方式,而盘点人与记录者彼此互换工作,以求盘点的正确性。

(11)使用盘点表时要详细地加以记录,避免念错、听错、写错等现象发生。

(12)盘点表上的数字书写,要注意正确性及清晰性,以利于盘点后的整理工作。

第二节　商品盘点流程

一、商品总体盘点流程

1. 总部盘点通知

零售企业总营运部下达所有下属卖场本营运年度的盘点安排,确定具体的盘点时间,组织财务、审计、监盘小组到卖场参与、监督卖场的年度盘点。

2. 零售企业盘点小组的成立

卖场在接到总部的通知后,提前于盘点日一个月前成立卖场的盘点小组,全面进行年度盘点的准备工作。

3. 盘点准备工作计划

盘点作业的事先准备工作是否充分,关系到盘点作业进行的顺利程度,为了使盘点得在短促的时间内,利用有限的人力达到迅速准确的目标,事先应做好准备工作。

4. 盘点区域的规划

将所有需要盘点的区域进行编号规划,将不需盘点的区域划分出去。盘点区域的规划要遵循以下原则。

(1)职责分明,各负其责。

(2)落实实盘责任人。

(3)落实复盘责任人。

(4)落实数据处理责任人。

5. 陈列图的确认

对整个卖场所有需要盘点的区域的陈列图进行确认,并输入计算机系统。

6. 其他准备工作

(1)准备文具。

(2)准备盘点表。

(3)设置盘点图。

(4)人员安排。

(5)商品整理。

(6)盘点人员培训。

7. 库存区预盘点

盘点日前一天对整个卖场的库存区域进行提前盘点,但背景知识与陈列区的盘点背景知识要一起输入。

8. 停止营业

盘点前 2 小时卖场停止营业,盘点公告则在一周前以广播、告示等方式知会顾客。

9. 陈列区盘点

关店后进行陈列区的盘点。

10. 盘点结果的确定

将陈列区、库存区的所有盘点数据输入计算机中心进行处理,并对差异报告进行分析、重盘等。其具体过程如下。

(1)盘点小组负责人员重新复查数量栏,审核有无单位上的计量差错。

(2)对出现的一些不正常数字进行确认,订正一些字面上看就明显看出的差错。

(3)将每张盘点单上的金额相加,结出合计金额。

(4)将盘点结果送至总部财务部。

(5)总部财务部将所有盘点数据复审之后得出该卖场的营业成绩,结算出毛利和净利。

(6)确定本次的盘点库存金额,由总部财务部计算本营运年度的盘点损耗率。

11. 盘点结束

盘点结束后,立即进行开店营业的恢复工作。包括系统恢复、收货恢复、楼面恢复及盘点小组的收尾工作等。善后工作的目的是要达到整个卖场第二天能正常营业的效果。至此盘点作业的物理工作就结束。

12. 盘点报告

盘点结束后,由盘点小组人员对盘点情况、背景知识进行整理分析,上交店长、副店长进行批阅和处理。

二、仓库盘点流程

1. 设立总控制台

在盘点小组的办公室设置库存区盘点的总控制台。总控制台负责盘点表的发出、盘点分区小组的文具准备、核实盘点表是否符合规定等。

2. 设立分控制台

各个仓库设置分控制台，主要是同总控制台保持沟通，控制现场的盘点进度，安排人员进餐，对盘点进行抽点核实，解决盘点中出现的问题。

3. 人员报到

所有参加库存区盘点的各个分控制台长，在盘点小组办公室领取背景知识，各个小组成员则分别到各个盘点区域进行报到，明确本次盘点的任务和完成时间。

4. 发放盘点表

各个分区的组长将盘点背景知识分发到盘点员手中。

5. 盘点进行

盘点按库存区的盘点方法和程序进行。

6. 安全部抽点

安全部对盘点的商品进行检查，检查有问题的必须重新盘点。

7. 回收盘点表

所有完成的盘点表，经过分控制台的审核，完成所有手续后，汇总到总控制台。

8. 封存仓库

盘点完成后，将所有库存区进行封存，将所有盘点表进行封存。

三、商品陈列区盘点流程

1. 整理散货

将楼面所有的散货进行整理，要求全部进行归位，即货架上的正常陈列位置。

2. 设立总控制台

在计算机中心附近的位置设置总控制台，总控制台盘点进度，负责盘点表的发出、回收，分发盘点的处理报告，负责重大金额差异品种的复查点数等。

3. 设立分控制台

在各个盘点分区设置分控制台，分控制台负责安排初点、复点的人员，检查初点、复点的进行情况，控制盘点进度，安排人员进餐，联络总控制台，检查重点商品的计数是否正确，处理盘点报告等。

4. 人员报到

所有参加盘点的分控制台台长到盘点办公室报到，领取盘点需要的文具等。所有组员分别到各组报到，并参加全店的盘点大会。大会将宣布本次盘点的任务和盘点的预计完成时间，以及盘点的要求等。

5. 盘点进行

盘点按陈列区盘点的要求进行。

6. 报告的处理

初点、复点的数据通过 HHT 输入计算机后，计算机进行处理，出具差异报告。分控制台的台长负责处理点数的差异报告。报告处理后，将正确的信息输入 HHT，重新进行计算机系统的处理,直至无点数差异为止。

第三节　商品盘点准备工作

一、建立盘点组织

1. 盘点组织的结构

一般而言,实地盘点作业并非日常性工作,因此零售企业大都是在盘点前成立一个临时任务编组,统筹盘点计划的实施及重大差异的追踪。只是在零售企业已发展成多店连锁经营,这时总公司应该成立正式的盘点小组,赴各门店巡回盘点,既可集中作业、避免影响店铺正常营运,又可收到检查的效果。

盘点组织的结构一般包括:总指挥、副总指挥、初盘复盘组、抽盘组、账务处理组、资料分析组。以上组织结构的具体职责是:

(1)总指挥。一般由企业总部管理部门或财务部门的最高主管担任,统筹盘点日程计划和人员安排。

(2)副总指挥。由企业总部营业部门的主管担任,负责调派人员,协助总指挥。

(3)初盘复盘组。每店为一个单位,由店长担任组长,负责店内初盘、复盘的准备作业和盘点实施。

(4)抽盘组。可由零售企业参谋部门的人员组成,如果是单店经营,可由店长和店内后勤人员组成,负责对已完成盘点的区域进行抽查。

(5)账务处理组。可由总公司计算机部门配合会计部门组成,负责盘点资料的整理、计算和存货账的调整。

(6)资料分析组。可由总公司企划部门或管理部门组成,负责商品经营绩效的分析(如存货资金、周转率、毛利率、交叉比率、盘亏率等),并提出改进措施。

2. 盘点小组

零售卖场的规模一般来说大都在500平方米以上,所以盘点小组至少要有6人才能符合需要。6人作业时,可分成3组同时作业,盘点小组最后隶属总公司财务部门或管理部门。为使盘点小组发挥机动性和高效率,盘点时必须使用盘点机。6人盘点小组一天可完成1~2家零售卖场的盘点工作,盘点后的资料应立即输入计算机统计运算。

3. 盘点日程安排

无论是采用任务编组或正式盘点小组,都应预先规划好本年度的盘点日程表,以便于事前准备。

二、盘点准备工作流程

1. 盘点前一个月

(1)盘点小组

◎设立盘点办公室。

◎盘点小组人员的培训。

◎领用各种文具、表格、用具等。

◎检查所有货架、端架的编号是否齐全、完好、清楚。

（2）楼面部门

◎派人员参加盘点小组。

◎协助检查货架编号。

2. 盘点前 28 天

（1）盘点小组

◎设置盘点区域，包括盘点区域与不盘点区域。

◎编制地图。

◎编制总控制表。

（2）楼面部门。

◎确定所有正常货架的陈列图。

◎确定楼面的促销位置。

◎检查价签与商品是否一一对应。

3. 盘点前 25 天

（1）盘点小组

◎进行计算机设备的培训。

◎贴盘点区域的位置号码。

◎检查所有不盘点区域的标志。

（2）楼面部门

◎控制库存标准和系统订货。

◎停止陈列图的更改。

4. 盘点前 22 天

（1）盘点小组

◎编制正常货架的计算机系统陈列图。

◎检查计算机陈列图与实际是否相符合。

（2）楼面部门

◎楼面整理库存区域，包括货架上的库存区和仓库的整理。

◎清理批量退货。

5. 盘点前半个月

（1）盘点小组

◎发出系统截止的各项日期。

◎管理层的盘点培训。

◎员工的第一次盘点培训。

◎检查计算机陈列图与实际是否相符。

（2）楼面部门

◎楼面部门进行一次清仓。

◎检查样品是否具备条码。

◎楼面整理库存区域。

三、盘点区域的编号管理

1. 盘点区域

盘点区域就是需要盘点的销售区域和库存区域。盘点区域是为了将零售卖场中不需要盘点的部分划分出去,如承租厂商的柜台和生鲜区域。盘点图是明确盘点位置及盘点区域的位置图,既是盘点区域的平面图,又是空间立体图,涵盖了全部存有商品的区域,盘点图由库存区盘点图和陈列区盘点图组成。

2. 盘点区域编号的标准

对所有盘点区域内的货架、端架、促销区、仓储货架等进行编号,是为了准确、完整地将区域内的商品无一遗漏地进行盘点。一般盘点区域的编号标准如下。

(1)陈列区域编号

◎正常货架的陈列区:零售卖场中所有货架按一定的顺序进行编号,中间不间断。

◎促销的陈列区:促销陈列区从卖场的一头编起,连续编,不中断,并且方向一致,包括堆头、挂墙、端架等。

◎冷冻的陈列区:冷冻的陈列区指日配部门的冷冻陈列柜、冷藏陈列柜的编号。

(2)仓库区域编号

◎货架库存区。销售区域货架的最上一层,用来存放商品库存的空间,作为货架库存区。所有货架库存区统一编号。

◎仓库库存区,指后仓、冷藏库、冷冻库、周转仓等。所有的仓库连续编号,不中断。

3. 商品陈列的确认要点

(1)楼面确认商品陈列是非常重要的,在输入计算机系统前,楼面要将需要退货的品种、新品种及需要清仓的品种进行统计,尽量减少输入系统后陈列图的更改。

(2)楼面陈列的所有商品必须有可以扫描的条码,因为系统的录入是计算机设备直接扫描进行录入的。

(3)楼面商品的每个陈列位都必须有价格标签,价格标签必须同商品一一对应。

(4)所有需要盘点的商品可以在不同的位置出现多次,但不能同时拥有一个以上的位置编号,如果某个商品出现横跨货架的陈列,必须进行纠正。

4. 核实系统盘点图

(1)系统盘点图输入完毕后,必须列印报告,检查系统输入的盘点区域编号是否正确,有无遗漏。

(2)对应的位置编号下,商品的陈列图是否正确,有无遗漏,包括统一位置下,多个陈列位置的输入。

5. 修正系统盘点图

(1)系统盘点图录入核实后,原则上不接受楼面的任何更改。但在实际操作过程中,因各种因素的影响,系统陈列图的更改是不可避免的。

（2）楼面尽量不更改陈列图,如果必须更改,如在输入后,某品种余货销售完,不再进货,需要补充新商品等,则需要做相应的更改。

（3）陈列图的更改必须经过盘点小组的批准。

（4）促销区的陈列图输入核实后,不接受任何理由的陈列更改。

四、盘点人员的管理

1. 做好人员安排

（1）进行盘点小组的人员安排

◎盘点小组在接到部门上报的参加盘点人员的名单和排班后,将楼面所有盘点人员进行安排,于盘点前 7 天以书面通知、公告的方式通知各个部门。

◎盘点人员按库存区盘点和陈列区盘点两次来安排。将零售卖场的盘点区域分成不同的盘点分区,每个分区设置一个盘点分组和分控制台,每个分控制台设置一个分台长,全面控制盘点工作的进行。

（2）进行安全部复查人员的安排

安全部根据盘点的情况,分别按库存区盘点和陈列区盘点两次来安排人员。要求每个分区都必须安排人员进行复查。重点是精品部、家电部、烟酒部及比较容易出现点数错误的区域。

2. 人员管理的注意事项

（1）卖场楼面部门除了必需的留守人员外,所有人员均应参加年度盘点,包括行政部门等,必须支援楼面进行盘点。

（2）盘点前 1 个月,各个部门将参加盘点的人员进行排班,盘点前 1 周,原则上取消年假休息,盘点当日应停止任何休假。

（3）各个部门将参加盘点的人员报盘点小组,必须注明哪些是点数人员,哪些是录入人员。

（4）盘点小组统一对全店的盘点人员进行安排,分库存区盘点人员、陈列区盘点人员。

（5）盘点小组安排盘点日陈列区的人员时,各个分区小组中必须包括本区营运部门的经理、主管、熟练员工,其中经理任本分区内设置的分控制台台长。

（6）盘点小组在每个分区小组人员的安排中,必须明确初点录入人员、点数人员,复点录入人员、点数人员等。

五、盘点前卖场楼面控制标准

1. 通用楼面控制标准

（1）盘点前,所有盘点区域的编号必须完整、清楚,楼面不得撕毁或用商品掩盖编号。

（2）盘点前,盘点区域与未盘点区域必须明确分开,不盘点的区域必须明示"不盘点"标识。

（3）盘点前 25 日,楼面确定正常货架的陈列图。在系统陈列图输入完毕后,楼面不能私自更改陈列,需要更改的陈列,必须经过盘点小组的批准。

(4)盘点前 4 日,楼面确认促销区域的陈列。系统两次陈列图确认后,不接受任何陈列区域的更改。

(5)盘点前 4 日,楼面必须控制所有的补货、进货。库存区盘点表预制完成后,不接受任何非本区域编号的商品存放在本区域,商品流向只能从库存区进入陈列区;反之不允许。

(6)在盘点前的规定时间内,楼面必须将需要退货的商品、报废的商品处理完毕。

(7)盘点表制作前,库存区的所有商品必须用纸箱存放,不接受零散存放的商品。

(8)盘点前,所有需要盘点的商品必须在盘点区域内的盘点编号下,所有不需盘点的商品必须在非盘点区域内。

(9)盘点表制作前,对于不符合系统规则的商品,如系统品名与实际商品不符、条码贴错、供应商送错的商品、无法确认的商品等,必须进行处理。或请求采购经理更改系统资料,或退回供应商,或通过库存调整进行处理。保证所有的商品都必须能够进行系统盘点。

(10)盘点前,楼面必须进行保质期和商品包装的检查,通过一次、二次清仓,完成即将过期商品、破损商品、零星删除状态的商品清仓。

2. 商品陈列区楼面控制标准

(1)陈列区盘点前,库存区必须全部处于封库状态。

(2)全部的零星散货归入正常的陈列货架。

(3)检查所有的价格标签是否正确无误。

(4)检查所有的商品是否具备有效条码。

(5)整理需要盘点的商品,以利于清点数量。

(6)将所有的陈列端架、堆头、仓库中的空纸箱清理完毕。

(7)检查卖场的死角、维修部门、顾客退换货处是否有滞留商品。

3. 仓库区楼面控制标准

(1)库存区所有商品必须封箱,无散货。

(2)库存区所有商品必须在外箱上明确标识盘点区域号码。

(3)库存区的商品必须是同一商品放在一个位置。

(4)库存区的商品必须在盘点的编号内。

(5)清理库存区的空纸箱。

(6)收货部的退货区域严格与其他存货区域分开。

第四节　商品盘点实施规范

一、实施盘点工作

1. 商品陈列区盘点

商品陈列区盘点指所有陈列区域,包括货架的陈列区域和促销区域。具体的操作规范如下。

（1）盘点前为加快盘点的速度，每个促销区域上陈列的商品尽量维持一种便于点数的规范陈列，货架上的商品要事先进行整理，使之便于点数。

（2）所有陈列区域的陈列商品，均在计算机系统中设置好系统陈列图，系统会帮助盘点人员进行错误纠正。

（3）在陈列区盘点过程中，凡是有明确标示"不盘点"和贴有"赠品""自用品"的物品一律不盘点，盘点人员发现本区域的散货，应将其送往特别区域。

（4）专门为消费者退换货以及楼面发生的散货无法处理而设置的特别区域，盘点应在特别区域内进行。

（5）盘点人员两人为一组，一人点数，一人录入。

（6）商品盘点计数后，点数人员将数字书写在小张自粘贴纸上，贴在商品的价签上。

（7）录入人员先输入区域编号，扫描商品，再按照小张自粘贴纸上的数字进行录入，不做任何加法动作。

（8）每次录入完一个位置编号，必须检查是否所有的小张自粘贴纸的数据均已完成，有无遗漏。之后立即将小张自粘贴纸撕毁。

（9）采用相互交叉的盘点方法，初点与复点的人员不同，抽点的人员与初点、复点的人员不同。

（10）每个陈列位分开点，商品的点数单位与销售单位一致，不进行累加。

2. 仓库区盘点

仓库区盘点属于定期工作项目，其主要目的是为了确保零售企业的利益。开展实地盘点存货，将实地盘点的存货与账面上的存货相比较，得出的数据将对零售企业营业额有很大影响。库存区盘点具体的操作如下。

（1）库存区的盘点包括仓库的盘点、收货部的盘点、货架库存区的盘点三部分。

（2）由于库存区的盘点是在大盘点的前一天晚上进行的，因此各区域盘点结束后都要实行库存封存。

（3）在库存区盘点之前，非常重要的工作是进行补货，补货的原则是尽量将货物存放在库存区，减少盘点日的点数工作，但零星的货物应尽量补充到正常的货架上。

（4）在库存区盘点过程中，一般两人为一组进行盘点。

（5）两个人进行点数，如果所点的数字一样，则将此数字登记在盘点表规定的位置；如果两人的点数不一致，必须重新点数，直至相同。

（6）对所有未拆封的原包装箱不用拆箱盘点，所有非原包装箱或已经开封的包装箱必须打开盘点。

（7）遇到无标签的货品，到分控制台申请标签，现场盘点计数。

（8）遇到有标签无商品的空包装，必须计数为零，切忌不填写任何数字。

（9）冷冻库和冷藏库盘点前，必须先关闭制冷设施，盘点人员穿防护棉衣再进库盘点。

（10）完成的盘点表，应接受安全部人员的抽查，检验数据是否正确。

二、初点作业要点

(1)若在营业中盘点,则先将当日有营业的收银机全部读出"账"。

(2)先点仓库、冷冻库、冷藏库,再点卖场。

(3)若是营业中盘点,卖场内先盘点购买频率较低且售价低于商品。

(4)盘点货架或冷冻、冷藏柜时,要依序由左而右,由上而下。

(5)每台货架或冷冻、冷藏柜均应视为独立单位,使用单独的盘点表,若盘点表不足,则继续使用下一张。

(6)最好两人一组,一人点,一人写;若在非营业中清点,要将事先准备好的自粘贴纸或小纸张拿出,写上数量后,放置在商品前方。

(7)盘点单上的数字要填写清楚,不可潦草。

(8)如果写错数字,要涂改彻底。

(9)对不同特性商品的盘点计算方式如下:

◎规格化商品,清点其最小单位的数量。

◎生鲜商品若尚未处理,则以原进货单位盘点。例如重量、箱数等;若已加工处理尚未卖出,则以包装形式,如包、束、袋、盒等。

◎散装而未规格化的商品,以重量为单位。

(10)盘点时柜组负责人和柜组全体人员必须在场,仓库盘点除对应柜组有关人员到场外,仓管员必须在场。

(11)商品变价盘点时,物价员必须参加监盘。

(12)柜组长或实物负责人调动移交盘点时,商品盘点小组长应亲自或指派专人负责监盘,必要时由店铺商品盘点委员会派员参加。

监盘时的控制要点如下。

◎了解存货的内容、性质、各存货项目的重要程度及存放场所。

◎查阅以前年度的存货监盘工作底稿。

◎考虑实地察看存货的存放场所,特别是金额较大或性质特殊的存货。

◎考虑是否需要利用专家的工作或其他注册会计师的工作。

◎复核或与管理部门讨论其存货盘点计划。

◎监盘的时间安排:应于报表日或接近报表日监盘,若在接近报表日监盘,应注意对监盘日至期末间的永续记录进行测试。有时也可以在会计期末以后监盘。

◎监盘人员一般不参与点数和抄盘点表的工作。

(13)对商品和现金的盘点应逐一进行,三人一组,除了一人负责点数、一人负责记录和计算外,还有一人要复核。

(14)商品盘点一般可采用"见物盘物"的方法实物移位盘点,即按实物摆放的自然次序,逐一移动位置,将已盘和未盘部分区分清楚。

(15)盘点时,顺便观察商品有效期限,过期商品应随即取下并记录。

(16)店长要掌握盘点进度,机动调度人员支援,并巡视各部门盘点区域,发掘死角及易漏盘点区域。

（17）若系营业中盘点，应注意不可高声谈论，或阻碍顾客通行。

（18）对于无法查知商品编号或商品售价的商品，应立即取下，事后追查归属。

三、复点作业操作规范

（1）复盘时，复点者要先检查盘点配置图与实际现场是否一致，是否有遗漏的区域。

（2）若使用小贴纸方式，则应先巡视有无遗漏未标示小贴纸的商品。

（3）复点可于初点进行一段时间后，即开始进行。复点者须手持初点者已填好的盘点表，依序检查，再将复点的数字记入复点栏内；并计算出差异，填入差异栏。

（4）复点者须使用红色圆珠笔。

（5）复点准确后再将小贴纸拿下。

四、抽点作业操作规范

（1）抽点者同复点者一样，也要先检查盘点配置图与实际现场是否一致，是否有遗漏。

（2）抽点者抽点商品时，可选择卖场内的死角或不易清点的商品，或单价商品、数量多的商品，以及盘点表上金额较大的商品。

（3）抽点者要对初点与复点差异较大的数字，进行实地确认。

（4）抽点者同复点者一样，也须使用红色圆珠笔。

五、资料的整理和计算

（1）零售企业主管要确认盘点单是否全部回收。

（2）盘点单上初点、复点、抽点是否有签名。

（3）主管要将盘点单复印一份自存，原件送至财务会计部核算。

（4）财务会计部收到盘点单后，应于5日内提出盘点结果报告。

（5）盘点执行部门要做成盘点实施状况报告，以作为今后改善的参考依据。

（6）若在营业中盘点，则于盘点后再读出收银机的"账"，并以存货调整公式来估算。因为在盘点时，有些商品可能会被卖出，而不能再当作存货，所以存货盘点的数字要做些调整。

六、盘点结果的确认

当盘点结束后，发现所得数据与账簿背景知识不符时，应确认结果，追查差异的主因。一般情况下，产生差异时应着手从以下几个方面开始考虑。

1. 追查差异

（1）记账员素质不足，致使货品数目不准确。

（2）因料账处理制度的缺点，导致货品数目不准确。

（3）因盘点制度的缺点导致货账不符。

（4）盘点所得的数据与账簿的背景知识，差异是否在容许误差内。

（5）盘点人员是否尽责，产生盈亏时应由谁负责。

（6）是否产生漏盘、重盘、错盘等状况。

（7）盘点的差异是否可事先预防，是否可以降低料账差异的程度。

2. 盘盈、盘亏的处理

差异原因追查后，应针对主因切实地调整与处理，废品、不良品减去的部分与盘亏一并处理。

物品除了盘点时产生数量的盈亏外，有些货品在价格上会产生增减，这些变迁在经主管审核后必须利用货品盘点盈亏及价目增减更正表修改。

3. 盘点工作奖惩

（1）盘点工作事务人员要切实依照规定进行盘点。表现优异者，经由盘点小组组长签报，各嘉奖一次，以资奖励。

（2）违反盘点管理办法的人员视其违反情节的轻重，由盘点小组组长签报人事部门议处。

（3）账载数量如因漏账、记错、算错、未结账或账面记载不清的，记账人员应视情节轻重予以警告以上处分，情况严重者，应呈店长或副店长议处。

（4）账载数字如有涂改未盖章、签章、签证等凭证可查，凭证未整理难以查核或有虚构数字者一律由主管直接签报店长或副店长议处。

七、编写库存盘点表

1. 编制盘点表是因为仓库和货架陈列区的商品，存放的位置和品种是随时变化的，很难固定，因此系统无法通过预先编制陈列图的方式进行盘点。

盘点表实际是提前将商品的明细按位置进行登记，保证在盘点时只需要点数，不需现场再登记，以加快盘点的速度。

2. 注意事项如下：

（1）盘点表一般提前在库存区盘点前三日进行编制。

（2）盘点表编制完成的区域，补货必须按位置重新放好。商品可以从库存区向陈列区移动，反之不可。

（3）所有的盘点表必须进行号码编排，并进行登记。

（4）盘点表不得有任何人工书写的品名、条码、货号等，必须全部采用系统标签。

（5）盘点表所有的系统标签必须全部经过扫描，保证都是有效标签。

（6）盘点表商品的编排次序是从左到右、从上到下。

（7）盘点表要放入盘点袋中。

（8）盘点表编制完毕后必须进行复核。

八、游离商品的处理

1. 状况

商品盘点后，通常会发生下列特殊状况。

（1）有些商品有品号，但在计算机内无品名或非此品名。发生原因主要是：

◎标签编号错误。

◎计算机编号已淘汰，但商品仍在出售。

◎套号（厂商利用已核准的编号，套用新产品）。

（2）有些商品有品名，但无品号。发生原因主要是：

◎店内自行引进商品，却未呈报核准及编号。

◎标签脱落，又无资料查询。

2. 处理程序

（1）退回店内清查，两天内回报。

（2）清查后，仍无法找出原籍的商品，一方面要列清单送交采购单位确定；另一方面将商品尽量集中，以便处理。

（3）采购单位接到游离商品的清册后，逐项确认，若仍无法找出原籍，则按下列方式处理：

◎退回厂商。

◎售完为止，不再销售。

◎若商品有效期间快到或包装已破旧，则以特卖方式出售或特价处理。

◎若属未经允许引进的商品，则应追究责任。

九、盘点差异的处理

整体而言，商品不可能有盘盈，除非有进货无进货传票、盘点虚增或计算错误。盘损则属于正常状况，但盘点可能出现重大差异。

所谓重大差异即指盘损率大幅超过同行业标准或企业目标，以及毛利率远低于同行业标准或超市目标。盘损率是实际盘点库存与计算机理论库存的差异。

1. 盘损的原因

一般而言，盘损的原因有下列几种。

（1）错盘、漏盘、漏输入；

（2）计算错误；

（3）偷窃；

（4）收、退货错误，或空收货，结果账多物少；

（5）报废商品未进行库存更正；

（6）对一些清货商品，未计算降价损失；

（7）生鲜品失重等处理不当；

(8)商品变价未登记和任意变价；

(9)条码错误。

2. 处理办法

若发生重大差异时,应立即采取下列措施。

(1)重新确认盘点区域,看是否漏盘；

(2)检查输入的单据是否完整；

(3)检查收货,有无异常进货,并且未录入计算机；

(4)检查有无退货,并且未录入计算机；

(5)检查库存更正及清货变价表；

(6)检查是否有新来的生鲜处理员工,技术不熟练；

(7)重新计算；

(8)同时按规定程序进行库存调整；

(9)查出损耗原因,制定下一个年度的改进措施。

第13章 零售企业商品运输、配送管理规范

第一节 商品运输、配送管理基础

一、商品配送概述

1. 商品配送的概念

商品配送作业指在经济合理区域范围内,根据各零售卖场要求,对商品进行分拣、加工、包装、分割、组配等作业,并按时送达指定地点的物流活动。

2. 配送作业的作用

(1)集中货物

集中货物是配送的准备工作或基础工作,决定了配送的成败,它包括筹集货源、订货或购货、集货、进货及有关的质量检查、结算、交接等,视集中零售企业的需求进行一定规模的集货。

(2)储存货物

配送的储存功能表现在有效地组织货源,调节商品的生产与消费、进货与销售之间的时间差,因而可以大大降低库存总量,增强促销调控能力。

(3)挑选货物

配送的分拣功能是指根据各个零售卖场的订货单,将所需品种、规格的商品,挑选并集中。通过拣取克服了商品批次多、批量零星、卖场要货时间很紧的困难。

(4)流通加工功能

在配送过程中,如果是连锁型的零售企业,配送中心应该根据各卖场的不同需求,按照销售批量大小,直接进行集配分货,对商品进行拆包分装、开箱拆零。这就是所谓的流通加工,它可以增加商品的功能。

在配送中心可设小包装生产流水线,对流通过程的储存、运输等环节进行温度管理,建造冷藏和冷冻供货系统。

(5)分拣货物

按照零售卖场的订货单,把库存商品拣取后分别集中。

(6)货物配送

配送功能是分货、配货、送货等活动的有机结合体,它通过集中库存使零售企业实现低库存或零库存,从而完善了输送及整个配送系统,降低了供货的缺货率,提高了零售企业的整体经济效益。

（7）及时处理信息

配送的信息处理功能具体体现在以下四个方面。

◎能有效地为整个流通过程的控制、决策和运转提供依据。

◎在集货、储存、拣取、流通加工、分拣、配送等一系列过程中均可实现信息资源共享。

◎及时得到零售企业的销售信息，有利于合理组织货源，控制最佳库存。

◎将销售和库存信息迅速、及时地反馈给制造商，以指导商品生产计划的安排。

二、配送中心的组成部分

一般的配送中心都是由信息中心与仓库构成。信息中心起着汇集信息，并对配送中心进行管理的作用。仓库根据各部门不同的功能又可分为不同的作业区。

1. 信息协调中心

信息协调中心指挥和管理整个配送中心，它是配送中心的中枢神经。它的功能是：

（1）收集外部信息

负责收集和汇总各种信息，包括各超市的销售、订货信息，以及与部分供应商联网的信息，并根据这些信息做出相应的决策。

（2）协调指挥内部人员

负责协调、组织各种活动，指挥调度各部门的人员，共同完成配送任务。

2. 仓库区

因零售企业的类型不同，配送中心的类型也有所不同，其仓库各作业区面积大小也不尽相同。

（1）收货区

◎收货区主要是完成接收货物任务和货物入库之前的准备工作的场所。因货物在收货区停留的时间不太长，并处于流动状态，因此收货区的面积相对来说都不算太大。

◎收货区的主要设施有：验货用的计算机和卸货工具。

（2）储存区

◎储存区是用来分类储存已验收货物的场所。有的储存区与收货区连在一起，有的与收货区分开。

◎由于货物需要在这个区域内停留一段时间，并要占据一定位置，因此相对而言，储存区所占的面积比较大。

◎储存区一般都建有专用的冷藏库（温度在 0℃ 以上）、冷冻库（温度在 −18℃ 左右），并配置各种设备，其中包括各种货架、叉车、起堆机等起重设备。

（3）理货区

◎理货区是进行拣货和配货作业的场所，其面积大小因零售卖场的类型不同而异。

◎理货区内配置的专用设备和设施一般有手推货车、货架等；如果采用自动拣选装置，其设施包括重力式钢架、皮带机、传送装置、自动分拣装置、升降机等。

（4）配装区

◎配装区是放置和处理待发货物的场所。因货物在配装区内停留时间不长，货位所占的面积不大，所以，配装区的面积比库存区小得多。

◎在配装区内，工作人员要根据各卖场的位置、货物数量进行分放、配车，并确定单独装运还是混载同运。

◎由于配装作业主要是分放货物、组配货物和安排车辆等，因此在这个作业区主要有配装计算工具和小型装卸机械、运输工具，没有特殊的大型专用设备。

（5）发货区

发货区是将组配好的货物装车外运的场所。在许多企业和配送中心，配货区和发货区往往是可以共用的。

（6）加工区

◎加工区是根据零售企业的要求对采购的商品进行整理加工的场所。

◎加工区的大小与零售企业商品的加工量有关，商品的加工量直接取决于其加工的深度、加工的品种及零售企业的销售量。

（7）退货处理区

退货处理区是存放进货时残损或不合格或需要重新确认等待处理货物的场所。

（8）废弃物处理区

废弃物处理区是对废弃包装物（塑料袋、纸袋、纸箱等）、破碎货物、变质货物、加工残屑等废料进行清理或回收复用的场所。

（9）设备存放及简易维护区

设备存放及简易维护区是存放叉车、托盘等设备及其维护（充电、充气、紧固等）工具的场所。

三、零售企业的基本配送方式

1. 按配送商品的种类和数量分类

按配送商品的种类和数量划分，配送可分为少品种大批量配送和多品种少批量配送2种。

（1）多品种少批量配送

按要求，将所需的各种商品配备齐全，凑成整车后由配送中心送达。日用商品的配送多采用这种方式。

（2）少品种大批量配送

少品种大批量配送适用于需要数量较大的商品，单独一种或少数品种就可以达到较大运输量，可实行整车运输。

2. 按企业与供应商的关系划分

按企业与供应商的关系划分，配送可分直配、协配、授权自采和日常配送4种方式。

（1）直配

直配就是直接配送，指零售企业配送中心向供应商订货，供应商将货物送到配送中心库房,卖场人员向企业提出补货申请,经企业审批通过后,配送中心向卖场配货,由零售企业统一办理结算。

（2）协配

协配就是协力配送,零售企业配送中心向供货商订货,卖场向企业提出补货申请,经企业审批通过后,供货商将货物送到卖场,企业统一办理结算。

（3）授权自采

零售企业确定进货渠道后,授权企业管理价格,卖场备案,并且自行补货,以备用金支付货款,定期到企业结算。

（4）日常配送

日常配送指零售企业自己进货,各个卖场每日自行补货,由供货商送货到卖场统一在零售企业办理结算。

3. 按配送的组织形式分类

按配送的组织形式划分,配送可分为集中配送、共同配送、分散配送和加工配送4种。

（1）集中配送

集中配送就是由专门从事配送业务的配送中心对多个卖场开展配送业务,集中配送的品种多,数量大,一次可对同一线路中几家连锁型零售企业同时进行配送,其配送的经济效益明显,是配送的主要形式。

（2）共同配送

几个配送中心联合起来,共同制订计划,共同对某一地区的零售卖场进行配送,具体执行时共同使用配送车辆,称共同配送。

（3）分散配送

分散配送是由商业零售网点对小批量、零星商品或临时需要的商品进行的配送业务。这种配送适用于近距离、多品种、少批量的商品配送。

（4）加工配送

在配送中心进行必要的加工,这种将流通加工和配送两者一体化的方式,使加工更有计划性,配送服务更趋完善。

4. 按配送的职能形式分类

按配送的职能形式划分,配送可分为自营配送、供应商配送、第三方配送和共同配送4种。

（1）自营配送

自营配送方式是指零售企业通过独立组建配送中心,实现对内部各卖场的物品供应,作为一种物流组织,配送中心是零售企业的一个有机组成部分,服务于零售企业的各个超市门店,通常不对外服务。由于自营配送模式在满足企业商品供应方面发挥了巨大的作用,因此目前已成为连锁型零售企业普遍采用的一种配送方式。

（2）供应商配送

供应商配送是大型零售企业集团或连锁型超市为自己的卖场所开展的配送业务。通过自己的配送中心或与消费品配送中心联合进行配送,从而减少了许多手续,缓和了许多业务矛盾,各卖场在订货、退货、增加经营品种上也得到更多的便利。

（3）第三方配送

现在零售企业普遍要求小批量、多批次或高频度的配送，而这往往导致车辆满载率低、运输成本高的问题，最好的解决方法就是利用第三方物流公司，实现配送共同化。它们的参与有助于小批量的补充存货变得更经济，因为这能产生简单供应关系下所不具有的一种经济规模。

第三方配送方式具体运作起来有以下两种形式。

◎物流配送公司直接向零售企业的各个卖场配货，或者直接向零售企业总部配货，再由总部向各个卖场配货，这种情况适用于同城市连锁超市；

◎由配送公司的各地分公司直接向当地零售企业各卖场配货，这种情况适用于跨城市连锁经营的大型超市，并且物流配送公司具有较强实力，在各个城市设有分支机构。

（4）共同配送

共同配送方式是为了提高物流效率，对许多零售企业一起进行配送。其运作形式有以下两种。

◎在送货环节上将许多家企业的待运送货物混载于同一车辆上，然后按照零售企业的要求将货物运送到各个接货点，或运到多家企业联合设立的配送货物接收点上，这种运作模式需要各家零售企业签署联合协议，目的是共同节约配送成本。

◎若干配送企业开展协作，在核心企业的统一安排调度下改革配送企业分工协作、联合行动，共同对某一地区的零售企业进行配送。

5. 按配送时间及数量分类

按配送商品时间及数量划分，配送可分为定时配送、定量配送、定时定量配送和即时配送4种。

（1）定时配送

按规定的时间间隔进行配送，配送品种和数量可根据要求有所不同。

（2）定量配送

按规定的批量进行配送，但不严格确定时间，只是规定在一个指定的时间范围内配送。

这种配送计划性强，集货工作简单，配送成本较低。

（3）定时定量配送

按规定的准确时间和固定的配送数量进行配送。

（4）即时配送

不预先确定配送数量，也不预先确定配送时间及配送路线，而是按要求的时间、数量进行配送。

四、配送工作基本操作流程

1. 集货

集货通常指商品的采购、订货和验货。为了满足各零售企业在任何时间都能够进到所需商品的要求，零售企业配送部门必须从众多的供应商那里大批量地购进多种品类的商品。

2. 储存

为了取得购买价格上的折扣,配送中心一般对商品采取大批量购进。购进的商品需要在配送中心仓库中储存一段时间,然后分批出货。

与配送作业相关的储存有两种形式:储备和暂存。储备是按照一定时期内配送活动的需要,进行大量的、品类构成完整的、时间相对较长的储存活动;暂存是根据配送订单处理的情况及分拣、配载作业的要求,在非储存区进行的暂时性存放作业。

3. 订单处理

确切地说,商品配送是从接受订单之后才真正开始的。配送部门只有接到各零售卖场提交的订单并进行适当的整理、输出,才能开始进行分拣、加工和配载、送货作业。

4. 拣选拣取

拣选拣取是从种类繁多的库存商品中,根据各零售卖场提交的订单,将其所需的不同品种、不同规格、数量各异的商品,从储存场所取出,放置在适当的位置等待后续处理的作业过程。

5. 流通加工

配送部门从供应商处购进的商品,在规格和组合方式上不一定都适合零售卖场销售的需要,因此需要对准备配送的商品进行适当的加工处理。流通加工能提高商品的附加价值。

6. 分拣

分拣是按照每份订单所要求的品种、规格、数量,以订单提交单位为单元,进行分类和集中,等候配载和发货。

7. 配载与发运

在确定使用运送车辆后,需要对质量不同、外形各异的商品之间合理组合和适当的配装比例进行分析并确定合理的方案,使装载的商品尽可能达到车辆的额定载重和占满车厢空间,实现有效的运力利用。

8. 信息处理

为了使商品配送作业的各个环节能够连续地、有条不紊地进行,必须对整个过程的信息进行及时接收和反馈。在配送部门内部开展的拣选拣取、分拣、流通加工和配载等作业的信息,也需要有一套完整、高效且灵活的信息处理系统进行处置。在零售企业和供应商之间,更应该建立起有效的信息交流途径。

第二节　商品运输、配送准备工作(一)

一、搬运设备准备

零售企业配送部门所使用的装卸搬运机械的种类非常多。这里仅对几种常用的较为典型的机具的结构、性能和使用特点等进行简单的介绍。

1. 搬运车辆

搬运车是用来在库房、货场内做短距离搬运或堆码作业的机具。装卸搬运车不需设置固定的路线,在作业过程中灵活性很强。

搬运车主要有 4 类:电瓶搬运车、牵引车、无动力搬运车和自动导向车。

(1)电瓶搬运车

特点:

◎以电瓶(蓄电池)作为动力;

◎型小、灵活和操作方便;

◎一般载物量为 2 吨,行驶速度为 8 公里/小时。

适用范围:适合在平整的路面上运送零星杂货。

(2)牵引车

特点:

◎一般为内燃机驱动,一次可拖 4 ~ 5 台平板车;

◎可以进行较长距离的水平运输;

◎自身不能载货。

适用范围:用来牵引载货车,可以将其拖到库区内、从码头拖到码头,或从码头拖到库场。

(3)无动力搬运车

特点:

◎以人力为动力;

◎结构简单、操作灵活、制造和维修方便、节能环保。

适用范围:

◎载物量通常在 10 公斤以下;

◎搬运时的水平移动距离较短,多适合在平坦、坚实的路面上运行。

类型:

◎双轮手推车

载重量在 50 ~ 100 公斤以下,一般由木制或金属焊接而成。通过适当改型,适合搬运不同包装形式的货物,如立桶搬运车、卧桶搬运车和粮包搬运车等,对轮子进行改进后还可以进行上下台阶或楼梯的作业。

◎平板车

三轮或四轮,常用于搬运纸箱或箱包包装的货物,有时也作为一种集装单元化工具,与货梯相结合使用,从而使搬运作业更方便,效率也大大提高。

◎托盘搬运车

专用于搬运托盘单元货物,车体后外伸的两根插腿直接插入托盘铺板下,即可移动货物,载物量一般为 0.5 ~ 2 吨。

(4)自动导向车

特点:

◎通过自动控制系统进行无人驾驶;

◎可以自动导向、自动认址、自动完成规定程序动作;

◎节省劳动力,灵活性强,便于实现全自动化操作。

适用范围:

特别适合于在不适合人工驾驶车辆出入、噪声大、空气污染严重、存在放射性危害或通道狭窄、黑暗的场所,常被用于自动化立体仓库内搬运作业。

2. 起重机

目前,在仓库、货场、码头和车站等场所,广泛使用起重机进行长、大、笨重货物的装卸搬运。按照结构和使用特点不同,通常将起重机分为桥架类起重机和旋转类起重机。但超市的配送中心一般不使用起重机。这里不多做说明。

3. 连续输送机

输送机是配送中心最常用的设备之一,它的特点是:

(1)作业时沿着一定的输送路线,以连续、稳定的流动方式来输送商品;

(2)可以用来输送散状物料和质量不大的件货;

(3)由于大多数输送机不能自动取货,因此需要采用一定的装备将需要移动的货物放到输送机上。

4. 叉车

叉车是物流部门使用最广泛的一种装卸搬运机械,俗称铲车。它兼有起重和搬运两种性能,常用在仓库、码头、车站等货物运输或堆码场所进行装卸、短距离搬运和高度不大的堆码作业。

(1)根据作业方式和货叉位置的不同可分为直叉式和侧叉式两种。其中直叉式又可分为平衡重式、插腿式和前移式。

◎平衡重式叉车

平衡重式叉车的货叉装在叉车前面,作业时货叉与承托货物都在前轮外侧,为了平衡货物的重量而不致使叉车翻转,需要在车身后面配装平衡重物。平衡重式叉车多用于场地作业。

◎插腿式叉车

插腿式叉车前面除了有货叉外,贴着地面的位置还有两条带轮子的叉腿,作业时将货叉连同叉腿一起插入货物底部,使货物整个位于叉腿形成的支撑面之内,然后升起货叉,其特点是稳定性好。

◎前移式叉车

前移式叉车的特点是在插取货物和卸货时,货叉都随着门架伸出,需要举动时,货叉随门架退回到车身中间,所以行驶过程中稳定性很好。

插腿式叉车和前移式叉车多用于配送中心库房内作业。

(2)根据动力装置的不同可分为电瓶叉车和内燃叉车两种。

◎电瓶叉车

电瓶叉车的特点是:结构简单、操作方便、动作灵活、维修保养容易、无污染等;需要相应配置充电设备;行驶速度低、起重量小、对路面要求高。

电瓶叉车的适用范围:主要适合于在有平整坚实路面的仓库内和货场上进行作业。

◎内燃叉车

内燃叉车的特点是:独立性较强、行驶速度快、对路面要求低和爬坡能力强;噪声及废气污染较大。

二、自动分拣设备准备

1. 自动分拣设备系统的组成

自动分拣系统一般由控制装置、分类装置、分拣道口和输送装置组成。

（1）控制装置

控制装置的作用是识别、接收和处理分拣信号，根据信号指示分类装置和输送装置进行相应的作业。

（2）分类装置

分类装置的作用是按照控制装置发出的分拣指令，当具有同类分拣信号的商品经过该装置时，能够改变其运行方向，使其进入其他输送机或分拣道口。

（3）分拣道口

分拣道口一般由钢带、皮带、滚筒等组成滑道，使货物脱离主输送机滑向集货区域的通道，最后入库或由组配装车进行配送。

（4）输送装置

输送装置的作用是使要分拣的商品连续通过控制装置、分类装置，并沿着固定的路线运送商品。

2. 自动分拣系统的主要特点

（1）能连续、大批量地分拣商品；

（2）分拣误差率极低；

（3）实现了自动化作业。

第三节　商品运输、配送准备工作（二）

一、商品包装标准

包装是指在流通过程中保护商品、方便运输、促进销售，按照一定技术方法而采用的容器、材料及辅助物的总体名称，也指为了达到上述目的而采用容器、材料和辅助物的过程中施加一定技术方法等的操作活动。

物流服务的包装设计应当依据商品品质特征和性能特点，针对物流活动的需要，以满足保护功能为基础，在实用和节约的指导原则下进行。所设计的包装应当满足以下要求。

1. 符合商品的特性

不同的商品由于种类、性质、状态以及功能作用的不同，对包装有着不同的要求。

（1）包装的设计首先应当考虑商品的特性，满足商品在物流作业过程中不被损坏、不变质、不滴漏的要求，防止异物混入和被污染，通过包装实现对商品的保护。

（2）包装所用的材料也应当和商品的特性相适应，不至于影响商品的质量和使用寿命，包装材料的寿命应当和商品的自然寿命相匹配。

2. 符合物流作业要求

包装的设计必须考虑物流作业的要求,包装内商品的有关信息(如品名、数量、重量、保管要求、装运方法等)应当清楚地标明,以便于查找和识别。包装应当有合适的尺寸和重量,既要有利于提高作业效率,又要考虑机械和人力的作业能力。

3. 符合标准化作业要求

包装形状式样应当规范化,外形尺寸应当符合模数,满足托盘、集装箱等容器和运输工具的要求,达到充分利用运输工具的空间,提高运输效率的目的。

4. 强度符合标准

在物流作业过程中,商品的包装会直接受到冲击、碰撞、震动、挤压等外力作用,尤其是在装卸、搬运和运输的过程中,这些现象是不可避免的。这就要求包装的结构必须牢固可靠,防止出现包装的严重变形和破损,保证商品不受破坏。

5. 易于操作,成本合理

包装的制作、加工和拆卸过程不能过于复杂,要便于操作,方便使用。应当选用合适的包装材料和包装方法,减少包装材料的消耗,尽可能地降低包装成本。

二、商品包装的基本方法

1. 一般包装方法

(1)内包装

内包装是将逐个包装的商品合并为两个或两个以上的较大单位,放进中间大小的容器中。

(2)外包装

外包装则主要是从运输作业的角度考虑进行的再包装。

(3)逐个包装

逐个包装是交付用户的最小包装。

(4)托盘包装

托盘包装可以采用平托盘和箱形托盘作为包装的主体,平托盘的四周是开放的,可以采用绳子、角柱、钢带或采用拉伸包装、收缩包装的方法将堆垛的商品固定起来。

(5)集装箱包装

集装箱包装是以集装箱这种特殊的刚性容器作为包装主体,它几乎适用于所有商品的包装与运输,能够与多种运输工具结合使用,具有安全、简便、节省等优点,已经被广泛使用。

(6)组成包装

组成包装是指将若干包装件或商品组合在一起,以形成一个适合运输的单元。

2. 几种比较典型的包装方法

(1)防潮包装

对有防潮要求的商品,必须使用防潮包装。防潮包装是为了防止商品在储运过程中因空气中的水蒸气而发生锈蚀、变质、潮解、凝结等现象的包装方法。通常是将商品用透湿度低的材料密封起来,如果有更高的防潮要求,还应当预先排除湿气或在包装中封入干燥剂。

（2）防虫包装

在包装中放入具有驱虫、灭虫作用的药物或利用经过特殊处理的防虫包装材料进行包装，以防止虫害。使用这种包装方法，应当尽量避免使有毒材料或药物直接接触商品。

选择的包装方法，必须满足商品自身的特点和对包装的内在要求，并在可能的范围内降低包装成本。

（3）防锈包装

防锈包装是为了防止被包装的金属制品发生锈蚀现象而采用的包装方法。典型的防锈包装方法是使用防锈油或气化性防锈剂，将金属表面与空气隔绝开，达到防止金属大气锈蚀的目的。其余的防锈包装方法包括：可剥性塑料封存包装、干燥空气封存包装和茧式包装等。

（4）防震包装

防震包装是应用非常普遍的一种包装方法，它是为了防止在运输、保管、装卸及堆码过程中震动、冲击而造成内装物品机械性损伤的一种保护性包装。通常是在内装物与外包装之间填入各种防震材料，以减缓外力冲击。对于某些贵重易损的商品，还可以采用将商品用绳、带或弹簧等悬吊在坚固的外包装容器中的悬浮式防震包装方法。

（5）危险品包装

危险品可以分为易燃、易爆、有毒、有放射性、有腐蚀性等几个大类。每类危险品都有特殊的包装要求，必须按照国家相关的包装标准和有关规定进行包装。同时，必须在包装上标明不同类别和性质的危险品标志，危险品标志应当按照国家颁布的《危险货物包装标志》刷制。

三、进行合理化包装

1. 核对包装模数与物流模数

由于包装系统与物流系统二者的不同特点，因此就必须以托盘和其他成组包装的容器作为媒介，使包装模数与物流模数协调起来，提高物流运作效率。

2. 采用轻薄化包装技术

在满足包装的强度、寿命及成本的前提下，应当尽可能采用轻薄的包装材料，这样不但可以减轻重量，还可以在一定程度上减少废弃物。

3. 进行标准化包装作业

标准化的包装作业一方面包括包装作业流程的标准化；另一方面还包括包装材料的种类、规格应当尽可能单一，以满足标准化作业的要求，提高包装作业的效率。

4. 进行机械化包装作业

进行机械化包装作业，可以提高包装作业效率，减轻人工包装作业强度，有利于保证和控制包装质量，降低包装成本。

采用大型化和集装化包装有利于在物流活动中使用装卸机械，节省装卸、搬运的时间，提高物流全过程的速度。同时，采用大型化和集装化包装还可以减少单位包装，节约包装材料。

5.进行周转包装

如果零售企业的商品有固定的流通渠道和一定的数量规模,就可以采用周转包装。一种较为常见的周转包装形式是零售企业根据商品流通的速度、渠道和批量确定一定数量的周转托盘,通过对其进行多次反复的利用实现包装合理化,降低总的包装成本。

6.循环利用包装材料

包装的循环利用是降低包装成本非常有效的方法。包装中使用的大量瓦楞纸箱、木箱、塑料容器等通用包装要消耗大量的自然资源,应当循环多次使用或实现包装的阶梯利用,以达到节约自然资源、降低包装成本的目的。

第四节　商品运输、配送准备工作(三)

一、各种运输方式的特点

1.公路运输

公路运输主要承担中、小批量商品的近距离运输,以及铁路和水运难以到达地区的长途大批量货运。

(1)优势

◎机动灵活、运送速度快;

◎商品损耗小;

◎可以提供"门到门"服务;

◎投资少、短距离运费较低。

(2)劣势

◎运输能力小;

◎能耗高、长途运输成本高。

2.水路运输

水路运输主要有沿海、近海、远洋以及内河运输4种主要形式。它的综合优势较为突出,适用于长距离、大批量、时间性不太强的各种大宗商品的运输。

(1)优势

◎运输能力大;

◎运费低。

(2)劣势

◎受自然条件影响大;

◎运输速度慢;

◎安全性和准时性较差。

3.铁路运输

铁路运输是陆地长距离运输的主要方式,它适合于在内陆地区运输中长距离、大运量、时间可计划性强的一般商品。

（1）优势

◎运输能力大；

◎运行速度较快；

◎通用性能好；

◎受自然条件限制小；

◎时间准确性较高；

◎安全平稳；

◎长距离运费低。

（2）劣势

◎投资大；

◎建设周期长；

◎短距离运费高；

◎灵活性差。

4. 航空运输

航空运输适用于价值高，运费承担能力强的贵重商品或紧急需求的商品。

（1）优势

◎速度快；

◎受地形因素影响小；

◎时间效益好；

◎对商品包装要求简单。

（2）劣势

◎运输能力小；

◎单位成本高、能耗大。

5. 多式联运

多式联运的组合方法有很多种，其中最常用的是铁路运输和公路运输的组合，以及公路和水路运输的组合。多式联运可以充分发挥不同运输工具的优势，提高运输速度，节约成本。

二、选择运输方式的基本依据

1. 商品的性质

所选择的运输方式，首先必须满足商品自身特性的要求。应当根据商品的形状、体积、单件重量、商品对运价的承担能力，以及商品在运输过程中有无其他特殊要求来选择运输方式。

2. 数量与距离

商品批量的大小和运输距离的长短对各种运输方式能否充分发挥其优势和效率有着重要的意义。

3. 运输时间的长短

运输的时间要求对选择运输方式所起的作用正日益显著。快速、准时的运输可以成为零售企业实现精益化和准时制经营的有力支持。

4. 运输的成本

不同的运输方式具有不同的成本结构。在运量、运距以及时间要求一定的情况下，可以根据运输方式的成本结构选择最合适的运输方式。

总的来说，选择运输方式应当在满足物流服务总体要求的前提下，达到成本最低的目的。

选择最佳的运输路线是实现运输服务合理化的重要途径，也是开展运输服务时应有的义务。通过选取最佳路线，可以有效地缩短运输时间，降低运输成本。

三、确定最佳配送路线

在配送车辆送货后又需要取货，或者零售企业只允许在特定的时间到达等情况下，选择行车路线就变得更加困难。确定合理配送路线问题是选择运输路线问题的扩展，可以采取以下两种方法。

1. 节约里程法

（1）节约里程法是一种处理能力较强但是相对比较复杂的方法。它可以包含许多实际存在的重要约束条件，在获得行车路线的同时，还可以确定经过各站点的顺序。

（2）节约里程法的目标是使所有配送车辆的总行驶距离最短，同时使得配送车辆的数目最少。

2. 观察法

在对配送路线的最优性要求不很严格或需要在很短的时间内确定配送路线的情况下，可以运用一些基本原则，通过观察法直接在地图上找到较为合理的配送路线。观察法的基本原则有：

（1）在站点较多的条件下，尽可能使用运输能力大的配送车辆为多个站点进行配送，这样将减少总的行驶里程。

（2）避免时间窗口过短。时间窗口就是指配送站点只允许在一天当中特定的时间内开放。时间窗口过短会给确定合理的配送路线造成很大的困难，最好能够通过协商的办法放宽该限制。

（3）每辆车的行车路线应当呈水滴状，避免出现行车路线的交叉，同时应当兼顾取货和送货的混合安排。

（4）从距离最远的配送点开始划分站点群。划分的站点群应当使一辆车能够负责相互靠近的几个站点的配送。

（5）对配送量小且相对孤立的站点，可以采用其他的配送方式。

第五节　装卸、发货操作规范

一、装卸搬运作业流程

在平房库或楼层库底层进行装卸搬运作业时,由于没有货物系统或机械系统的垂直跨层移动,因此作业强度较小,作业要求也较低。常用的几种作业系统如下。

1. 叉车—托盘系统

(1)平房库装卸搬运作业

平房库装卸搬运作业可分为库内的叉车—托盘系统和厂、库相结合的叉车—托盘系统两种形式。

◎库内的叉车—托盘系统

库内的叉车—托盘系统,这种搬运作业形式利用机械作业,劳动强度大大减轻;使用叉车和托盘相结合的方式,加快了搬运速度,减少了商品搬运环节,降低了货损。

作业流程如下所示:

商品运达→拼装小件商品、形成托盘单元→由叉车进行卸车→水平搬运→库内码放作业。

◎厂、库相结合的叉车—托盘系统

厂、库相结合的叉车—托盘系统,这种搬运作业形式减少了物流环节,从而提高了作业效率,减少了货损;但只有在生产商与零售商具备密切协作条件的情况下,才能利用好这种方式。

作业流程如下所示:

成品生产后→形成托盘单元→暂存于成品库→接到超市订单后供货→由叉车进行装货→运到超市仓库后→用叉车卸货→存入库房。

(2)楼房库装卸搬运作业

作业流程如下所示:

人工卸货到托盘→由叉车将托盘货物送入电梯→运输到指定楼层→由叉车运至仓库→人工堆码。

这种方式适用于楼板承载能力较大的楼层库,存放轻且批量大的货物。

2. 托盘—叉车—巷道机系统

(1)卸货流程,如下所示:

卡车运货到达→人工卸货到托盘→由叉车将托盘单元送到载货台→由巷道机将托盘单元提入库内→放置在货架上。

(2)发货流程,如下所示:

由巷道机将托盘单元货物取出→送到载货台→由叉车将托盘单元货物装到送货车上。

(3)托盘—叉车—巷道机系统的特点:

◎装卸效率和堆码效率较高;

◎便于进行自动化管理;

◎由于采用货架,提高了库房空间利用率,增加了货物储存量;

◎由于巷道机在货架上进行码放时,严格遵循进出先后顺序,有利于实现商品的先进先出。

3. 平板车—堆垛机系统

（1）平房库装卸搬运作业

作业流程如下所示:

卡车将商品运至货场→人工卸到平板车上→推进库房内→升降机提升到一定高度→人工堆码。

作业流程特点:

◎人工、无动力、半动力机具结合作业,主要靠人工搬、推、堆;

◎要求通道一般为1.2米,库房面积利用率高;

◎堆垛机提升后需人工堆垛,有一定的劳动强度。

（2）楼层库的装卸搬运作业

作业流程如下所示:

商品卸到平板车上斗将货物送入电梯→运输到指定楼层→由平板车推入仓库→人工堆码。

这种方式适用于楼板承载力较小的楼层库,存放货物的重量较小,如零星存放货物。

二、装卸搬运操作规范

1. 集中搬运作业。从时间和空间上,将零星、分散的装卸搬运作业集中到一起,由专门的作业人员采用专门的设备进行一次性的作业处理,从而提高作业效率,为实现机械化、自动化创造条件。

2. 选择合理的装卸搬运设备。

3. 使商品能依大小、数量、重量等方式进行标准化,并采取恰当的装卸搬运方式,以加快流通速度。

4. 增加装卸搬运设备的作业弹性,以适应各种各样商品的存取,而且还可以减少装卸搬运设备的额外投资。

5. 商品放置的状态要有利于下次装卸搬运,这种状态称为装卸搬运灵活性。

6. 选择最短的作业路线。在搬运作业时,可以选择直线或水平的路线,尽量缩短路径。

7. 尽量减掉或合并装卸搬运的某些作业环节,使固定装卸搬运设备能充分发挥其效能,以此减小货损的可能性。

8. 提高空间利用率,以降低储存成本,提升价格竞争力。

9. 任何装卸搬运设备或做法都必须符合安全原则。文明装卸,严格按照货物包装上的标志提示进行作业,保证货物、设备、设施和作业人员的安全。

10. 缩短车辆在装卸作业环节的停歇时间。

三、商品配载操作规范

1. 设计配送路线

在配送路线的设计中,需要根据不同超市的需求和特点,确定作业要达到的目标,结合各种限制因素,采取有效的方法设计和选择配送路径,最终达到节省时间、减少运行距离和运行费用的目的。常用的方法有三种:方案评价法、节约里程法和图上作业法。这在后面的章节会有具体的讲解。

2. 制订配送方案

可以采用统筹方法、排队论、图论法、系统仿真方法等。

3. 制定最佳配送步骤

(1)对订单进行初次分类

根据配送地点,通过 GIS 系统(geographic information system,地理信息系统)或人工安排的配送路线,对订单进行第一次分类,划分出该订单的配送方向。

(2)对订单进行再次分类

根据配送到达期限对配送商品进行再次分类,使订单进入时间排队序列。根据配送的期限和配送系统的内部功能参数,自动产生拣货期限(系统通过数学模型计算)、装车期限。以上时间期限制定建立应遵循以下两个原则。

◎提供优质服务;

◎优化配送时间采用循序逼近的方法,根据一定时间内的配送结果,修正配送参数,最终达到理想状态。

(3)发出拣货通知

给出订单配送编号,向仓储中心发出拣货通知,该通知中除了存货的基本信息外,拣货期限是关键因素,提前拣货,可以加快装车速度,减少配送中心的装车阻塞。

(4)组织配送

根据订单的排队序列、配送期限、运输中心的当前和预测可调度车辆情况、配送成本控制、当前路线行车参数进行虚拟装车,达到配送参数的临界点或达到配送成本的平衡点,开始组织配送。

4. 制作配送表

根据以上分析结果,制作配送表。

(1)向仓储中心发送装车通知单。单据是以订货单为单位分别发送,这样可以分散通知装货。

(2)向运输中心发送配送表。以订货单为单位批量发送,有利于运输中心归类和打印配送单。

5. 估算配送费用

配送费用主要包括:

(1)运输费用;

(2)仓储费用;

（3）装卸费用；

（4）管理费用。

6. 配送的确认与调整

根据仓储和运输中心反馈的情况及时调整配送计划，主要有以下两种情况。

（1）配送计划实施，接受仓储和运输中心的任务完成书，登记完成配送记录。

（2）配送出现意外，如存货不足、车辆故障、装车误时等问题。及时反馈信息到配送中心可以重新生成配送单或取消配送，给出事故处理意见，等待下次配送。

四、商品运输操作规范

1. 运输前应制订翔实周密的运输计划。

2. 根据运输货物的数量、品种等确定运输工具种类及数量。对运输工具进行优化选择，最大限度地发挥所用运输工具的作用。

3. 熟悉各零售卖场的店址和运输路线。

4. 明确各运输工具的最长行驶里程限制。

5. 明确运输时间、运输货损、运费、车辆或船舶周转等运输的若干技术经济指标。

6. 避免迂回运输，缩短运输距离。

7. 如果满载运输距离超过 100 公里，最好使用最大的货车来减少空间的浪费和司机的人工成本。

8. 减少运输环节，长途运输时，可以在不同的地点卸货。偶尔在返回配送中心的途中去供应商那里提货，减少起运的运费和总运费，以及运输的附属活动，如装卸、包装等。

9. 按时发货，最大限度满足客户的需要。

10. 送货前要求与各连锁超市事先约定送货的日期和时间。

11. 估算正常情况下装卸托板货物的时间。

12. 安排收货工作人员的工作时间、库存堆放人员及需要哪些设备。

13. 至少留有一个通道来应付不在计划之内的收货和特快专递货物。

14. 外送货物的能力必须与订单处理能力相协调，以确保发送货物的正确性及满足客户服务的要求。

15. 对进货和出货制订计划，要求计划人员了解配送中心自身能力所能达到的工作环境下的平均生产标准。

16. 与供货商和外包运输单位建立伙伴关系，协助配送中心管理运输需要。

17. 建立保安系统，防止没有得到授权的人接近装载。

18. 明确商品运输责任的划分。

商品运输责任的划分遵循以下几条原则。

（1）商品在承运单位承运前发生的损失，由发货单位负责。

（2）商品运达目的地、办完交接手续后发生的损失，由超市方负责。

（3）商品自办完承运交接手续时起，至交付给收货单位时止，发生的损失由承运方负责。但是，承运单位不负责由于自然灾害、商品本身性质及发货、收货、中转单位工作差错造成的损失。

第六节　商品运输作业实施规范

一、商品发运操作规范

商品发运是商品运输的开始。加强商品发运的管理,使商品准确及时地发运出去,可以缩短商品的在途时间,是组织商品合理运输的一项重要内容。

1. 准备工作

零售企业的商品发运是指企业将商品交付给承运单位,委托运往指定地点的业务活动。按业务性质的不同,商品发运可分为两类:一是采取提货制,将购进的商品从供货单位发往零售企业;二是采取送货制,将售出的商品从零售企业发往购货单位。不管是哪一类型的商品发运,在选定运输工具和运输路线后,在发运商品之前都必须做好以下准备工作。

(1)确定相关人员

为及时处理运输途中可能发生的问题,商品运输必须配备押运人员,并加强与运输部门的联系,保证商品安全准确地运达目的地。

(2)准备好发运物资

为保证商品的合理装载和运输安全,可根据商品的性能和运输工具的特点实行定型装载,并按装载要求进行商品的运输包装,备齐绳索、苫布、罩网等运输物料。

(3)确定货场与进场日期

商品从专用线或专用码头装载启运时,要事先联系好货位场地和商品进入货场的时间,以便将商品及时运达起运站或码头待运。

(4)将商品按时装车启运

安排好短途搬运和装卸力量,处理好商品的待运和装车启运环节,将商品按时运入货场装车启运。

2. 发运程序

(1)发运商品时,必须按要求认真、准确、完整、清晰地填写商品运输单。

(2)为确保商品的运输安全,商品装车以前应检查运输工具的安全措施。托运食品等不能被污染的商品时,还应检查运输工具的卫生情况。

(3)交接商品。托运单位向承运方填交商品运单后,商品由承运部门负责装车的,应及时将商品运进车站、港口指定的货位,经承运方验收后,办理商品的交接手续。如果商品由托运方自行装车,待装载完毕,由托运方封车(船)后交给承运方。

(4)填制商品运输交接单。商品运输交接单是发货单位与收货单位或中转单位之间的商品运输交接凭证,也是收货方承付货款和掌握在途商品情况的依据。

(5)做好发货预报工作,及时通知收货单位,以便对方及早做好商品接收或中转分运的准备工作。

二、商品接收操作规范

商品接收是指商品运达指定地点后,零售企业的收货部门组织人力、物力向运输部门领取商品的一系列业务活动。

1. 接收前的准备工作

收货部门接到商品到达预报或到货通知后,要做好接收前的有关准备工作,保证各项接收工作的紧密相连,做到环环紧扣、快而不乱。

(1)明确船号、车次、到货时间和商品的品名、数量,以便根据商品的类别、数量,组织相应的人力、物力,及时地进行商品的接收工作。

(2)安排好短途搬运力量和仓库货位。零售企业接收需要入库的商品时,一方面要组织好短途搬运的人力和工具;另一方面要安排好仓库货位,保证商品能够及时验收入库。零售企业自己卸货的,还要准备好卸货力量。

(3)做好商品就车站码头分运工作的连接。商品不可能完全实行直达直运,往往采取就车站码头分装直拨的办法来达到直达运输的目的。零售企业接收需要分装直拨的商品时,应与各收货单位联系,确定分运的运输工具和商品装卸力量。

(4)安排好商品的运输中转。

2. 商品交接手续的办理

(1)凡是由承运方卸货的,在其仓库、货场交接验收。

(2)不是专用线或专用码头,又由收货方卸货的,收货方与承运方共同拆封监卸。

(3)在专用铁路线卸货的,棚车可凭铅封交接,敞车可凭外部状态是否完整交接。

(4)对船舶上的商品,收货方和承运方应当面办理交接。

(5)交接手续办完后,要在5天内将运输交接单回执盖章后退回发货单位或中转单位,并持商品搬运证将商品运回。

(6)分清责任,及时处理运输事故。

3. 运输责任划分的基本原则

(1)商品在承运单位承运前发生的损失,由发货单位负责。

(2)商品运达目的地、办完交接手续后发生的损失,由收货单位负责。

(3)商品从办完承运交接手续时起,至交付给收货单位时止发生的损失,由承运单位负责;但是由于自然灾害、商品本身性质及发货、收货、中转单位工作差错造成的损失,承运单位不负责。

4. 接收商品时的注意事项

(1)凭货物领取通知单和有关证件,在规定的日期内提货,防止因延期提货被罚保管费。

(2)接收商品时应派专人到交接场地,与承运部门一同清点商品并做好接收记录。

(3)商品交接应清点验收,检查包装是否完好无损,做到详细清点如实记录,以便调查处理。

三、运输中转

运输中转是指商品在运输途中需要中途改换运输工具,进行换装和重新办理托运手续的业务活动。零售企业接收商品后需要办理中转业务的,必须安排好运输计划,做好运输工具、装卸搬运力量、仓库、货场安排和补包、换包等准备工作。

四、商品核查

商品核查与商品接收是两项性质完全不同的业务。商品从承运部门接收后,再通过短途搬运和验收手续,才能进入仓库待售。但是在本地购进业务中,零售企业自行采购、自提自运,商品的接收和核查工作往往是在同一时间内完成的,两者之间并没有明显的界限和区别。

第14章 零售企业物流仓储管理制度与表格

第一节 物流仓储工作人员岗位职责

一、仓管员岗位职责

1. 对零售企业物资的保管和收发负有重要责任,严格审查各部门物资领用计划表,与库存核对后,缺口物品报采购主管。
2. 按照采购单内容和数量,办理验收手续。
3. 认真执行物资管理制度,加强对库存物品的管理、检查,把防火、防盗、防蛀、防霉烂等安全措施和卫生措施落到实处,保证库存物资的完好无损,物品存放做到有条理,美观大方。
4. 在办理验收手续后,应及时通知有关部门取货。
5. 定期抽查物品是否账、物、卡相符。
6. 管理好零售企业的财产物资,做好物资的收、发、存、报损等手续,每月报出物品盈亏情况,做到日清月结。
7. 协助采购部经理跟踪和催收应到而未到的物品。
8. 服从分配,按时完成领导指派的工作。

二、仓库值班员岗位职责

1. 熟悉业务,认真钻研,提高业务水平。
2. 积极妥善地处理好职责范围内的一切业务。
3. 坚守工作岗位,不做与值班无关的事项,不得擅离职守。
4. 重大、紧急和超出职责范围内的业务,应及时地向上级业务指挥部门、企业领导汇报和请示,以便把工作做好。
5. 加强安全责任,保守机密,不得向无关人员泄露有关超市内部的情况。
6. 维护好室内秩序和环境,严禁他人在工作时间大声喧哗。
7. 禁止无关人员随便进入仓库值班室。
8. 按规定时间交接班,不得迟到早退,并在交班前写好值班记录,以便分清责任。
9. 遇有特殊情况需换班或代班者必须经主管同意,否则责任自负。
10. 坚持批评与自我批评。
11. 团结互助,互相尊重。

12. 完成仓储主管的临时工作安排。

三、商品入库验收员岗位职责

1. 商品入库前,入库验收员必须对照《采购单》,对物料名称、规格、数量、送货单和发票等——进行清点核对,确认无误后,将到货日期及实收数量填入《请购单》。
2. 负责对进货车辆温度与卫生的检查。
3. 负责核对进货单与送货的内容。入库验收员一定要详细检查进货商品的品名、规格、数量、重量。
4. 负责依商品标示规定检查商标。
5. 负责检查商品的标示日期是否即将过期或已过期。
6. 负责对入库商品的外观进行检查。
7. 拒收仿冒商品、违禁品。
8. 负责对即将入库商品的品质进行检查。

四、车队队长岗位职责

1. 在部门经理的领导下负责全车队的日常工作,保证运输工作的安全进行。
2. 协助调度做好派车工作,保质保量完成运输任务。
3. 遇有紧急任务,组织全体运输人员突击抢运商品,保证及时完成运输任务。
4. 负责办理通行证,协助安全员解决车队各种交通事故及有关问题。
5. 组织运输人员学习交通法规和业务技能,做好车辆保养维修工作,做到安全运输。
6. 认真完成领导交办的其他业务工作。

五、车队调度岗位职责

1. 负责零售企业各车组人员的调配,掌握各车辆的经济技术指标和任务完成情况,合理安排车辆。
2. 负责发放车辆通行证和各车辆证件。
3. 根据各单位用车情况和行车路线、装卸地点填制派车单,提高运营效率。
4. 负责查询车辆执行任务情况,发现问题及时采取措施,并予以妥善解决。
5. 负责核算各单位登记用车的运量,按月统计,年底进行总结。
6. 负责统计车辆用油量,做好司机和装卸工的考勤工作。

六、车辆安全员岗位职责

1. 按上级部门规定的车辆安全管理制度做好交通安全宣传工作,定期组织交通法规及有关业务学习。

2. 检查车辆的各种机件、设备及保养情况,发现问题及时采取措施,并予以解决。

3. 负责各种交通事故、违章、罚款、扣证等问题的解决,协助交通部门处理善后事宜。

4. 负责组织好本部门机动车的年审、年检工作。

5. 完成领导交办的其他工作。

七、驾驶员岗位职责

1. 服从调度指派,严格遵守交通法规,做到"三检、四勤、五不开"。

2. 负责车辆的保养、检查,提高车辆完好率。

3. 负责保养、检查及正确使用车上的灭火器。

4. 负责保管、使用车辆的一切工具及各种证件。

5. 严格遵守驾驶操作规程,根据不同的路况和气象条件,合理掌握车速,确保行车安全。

6. 负责车辆安全检查,协助仓储人员做好商品装卸、堆码工作。

7. 了解车辆机械性能,能够进行简单的小修。

8. 完成运输任务后,负责清洗车辆并安全停放车辆。

9. 认真完成领导交办的其他工作。

八、押运员岗位职责

1. 负责贵重物品、易燃易爆危险品、易碎商品等的装卸运输工作。

2. 乘车执行任务时,必须听从司机的安排,严格遵守乘车纪律。

3. 对商品件数、包装认真验收,核对无误后方可装车。

4. 根据所运商品的不同性质、特点,合理装车,按规定要求规范装载。

5. 了解和掌握灭火知识及灭火器材的使用方法,确保商品在运输途中的安全。

6. 认真完成领导交办的其他任务。

九、盘点主管岗位职责

1. 全面负责零售企业盘点工作的准备和实施。

2. 指导监督盘点小组的工作。

3. 协调盘点过程中卖场各个部门与总部相关部门的关系,及时传达总部的意见。

4. 控制盘点准备的整个进度和工作质量。

十、盘点组长岗位职责

1. 负责执行零售企业的盘点程序和总部的有关政策,组织实施零售企业的盘点。

2. 制订零售企业的盘点准备计划,控制盘点进度,确保所有前期准备工作在盘点开始前全部准确、完整地完成。

3. 安排盘点小组人员的工作,检查、核实、指导盘点小组成员的工作。

4. 组织盘点培训,负责将全部参加盘点的楼面人员、其他部门的支援人员进行分组安排。

5. 确保所有盘点资料的准确无误、完整无失。

6. 现场控制库存区、陈列区的盘点。

7. 负责盘点结束后的收尾工作。

8. 负责与楼面各个部门、安全部、工程部等部门进行有关事宜的协调。

十一、盘点人员岗位职责

1. 服从盘点组长的工作安排,认真、准时、正确地完成工作。

2. 在楼面工作的过程中,尽可能不影响销售部门的营运工作和顾客服务。

3. 坚守岗位,在盘点期间不做与盘点无关的工作。

4. 在本人负责的工作中,如发现例外或错误,要及时汇报。

5. 完成盘点组长安排的其他工作。

十二、安全部盘点人员岗位职责

1. 负责与盘点小组保持沟通。

2. 了解盘点小组是否执行零售企业的盘点流程。

3. 检查重要的盘点资料有无错误、遗漏等。

十三、填表员岗位职责

1. 填表员拿起盘存表后,应注意是否有重叠。

2. 填表员和盘点员分别在盘存表上签名。

3. 填表员对于某些内容已预先填写的盘存表应核对以下项目:

(1)商品编号;

(2)商品名称;

(3)单位;

(4)金额;

(5)数量。

4. 填表员填表前,必须先核对货架编号。

5. 填表员应复诵盘点者所念的各项名称及数量。

6. 填表员应按照季节代号的数量,分别填入各季节代号栏内。

7. 如果预先填写的商品盘点时已无存货,则在本季栏内填"0"。

8. 盘存表只可填写到指定的行数,空余行数以留作更正用。

9. 盘存表的填写未超过指定行数时,如当中某一行有错误必须用直尺划去,重新写于最后一行的次一行,并在审核栏内填写"更正第×行"。

10. 填表员填写的数字必须正确清楚,绝对不可涂改。

十四、核对员岗位职责

1. 注意盘点员的盘点数量、金额是否正确无误。
2. 核对填表员的填载是否正确无误。
3. 监督错误的更正是否符合规定。
4. 于每个货架盘点完后,在货架编号卡右上打"√"。
5. 在盘点仓库商品时,应对每种商品进行盘点,核对无误后即在存货计算卡上打"√"。
6. 于商品盘存表全部填写完毕,并核对无误后,在审核栏内核对处打"√",右边留作更正、签名及抽查员打"√"用。
7. 审核打"√",在合计与单位的空白栏间,从右上至左下划斜线并在核对员栏签名。
8. 在盘点期间如实核对,以发挥核对的作用。

十五、抽查员岗位职责

1. 了解盘存橱柜的位置、商品陈列情形及其他知识。
2. 接受仓库督导人员的指挥调派,在建立配合抽查组织后,开始进行各组盘点中的抽查工作。
3. 检查已盘点完成的货架商品,核对其货号、品名、单位、金额及数量是否按规定填写。
4. 检查更正处是否按照规定处理,检查进行盘点的各组是否有签名。
5. 抽点盘点完成的商品是否与盘存表上记载的相符,若发现盘点数量不符,应立即通知原盘存组人员更正。
6. 抽点的商品如正确无误,则在该行的审核栏内打"√"。
7. 抽查的重点,以金额大、单价高,而且容易出错的为对象,并以每张抽查为原则,抽查的比例每张约30%以上。
8. 对每张盘点表进行抽查后,应在抽查员栏签名。
9. 抽查后,应向主体抽查员报告有关抽查该组时所发现的优、缺点,主体抽查员再综合各抽查员意见,将优、缺点填入盘点综合抽查报告表内。
10. 抽查完后,应立刻到总指挥部接受调派。

十六、接货人员岗位职责

1. 汇总要货订单,确定配送所需的货物种类和数量。
2. 查询现有库存货物内容(如果有现成的货物可供配送,则转入分拣作业环节)。

3. 生成缺货清单并组织订货。

4. 组织人力、物力接收供应商送达的货物。

5. 负责对货物的验收工作。

6. 与储存部联系,组织入库作业。

十七、保管人员岗位职责

1. 及时整理和清理储位,留足进货空间。

2. 配合进货部组织入库作业。

3. 堆码货物,确定货位并编号。

4. 随时点验货物,掌握货物储存动态,做好保管养护,确保质量完好和数量准确。

5. 配合加工部开展加工作业,或配合组配部对出库货物进行分拣。

十八、加工人员岗位职责

1. 负责对货物进行分装、组合和贴标识、刷条码等加工作业。

2. 负责为了鲜肉、鲜鱼在流通中保鲜及适于搬运装卸而采取的低温冷冻加工作业(这种加工方式也用于某些液体商品、货品等)。

3. 负责对不合规格的农副产品或质量离散情况较大的产品采取的人工或机械分选的加工(广泛用于果类、瓜类、谷物、棉毛原料等)。

4. 负责对农、牧、副、渔等产品进行精制加工。

5. 负责对许多生鲜食品按所要求的零售起点进行新的包装,即大包装改小包装、散装改小包装、运输包装及销售包装。

十九、配货人员岗位职责

1. 在储存部的配合下对出库货物进行分拣作业。

2. 按客户要求或方便运输的要求,将分拣出的货物进行分开放置。

3. 按照货物本身特性、订货单位分布情况和送货车辆状况,对货物进行组合配装。

二十、运输人员岗位职责

1. 负责商品运输工作,包括提货及送货,保质保量地完成商品运输任务,将货物送达各连锁超市。

2. 对完成的配送任务进行确认,对配送绩效进行实时监控。

3. 在主管的领导下,负责配送中心机动车辆的购置、使用、维修和保养。

4. 负责不定期检查车辆保养维修情况,杜绝车辆安全隐患,做到安全运输无事故。

5. 负责机动车辆的年审年检工作。

第二节 物流仓储管理制度

一、仓库管理制度

1. 仓库的分类

零售企业的仓库包括:鲜货仓、干货仓、蔬菜仓、肉食仓、冰果仓、烟酒、饮品仓、百货仓、工艺品仓、食品仓、山货仓,动力部的油库、石油气库,建筑、装修材料仓,清洁剂、液、粉、洁具仓,绿化用的花盆、花泥、种子、肥料、杀虫药剂仓,机械、汽车零配仓,陶瓷小货仓,家具设备仓等。

2. 物品验收

(1)仓管员对采购员购回的物品无论多少、大小等都要进行验收,并做到:

◎发票与实物的名称、规格、型号、数量等不相符时不验收。

◎发票上的数量与实物数量不相符,但名称、规格、型号相符可按实际验收。

◎对购进的食品原材料、油味料不新鲜不验收,味道不正不验收。

◎对购进的物品已损坏的不验收。

(2)验收后,要根据发票上列明的物品名称、规格、型号、单价、单位、数量和金额填写验收单,一式四份,其中,一份自存;一份留仓库记账;一份交采购员报销;一份交材料会计。

3. 入库存放

(1)验收后的物资,除直拨的外,一律要进仓保管。

(2)进仓的物品一律按固定的位置堆放。

(3)堆放物品要有条理,注意整齐美观,不能挤压的物品要平放在层架上。

(4)凡库存物品,要逐项建立登记卡片,物品进仓时在卡片上按数加上,发出时按数减出,结出余数;卡片固定在物品正前方。

4. 保管与抽查

(1)对库存物品要勤于检查,防虫蛀、鼠咬,防霉烂变质,将物资的损耗率降到最低限度。

(2)抽查

◎仓管员要经常对所管物资进行抽查,检查实物与卡片或记账是否相符,若不相符要及时查对。

◎材料会计或有关管理人员也要经常对仓库物资进行抽查,检查是否账卡相符、账物相符、账账相符。

5. 领发物资

(1)领用物品计划或报告

◎凡领用物品,根据规定须提前做计划,报库存部门准备。

◎仓管员将报来的计划按每天发货的顺序编排好,做好目录,准备好物品,以便取货人领取。

（2）发货与领货

◎各部门、各单位的领货一般要求专人负责。

◎领料员要填好领料单（含日期、名称、规格、型号、数量、单价、用途等）并签名，仓管员凭单发货。

◎领料单一式三份，领料单位自留一份，单位负责人凭单验收；仓管员一份，凭单入账；材料会计一份，凭单记明细账。

◎发货时仓管员要注意物品先进的先发、后进的后发。

（3）货物计价

◎货物一般按进价发出，若同一种商品有不同的进价，一般按平均价发出。

◎需调出零售企业以外的单位的物资，一般按原进价或平均价加手续费和管理费调出。

6. 盘点

（1）仓库物资要求每月月中小盘点，月底大盘点，半年和年终彻底盘点。

（2）将盘点结果列明细表报财务部审核。

（3）盘点期间停止发货。

7. 记账

（1）设立账簿和登记账，账簿要整齐、全面、一目了然。

（2）账簿要分类设置，物资要分品种、型号、规格等设立账户。

（3）记账时要先审核发票和验收单，无误后再入账，发现有差错时及时解决，在未弄清或更正前不得入账。

（4）审核验收单、领料单要手续完善后才能入账，否则要退回仓管员补齐手续后才能入账。

（5）发出的物资用加权平均法计价，月终出现的发货计价差额分品种列表一式三份，记账员、部门、财务部各一份。

（6）直拨物资的收发，同其他入库物资一样入账。

（7）调出本企业的物资所用的管理费、手续费，不得用来冲减材料成本，应由财务部冲减费用。

（8）进口物资要按发票的数量、金额、税金、检疫费等如实折算为单价人民币入账，发出时按加权平均法计价。

（9）对于发票、税单、检疫费等尚未到的进口物资，于月底估价发放，待发票、税单、检疫费等收到、冲减估价后，再按实入账，并调整暂估价，报财务部材料会计调整三级账。

（10）月底按时将材料会计报表连同验收单、领料单等报送财务部材料会计。

（11）与仓管员校对实物账，每月与财务部材料会计对账，保证账物相符、账账相符。

8. 建立档案制度

（1）仓库档案应有验收单、领料单和实物账簿。

（2）材料会计的档案有验收单、领料单、材料明细账和材料会计报表。

二、仓库安全管理制度

1. 严格执行零售企业安全保卫的各项规章制度。仓库安全工作要贯彻预防为主的方针,做好防火、防盗、防汛、防工伤事故的出现。

2. 建立健全各级安全组织,做到制度上墙,责任到人,逐级把关,不留死角,本着谁主管谁负责,宣传教育在前的原则,坚持部门责任制。

3. 如果库区配备各种消防器材和工具应按场内规定执行,不得私自挪用。

4. 严禁各种生活用危险品、车辆、油料、易燃品进入库区。

5. 仓库区域内严禁烟火和明火作业,确因工作需要动用明火,按零售企业的有关安全保卫规定执行。

6. 加强用电管理,建立班前班后检查记录制度,做好交接检查的详细记录。

7. 加强对零售企业内门、窗、锁的管理,出现问题及时向有关部门汇报,及时采取措施。末班人员下班后,将钥匙交到保卫部门,方可离去。

8. 做好来宾登记工作,严禁夜间留宿,特殊情况须报零售企业保卫部备案。

三、商品在库保管制度

1. 安全、方便、节约

安全,是指确保商品的安全,使商品在保管期间不变质、不破损、不丢失;方便,是指方便商品的进出库工作,提高劳动效率;节约,即尽可能节约保管费用。

2. 科学堆码、合理利用仓容

科学堆码、合理利用仓容就是在贯彻安全、方便、节约原则的基础上,根据商品性能、数量和包装形状,以及仓库条件、季节变化的要求,采取适当的方式方法,将商品堆放得稳固、整齐,留出适当的墙距、垛距、顶距、灯距和通道,充分利用仓库的空间。根据商品的包装条件和包装形状,零售企业在库商品的堆码方法通常有三种,即散堆法、垛堆法和货架堆码法。

3. 分区分类、货位编号

分区分类、货位编号就是根据商品的自然属性和仓库设备条件,将商品分类,仓库分区,按货区分列货位,并进行顺序编号,再按号确定商品的存放地点。对在库商品分区分类管理时,注意不要把危险品和一般商品、有毒商品和食品、互相易串味的商品、理化性能互相抵触的商品放在一起,以防影响商品质量。

4. 定期盘点核对

商品盘点是财产清查的一项重要内容,也是进行商品管理的重要手段。通过商品盘点,可以掌握库存商品的具体品种和数量;可以保证账实相符;可以检查商品库存结构是否合理;还可以检查商品库存定额以及商品保本保利储存期的执行情况。为了方便商品的盘点,必须对库存商品建立保管账卡,并对商品出入库及库存情况做好记录。商品盘点除按规定于每月末定期进行外,还可根据商品的堆垛,采取售完一批清理一批的办法,并在必要时突击抽查有关柜组。商品盘点前,应注意做好必要的准备工作。将未验收、代管、代购、代销的商品与自有商品分开;将已验收的商品全部记入保管账;校正度量衡器;对商品分别归类。商品的实地盘点,一般先清点现金和票证,后清点商品。清点商品时,为防止出现重盘或漏盘现象,应采取移位盘点法,划清已盘商品和未盘商品的界限,并认真填制"商品盘点表",做好商品盘点记录。商品清点结束后,除了做好商品整理外,还要及时计算实存金额,核实库存,上报清点过程中发现的有关问题。

5. 加强商品养护

商品养护,是指商品在储存过程中的保养维护工作。加强商品养护,可以维护商品的使用价值,保持商品质量的完好。商品质量是由商品的自然属性决定的,而这些自然属性,又往往在日光、温湿度等外界因素的作用下发生变化。因此,商品养护工作应在"以防为主,防治结合"的方针指导下,在充分了解商品特性,研究影响商品质量变化的因素,掌握商品质量变化规律的基础上进行。

四、物品保管与记录管理制度

1. 设置专职仓管员,保管所管物品、记录物品明细账、验收进仓物品和出仓物品的发货。

2. 存仓物品要贯彻执行"先进先出,定期每季翻堆"的规定。

3. 要节约仓容,合理使用仓库,不得混乱堆放重载物品与轻抛物品。

4. 仓管员对所保管物品和物资应经常检查,对滞存时间长的物品,要主动催请售货场出仓摆卖或向采购部反映滞存情况。库存物品发现霉变、破损或超过保管期时,应及时提出处理意见,并将"物品残损处理报告书"送采购部处理。

五、商品批发业务管理制度

1. 各柜组开展的批发业务,要实行由主管经理严把价格关、质量关——经理负责制。

2. 各柜组的批发业务要由专人负责,单独立账并及时登记明细账,能独立核算的单位要独立核算。

3. 各柜组的批发工作,要严格执行国家有关政策,对开展业务活动的单位要查验其营业执照专营证和税务登记号码,认定其符合要求后方可开展工作,并建立客户档案,随时联系。

4. 各柜组要在本零售企业经营范围内开展批发业务,不得超范围经营。确因客户需要超出商场超市营业执照范围的,必须上报市场经营部办理一次性经营手续,方可经营。

5. 各柜组批发业务要严格采用无收款台的结算办法,不拖不欠,严禁采用代销方式批发商品。用支票结算的,要按零售企业财会制度的要求,三天后付货。

6. 确因市场变化需与批发单位发生代销业务的,必须符合下列要求:

(1)对方必须是多年合作的业务单位。

(2)对方必须是有一定经济实力、有债务偿还能力的经济实体。

（3）必须与对方签订购销合同。

（4）必须上报商场超市总经理审批。

7. 凡私自为批发单位代销商品的,要严格追究零售企业经理及承办人的责任,造成损失的责任自负。

8. 各柜组的批发毛利率不得低于本零售企业的综合费用率,凡低于综合费用率的,要上报商场超市总经理批准,否则冲减已实现的批发额,并追究柜组经理的责任。

9. 各柜组的批发人员要严守企业经济秘密,严禁向其他业务单位泄密。

10. 批发商品一律不退换。

六、商品退换管理制度

1. 商品退换要求严格执行《产品质量法》中的有关规定,坚持企业利益和消费者利益相一致的原则。在企业利益和消费者利益发生冲突时,要在维护消费者利益的基础上,尽量减少企业损失。

2. 凡能证明是本场出售的正常商品,只要不脏、不残、不影响出售的,10 天之内凭销售小票给予退换;对顾客造成的脏、残商品,可视其程度与顾客协商折价退换,但商品不属于质量问题的不予退换。

3. 凡能证明是本场出售的三包商品,售出后 7 日内按正常商品退换。7 日后如退换,顾客需出示商品保修部门的“商品质量鉴定书”,售货人员开箱验机确认后给予退换并合理扣除磨损费。因质量问题给顾客造成损失的,要填制“购物损失一次性赔偿单”给予顾客赔偿。

4. 赔偿的标准。一般赔偿的标准可通过间接损失和直接损失来确定。

（1）间接损失,是指因解决购物中存在的问题而带来的经济损失,赔偿的标准以双方协商为准,或以纳税凭证的收入给予合理赔偿。

（2）直接损失,是指由商品本身质量问题而给顾客造成的损失。赔偿标准可以通过双方协商或向仲裁机构申请仲裁,以及向法院起诉的方式予以解决。

5. 凡因质量问题需要退货的商品,不管哪个柜组发生的,都必须本着先行负责的原则无条件给予退货。办理退货手续时,须双方复核实物并开具退货凭证,其退款金额要以原发票或销货凭证的金额为准,不得任意退款。

6. 顾客的退/换货问题,应在各柜组内自行解决。如果确属严重纠纷,柜组无力解决的,应主动与售后服务部联系。凡经售后服务部裁定解决的退/换货问题,各柜组要本着先行负责的原则无条件给予退换。

7. 凡推诿顾客、激化矛盾、影响零售企业声誉,且无正当理由的,零售企业要追究当事者责任,并按商场超市有关规定予以处罚。

8. 凡遇零售企业商品已经变价而顾客又要求退货时,对国家明文规定的三包家电产品、化妆品、食品、药品等要按国家规定执行,国家没有明文规定的,上调商品按原价退货,下调商品按现价退货。

七、商品盘点管理制度

1. 为了规范零售企业的盘点管理,特制定本制度。

2. 商品盘点是对商品实物数量和金额的清点和核对。

3. 商品盘点的方法。盘点的方法有以下 3 种。

(1)定期盘点是在月终、季末、年底这些固定日期所进行的盘点。

(2)临时盘点是在商品变价、工作交接、人员调动时所进行的盘点。

(3)全盘点是对柜组全部商品逐一盘点。

(4)部分盘点是对有关商品的库存进行盘点。

一般来说,对于价格高、体积大、品种单一的商品,如金银首饰、电视机、电冰箱等商品应该每天盘点;对于价格低、体积小、交易频繁、品种众多的商品,则应该每月盘点。

4. 为了提高商品盘点工作的质量,应做好以下工作。

(1)加强商品的日常管理。商品摆布、陈列要有固定货位,同类商品不同规格要有序堆放,避免串号混同等。

(2)做好盘点的准备工作主要做到"三清、两符"。三清即票证数清,现金点清,往来手续结清;两符即账账相符、账单相符。

(3)采用先进的盘点方法。一般可采用复式平行盘点法,即组织两套班子平行盘点、互相核对复查的盘点方法。

八、盘点前的卖场规定

1. 为了规范对零售企业的商品盘点前的卖场管理,特制定本规定。

2. 盘点通用的楼面规定。

(1)盘点前,所有盘点区域的编号必须完整、清楚,楼面不得撕毁或用商品掩盖编号。

(2)盘点前,盘点区域与未盘点区域必须明确分开,未盘点区域必须明示"未盘点"标识。

(3)盘点前 25 日,楼面应确定正常货架的陈列图。在系统陈列图输入完毕后,楼面不能私自更改;确实需要更改的,必须经过盘点小组批准。

(4)盘点前 4 日,楼面确认促销区域的陈列。陈列图确认后,不接受任何陈列区域的更改,楼面必须控制所有的补货、进货。库存区盘点表预制完成后,接受任何非本区域编号的商品存放在本区域。商品流向只能从库存区进入陈列区。

(5)盘点前的规定时间内,楼面必须将需要退货的商品、报废的商品处理完毕。

(6)盘点表制作前,库存区的所有商品必须用纸箱存放,不得零散存放。

(7)盘点前,所有需要盘点的商品必须在盘点区域内的盘点编号下,所有不需要盘点的商品必须在非盘点区域内。

(8)盘点表制作前,对于不符合系统规则的商品,如系统品名与实际商品不符的,条码贴错的,供应商无法确认的商品等,必须进行处理,保证所有的商品都必须能够进行系统盘点。

（9）盘点前，楼面必须进行保质期和商品包装的检查，通过一次、二次清仓，完成即将过期商品和破损商品的清仓。

（10）盘点前必须确保所有仓库的门锁完好，店内全部的铝梯完好。

3. 库存区盘点的楼面规定。

（1）库存区所有商品必须封箱，不得有散货。

（2）库存区所有商品必须在外箱上明确标识盘点区域号码。

（3）库存区的商品必须是同一商品放在同一个位置。

（4）库存区的商品必须在盘点的编号内。

（5）清理库存区的空纸箱。

（6）收货部的退货区域严格与其他存货区域分开。

4. 陈列区盘点的楼面规定。

（1）陈列区盘点前，库存区必须处于封库状态。

（2）盘点前，全部的零星散货归入正常的陈列货架。

（3）盘点前，检查所有的价格标签是否正确无误。

（4）盘点前，检查所有的商品是否具备有效条码。

（5）盘点前，将需要盘点的商品整理整齐，以便于清点数量。

（6）盘点前，所有的陈列端架、堆头、仓库中的空纸箱必须清理完毕。

（7）盘点前，检查卖场的死角、维修部门、顾客退换货处是否有滞留商品。

九、盘点人员的管理制度

1. 为了规范、完善盘点人员的管理工作，特制定本规定。

2. 人员安排的注意事项。

（1）零售企业卖场部门除了必需的留守人员外，所有人员均应参加年度盘点。

（2）盘点前30天，各部门将参加盘点的人员进行排班，盘点前7天，原则上取消年假休息，盘点当日应停止任何休假。

（3）各部门将参加盘点的人员报给盘点小组，同时注明哪些是点数人员，哪些是录入人员。

（4）盘点小组统一对全店的盘点人员进行安排，分为库存区盘点人员和陈列区盘点人员。

（5）盘点小组安排盘点日陈列区人员时，各个分区小组中必须包括本区营运部门的经理、主管、熟练员工，其中经理任本分区内的分控制台台长。

（6）盘点小组在每个分区小组的人员安排中，必须明确初点录入人员、初点点数人员、复点录入人员和复点点数人员等。

3. 人员安排的通告。

（1）盘点小组的人员安排。

◎盘点小组在接到部门上报的参加盘点人员的名单后，将楼面所有盘点人员进行安排,于盘点前 7 天以书面通知、公告的方式通知各部门。

◎盘点人员按库存区和陈列区将超市的盘点区域分成不同的盘点分区,并在每个分区设置一个盘点分组和分控制台,每个分控制台设置一个分台长,全面控制盘点工作的进行。

(2)复查人员的安排。每个分区都必须安排人员进行复查。复查重点是精品部、家电部、烟酒部,以及其他容易出现点数错误的区域。

4. 本规定自颁布之日起实施。

十、盘点培训的管理制度

1. 为了规范对盘点培训的管理,提高零售企业的盘点效率,特制定本制度。

2. 盘点小组的培训计划。

盘点小组必须制订详细的盘点计划,包括对盘点小组人员的培训、盘点管理层的培训、点数员工的培训、输入员工的培训等。同时,要建立培训档案,进行盘点培训的考核,要求所有参加盘点的人员均须通过考核。

3. 盘点培训的具体内容。

(1)盘点表使用的培训

◎盘点表在盘点库存区时使用。

◎盘点表是编号的。

◎盘点前到总控制台领取盘点表,盘点完毕后,交回总控制台。

◎盘点表必须经过安全部的盘点专员的抽查确认后,才能封存,等待输入系统。

◎盘点表中的数字书写必须规范。

◎如果需要修改盘点表中的数字,不能用涂改液或圈涂法,必须将原来的数据划掉,重新书写。

◎盘点表中只记录商品的品名,因此盘点表下的数据是该商品在该盘点位置下的所有库存的总数。

◎盘点表中的数据只能用蓝色、黑色签字笔或圆珠笔书写,不能用红笔、铅笔或彩色笔书写。

◎盘点人员必须在盘点表上签名,签名必须工整清晰。

(2)盘点点数的培训

点数的原则:

◎点数必须是销售单位数量,即该商品盘点时的单位。

◎进行库存区的盘点时应两人为一组,同时点数;当两人的点数一致时,才将该数据作为盘点数据记录在盘点表上。

◎陈列区的盘点则采取"互点法",即商品 A 的初点作业人员与复点人员及三点人员不同,点数人员与记录人员不同。

◎非供应商免费提供的样品必须点数,样品的配件不点数。

◎赠品不盘点。

◎不足一个销售单位的商品不计数。

初点规定：

◎盘点货架、冷冻柜或冷藏柜时，依序由左而右、自上而下。

◎盘点时两人一组，一人点数，将数量写在自粘贴纸上，放置在商品价格卡的上边；另一人在盘点表中记录数字。

◎数字书写要清楚。

◎数字写错后要按要求进行涂改。

◎清点时一定要按销售单位清点，不够一个销售单位的不能计入，应取出归入待处理品堆放处。

◎盘点时应顺便查看商品的有效期，过期商品不应点入，应归入待处理品堆放处。

◎对无法查知编号的商品，用红色粘贴纸做标志，报告分控制台进行处理。

◎遇到非本部门的散货，将其送到分控制台，归入散货区的堆放处。

复点规定：

◎复点时要首先确认需要复点的区域、是否已完成初点、是否有遗漏区域等。

◎复点需要用不同颜色的自粘贴纸以示区别。

◎必须将初点的数据全部清理完毕后，才能再输入复点数据。

◎复点时重复初点的流程，但人员不同。

抽点规定：

◎楼面需要抽点的商品是初点与复点有数量差异的商品、初点或复点中漏点的商品、初点与复点中位置不正确的商品。

◎抽点的原则是选择体积小、单价高、量多或容易点错的商品。

4. 本制度可根据需要随时修改。

十一、盘点结束管理规定

1. 营业的恢复

(1)计算机系统进行库存更正后，打开库存数据库。

(2)收货部进行正常的收货和收货录入工作。

(3)陈列区恢复日常营运，包括撤销分控制台、销毁盘点的编号、清除盘点的垃圾等。

(4)库存区取消封库的告示和封库的缠绕膜。

(5)取消零售企业外的盘点布告。

(6)收银员进行上岗前的准备工作。

(7)所有的购物车/购物篮全部归位。

(8)生鲜部门进行开店前的陈列、标价工作。

(9)楼面盘点部门进行正常的补货，所有的铝梯等用具放回规定的位置。

(10)营业广播开始播音。

(11)顾客的购物电梯打开。

(12)零售卖场的进出口大门打开。

2. 盘点工作的评估

零售企业完成盘点工作后,总部营运指导监盘小组和店内安全部对本次盘点进行评估和总结,重点是指出不足、总结经验,为下一年度的盘点提供参考。

3. 盘点小组的善后工作

(1)所有报表、盘点表,不需要提交财务部的,须保存至下一年度的盘点后方可销毁。

(2)所有准备盘点过程的资料,要进行分类保存,供下一年度进行参考。

(3)所有文具归还行政部门,计算机设备归还信息中心。

(4)盘点小组撤销。

4. 本制度可根据实际需要随时修改。

十二、物品、原材料损耗处理制度

1. 物品及原材料、物料发生变质、霉坏,失去使用(食用)价值,需要作报损、报废处理。

2. 保管人员填报"物品、原材料变质霉坏报损、报废报告表",据实说明坏、废原因,并经业务部门审查提出处理意见,报部门经理或财务部审批。

3. 对核实并获准报损、报废的物品、原材料的残骸,由报废部门送交废旧物品仓库处理。

4. 报损、报废由有关部门会同财务部审查,提出意见,并呈报总经理审批。

5. 在"营业外支出"科目处理报损、报废的损失金额。

十三、商品查询制度

1. 商品查询的范围与期限

(1)凡实际收货与厂方提供凭证中的品种、数量、规格、花色等不一致时,必须向供货单位做商品查询。

(2)外埠进货发生整件短少或原包装长、短、残、损及质量问题,须当天履行查询手续,最迟不得超过 5 天。

(3)对有损耗率规定的商品,应查询超耗部分。

(4)需严格履行购销合同,接收进口商品和外贸库存内销商品,查询不超过 5 天。

(5)本市进货、收货时发生整件不符,应于当天履行查询手续,最迟不超过 3 天。

2. 查询手续及责任划分

(1)凡与商品查询有关的各环节人员,必须注意将进行商品查询的装箱单、原箱、原货保存完好,以提供商品查询的物证依据。

(2)对外查询一律填制查询单,哪一环节发生问题,就由哪一环节经手人负责填报。

(3)本市进货查询须填制催查单,按要求传递。

(4)外埠进货查询,由企业保管员填制查询单交储运业务部,由收单人按程序传递。

(5)凡在 30 天内未收到供货单位查询答复,储运部须协助企业采购员,做第二次查询。

十四、商品出库管理制度

1. 凡有出库或并倒垛动态的货垛,应坚持动碰复核的原则,及时核对商品、货垛的实存数与商品在账数量是否相符,如不符要及时查明原因。

2. 商品出库与要求商品出库包括本市内销、外调、移库、返厂、提取样品等。

（1）必须按规定凭正式出库票办理商品出库手续,不得白条出库,并根据商品性能变化,掌握先进先出、易坏先出的原则。

（2）商品出库必须经复核员复核,根据出库单仔细检验库别、印鉴、品名、产地、规格、数量是否清楚,发现问题及时与有关部门联系、妥善解决。

（3）验单合格后,先进行销账后再出库。

（4）商品出库必须有编号,以单对账、以账对卡、以卡对货,付货时必须执行先盖章、销账、销卡,后付货的操作规程。防止漏盖"货已付讫章"造成财产损失,复核员并于货票上签字盖章,以明责任。

（5）商品出库时,仓库管理人员要双人仔细清点出库数量,做到人不离垛,件件过目,动碰复核,监搬监运,要及时对搬运不符合要求的现象予以纠正,防止商品损坏。

（6）商品出库要严把货票审核关、动碰制度关、加盖货已付讫章关。

（7）应按财务制度办理商品储存中所涉及的票流等有关财务方面事宜。

（8）有下列情况之一的,企业保管员可以拒付商品:

◎凭证字迹不清,单货型号不符或涂改。

◎提货人与付货凭证抬头所列单位不符。

◎白条出库,任何人开的白条都不能视同付货凭证。

◎提货单未盖商店的出库章及储运出库章。

十五、商品返厂管理制度

1. 返厂商品的账务处理,要严格执行零售企业内的有关财会制度,要真实体现、全面反映返厂商品的应收应付关系,不得遗漏。

2. 凡需做返厂处理的购进商品,采购员必须征得厂方同意,并与厂方达成文字处理意见后,通知保管员做好返厂的具体工作,否则不得盲目返厂。凡因盲目返厂造成的拖欠债务,由当事人追回。

3. 凡需做返厂处理的代销商品（包括厂方借、调的商品）,采购员提前15天与厂方联系,15天内收不到厂方答复,可留信函为凭,凡厂方无故拖延,不予返厂的商品,要向厂方征收保管费。

4. 商品返厂工作由采购员协调与厂方的关系,由保管员统一办理各种手续,负责具体工作。

5. 已出库的商品返厂,必须先退库再由保管员作返厂;任何人不得随意将已出库、未退库的商品和柜台内的商品返厂,否则按丢失商品追究当事人责任。

6. 商品返厂时,零售企业保管员要填制商品返厂单并随货同行,及时通告厂方凭单验收。

7. 各柜组必须认真对待商品返厂工作,保管员要点细数、清件数、分规格,包装要捆扎牢固,铁路运单和运输凭证要详细填写,并及时做好保管账卡的记录。

8. 凡是厂方采取以货换货直接调换商品方式解决商品返厂的,商场超市采购员、保管员必须坚持"同种商品一次性调清不拖不欠"的原则,坚决不允许以金额核准数量的异货相抵。

十六、标准仓库评定制度

1. 服务达标

(1)文明管库,礼貌待人,服务周到,努力为柜台提供一流的服务。保管人员要加强学习,提高业务素质。经常主动征求和虚心听取小组意见,不断改善经营管理,提高服务质量。

(2)坚持送货到柜台制度,新入库的商品两天之内送到柜台,做到散仓有货,柜台必须有货,外库有的商品散库有(下站直接入外库的商品,在接到到货通知单后三天之内办完手续,不完备的及时报商店经理)。

坚持每天到柜台收要货单,提前备货,次日开门前送到柜台。

(3)收发商品及时、准确,不准无故压票、顶票,不准刁难顶撞柜组人员。严禁白条出库和付人情货。

(4)坚持催调制度。每月定期和会计对账,向商店经理提供商品结存单,每季末向商场超市经理室、业务经营部上报残冷、滞背商品催调单,以促进商品销售。

2. 安全生产达标

(1)认真执行零售企业内各项安全管理制度和各项操作规章制度,坚持班前、班后,风、雨、雪前、中、后的检查,做好记录。

(2)坚持双人出库、双人复校及动碰制度,做到无盗窃、无损失、无差错(每天下班之前,对全天出入库的商品进行登记,并重新核对结存数)。

(3)商品堆码"五距"要合理,通道必须保持畅通,唛头正确,严禁无垫存放货物。

(4)搞好并保持库内外责任区清洁卫生,消防器材要经常检查,保持灵敏有效。保管人员要做到会报警、会使用消防器材、会灭小火,严禁携带火种和易燃物品进入库房。

3. 保管养护达标

(1)把好入库验收关、出库复核关及在库保养关,做到安全、准确、无差错事故。

(2)根据安全、方便、节约的原则,合理堆码商品,做到安全、整齐、牢固、美观、无倒置,遇有破箱要及时清点,整理好包装。还要做到分区分类,货位编号,层批标量,垛段号准确,动碰复核,账、货、卡三相符。

(3)设置专人负责记录库内温湿度,做好温湿度管理,积极改善仓库储存条件,使库房达到通风、防潮、防尘等要求,经常保持库内外清洁卫生。

(4)保管人员要熟悉商品特性,精心养护商品,做到商品无霉变、无残损、无锈蚀、无虫蛀、无鼠咬及其他变质事故(经常保持库内外清洁卫生)。

(5)商品出库做到先进先出,易坏先出,接近失效期先出。根据本企业仓库的特点,销售量平稳的商品要求储备两星期以上的商品库存,积极调整库存结构,保证商品供应不断档;散仓单一品种,商品储存量不超过一个月。

4. 完成任务达标

据现有的散仓属于前店后库的实际情况,不适合做保管费用和人均劳动量两项指标评比,只要求每月计算出以下四项指标。

(1)单位面积储存量。根据本库储存的商品品种多、数量小、堆码难度大的特点,单位储存量应在0.40件/平方米。要求保管员坚持"三勤"制度,即勤倒垛、勤开垛、勤整理,每天坚持一小时以上整理货位时间。

(2)账货相符率。保管账的记载必须及时、准确、完整。坚持日记日清,账页上的栏次正确,字迹端正清楚,不得涂改,做到品名、规格、等级、产地、编号、数量等账货相符率达99.5%。

(3)收缴差错率,要求差错率不超过万分之五。为了鼓励保管人员及时挽回差错损失,在差错发生后的5天内,能积极查清,并没造成损失的,不列入差错率。

(4)平均保管损失,要求不超过万分之五。商品保管损失包括:因保管养护不善而造成的商品霉变、残损、丢失短少、超定额损耗,以及不按规定验收,错收、错付而发生的损失等。

十七、代销商品结算制度

1. 零售企业代销员按供货单位建立代销商品金额账,负责代销商品结算工作。

2. 代销员凭保管员转来的"代销商品入库单"第五联增记代销商品分户账金额。

3. 代销员将保管员转来的"代销商品出库单"第五联留存备查,以掌握商品出库(上柜台)情况。

4. 供货单位要求结算货款时,代销员必须亲自查看"代销库存商明细账"中的商品总结存数量(包括仓库、柜台),对月清月结的商品查看仓库账结存数量和柜台实存数量,以进货数量计算出销售数量。

5. 代销员根据商品销售数量和代销商品贷款结算的规定,"填制"零售企业代销商品结算通知单(一式三联)签字后转给部门业务主任(结算通知单上填写的付款数量、金额应与入库单数量、金额一致)。

6. 部门业务主任按结算通知单进行复核、查看账目,盘清实物及损坏商品等,无误后签字转商场主管经理签字后,转商场会计室。

7. 商场会计室接到结算通知单加工厂发票,审核无误后向供货方付款结算。

8. "会计"付款后将结算通知单第一、三联签字后,三联转回代销员,一联转营业部门。

9. 代销员收到会计室转来的结算通知单与"代销商品入库单",经复核并确认准确后,登记减少"代销商品分户金额账"。

10. 月末由商场代销员将"代销商品分户金额账与会计室"代销商款分户金额账核对一致。

11. 月末代销员将未付款的"代销商品入库单"汇总金额与分户账金额核对一致。

十八、商品调拨单的流转制度

1. 零售企业发货部门营业员根据收货单位要求调拨的商品品名和数量，填制一式四联"商品调拨单"，交柜组负责人同意签名后，转交收货部门负责人。

2. 收货部门负责人签名后，交提货员到发货部门仓库（营业柜）提货。

3. 发货部门仓库（营业员）验单后，核单发货并经复核无误后加盖"货物付讫章"，仓库联留存记账，记账联转柜台做账转交核算员。其余两联退提货人随货同行。

4. 收货方经验收无误后加盖"货物收讫"图章，收货方仓库联留存记账，记账联转营业柜做账。

第三节　物流仓储管理常用表格

一、商品库存登记表

商品名称：　　　　　　　　　　部　　门：					
货物编号：　　　　　　　　　　主　　管：					
日　期	数　量	签　名	日　期	数　量	签　名
/1			/6		
/2			/7		
/3			/8		
/4			/9		
/5			/10		

二、商品出入库登记表

月　　　日	商品概述	入　库		出　库		备　注
		数　量	单　价	数　量	单　价	

三、商品残次登记表

编　号	类　别	规　格	数　量	原单价	原金额	现单价	现金额	损失金额	原　因	备　注

四、货物仓储登记表

货物编号		名　称		规　格		部　门	
储存位置			使用范围			数　量	

日期	单据编号	制造编号	收入	发出	结存	日期	单据编号	制造编号	收入	发出	结存

五、滞销商品报告表

商品编号	品　种	规　格	数　量	购进数量	现有库存量	总销售额	销售天数	周转率（％）	处理意见	备　注

六、滞销商品处理登记表

商品编号	名　称	规　格	请购部分	滞存库	单　位	数　量	账面单价	金　额	本单编号

处　理　记　录				
方　式	期　限	数　量	具体方案说明	滞货处理人

处　理　记　录

续表

时 间	方 式	单 价	数 量	金 额	概 要	备 注

七、货物仓储日报表

编号	等级	规格	昨日结存	缴库		发送		退回		本月结存	备注
				本日	本月累计	本日	本月累计	本日	本月累计		

八、货物仓储明细表

货物编号	类别	规格	单位	仓储数量	账存数量	盈亏情形		盘存日期	盘存人	备注
						数量	百分比			

九、商品盘点表

部 门：　　　　　　　　　　　　　　　　　　　　　　　编 号：

商品编号	名 称	规格	数 量	零售额	金 额	初 点	复 点	抽 点	差 异	备注
小 计										

初 点：　　　　　　　　　　复 点：　　　　　　　　　　抽 点：

十、商品月度盘点表

商品编号	规　格	型　号	数　量	上月仓库数	当月进货数	当月领出数	退换补数	月度盘点数	差　异	备　注

十一、商品盘点区域分布表

盘点人	盘点类别	区域编号	盘点单编号			盘点金额
			起	止	张数	

十二、盘点差错审查表

项　目	进　价	售　价	备　注
原账面金额			
实盘金额			
盈亏金额			
差错原因			
责任部门意见			
主管部门意见			
总经理审批意见			

总经理：　　　　　　　　财务主管：　　　　　　　　盘点人：

十三、常见商品控制表

商品名称	预 订			实 际			差 异	备 注
	数 量	单 价	金 额	数 量	单 价	金 额		

十四、商品收支日报表

商品编号	名 称	单 位	数 量	上期仓储量	本期收入	本期支出	本期结存	供应厂商	备 注

十五、补货申请单表

□经销				□代销		
部门：				日期：		
商品编号	商品名称	单 位	数 量	供应商编号	供应商名称	条形码
合 计						
总经理审批				责任部门处理意见		

采购部主管：　　　　　　　　　　　　　　　经办人：

十六、仓库提货申请表

商品编号	商品条码	商品类别	品　名	规格型号	单　位	补货数量			经办人	备　注
						件　数	件含量	细　数		
营业主管					收货人					

十七、商品进库登记表

供应商			原进货数												验收入库数									备　注
品名	规格及型号	单位	数量	单价	金　额									金　额										
					十万	万	千	百	十	元	角	分	十万	万	千	百	十	元	角	分				

制表人：

十八、商品出库登记表

提货部门：　　　　　　　　　　日　期：　　　　　　　　　　付货部门：

编号	品　名	单　位	数　量	零售单价	金　额							
					十万	万	千	百	十	元	角	分

付货人：　　　　　　　　　　收货人：

第一联：仓库留存　　　　　第二联：财务记账　　　　　第三联：营业组留存

十九、车辆行驶登记表

编　号：

车　号			发动机号		部门编号		
使用地区					使用人		
					驾驶员		

汽油使用记录									
年		加油数量	金　额	加油时路码表		行驶里数	行驶累计数	使用人	驾驶员
月	日			起　数	止　数				

第四篇

零售企业服务管理

第15章 零售企业人员服务标准

第一节　营业人员礼仪标准

一、营业人员接待礼仪标准

1. 说话口齿清晰、音量适中,最好用标准普通话,但若客人讲方言,在可能的范围内应配合客人的方便,以增进相互沟通的效果。

2. 要有先来后到的次序观念。先来的客人应先给予服务,对晚到的客人应亲切有礼地请他稍候片刻,不能置之不理或本末倒置地先招呼后来的客人,而怠慢先来的。

3. 在营业场所十分忙碌、人手又不够的情况下,记住当接待等候多时的顾客时,应先向对方道歉,表示招待不周恳请谅解,不能敷衍了事。

4. 亲切地招待客人到店内参观,并让他随意自由地选择,最好不要刻意地左右顾客的意向,或在一旁唠叨不停。

5. 如有必要应主动对顾客提供帮助,若客人带着大包小包的东西时,可告诉他寄物处或可以暂时放置的地方。

6. 顾客有疑问时,应以专业、愉悦的态度为客人解答。不能有不耐烦的表情,或者一问三不知。细心的营业员可适时观察出客人的心态及需要,提供好建议,且能对商品作简短而清楚的介绍,说明商品的特征、内容、成分及用途,以帮助顾客选择。

7. 不要忽略陪在客人身旁的人,应一视同仁,一起招呼,或许能引起他们的购买欲望。

8. 与顾客交谈时宜用询问、商量的口吻,不应用强迫或威胁的口气要顾客非买不可,那会让人感觉不悦。当顾客试用或试穿完后,宜先询问客人满意的程度,而非只一味称赞商品的优越性。

9. 营业人员在商品成交后也应注意服务品质,不要以为拿了钱就了事,而要将商品包装好,双手捧给顾客,并且欢迎下次再度光临,目送客人离去,以表示期待之意。

10. 即使客人不买任何东西,也要保持一贯亲切、热诚的态度,谢谢他来参观,才能留给对方良好的印象。也许下次客人有需要时,就会先想到你并且再度光临。

11. 有时一些顾客可能由于不如意而发怒,这时营业人员要立即向顾客解释并道歉,并将注意力集中在顾客身上。当他们看到你已把全部注意力集中在他们的问题上,他们也就冷静下来了。当然,最好的方法是要克制自己的情绪。不要让顾客的逆耳言论影响你的态度和判断。

12. 营业人员要擅长主动倾听意见。虚心地听取抱怨,不打断他的发言,这样被抑制的情绪也就缓解了,使一位难对付的顾客不再苛求。有时营业员多用"嗯!嗯!"或"请讲下去"这些语句,可使顾客知道你正在认真听取他的意见。

13. 当顾客提出意见时要用自己的语言再重复一遍你所听到的要求,这会让顾客觉得他的问题已被注意,而且使他感到你会帮助他解决困难。

二、营业人员仪容仪表标准

1. 仪容标准

(1)注意讲究个人卫生。

(2)头发应修剪、梳理整齐,保持干净,禁止梳奇异发型。

(3)男员工不能留长发(以发角不盖过耳背及衣领为度),禁止剃光头、留胡须。女员工留长发应以发带或发卡夹住。

(4)女员工提倡上班化淡妆,不能浓妆艳抹。男员工不宜化妆。

(5)指甲修剪整齐,保持清洁,不得留长指甲,不准涂指甲油(化妆柜员工因工作需要可除外)。食品柜、生鲜熟食区、快餐厅员工不得涂指甲油,上班时间不得喷香水、戴首饰。

(6)上班前不吃葱、蒜等异味食物,不喝含酒精的饮料,保证口腔清洁。

(7)进入工作岗位之前应注意检查并及时整理个人仪表。

2. 着装标准

(1)着装应整洁、大方,颜色力求稳重,不得有破洞或补丁。

(2)纽扣必须扣好,不应有掉扣,不能挽起衣袖(施工、维修、搬运时可除外)。

(3)零售企业职能部室住店员工上班必须着工作服。工作服外不得着其他服装,工作服内衣服下摆不得露出,非因工作需要,不得在商场超市、办公室以外着工作服。

(4)男员工上班时间应着衬衣、西裤,系领带。女员工应着有袖衬衫、西裤、西装裙或有袖套裙。

(5)上班时间不宜着短裤、短裙(膝上10厘米以上)及无袖、露背、露胸装。

(6)总部职能部室员工在节假日前最后一个工作日或出差当天可着与工作场合相适应的轻便服装。

(7)上班时间必须佩戴工牌,工牌应端正佩戴在左胸适当位置,非因工作需要不能在商场超市、办公场所以外佩戴工牌。

(8)男员工上班时间应穿深色皮靴,女员工应穿丝袜、皮鞋。丝袜不应有脱线,上端不要露出裙摆。鞋应保持干净。不能穿拖鞋、雨鞋或不着袜子上班。海鲜档员工、雨天场外值勤防损人员等特殊岗位人员因工作需要可以穿雨鞋。

(9)快餐厅、面包房及生鲜熟食区员工上班时间必须戴帽,并将头发束入帽内。其他人员非因工作需要上班时间禁止戴帽。

3. 举止标准

(1)营业人员应保持良好的仪态和精神面貌。

(2)坐姿应端正,不得跷二郎腿,不得坐在工作台上,不得将腿搭在工作台、座椅扶手上。

（3）站立时应做到：收腹、挺胸、两眼平视前方，双手自然下垂或放在背后。身体不得东倒西歪，不得驼背、耸肩、插兜等，双手不得叉腰、交叉胸前。

（4）不得搭肩、挽手、挽腰而行，与顾客相遇应靠边行走，不得从两人中间穿行。请人让路要讲对不起。

（5）不得随地吐痰、乱丢杂物，不得当众挖耳、抠鼻、修剪指甲，不得敲打柜台、货架、商品，不得跺脚、脱鞋、伸懒腰。

（6）不得用手指、头部或物品指顾客或为他人指示方向。用手指示方向时，要求手臂伸直，四指并拢，大拇指自然弯曲，掌心自然内侧向上。

（7）上班时间不得做与工作无关的事。

（8）接待顾客或在公众场合咳嗽、打喷嚏时应转向无人处，并在转回身时说"对不起"；打哈欠时应用手遮住嘴巴。

（9）注意自我控制，在任何情况下不得与顾客、客户或同事发生争吵。

（10）各级管理人员不宜在顾客或客户面前斥责员工。

4. 表情、言谈标准

（1）营业人员接人待物时应注意保持微笑。

（2）接待顾客应主动打招呼，做到友好、真诚，给其留下良好的第一印象。

（3）与顾客交谈时应全神贯注、用心倾听。

（4）提倡文明用语，"请"字、"谢"字不离口。

（5）通常情况下员工应讲普通话。接待顾客时应使用相互都懂的语言。

（6）注意称呼顾客为"先生""小姐""女士"或"您"，如果知道姓氏的，应注意称呼其姓氏。指第三者时不能讲"他"，应称为"那位先生"或"那位女士"。

5. 电话礼仪标准

（1）营业人员应在电话铃响三声之内接听电话。

（2）接听电话应先说："您好，商场超市。"

（3）通话过程中请对方等待时应主动致歉："对不起，请稍候。"

（4）邻座无人时，应主动协助接听电话。

（5）若接到的电话不在自己的业务范围之内，应尽快转相关业务人员接听，如无法联系应做好书面记录，及时转告。

（6）接到打错的电话同样应以礼相待。

（7）拨打电话前应有所准备，通话简单明了，不要在电话上聊天。

（8）通话结束时应待顾客、客户或上级领导先挂断电话，自己方可挂断。

（9）不得模仿他人说话的语气、语调，不开过分的玩笑，不传播不利于团结的言论。

三、营业人员站立标准

1. 场合

（1）为人服务的站姿，俗称"接待员的站姿"。

（2）在自己的工作岗位上接待服务对象时，营业员可以采用此种站姿。

站立之时,身前没有障碍物挡身、受到他人的注视、与他人进行短时间交谈、倾听他人的诉说等,都是采用这种站立姿势的良好时机。

2. 注意事项

(1)头部可以微微侧向自己的服务对象,但一定要保持面部的微笑。

(2)手臂可以持物,也可以自然地下垂。

(3)在手臂垂放时,从肩部至中指应当呈现出一条自然的垂线。

(4)小腹不宜凸出,臀部同时应当紧缩。它最关键的地方在于:双脚一前一后站成"丁字步",即一只脚的后跟靠在另一只脚的内侧。

(5)双膝在靠拢的同时,两腿的膝部前后略为重叠。

3. 站姿的要点

(1)头正、肩平、身直。

(2)若从侧面看去,其主要轮廓线为含颌、挺胸、收腹、直腿。

(3)此种站姿可以帮助呼吸,改善血液循环,在一定程度上减缓身体的疲劳。

四、迎候顾客时的站立标准

1. 恭候顾客时的站姿

(1)恭候顾客的站姿,又称"等人的站姿"或"轻松的站姿"。

(2)当营业人员在自己的工作岗位上暂时无人接待,或者恭迎服务对象的来临时,大都可以采用这种站立的姿态。

2. 采用恭候顾客的站姿时,需要注意的重点

(1)双脚可以适度地叉开,两脚可以相互交替放松,并且可以踮起一只脚的脚尖。即允许在一只脚完全着地的同时,抬起另外一只脚的后跟,而以其脚尖着地。

(2)双腿可以分开一些。

(3)肩、臂应自然放松,手部不宜随意摆动。

(4)上身应当伸直,并且目视前方。

(5)头部不要晃动,下巴须避免向前伸出。

营业人员采用此种站立姿势时,非常重要的一点是:叉开的双腿不要反复不停地换来换去,否则便会给人以浮躁不安、极不耐烦的印象。

3. 标准站姿的特点

标准站姿的特点是可以使营业人员感到比较轻松、舒适。不过,当服务对象已来到自己面前,尤其是在自己的下半身并无屏障挡身,或是对方是自己的重要客人时,最好不要采用标准站姿。

五、迎宾礼仪标准

1. 营业人员迎宾时要做到态度亲切、以诚待人。

2. 营业人员要注意眼、耳、口并用的礼貌礼仪。

3. 面带微笑,使进来购物的客人感觉亲切且受欢迎。

4. 当客人进来购物时,营业人员要主动迎接,表示尊重客人。要亲切地说"欢迎光临"。

5. 商场超市上"顾客至上"是不变的法则,所以营业人员在交换名片、传送商品给客人时应双手接递以示尊重。

6. 作为零售卖场的引导迎宾员应走在顾客的左或右前方以为指引,因为有些顾客尚不熟悉零售卖场的环境,切不可在顾客后方以声音指示方向及路线,走路速度也不要太慢让客人无所适从,必须配合客人的脚步,将顾客引至正确位置。

7. 不论购物者是何种身份,都应视其为贵宾而诚挚相待,不要厚此薄彼。

8. 不要以怀疑的眼光看顾客或凭外观穿着打量顾客,并作为是否隆重接待的依据。

六、基本服务用语使用标准

1. 基本服务用语

(1)迎客时说"欢迎""欢迎您的光临""您好"等。

(2)对他人表示感谢时说"谢谢""谢谢您""谢谢您的帮助"等。

(3)接受顾客的吩咐时说"听明白了""清楚了,请您放心"等。

(4)不能立即接待顾客时说"请您稍候""麻烦您等一下""我马上就来"等。

(5)对在等候的顾客说"让您久等了""对不起,让你们等候多时了"等。

(6)打扰或给顾客带来麻烦时说"对不起""实在对不起""打扰您了""给您添麻烦了"等。

(7)由于失误表示歉意时说"很抱歉""实在很抱歉"等。

(8)当顾客向你致谢时说"请别客气""不用客气""很高兴为您服务""这是我应该做的"等。

(9)当顾客向你致歉时说"没有什么""没关系""算不了什么"等。

(10)当你听不清楚顾客问话时说"很对不起,我没听清,请重复一遍好吗"等。

(11)送客时说"再见,一路平安""再见,欢迎您下次再来"等。

(12)当你要打断顾客的谈话时说"对不起,我可以占用一下您的时间吗?""对不起,耽搁您的时间了"等。

2. 正确使用礼貌服务用语

(1)注意说话时的仪态。与顾客对话时,首先要面带微笑地倾听,并通过关注的目光进行感情的交流,或通过点头和简短的提问、插话表示你对顾客谈话的注意和兴趣。为了表示对顾客的尊重,一般应站立说话。

(2)要注意选择词语。在表达同一种意思时,由于选择词语的不同有时会有几种说法,营业员由于选择词语不同,往往会给顾客以不同的感受,产生不同的效果。

(3)注意语言要简练、中心要突出。在营业过程中,营业人员与顾客谈话的时间不宜过长,这就需要我们用简练的语言去交谈。在交谈中,营业接待人员如果能简要地重复重要的内容,不仅表示了对话题的专注,也使对话的重要部分得到强调,使意思更明白,并能减少误会,这种做法很好。

(4)注意语音、语调和语速。说话不仅是在交流信息,同时也是在交流感情。许多复杂的情感往往通过不同的语调和语速表现出来。如明快、爽朗的语调会使人感到大方的气质和亲切友好的感情。声音尖锐刺耳或说话速度过急,使人感到急躁、不耐烦的情绪。有气无力,拖着长长的调子,会给人一种矫揉造作之感。因此,在与顾客谈话时掌握好音调和节奏是十分重要的。

七、营业人员微笑服务标准

1. 发自内心的微笑

微笑是一种愉快心情的反映,也是一种礼貌和涵养的表现。

2. 排除不良情绪

一位优秀的营业员脸上总是带着真诚的微笑,营业员必须学会分解和淡化烦恼与不快,时时刻刻保持一种轻松的情绪,把欢乐传递给顾客。

3. 胸怀宽阔

营业员要想保持愉快的情绪,心胸宽阔至关重要。在接待过程中,难免会遇到出言不逊、胡搅蛮缠的顾客,营业员一定要克制、冷静。

4. 与顾客进行情感上的沟通

微笑服务,并不仅仅是一种表情的表示,更重要的是与顾客感情上的沟通。

八、柜台营业人员站立标准

1. 柜台营业员待客时的站姿

在这种情况下,通常需要营业人员做长时间的站姿。当一个人长时间持续不断地采用基本站姿之后,他的身体再好,难免也会感到疲惫不堪。在柜台之后站立,经常就会碰上这一情况。在情况允许时,正确地采用柜台待客的站姿,便可以使营业员稍作休息。

2. 采用柜台待客的站姿,要掌握以下要点

(1)手脚可以适当地进行放松,不必始终保持高度紧张的状态。

(2)可以一条腿为重心的同时,将另外一条腿向外侧稍稍伸出一些,使双脚呈叉开状。

(3)双手指尖朝前轻轻地扶在身前的柜台上。

(4)双膝要尽量地伸直,不要出现弯曲。

(5)肩、臂自由放松,在敞开胸怀的同时,一定要伸直脊背。

兼顾上述五点,营业员采用柜台待客的站姿时就算是比较完美了。

第二节　营业人员服务操作规范

一、营业前操作规范

1. 早会。员工打卡后,参加早会,早会由楼层经理主持。早会内容包括:前一天的工作信息或公司新策、布置当天的工作和有关注意事项。

2. 检查过夜商品。营业人员开完早会进入营业场地,首先要对自己负责的柜台、货架上的商品(包括周转仓的商品)进行检查或清点。如发现异常,应及时向领导汇报,查明情况。

3. 清洁卫生。清洁、拖洗地面,擦抹柜台、货架、商品及有关设施,做到场内干净、整洁、无尘土。

4. 整理商品。营业人员在营业前要对货架上摆放的或以各种形式陈列的商品进行归类、整理,做到整齐、丰满、美观大方,不得有空位。

5. 检查商品价格标签。

(1)检查商品价格,要逐个商品检查,要求做到货价相符,标签齐全,货签对位。

(2)要使每种商品做到一货一签。

(3)对花色品种较复杂、挑选性较大的商品,应做到一件一签,以防止在销售时发生价格差错。

(4)标签要与商品的货号、品名、产地、规格、单位、单价相符;如有不符,要重新制作,货签不对位,要立即更改;没有标签的,要及时补上。

(5)商品价格标签如果是用于商品价格变化不大的商品,则应用计算机统一制作,并打印。

(6)价格标签如果是用于促销的商品,或价格波动较大的生鲜商品时,可用手写,以适应并吸引顾客。

6. 准备或查验售货用具。营业前,营业人员要根据出售商品的操作需要,准备好或查验好售货工具和用品,并按习惯放在固定适当的地方,以便售货时取用。

(1)准备计价用具。零售企业常用的计价用具主要为电子收银机,也有的用电子计算器。对其必须常校验、检查。

(2)准备测试用具。有不少商品在出售前,必须准备一些测试用具,诸如电笔、万用表、接线板、信号仪等,对其试用。它们一旦缺少,便会直接影响销售。

(3)准备计量用具。零售企业常用的计量用具,主要是指秤、尺、量筒等度量器具。营业人员对其不仅要正确使用,还必须注意依法使用。

(4)准备包扎用具。主要的包扎用具有纸、袋、盒、绳、夹等。营业人员在进行包扎时,要注意大小适宜,包扎牢靠,符合卫生标准。同时,还要注意有利于环境保护。

(5)准备宣传材料。宣传材料,在此是指与本零售企业商品相关的广告、说明、介绍以及图片、模型、软件等。营业员在上岗之前,应将其认真备齐,以供赠送或索取。

(6)准备销售用具。有时,在商品销售或提供服务时,往往需要备好一些必要的用具,如车、刀、剪、钩、勺、杯、碗等。

（7）准备找零钱款。应提前根据实际需要,备好零钱的具体品种,并确保数量充足。

（8）整理台面。营业人员在进行准备时,必须将自己使用的台面清理整洁,应做到文件、资料、文具要分片摆放,计算机、软件要放置到位;对于自己负责管理的柜台、货架,要确保无积尘、无污迹;在柜台上,切勿放置任何无用之物;在货架上,各类商品不仅要分类码放,而且必须码放整齐;对于废弃之物,要随发现,随清理,以维护本商场的良好形象。

二、营业人员销售服务操作规范

1. 主动热情,耐心周到,接待客人要面带微笑。

2. 环视柜台橱窗,注视每位客人的动向和视线,端正姿势等待前来选购商品。

3. 当客人购物时,要使用礼貌用语。

4. 耐心向客人介绍商品的特点、性能、用途、产地、价格等情况,了解客人的需要。

5. 对顾客提出的各种问题要详细地解答,并提示商品,注意了解客人的需要,摸清宾客的消费心理,以利于商品的销售。

6. 树立"宾客至上、服务第一"的思想,主动积极介绍推荐商品,注重迎合客人的需要和爱好。

7. 把宾客要买的东西拿出三五件,让宾客充分地挑选。

8. 将客人购买的商品放入印有商场超市名称的塑料袋中,便于宾客提携及扩大商场超市的知名度。

9. 收款付货:付款时,款项要准确无误,收款时,要将客人所购商品和价格重复一遍,唱收唱付,一次购买商品较多时,要分类清点核对,以免发生差错,货款交付无误后,将所捆扎的商品交给顾客,向客人道别,使其满意离去。

10. 售出商品后,应立即将销售的商品名称、金额按要求分类登记在"销售日报表"上,以便查核。

三、导购操作规范

1. 营业人员可向顾客提供更为详细的有关商品资料,如商品的制造原料,商品的特点、价格、性能、用途、使用方法,售后"三包"服务等,以便加深顾客对他所疑虑商品的认识,从而做出决策。

2. 营业人员可以鼓励顾客接触一下目标商品,实际体验商品的好处。如让顾客试一试健身器,体验健身器的感觉是否满意;让顾客试穿、试用、试听、试看、试尝等。由此加强对顾客各种感觉器官的刺激,促进顾客对商品实际使用效果的深入理解,达到启迪的目的。

3. 营业人员可以根据不同的顾客,从商品的命名、商标、包装、造型、色彩和价格等方面,适当揭示某些迎合顾客购买心理需要的有关寓意或象征,提示商品消费或使用时带来的乐趣和满足某种心愿的程度,以丰富顾客对商品各方面的联想,使之产生消费或使用商品而获得心理满足的美好憧憬,满足顾客向往美好事物的心理欲望。

4. 营业人员为避免顾客购买商品时在价格、质量、特征等方面的心理障碍，应该向顾客提供更多的选择余地。如拿出一定数量的商品作比较、挑选；将自己所介绍的商品与其他同类的商品作比较。这样做的好处是：一方面通过给顾客较多的思考机会，以满足顾客反复权衡商品各种利弊的心理需要；另一方面也使顾客增强对营业员的信任感。

四、文明售货操作规范

1. 售货员要讲究语言艺术，语言要准确、清楚、简明扼要，不出差错。

2. 说话要生动得体、礼貌周到，要区别对象，注意顾客的风俗习惯，对客人的疑问要有问必答。

3. 谈话要谦恭亲切、声调柔和、态度真挚，既要口语化，又要形象化，使客人听了舒服，感到亲切，增加消费欲望。

4. 对客人提出的批评或建议要虚心接受，不与宾客顶撞及争吵，以免引起误解，造成不良影响。

5. 零售企业售货服务员上岗前要做好个人的仪容仪表工作，服务证章齐全，行为举止文雅，同时要学习柜台、外事纪律。

（1）不准擅离职守。

（2）不准在柜台内外成群聊天、嬉笑打闹。

（3）不准在柜台内吃东西和吸烟。

（4）不准在柜台看书、看报。

（5）不准坐着接待客人。

（6）不准与顾客顶嘴吵架。

（7）不准因上货、记账、送款等影响接待顾客。

（8）不准以次充好、短斤缺两、欺骗顾客。

（9）不准讽刺、挖苦、刁难顾客。

（10）不准私留私分紧俏商品，严格遵守外事服务纪律。

（11）不得向客人套取外汇。

（12）不许私自在柜台内换取外汇。

（13）不准因内部或个人原因而影响接待顾客。

6. 贵宾接待。

（1）贵宾前来购物，外宾应当使用英语或其本国语言接待，内宾应当用普通话接待。

（2）在接待过程中要注意向客人推销具有特色的产品，并注意向客人介绍商品的产地、历史和性能等。

五、向顾客展示商品时的操作规范

展示商品，是指营业人员将商品的全貌、性能和特点用灵活富有创造性的方法展现出来，以便顾客对商品进行鉴别、挑选，并以此引起顾客的购买兴趣的一种服务技巧。展示商品具有较强的技术性。同样一种商品,展示技术熟练与否,其效果大不一样。

1. 零售企业营业人员必须把握好时机,及时、主动地向顾客展示商品。

2. 营业人员必须坚持按规范要求,刻苦练就一手基本功,根据商品的式样、花色、规格、质量、声音、味道等的不同,采取不同的技巧,进行具体的操作。

六、商品拿递操作规范

拿递商品,是指营业人员从柜台或货架上将商品拿取出来,递放在顾客面前或交给顾客观看、鉴别、挑选。拿递商品时要求营业人员适时主动、动作准确敏捷、服务礼貌得体。

1. 适时主动

营业人员要根据顾客的表情、言谈、爱好及需要,把握时机,主动拿取商品给顾客。其时机一般掌握在:

(1)当顾客对某种商品很感兴趣,并较长时间注视。

(2)当顾客第二次临柜,仍注视某种商品。

(3)当顾客提出"我要这个商品"。

2. 动作准确敏捷

营业人员应依据自己经营的商品特点,练就一手递商品准确、敏捷的拿递商品功夫。

(1)要根据顾客的打扮爱好、身材、体型、头型、脚型等,拿递出适合顾客所需的商品。拿递商品不能慢条斯理或漫不经心,也不要慌张忙乱,拿错商品。

(2)要掌握一套"看头拿帽""看脚拿鞋""看体拿衣"的过硬本事。

(3)讲究拿递方法,要了解商品的特点、特长,让顾客更好地了解商品。

3. 服务礼貌得体

营业人员应当自始至终保持文明礼貌地拿放商品,切忌动作粗鲁,重手重脚,禁忌扔摔商品。在整个接待服务过程中,要保持动作轻巧、快速,轻拿轻放,干净利索,拿递要一气呵成,绝不拖泥带水。

七、营业前收银员操作规范

1. 穿着本零售企业统一制发的工作服,左前胸佩戴营业员工作牌,按规定的时间到指定的地点参加早会(或班前会)。

2. 到指定地点领取备用金,当面清点并在登记本上签名,兑换充足的零钱。

3. 收银员要注意,不得将与工作无关的物品放入收银台。

4. 打开收银机总开关,依次开 UPS 电源(Uninterruptible Power System,后备电源)、显示屏、主机,输入密码,进入销售状态,核对计算机显示的收银员操作号是否正确。

5. 打开钱箱,放入备用金。

6. 检查收银机是否处于正常的工作状态,检查 POS 机是否清机及其他工作细节,如有异常立即向主管汇报。

7. 将营业所需的收银专用章、私章、印台、解码器摆放好。

8. 清点办公用品是否齐全,检查购物袋存量是否足够。

八、营业中收银员操作规范

1. 总则

顾客来到收银台前,收银员应及时接待,入机前先对顾客购买的商品做大致分类,然后逐一入机。

2. 接受顾客交付购物货款

(1)当顾客使用现金支付时。收银员接过顾客交来的现金,在收银机中输入条码或金额,仔细辨认货币的真伪,审核无误后,唱收唱付,并用 POS 机打出购物小票,交给顾客。

(2)当顾客使用代金卡消费时。收银员要将代金卡通过收银机进行刷卡,刷卡时向顾客说清本次代金卡消费金额和代金卡上所剩金额。

3. 商品输入

收银人员输入商品要求正确、规范扫描,在扫描器最敏感的地区按扫描指定箭头方向将商品划过,听到"嘟"的响声后,再仔细核对每个商品与计算机显示的品名、规格、价格是否一致。

(1)读不出条码的商品马上用手工输入,不得用不同条码的同价商品代替进行扫描,同条码的多件商品清点数量后直接用数量键输入计算机,或间隔扫描。

(2)能打开外包装的商品必须打开包装并将实物与计算机显示的规格进行认真核对。

4. 计算机显示的商品资料与实物不符

(1)柜台打错价,可在收银主管授权后按低标价售出,差价由柜台负责人赔偿,收银员做好记录并当面向主管汇报。

(2)若遇到商品品名、规格、条码不符时,收银员应委婉地向顾客解释并及时通知有关人员进行更换。

(3)收银员若发现顾客私自更换条码,应立即报防损部处理。

5. 商品的正常折让

商品的正常折让由计算机自动执行,其他由授权人参照公司规定办理。

6. 在未结算前发现输入错误

收银员应使用"更正""取消"键,并由当班收银主管在计算机小票第二联上签名,并保留备查。

7. 营业人员遇计算机故障而无法自行处理

立即通知计算机部驻店人员和主管。

8. 所有退、换货

所有退、换货均须按本零售企业销售退、换货管理规定严格执行。

9. 具备防盗意识

（1）当顾客将别的零售企业同类商品带入本商场超市时，收银员应耐心解释并要求顾客存包。

（2）开单区购买的商品出零售企业收银台时，收银员必须核对实物与计算机小票，发现异常立即报告防损员。

（3）收银员检查顾客的商品时，如发现没有计算机小票，须请防损员核查。

10. 需用设定键输入的商品

收银员按实际金额，先按数量键，再按设定键输入计算机，核对准确后收款。有硬标签的商品应用解码器逐一取下，软标签的商品在解码器上消磁。所有商品输入计算机后，应快速、准确地为顾客报出应付金额，并询问顾客是否还有其他商品。

11. 交易时

交易时收银员必须站立服务，做到唱收唱付，并熟练地为顾客分类装袋，易碎商品应及时提醒顾客注意。交易完成后主动将零钱和计算机小票递到顾客手中。

12. 当班期间临时离岗

妥善保管好收银台的配套物品，收银员离开收银台须将收银机退至输入密码状态，锁好收银用品，挂好围栏，挂出暂停服务牌后方可离开。

九、营业结束收银员操作规范

1. 清点当日销货款并填写"销货款回单"

收银员将当日营业款清点后，要填写"销货款回单"。

2. 归类整理"银行上交款单"

收银员将上交银行的单据归类整理后，并填写"银行上交款单"和外币、信用卡单随现金交给银行。

3. 受理支票要填制"销货款回单"

晚班收银员受理支票后，要及时填制"销货款回单"上交主管，并在交接班记录上给第二天早班人员留言交接清楚。

4. 单据与金额要相符

现金与"销货款回单""银行上交款单"数据要相符，如有不符，要及时查找原因。

5. 关机

其他工作程序完成后，收银员进行 POS 机清机结算，并按正常程序关机。

6. 安全检查、离场

以上各程序完成后，收银员再进行一次安全检查，看重要物品是否有遗漏，是否还有其他安全隐患等，这时方可摘营业员工作牌、领花，将垃圾袋带出营业场。

十、收银员离开收银台时的操作规范

当收银员由于种种正常的原因必须离开收银台时，其作业程序如下：

1. 收银员离开收银台时，要将"暂停服务"牌放在收银台上。
2. 用链条将收银通道拦住。
3. 将现金全部锁入收银台的抽屉里，钥匙必须随身带走或交值班班长保管。
4. 将离开收银台的原因和回来的时间告知邻近的收银员。
5. 离开收银机前，如还有顾客等候结算，不可立即离开，应以礼貌的态度请后来的顾客到其他的收银台结账，并为等候的顾客结账后方可离开。

十一、售后服务操作规范

1. 商品售出后，应向客人提供各项必要的服务，以提高服务质量，保持销售水平。
2. 对客人负责，零售企业根据客人需要加强售后服务工作：

（1）发行产品质量跟踪卡。零售企业对于某些中高档商品，要与厂家联系好，由零售企业和厂家共同担负售出产品的质量，采取随同售出的商品一起发行产品质量跟踪卡，客户在使用一段时间后，将产品质量跟踪卡填写清楚寄回商场超市，再由零售企业反馈回厂家，厂家通过综合分析可以查出其产品的问题和质量，以便通过进一步改进产品，适合市场需要。

（2）保退保换。商品在售出后，发现规格、型号不对，不适合或有其他问题，甚至在使用一段时期后发现由于产品本身的设计、制造等原因所产生的质量问题，只要商品经核对确为本零售企业出售，则零售企业应允许退换，实行部分或全部退款。零售企业对于食品、药品、调味品及各种营养滋补品经售出后，概不退换，但应向客人解释清楚免得引起误解。

（3）代办邮寄托运。客人购买商品，特别是一些中高档商品，由于距离较远，旅途携带不便，以及时间安排、商品的规格等情况影响，商场超市可以为客人代办托运或者邮寄，凡有条件的可以开展此业务，但实施过程中，务必请客人填写清楚地址、邮编、姓名、身份证号码等，并根据商品性质，请客人选择寄运方式，合理包装捆扎，以便商品在途中安全完好，满足客人需要，从而扩大商品销售范围。

（4）预购服务。客人购买商品，若零售企业出现该商品的断档或缺货时，某些商品经联系可以在近期到货，则可以请客人进行登记预约。在登记时可请客人将欲购商品的型号、品名、规格、尺寸、生产厂家、价格等详细资料填写清楚。营业员应准确记下客人的地址及电话号码，以便于商品到货后及时通知客人，使其如愿买到想要购买的商品。

（5）登门检修。对于某些中高档产品，如电视、空调、冰箱等，由零售企业和厂家订好合同，定期由厂家主动为客户对产品进行检修、调试，以保证客户对产品的正常使用。

第16章 零售企业各项服务操作规范

第一节 存取包服务规范

一、存包方式

1. 人工存包

存包方式适合存放普通物品。许多顾客认为,将包交给服务台保管,自己的物品有人看守,心里总觉得踏实。不过存包处工作人员要提醒顾客不要把贵重物品存到包里面,以免丢失。

2. 自助存包

自助存包指的是零售企业提供存包柜,顾客自己动手来存包。现在许多零售企业都在卖场入口处设有存包柜,方便顾客自助存包。自助存包柜最初是投币式的,柜上有投币口,后来改为免费的,只有密码纸口和一个数字键盘了。

顾客只要按下键盘上的"存"字键,密码纸口就会自动提供一张密码纸,同时相应的柜子柜门自动打开,存好包后,关上柜门,柜子便会自动锁上。取包时,按照密码纸上的密码,在键盘上输入,柜门就会自动打开。

二、存取包服务规范

1. 存取包的操作流程

(1)当顾客到存包处寄包时,把包放入寄存柜,并给顾客一张与寄存柜号码相同的存包牌。属于柜外存放的物品,应在物品上夹上与存包牌号码相同的存包牌。

(2)当顾客凭存包牌号码取回寄存物品时,要核对号码,确保从正确的寄存柜中拿出正确的物品归还给顾客。

2. 存包处的工作规范

(1)保持区域内的整洁,营业开始和结束时做清洁卫生工作。

(2)应确保每张存包牌都与柜子的号码保持一致,营业开始和营业结束时对存包牌进行核对,及时补充丢失、破损的牌子。

(3)在顾客存取包时保持面带微笑、热情积极、礼貌用语、动作迅速。

(4)接待顾客时,要问候"您好",送走顾客时,要问候"请拿好""欢迎下次再来""谢谢光临"等,不能沉默不语,不打招呼。

(5)存包牌要递到客人的手中,不能放在台面上,包要轻拿轻放,放在客人的面前。

（6）零售企业有权拒绝贵重物品的寄存，根据商场规定，询问客人是否有贵重物品，如果有，请顾客随身携带。

三、意外事件处理规范

1. 对顾客在当日营业时间结束前未取走的寄存物品，进行登记，做记号后保存一周，存放在存包处柜内，一周后无人领取的销毁，贵重物品则参照贵重物品的失物招领办法进行。

2. 顾客领取过期包必须出示存包牌，无牌者须请示管理层。

3. 丢失顾客的包或顾客声称包内东西丢失，须首先以冷静的态度进行核实，若确实丢失，应立即通知管理层和保安部。在问题未得到最终核实解决前，不作任何形式的承诺。

4. 因工作丢失了存包牌，应在"存包牌丢失记录本"上做记录，以便补充。确认存包牌丢失的，顾客又能详细正确回答出他寄存的是什么物品，首先让顾客交一定金额的工本费，再办理取包手续。

5. 将顾客证件的影印件和交费单据，保存在"存包牌丢失记录本"里。由存包处人员开单，总台人员收款并开具发票。存包处凭赔偿单一联和顾客证件办理取包手续。总台人员将现金、顾客证件复印件交现金室。

第二节　播音服务规范

一、播音员素质要求

1. 普通话要标准流利，最好还应该会当地的地方方言及简单的英语会话。

2. 具备较强的朗读、朗诵能力。播音员在播稿时，要口齿清楚、语速适宜。只有这样具有亲切感的播音才会赢得顾客，赢得市场。

3. 具备较强的阅稿、审稿能力。零售企业播音员应将当天的播出文稿进行认真阅读，阅读稿件时要特别注意文稿语言的规范，不要出现不易口语朗读的绕口词句，稿件内容要符合国家和零售企业的有关规定。

4. 突发事件处理能力。作为一名播音员除了严格遵守企业的播出规定以外，还应具备处理突发事件的能力。比如，广播失物招领、寻人启事等。

5. 熟练操作播音设备，可排除简单的故障。零售企业播音员在开播前要完成播音设备的检测、试播等工作，认真检测设备性能是开播前最重要的环节。另外，广播室专用器材的日常保养、清洁卫生工作也由播音员完成。如果播音过程中出现了一些小故障，播音员应该能自行排除。

二、商场播音的内容

1. 一般内容

一般内容包括开关店广播以及每日店内音乐的播放等。播音员应该按照零售企业的规定,在恰当的时间播放恰当的内容,切不可根据自己的喜好,随意播放歌曲和音乐。

2. 促销内容

促销内容包括零售企业的促销活动、特价商品促销等。播报促销短讯是商场播音的重要内容之一,播报促销短讯有利于提高零售企业的销售额。播报这些信息时,应该准确、具体、全面,说明促销商品所在楼层、促销内容、促销活动截止时间等具体信息,让顾客完全掌握促销信息。

3. 紧急信息

紧急信息包括火警、小孩丢失、紧急疏散、雷雨、停电等。

(1)找人信息。将顾客广播要找的顾客的名字、性别、大致年龄、工作单位等问清楚并记录。通知广播室进行广播,连续广播三次。

(2)小孩丢失。当接到顾客报小孩丢失时,总台服务人员首先要镇静,并尽量安慰顾客的紧急情绪。迅速记录儿童的特征:姓名、年龄、性别、身高、着装及生理特征等。通知广播室发布小孩丢失广播。播音员连续广播三次,以引起全企业工作人员的注意,协助寻找。通知进出口处的保安、工作人员以引起特别关注。当儿童找到时,要取消广播。

4. 安全信息

安全信息包括提醒顾客关于防盗、看护儿童等。

三、零售企业播音的基本原则

1. 播音员必须使用标准普通话进行播音。

2. 必须由经过培训的播音员进行播音,其他任何人员不能播音。

3. 对于紧急事件、顾客的请求,要优先播音。

4. 凡属于非日常播音的内容,必须经过申请,客服经理批准后才能广播。播音员接稿后,应审核有关事项的负责人有无签字。

5. 广播词必须先默念几次,以求语句的顺畅,内容需连续播音三次。

6. 播音的开始与结束必须用文明礼貌用语。

四、播音的基本要求与规范

1. 播音的基本要求与规范

(1)吐字清晰,能区别卷舌音、非卷舌音。

(2)语音准确,以普通话为标准,忌带方言。

(3)语气得体,轻重缓急有度。

（4）节奏合拍，快慢停顿，准确有序。

（5）感情适度，不同性质稿件不同感情色彩，且"浓""淡"相宜。

（6）禁绕口词，不易听懂的书面词应纠正，适用口语词。

2. 各类稿件播音操作规范

（1）致辞，如致员工辞、致顾客辞、开市致辞、闭店致辞等。播音的要点是：语气轻重有序、情感真实自然、节奏舒畅鲜明，追求亲切、自然、生动、和谐的效果。

（2）介绍，如零售企业、楼层、商品介绍等。播音的要点是：语气平和、节奏舒缓，追求清新、流畅的效果。

（3）宣传活动，如重大促销活动、节目活动等。播音的要点是：语气活泼，感情适度激昂，追求营造气氛、渲染场面的效果。

（4）节日祝词，如重大节假日对顾客、员工的节日祝贺稿件。播音的要点是：情绪奔放、语气浪漫，追求欢乐喜庆的效果。

（5）通知，如寻人寻物、有关会议、种类传达事项等。播音的要点是：节奏平稳，字句读准，追求使听者易明易懂的效果。

五、商场播音的流程

1. 早班时间

每日早安语，提醒员工例行工作。

2. 开店前 5 分钟

提醒收银员、客服人员及全体员工做好开店准备，并迎接顾客。

3. 开店营业时

播放迎宾曲与零售企业介绍。

4. 营业过程中

播放背景音乐、播放促销信息、播放零售企业的规章制度、播放安全广播。具体播放内容可以如下安排：

（1）9：00 企业介绍及各楼层介绍、轻松欢快乐曲。

（2）10：00 商品介绍、轻松悠扬乐曲。

（3）10：30 卖场服务介绍、世界名曲欣赏。

（4）11：00 卖场相关信息介绍、中国古典名曲、现代名曲欣赏。

（5）11：30 卖场介绍、各楼层介绍、中外名曲选播。

（6）12：30 抒情文稿选播、流行歌曲选播。

（7）13：30 国外歌曲选播。

（8）14：30 劲歌选播。

（9）15：30 卖场服务介绍、流行歌曲选播。

（10）16：30 卖场相关信息介绍、轻音乐选播。

（11）17：30 激情文稿选播、欢快乐曲选播。

（12）18：30 卖场相关信息介绍、流行歌曲选播。

（13）19∶30 卖场介绍、各楼层介绍、中外名曲选播。

（14）20∶00 商品介绍、钢琴曲。

（15）21∶30 抒情文稿选播、中外名曲选播、轻音乐。

5. 营业结束前 5 分钟

播放营业即将结束的通告,提醒顾客尽快结束购物。

6. 营业结束时

播放送宾曲、关店问候语。

7. 晚班结束前 5 分钟

播放感谢致辞,提醒员工结束工作。

第三节　赠品发放服务规范

一、赠品基础知识

1. 赠品的定义

（1）赠品

赠品是零售企业与供应商为促进某商品的销售,对购买一定数量该商品的顾客给予奖励性的搭赠物品,由供应商店外发放和服务台发放。

（2）赠品促销

赠品促销是指当顾客购买某种商品时,以另外有价物质或服务等方式来直接提高商品价值的促销活动,其目的是通过直接的利益刺激达到短期内的销售增加。

赠品能够直接给顾客带来实惠:一是物质实惠,一定面值的货币能换取更多的同质商品,消费者自然乐意;二是精神实惠,也就是买后的顾客心理反应,产生愉快的购后美感。

2. 赠品设计规则

（1）容易获得。容易获得才可以激发大家参与,促销的势才容易造出来,否则,赠品让人感觉与自己无缘,那零售企业的赠品只能算是样品。最好让参与的每一个人都能感到可以获得。

（2）赠品与产品要具有相关性。选择的赠品和产品有关联,这样很容易给消费者带来对产品最直接的价值感。如果赠品与产品相互依存和配合得当,其效果最佳。

（3）赠品要具有独特性。

（4）赠品的使用率要高。

（5）赠品也要重质量。赠品质量合格不仅是国家法律条文所规定必须达到的要求,而且也是赠品能否起作用的基础条件,赠品质量甚至影响到企业的生存和发展。

（6）送就要送在明处。有时零售企业明确地告诉消费者赠品的价格,也会取得非常好的效果,即使是便宜的赠品。因为消费者是冲着产品去的,赠品是消费者的一个购买诱因。

（7）赠品的季节性。企业一样东西一送到底,将消费者不同季节的需求丢到一边,要特别注意避免犯这样的错误,因为消费者对赠品的要求也是有季节性的。

（8）给赠品一个好听的名字,也就更容易让消费者记住零售企业的品牌。给赠品起个吸引人的名字,可以加快推动商品的流通,同时,也增加了品牌的附加价值。

二、赠品发放的原则

1. 赠品的发放必须以告示及传单所公布的发放方法为准。
2. 零售卖场内不许任何厂商现场发放赠品及广告活页。
3. 赠品凭购买小票发放,发完即止。
4. 发出的赠品不予换货。
5. 赠品的发放必须有台账记录,有相关人员及顾客的签名。
6. 活动结束后,要进行清点。

三、赠品库存管理规范

1. 赠品出入库管理规范
(1)赠品进出仓库必须有详细的清单记录,清楚显示每日的进出账,进以收货清单为准,出以发放记录为难。
(2)每日营业结束后,根据计算机中的销售数据,核对发出的赠品数量是否与之一致。
(3)每日营业结束后,核对仓库的库存数字是否与发出的数量相吻合。
2. 赠品保管操作规范
(1)赠品仓库应该保持清洁、整齐,赠品按供应商进行分类,并注明活动的时间。
(2)赠品仓库由客服中心赠品发放处人员专门管理。
(3)赠品仓库必须符合消防安全的要求。

四、赠品发放操作规范

1. 赠品的三包规定
(1)产品自售出之日起 7 日内,发生性能故障,消费者可选择退货、换货或修理。
(2)产品自售出之日起 15 日内,发生性能故障,消费者可选择换货或修理。
(3)在三包有效期内,修理两次,仍然不能正常使用的产品,凭修理者提供的修理记录和证明,由销售者负责为消费者免费调换同型号同规格的产品。
(4)在三包有效期内,因生产者未供应零配件,自送修之日起超过 30 日未修好的,修理者应当在修理状况中注明,销售者凭此据免费为消费者调换同型号同规格产品。
(5)折旧费计算自开具发票之日起至退货之日止,其中应当扣除修理占用和待修的时间。
(6)维护销售者、生产者的信誉,不得使用与产品技术要求不符的零配件。
2. 赠品内部流程规范
(1)将促销品发放活动公开化、透明化、程序化。
(2)市场部发告示。

（3）将促销物品交给销售人员，记录促销物品数字。

（4）然后在财务部开设领取促销品的登记手续。

（5）活动后清点促销品数字，是不是跟这段时间内财务部销售的产品数字吻合。

（6）仔细填写赠品管理表和商场销量及赠品赠送报表。

3. 赠品管理要求

（1）赠品严禁私自转卖、送礼。

（2）赠品严格执行申请领用制度，不得多领多报。

（3）赠品分配实行专人负责制。

（4）每日如实填写销售记录及赠品发放记录表。

（5）严格按公司要求保管和发放赠品。

以上规定，各业务员应严格执行，若有违反行为，一经发现，即交营销公司严肃处理。

4. 赠品发放要求

（1）赠品发放必须以广告及传单所公告的发放方法为准。

（2）卖场内不允许任何厂商现场发放赠品。

（3）赠品凭购买计算机小票发放，发完即止。

（4）赠品的发放必须有台账记录，有相关人员及顾客的签字。

（5）服务台工作人员及零售企业任何人员不得私自拿用赠品。

（6）活动结束后，要进行清点。

（7）客服人员领取赠品，并登记好所领赠品品名、数量、发放时间、经手人签字、防损员签字。

（8）顾客凭购买计算机小票到服务台领取相对应赠品，客服人员对已领赠品的计算机小票盖章或注明"已领"字样。

（9）交接班时认真清点好赠品数量，做好交接班工作。

（10）活动结束后，服务台当日与相关部门对赠品数量、剩余赠品交相关部门。

（11）按规定发放赠品，严禁私拿私用赠品，否则按内盗处理。

第四节 售后服务规范

一、送货服务操作规范

当顾客购买大件商品或团购商品并达到一定金额的，零售企业要负责提供免费送货服务。

1. 首先检查商品的数量和品种。服务台人员在给顾客送货时要仔细核对顾客的购货数量和品种。如果服务人员给顾客送货时却弄错了顾客所要的产品数量和品种，会给顾客留下很不好的印象，让顾客觉得零售企业工作人员不重视他的购买。

2. 情况说明。提供免费送货服务时，必须向顾客说明免费送货的范围以及超出范围的收费情况。提供送货服务时，要同顾客约好送货的大约时间，并登记顾客的联系电话。

3. 免费服务。零售企业为顾客所提供的送货服务，是不应再额外加收任何费用的。但是如果顾客对于送货提出某些特定的要求，比如，进行特殊包装、连夜送货上门等情况下,则可以酌情适当收费。这一费用一经议定,不得任意进行升降。

4. 专人负责送货。为顾客提供送货服务,大体上都应当由指定的专人负责。在规模较大的商场里,还往往需要组织专门的送货人员与送货车辆。

5. 接受安全检查。免费送货的大件商品和团购商品,必须在提货口出门,并严格接受安全部的检查。

6. 按时送达。送货上门,讲究的是尽快尽早。因此,零售企业通常应当尽一切可能,使自己的送货服务当时进行,或者当天进行。对于业已承诺的送货时间,则一定要严格遵守。如果在送货途中遇到交通堵塞,必须将信息及时反馈给商场,由零售企业通知顾客。如果没有特殊困难,必须在规定的时间之内准时为顾客送货到家,送货结束后由顾客签字返回。

7. 保证安全。在送货上门的过程中,送货人员应当采取一切必要的措施,确保自己运送货物的安全。在送货期间货物出现问题,应由商场负责。

8. 追踪服务。所有免费送货,特别是大件商品,必须在 24 小时后电话进行追踪。

二、安装服务操作规范

1. 恪守约定。零售企业为顾客提供安装服务,应该在双方约定的时间内按时进行安装,而不应该找尽各种理由,反复延误,甚至毁约不再负责安装。如果确实不能按时提供安装服务,零售企业应该电话通知顾客,并做好道歉和解释工作,获得顾客的谅解。

2. 提供免费服务。为顾客提供安装服务,对零售企业而言往往是其应尽的一项义务,因此它是不应收取任何费用的。有关经办人员在上门进行安装时,不得以任何方式加收费用或者进行变相收费。

3. 专人负责安装。为顾客所进行的安装服务,应该由专业的技术人员负责,在其具体进行操作时,必须严守国家的有关标准。

4. 进行现场调试。正式安装完毕之后,安装人员应在顾客面前当场进行调试,并向顾客具体说明使用过程中的注意事项,认真答复对方的询问。

5. 安装人员言行规范。安装人员上门进行服务时,应注意自己的行为规范,礼貌、规范服务,讲究卫生,不要弄脏顾客房屋,安装完毕后,应该及时清理因为安装而产生的垃圾。同时,安装人员应当做到两袖清风,不拿顾客的一针一线,不准私自索取财物,不准要吃要喝,不准以要挟手段达到此类目的。

6. 定期回访。对于负责安装的商品,零售企业应本着对顾客负责到底的精神,应在事后定期访查,以便为顾客减少后顾之忧,并及时为其排忧解难。

三、三包服务操作规范

1. 三包服务的定义

(1)包换:是指顾客购买了不合适的商品,在国家法规和商场规定的时间内可以进行调换。包换是促进商品销售的重要手段之一。

（2）包修：是指对顾客购买本零售企业的商品，在保修期内实行免费维修，超过保修期限则收取一定的维修费用，以及零配件的成本费。对大件商品，则应提供上门维修服务。

（3）包退：是指顾客对购买的商品感到不满意，或者是质量有问题时，能保证退换。对于顾客的退货要求，零售企业应该理解顾客的心理，尽可能地满足其要求。

2. 三包服务的时间要求

（1）一周规定。即商品自出售之日起 7 日之内发生故障或其他原因，消费者可选择换货或要求维修。

（2）半月规定。即商品自出售之日起半个月之内发生性能故障，消费者可选择换货或要求维修。

（3）三包有效期规定。即某些大件的商品由国家统一规定半年至 1 年的有效期，自开具发票之日起计算。在此有效期内修理两次仍不能正常使用者，消费者可凭修理记录和证明调换同型号、同规格的商品，或者按照有关规定退货。

（4）三个月规定。即在三包有效期之内，因生产商未供应零配件，自修理之日起超过 3 个月未曾修好，消费者可免费调换同型号、同规格的商品。

（5）一个月与 5 年规定。即修理者应保证商品修理之后能够正常使用一个月以上，生产商则应保证在商品停止生产后的 5 年之内继续提供符合技术要求的配件。

3. 实行三包服务的基本要求

（1）切实承担责任。在流通过程中，生产商、供应商与销售商一样，都有承担三包的责任和义务。零售企业作为销售商，在与生产商、供应商订立合同时，必须严守法律、法规，不得利用合同条款来减免自己实行三包的责任与义务。

（2）不能保证实施三包规定的，则不得销售规定需要实行三包的商品或服务。

（3）严格保证商品或服务质量，严格执行必要的检查、验收制度。

（4）在销售商品、服务时，要当面进行检查、调试，介绍其使用与维修的有关事项，实行三包的具体规定，并向顾客提供有效的三包凭证与发票。

（5）不得不守承诺，对于实行三包的具体规定，要言出必行，认真执行。

（6）对于消费者有关三包的查询、投诉，必须妥善对待。

四、跟踪服务操作规范

1. 完善顾客来访制度

对顾客来访的处理，是售后服务工作的重要一环。对其处理不当，往往会损害零售企业的声誉，甚至导致诉讼风波。

（1）设立专职的或兼职的服务台信访接待员，负责处理顾客来信、来访、来电等。

（2）要树立顾客至上、用户第一的信念，严格执行国家三包规定，维护消费者利益，全心全意为顾客服务。

（3）服务台人员要以认真负责的态度处理来信、来访、来电等，热情礼貌接待，记录相关事宜，并迅速做出回复，信件处理率要达到 100%。另外，将用户来信、来访、来电等所反映的问题,做好综合分析工作,及时转给有关管理人员。

2. 建立顾客资料库

(1)顾客在购买商品后,使用中经常会遇到这样或那样的问题,所以,零售企业应建立顾客档案,掌握顾客的使用情况,为顾客提供指导及商品咨询服务,同时也可根据顾客资料了解购买群体倾向及所需达到的目标。

(2)顾客档案的内容。顾客档案是为了给顾客提供最优质、最快速、最现代的服务。所以档案的内容应该以了解顾客的全部资料为宜,并尽量采用计算机的套装软体记录顾客的姓名、职业、地址、年龄、电话、购买品、采购日期等。如按照姓名笔画排列顾客资料;用以理解的记号、数字代表居住区域、年龄层、喜好、购买金额等;根据代号,将顾客的属性写在姓名的旁边。

3. 为顾客提供咨询服务

咨询服务,一般是指顾客在购买商品、服务之后,就与此相关的使用、保养、维修等方面的问题,要求服务单位给予解答、指导时,所应当享受到的服务。服务台人员在接到顾客的咨询电话时,必须善解人意,保持热心与耐心,为顾客排忧解难。

第17章 零售企业顾客投诉管理

第一节　引起顾客投诉的原因

一、环境因素

零售企业的环境直接影响着消费者的购买心情。顾客对零售卖场购买环境的投诉主要有以下原因：

1. 光线太强、太暗

卖场中基本照明的亮度不够，使货架和通道地面有阴影，顾客看不清商品的价格标签；亮度过强，使顾客眼睛感到不适，也会引来他们的投诉。

2. 温度不适宜

卖场的温度过高或过低，都不利于消费者浏览和选购。北方10月下旬就已是寒风阵阵了，而室内暖气11月中旬才供，零售卖场里如果不开空调，石材铺就的地面，更加寒气逼人，无疑就会缩短顾客的停留时间；冬去春来，气候变化无常，乍暖乍寒，没有及时地调整卖场的温度，这些都会影响顾客的购买情绪。

3. 地面滑

零售卖场的地面太滑，顾客行走时如履薄冰，老年顾客及儿童容易跌倒，都会引起顾客的投诉，有时还会引来法律纠纷。

4. 卫生状况不好

例如，卖场不整洁，没有洗手间或洗手间条件太差等。

5. 噪声太大

理货员补货时大声喧哗，商品卸货时声音过响，零售卖场的扩音器声音太响等，都会引起顾客的反感和投诉。

6. 电梯设计不合理

零售卖场出入口台阶设计不合理，卖场内的上下电梯过陡等。

7. 卖场外部环境欠佳

有的零售卖场停车位太少；停车区与人行通道划分不合理，造成顾客出入不便等。

8. 意外事件的发生

顾客在卖场购物时，因零售企业在安全管理上的不当，发生意外伤害而引起投诉。例如，财物丢失，零售卖场垃圾物的处理不当，造成公共卫生状况的恶化；商品卸货、码货时影响行人的交通或附近车辆的出入等。

二、商品因素

1. 售价过高

零售企业出售的商品主要以食品和日用品为主,消费者对这类商品的价格比较敏感。并且经营这类商品的零售店多,价格的横向比较很容易。消费者一般投诉某零售企业的价格水平高于商圈内的其他零售店的价格,希望企业对价格进行一定幅度的下调。

2. 商品质量不合格

零售企业出售的商品有些是包装过的,其质量好坏只有打开包装后才能发现。因此,这类投诉属于消费者购买行为完成之后的信息扭曲,即消费者在使用商品的过程中发现商品不尽如人意而迫使自己内心接受商品的过程。当信息扭曲达到一定强度,消费者就会要求退换商品,甚至诉诸法律。

3. 没有提供相关信息

顾客在零售企业中购买的商品有时会发现缺乏应有的信息情况,主要有以下情况:

(1)进口商品没有中文标示;

(2)没有生产厂家;

(3)没有生产日期;

(4)保质期模糊不清;

(5)已过保质期;

(6)生产厂地不一致;

(7)出厂日期超前;

(8)价格标签模糊不清;

(9)说明书的内容与商品上的标示不一致,等等。

4. 商品出现缺货

零售企业中有些热销商品或特价品卖完后,没有及时补货,使顾客空手而归;促销广告中的特价品,在货架上数量有限,或者根本买不到。

5. 供应商引起的投诉

供应商对商品的质量负主要责任,如罐头中出现异物,但出现这种情况时零售企业并非完全没有责任。因为他们引进质量有问题的商品并公开陈列出售,即使商品不是他们生产的也难以摆脱受到批评的命运,特别是一些定位于高价位、大型的零售企业更是如此。

6. 零售企业引起的投诉

零售企业对商品质量的责任在另一个例子中表现得更加明显。有些食品如牛奶、熟食等经过一段时间就会变得不新鲜甚至变质,有时因存放方法不当,即使在保质期内也会发生变质的事情,这时的责任可以说就完全在零售企业。因为他们有责任严格筛选出过期商品并采取严格的质量管理。

商品标志上缺乏相关信息也同样需由供应商和零售企业共同负责。而商品污损、破裂则主要是由于零售企业进货时未能详加清点、陈列或存放时管理不当、出售时未细致检查所致,可以说完全是零售企业的责任。

三、服务因素

1. 对卖场服务人员的投诉

顾客对零售卖场服务者的投诉大体上可以分为以下几类:

(1)收银员工作欠妥

收银员多收顾客的货款;少找顾客零钱;商品装袋时技术不过关,造成商品损坏;将商品装袋时,遗漏商品;收银员面无表情,冷若冰霜;让顾客等待结算时间过长,这些都会引起顾客的投诉。

(2)服务态度不好

虽然自助式购物是超级市场的本质特征,但面对种类繁多的商品,顾客还是有不少疑问,他们会经常询问卖场中的理货员。有时理货员忙于补货,没有理会顾客的询问,或回答时敷衍、不耐烦、出言不逊等,都会引起顾客的投诉。

(3)存包服务人员态度恶劣

带包的顾客必然要存取背包、提袋。工作人员没有按照先后顺序接待顾客,使顾客等待时间较长;工作人员不熟悉存包柜的编号,动作迟缓;拿取包袋时动作过大,造成物品的损坏;取包时发生错误等。

2. 对服务方式的投诉

(1)服务方式不当

顾客接触点的服务人员应对顾客的方式,是顾客对卖场服务质量产生评价的主要方面。常见的应对不得体的表现有以下几种:

◎态度方面:一味地推销,不顾及顾客反应;化妆浓艳、令人反感;只顾自己聊天,不理顾客;紧跟顾客,像在监视顾客;顾客不买时,马上板起脸。

◎言语方面:不打招呼,也不回话;说话过于随便;完全没有客套话。

◎销售方式方面:不耐烦把展示中的商品拿出给要求看的顾客;强制顾客购买;对有关商品的知识一无所知,无法回答顾客质询。

(2)收银服务不当

◎算错了钱,让顾客多支付钱款。

◎没有零钱找给顾客。

◎不收顾客的大额钞票。

◎金额较大时拒收小额钞票。

(3)送货服务出现差错

◎送大件商品时送错了地方。

◎送货时损坏了商品。

◎送货周期太长,让顾客等得过久。

(4)未能履行约定

◎顾客按约定时间提前订货,却没有到货。

◎答应帮顾客解决的问题,顾客如约赶来时却还没有解决好。

(5)商品说明不符合情况

◎商品的使用说明不详细,用了时间不长就坏了。

◎按商品标示买回去的商品却发现颜色不符或式样不对。

◎成打出售的商品回去打开包装后发现数量少了。

◎成套的商品缺了一件或互相不配套。

(6)商品包装不当

◎按顾客要求包装成礼品,却弄错了包装纸或装错了贺卡。

◎作为礼品的商品出售时忘记撕下写有价格的标签。

四、广告宣传因素

1. 广告夸大商品的功能

零售企业在进行广告宣传时,往往夸大商品的价值功能,不合实际地美化商品,尤其是那些情感诉求的广告,极力渲染情感色彩,将商品融入优美动人的环境中,给顾客以无限的想象,使顾客在激动、欢愉中做出购买决策。这种广告抬高了顾客的期望值,在商品实际上达不到期望值时,投诉便随之而来。

2. 售后服务不规范

大力宣传售后服务却不加兑现,这有欺诈之嫌,遭到顾客投诉在所难免。零售企业在市场中常面临这样的两难境地:不承诺,对消费者缺乏吸引力,得不到满意的销售额;承诺,提高了消费者的期望值,容易导致消费者不满意,而许多承诺实际上是实现不了的。

第二节   顾客投诉管理基础

一、投诉处理的基本原则

受理及处理顾客投诉并非愉快之事,但对待投诉应持重视的态度,并将其看作是改进零售企业对顾客服务的有利机会。为此,处理顾客投诉时应遵循下列原则。

1. 真心诚意帮助顾客

设法理解投诉顾客当时的心情,同情其所面临的困境,并给予应有的帮助,接待好顾客。首先应表明自己的身份,让顾客产生信赖感,愿意并相信自己能帮助他解决问题。

2. 绝不与顾客争辩

无论前来投诉的顾客情绪如何激动、态度如何不恭、言语如何粗鲁、举止如何无礼,接待人员都应冷静、耐心,而绝对不可急于辩解或反驳,与顾客争强好胜。即使是不合理的投诉,也应做到有礼、有理、有节。既要尊重他们,不失顾客面子,又应做出恰如其分的处理。

3. 迅速进行处理

在处理顾客投诉的问题上，与通常的规律相反，时间拖得越长，顾客的投诉不但不会渐渐消减，反而会越积越大，处理起来也更加棘手。因此，在处理顾客投诉时，要预先做好"速战速决"的准备，投诉处理着手得越早，就越可能妥善地化解投诉。

4. 拿出诚意

诚意是打动各种各样顾客的法宝。准备以诚动人的零售企业通常都能在顾客投诉处理中取得良好的效果。诚意是处理顾客投诉时的必备条件，它绝对是基本中的基本。如果没有诚意就没有信赖。

面对因为不满而投诉的顾客，唯有诚心诚意全力补救才能化解彼此之间的敌意。

然而，诚意说来简单，做起来就不那么容易了，它要求客服人员不但要有超强的意志，还要不惜牺牲自身的利益。总之，竭尽所能，去重新争取顾客的信任与好感。

5. 不要希望问题会自动消失

有时，零售企业无视顾客的投诉，等待问题自动解决，将顾客的不满抛到脑后，这样将会极大地损害零售企业在消费者心目中的形象。

对于顾客的投诉，无论大小，都必须慎重小心地加以处置。因为顾客之所以对其提出不满，表示他们重视该零售企业。当该零售企业对他们的意见未予重视甚至不理不睬时，顾客的不满会更加积聚并最终离其而去。

6. 维护零售企业应有的利益

处理投诉也不可损害商场的利益，尤其是对于一些复杂问题，切忌在真相不明之前急于表态或当面贬低商场及其部门、员工。除非顾客物品、财产因零售企业方面的原因招致遗失或损失外，退款或减少收费等方法并不是处理投诉、解决问题的最佳方法。应弄清事实，通过相关渠道了解事情的来龙去脉，在真相清楚后，再诚恳道歉并给予恰当处理。

二、处理顾客投诉的要点

1. 接近顾客

首先，与顾客接近时，要注意适当的衣着。其次，别忘了表现一定的亲和力。面对顾客时，一定要微笑，表现出自己的亲和力，使顾客感觉到零售企业是为自己诚心诚意服务的。最后，在面对顾客时，一定要注视对方，使顾客产生信赖感。

2. 倾听顾客的不满

（1）倾听顾客投诉，主要是指让顾客说，自己听。

（2）这样做，可以表现出员工对顾客的尊重以及零售企业员工的稳重和善解人意。使顾客对其产生信赖感而倾诉自己的不满，零售企业可以让顾客倾诉，加深对顾客的了解，改进自己的服务，从而有利于零售企业的发展。

（3）倾听顾客投诉，是弄清楚顾客所要表达的内容，这是处理投诉的前提。其实顾客也是普通人，在产生不满时总会不可避免地夹杂个人感情，在激动时还会有过分的态度或举动，零售企业的员工则不能以同样"感性"的方式去思考和行动。这里首先需要的是理性的倾听,要先冷静地听完对方的陈述,尽力去了解个中原委,这样做不但能够避免冲突,还为最终达成妥善的解决办法奠定了良好的基础。

3. 真诚地与顾客进行沟通

（1）零售企业要想与顾客维持良好的关系,一定要诚心诚意地与顾客沟通意见,不要怕麻烦和花时间。在现实生活中,顾客之所以产生投诉,通常是由于觉得服务不够好或所买的商品不够理想而引起的。

（2）零售企业要想化解顾客的投诉,就必须站在顾客的立场来思考。当然有一些顾客可能会是那种故意小题大做的人,这时零售企业千万不要太明白地指出他们的错误,而应仔细、温和地向他们解释,让他们了解。如果零售企业的员工在解释或交谈中失去笑容或耐心的话,则顾客的投诉不仅不会化解,反而可能会更加厉害,因为他们又找到了新的投诉目标。

（3）因此,就要求零售企业员工在处理顾客投诉时,首先,要冷静地接受投诉,把握住投诉的重点,弄清楚顾客的要求是什么。其次,通过交谈探究其原因,把握顾客的心理,诚恳地向顾客道歉,找出令顾客满意的解决方法,并采取措施防止同样的错误再次发生。最后,根据顾客的投诉来修复零售企业的弱点,改善企业经营方式。恢复零售企业在顾客心目中的信赖和期望水平,除了补偿顾客精神上和物质上的一切损失外,还要做好一切的善后工作,以树立零售企业在顾客心目中的完美形象。

（4）所以说,处理顾客投诉的重点在于找到问题的症结,然后按照顾客可以接受的方式加以弥补,来恢复顾客对零售企业的信赖感。顾客产生投诉的是每一零售企业的弱点,因此当顾客投诉时,不仅要针对投诉给予解决,还应该把弱点给予弥补,尽量不要使同样的事再次发生。

4. 诚恳对待顾客

当顾客抱怨时,服务台人员应态度诚恳并表示关心,尽可能站在顾客的立场上寻求解决问题的方法。如果顾客大发牢骚,要有耐心,尽量让其去发泄,不要表露出厌烦情绪,否则可能会引起顾客更深的愤恨。听完顾客意见之后平静地向顾客做出解释,拿出可行的解决方案,顾客才会消除心中的抱怨。

5. 为顾客着想

在处理顾客抱怨时,要站在顾客的立场上考虑问题,为顾客着想。在处理抱怨的时候,服务台人员一定要把想法转变为"如果自己是顾客的话……"这样才更利于问题的解决。另外,在表达自己的意见时要说："如果我是您的话,大概也会这么生气,这件事真的已给您造成很大的困扰了。"想反驳时可以说："如果我是您,一定也会这么想,您生气是理所当然的,我们对此感到非常抱歉。但是,我们在向您道歉的同时,也希望您能听听我们的意见。"服务台人员在告诉顾客已经接受他们的立场及意见之后,再将自己的意见陈述出来,从而找到有效的方法来解决问题。

6. 处理投诉时的禁忌

在化解顾客愤怒时,服务台人员应切忌以下事项,以便顺利地平息顾客的不满。

（1）不要立刻与顾客讲道理。

（2）不要急于得出一个结论。

（3）不要盲目地一味道歉。

（4）不要与顾客说"这是常有的事""少见多怪"等。

（5）不要言行不一致。

（6）不要鸡蛋里挑骨头、无中生有，责难顾客。

（7）不要转移视线，推卸责任。

（8）不要装聋作哑，装傻乞怜。

（9）不要与顾客做无谓争论。

（10）不要中断或转移原来的话题。

三、处理顾客投诉的基本方式

1. 承认错误

如果商品瑕疵或服务质量不能令顾客满意，就应当承认错误，并争取顾客谅解，而不能推卸责任，或者寻找借口，因为理在顾客，任何推诿都会使矛盾激化。承认错误是第一步，接着应当在明确承诺的基础上迅速解决问题，不能拖延时间，在事发的第一时间解决问题成本会最低，顾客会认可。一旦时间长了就会另生事端。

2. 转移话题法

转移话题法是指顾客的投诉可以不予理睬而将话题转入其他方面。有时顾客提出投诉本身就是无事生非或无端生事，或者比较荒谬，这时最好不予理睬，而应当迅速转移话题，使顾客感到零售企业不想与之加剧矛盾。

应用转移话题法，服务人员应注意以下几点：

（1）只有服务人员认为顾客的投诉是无事生非、无端生事，或者是荒谬的投诉时，才能使用这种方法。

（2）服务人员为顾客无关紧要的投诉可以有不予理睬的念头，但外表应显得若无其事，不要让顾客看出破绽，以免使顾客产生被冷落的想法。同时当服务人员认为顾客投诉已经不存在时，应适时自然地转入另一个话题。

（3）顾客再度提起时不可不理会。如果顾客再度提起投诉，服务人员就不能不理会了，因为既然再度投诉，表明顾客已经把该投诉当真，也就是这个意见对他很重要，此时服务人员绝不能不理不睬了，应运用其他方法以转化和消除顾客投诉。

3. 平息怒气

通常顾客会带着怒气投诉，这是十分正常的现象，此时服务人员首先应当态度谦让地接受顾客的投诉，引导顾客讲出原因，然后针对问题解释和解决。这种方法适用于所有投诉处理，运用这种方法应把握三个要点。一听：认真倾听顾客的投诉，搞清楚顾客不满的要点所在；二表态：表明对此事的态度，使顾客感到你有诚意对待他们的投诉；三承诺：能够马上解决的当时解决，不能马上解决的给一个明确的承诺，直到顾客感到满意为止。

4. 转化问题法

转化问题法适用于误解所导致的投诉，因此处理这种投诉时应当首先让顾客明白问题所在,当顾客明白是因为误解导致争议时,问题也就解决了。转化方式要轻松自然。这种方法运用恰当,顾客会理解;若转化不当,则会弄巧成拙,使顾客生气,反而会增加阻力。因此,服务人员在用此法时应心平气和,即使顾客投诉明显缺乏事实根据,也不能当面驳斥,而应旁敲侧击、启发和暗示。

5. 婉转否认

婉转否认法就是当顾客提出自己的投诉后,服务人员先肯定对方的投诉,然后再陈述自己的观点。这种方法特别适用于澄清顾客的错误想法、鼓励顾客进一步提出自己的想法等方面,常常起到出人意料的显著效果。这种方法特别适用于主观自负且自以为是的顾客。

四、顾客投诉的处理流程

1. 聆听

应认真、仔细地听完顾客的投诉内容。

2. 保持冷静

倾听顾客投诉,要保持冷静心态。

3. 表示同情

对顾客的感受应给予理解,对顾客的处境应表示同情。同时,应使用恰当的语言给顾客以安慰。

4. 给予特别关心

使用姓名称呼顾客并告诉顾客将处理此事,千万不可采取怕麻烦或"大事化小""小事化了"的态度,而应尽快着手解决。

5. 不转移目标

无论当时多忙,都应将注意力集中到顾客所投诉的问题上,而不可随便走开或随意引申,更不可发牢骚以嫁祸于他人或责怪商场等。

6. 记录要点

将顾客投诉时的主要内容记录在备忘录上。这样做,不但能使顾客的讲话速度放慢,以缓和其激动的情绪,而且还能让顾客感觉到商场对其投诉的重视程度。此外,记录的要点也可作为今后解决问题的依据。

7. 把要采取的措施告诉顾客

听完顾客投诉的问题,应立即考虑并决定需采取的解决办法,并将其告诉顾客。若有可能,可让顾客选择解决问题的方案或补救措施,以尊重他们。切忌只一味地向顾客道歉、请求谅解,而对顾客投诉的具体内容置之不理,也不可在顾客面前流露出因权力有限而无能为力的态度。

8. 将解决问题所需的时间告诉顾客

应充分估计出处理该问题的所需时间,并将其告诉顾客。绝不可含糊其辞、模棱两可、让顾客捉摸不透,从而引起顾客的抵触情绪,为解决问题增加难度。

9. 立即行动

应立刻着手调查,弄清事实,找出根源,并将解决的进展情况通知顾客。

10. 检查落实

问题解决后,应与顾客再次联系,征询顾客投诉的问题是否已得到圆满的解决,应做到有始有终。

11. 整理、归类、存档

将该投诉的处理过程整理出材料,并进行归类存档。同时,将其记入顾客的投诉档案,避免顾客再次来零售卖场时发生类似的投诉事件。应将本次投诉事件变为真正改进服务的动力。

对于顾客的来函、来电投诉,除了应注意上述处理要点外,还应将调查结果、解决的方法、争取顾客的谅解、表达歉意等写成信函并尽快邮寄给顾客。值得注意的是信内最好有总经理的签名。最后,复印顾客的原始投诉资料并将其存档或录入客户档案,以引起今后的注意及重视。

第三节 顾客投诉处理操作规范

一、不同形式投诉的处理规范

1. 现场投诉处理规范

现场处理投诉时,要掌握如下要点:

(1)创造亲切、轻松的气氛,以缓解对方内心通常会有的紧张心情。

(2)注意听取顾客的怨言。

(3)态度诚恳,表现出真心为顾客着想的态度。但同时要让对方了解自己独立处理的授权范围,不使对方抱过高的期望。

(4)把顾客投诉中的重要信息详细记录下来。

(5)中途有其他事情时,尽量调整到以后去办,不要随意中止谈话。

(6)在提出问题解决方案时,应让顾客能有选择,不要让顾客有"别无选择"之感。

(7)尽量在现场把问题解决。

(8)当不能马上解决问题时,应向顾客说明解决问题的具体方案和时间。

(9)面谈结束时,确认自己向顾客明确交代了零售企业方面的重要信息,以及顾客需再次联络时的联络方法、部门或个人的地址与姓名。

2. 电话投诉处理规范

顾客以电话方式提出投诉的情形越来越多见,使电话处理投诉的方式越来越成为主流。所以,客服人员更应认真对待。

(1)认真积极地应对

◎正是由于电话投诉简单迅捷的特点,使得顾客往往正在气头上时提起投诉。这样的投诉常带有强烈的感情色彩。而且处理电话投诉时看不见对方的面孔和表情,这些都为电话处理投诉增添了难度。

◎要注意说话的方法、声音、声调等，做到明确有礼。

◎必须善于站在对方立场来想，考虑如果自己在同样的状态之下，会有怎样的心情。

◎无论对方怎样感情用事，都要重视对方，不要有失礼貌的举动。

◎除了自己的声音外，也要注意在电话周围的其他声音，如谈话声和笑声传入电话里，会使顾客产生不快的感觉。从这方面来看，投诉服务电话应设在一个独立的房间，最低限度也要在周围设置隔音装置。

（2）把握顾客的心理

◎无论是投诉处理还是提供令顾客满意的服务，最重要的一点就是努力透析顾客心理。

◎在电话处理顾客投诉时，几乎唯一的线索就是顾客的声音，因此必须通过声音信息来把握顾客心态。

（3）电话处理投诉的基本原则

◎对于顾客的不满，应能从顾客的角度来考虑，并以声音表示自己的同情。

◎以恭敬有礼的态度对待顾客，使对方产生信赖的感觉。

◎采取客观的立场，防止主观武断。

◎稍微压低自己的声音，给对方以沉着的印象，但要注意不要压得过低使对方觉得疏远。

◎以简捷的词句认真填写顾客投诉处理卡。

◎在未设免费电话的零售企业，如果收到打长途提出投诉的情况，可以请对方先挂断，再按留下的号码给对方打回去。这样做，有很多优点：节省对方的电话费用，以"为对方着想"的姿态使对方产生好感；借此确认对方的电话号码，避免不负责任的投诉；遇到感情激愤的顾客，可以借此缓和对方的情绪。但要注意立即就打回去，否则会使对方更加激愤。

◎在电话听到的对方姓名、地址、电话号码、商品名称等重要事情，必须重复确认，并以文字记录下来或录入计算机。同时，要把处理人员的姓名、机构告诉对方，以便于对方下次打电话时联络方便。有些人在接听电话的开始就报上了姓名，这是好事，但顾客往往并不一定能够记下这个名字，所以在结尾时再重复告诉一次比较稳妥。

◎投诉处理是与顾客的直接沟通，不仅能获取宝贵信息，有利于营销业务的展开，而且可以借此传递商场形象，启发顾客，建立更深的信任与理解。

◎如果有可能，把顾客的话录下来，这样不仅在将来有确认必要时可以用上，而且也可以运用它作为提升服务人员的应对技巧、进行岗前培训的资料。

3. 上门处理投诉

通常不能由电话加以解决，需要处理人登门拜访的顾客投诉，是性质比较严重、零售企业方面责任较大的顾客投诉事件。这种情形对客服人员是严峻的考验。

在上门之前，要慎选处理人员，并预先做好充分准备。最好不要个人前往，以2～3人为宜。预先的调查要包括对方的服务单位、出生地、毕业学校、家庭结构及兴趣爱好等各方面的信息。这样有利于与对方的沟通。然而，当进入实质性面谈时，必须保持轻松的心态，情绪不要过于紧张。要把握如下要点：

（1）提前约好时间

如果对顾客的地址不是很清楚，则应问明具体地点，以防止在登门过程中因找不到确切地点而耽误了约定的时间，而让对方产生不良的第一印象。

（2）注意形象

以庄重、朴素而整洁的服装为宜，着装不可过于新奇和轻浮。如果是女性人员去拜访顾客，注意不要化浓妆，要显得朴素、大方而不失庄重。

（3）尊重对方

见面时首先要双手送上名片，以示对对方的尊重。可随身带些小礼品送给顾客，但注意价值不要太高。

（4）态度要诚恳

言辞应慎重，态度要诚恳。无论对方有什么样的过激言辞，都要保持冷静，并诚心诚意陈述零售企业的歉意。但在许诺时要注意不得超越自己的授权范围，以免使对方有不切实际的期望值。

（5）不得无故中断拜访

在登门拜访顾客的情况下，处理人员要预先做好充分考虑和准备，因为拜访要达到何种目的是非常明确和慎重的。所以要争取以一次拜访就取得预期效果，不要轻易中断拜访。要知道，一次不成功的拜访其不良影响要远远超过根本不做拜访。另外，在拜访中，不要过多地用电话向上司请示。

（6）带着解决方案去

登门拜访前，一定要全面考虑问题的各种因素，预先准备一个以上的解决方案向顾客提出，供顾客选择，让顾客看到零售企业方面慎重、负责的态度，对于问题的解决具有至关重要的作用。无论什么时候，都不要盲目地仓促上门拜访，这样会使顾客因无谓地浪费了时间而更加不满。

4. 信函投诉处理规范

（1）要有耐心

◎当收到消费者利用信函所提出的投诉时，就要立即用明信片通知，这样做不但使顾客安心，还给人以比较亲切的感觉。

◎为尽可能使顾客方便，客服人员要不惜给自己添麻烦，信函往来中，把印好商场地址、邮编、收信人或机构的不粘胶贴纸附于信函内，便于顾客的回函。

◎如果顾客的地址电话不是很清楚，那么不要忘记在给顾客的回函中请顾客详细列明通信地址及电话号码，以确保给顾客的回函能准确送达。

（2）注意表达清楚

◎信函一般采用打印的形式，必须有针对性，如果许多投诉相类似，也可把这些问题综合起来，打印成一信函分别寄出。

◎在表达上通常需要以浅显易懂的文字。

◎措辞上要亲切、关注，让对方有亲近感。

◎尽量少用法律术语、专用名词、外来语及行业用语，尽量使用结构简单的短句。

◎形式上灵活多变，使对方一目了然，容易把握重点。

（3）进行妥善处理

◎由于书面信函是具有确定性、证据性，所以在寄送前，切勿由个人草率决断，应与负责人就其内容充分讨论再作决断。

◎特别是零售企业分部、营业点的投诉处理人员，在执行此类任务时，必须与总部的负责人进行周密磋商后行动。

◎有时还需要与零售企业的法律顾客、律师等有关专家沟通意见。

◎回函为表示慎重的态度，常以零售企业经理或部门主管的名义寄出，并加盖商场公章。

◎当顾客是通过消费者保护机构书面提出投诉时，更需谨慎处理。因为零售企业回函的内容，很可能成为这类机构处理中的一个案例，或作为新闻机构获取消息的来源。

（4）进行归类存档

◎处理过程中的来往函件，应一一编号并保留副本。把这些文件及时传送给有关部门，使它们明确事件的进程与结果。

◎把信函寄往顾客时，就要把其时间和内容做成备忘录，并把它填写成追踪表。这样，即使该事件的主要负责人更换，也能够对该事件进程一目了然，并可满足零售企业相关人员的咨询需求。

◎等到该事件处理完毕时，要在追踪表上注明结束时间，盖上"处理完毕"的印章，并把相关文件资料存档。

二、不同类型投诉的处理规范

1. 商品因素引起的顾客投诉

顾客买到的商品质量不合格，说明商店没有尽到管制商品的责任，商店负有不可推卸的责任。解决此类投诉的方法有：

（1）向顾客真心实意地道歉。

（2）立即为顾客更换质量好的商品，并送一份小礼品。

（3）如果顾客由于使用该商品而受到精神伤害或物质损失，零售企业应适当给予赔偿和安慰，且马上将商品撤出陈列位置，并通知主管及相关部门注意。

（4）仔细调查不合格商品流入顾客手中的原因，防止同类事件再度发生。如果由于进货渠道的原因，致使伪劣品进入商店，为维护零售企业的信誉，应立即停止从该渠道进货。

2. 商品使用不当引起的投诉

在处理这类投诉时，应从以下几点着手：

（1）诚恳地向顾客道歉，坦率承认是由于自己交代不周而造成顾客的损失。

（2）如果商品受到损害，责任又确实属于零售企业方面，则应以新商品换旧商品作为补偿。如果商品经过维修或处理后，能恢复最初的性能，则零售企业应免费提供维修或处理。

（3）如果新商品换回旧商品后仍然不能弥补顾客所蒙受的损失，则应该采取一定措施予以适当的补偿和安慰。

3. 服务因素引起的投诉

由于零售企业服务人员服务态度不佳而产生的顾客投诉,并不像具体的商品不良那样有明确的证据,而且同样的待客态度和习惯,也可能由于顾客的心理不同而产生不同的反应。所以,这类投诉处理起来比较困难,不论这类投诉产生的主要责任是否在零售企业的服务人员,零售企业都必须做出以下处理。

(1)服务台人员要仔细听完顾客的陈述,然后向顾客保证今后不会再有类似的情形发生。

(2)经理陪同当事人,向顾客赔礼道歉,以期得到谅解。采用第二种方法适用于顾客情绪非常激动的情况。由于采用这种方式,会使发生纠纷的双方再次见面,顾客很可能言辞激烈,再次指责营业员,而营业员也可能会为自己辩解。为了避免再次发生冲突,经理应事先和当事人谈话,指示不管受到多么严厉的指责也一定要忍耐下来。

4. 正确地对待顾客的错误

顾客同零售企业工作人员一样,也是普普通通的人,在购物过程中,免不了要有各种各样的闪失和过错。零售企业对此类事件处理得是否妥善,其影响绝不亚于对顾客投诉事件的处理。

(1)尊重、体谅顾客。顾客绝对不是故意想要损坏商品,因此,服务台人员在处理污损事件时不可一味地责难顾客,把一切责任都归咎于顾客身上,而应当站在顾客的立场来考虑问题。

(2)委婉地安慰顾客,并且详细倾听顾客的说明和意见。顾客犯下过失后,一般都会感到不安和自责,而且许多顾客还希望能有解释和说明的机会,对于这些要求,服务台人员应予以充分理解和满足。另外,要好言宽慰顾客,多检讨商场的不足,这样做的结果,会让顾客由自责转向感激零售企业。

(3)尽可能由零售企业承担商品损失。顾客不慎造成商品破损,不论责任是在零售企业还是在顾客,不能只顾眼前利益。因此,零售企业都应尽可能不让顾客赔偿,这样,不仅能够得到顾客的好感,而且更为下一次的交易打下坚实的基础。

(4)妥善处理好被污损的商品。当顾客以金钱赔偿被污损了的商品时,商场应该以新品交给顾客,或者将被污损品完全修好、洗好之后再交给顾客,以表示店方的诚意。

5. 误会引起的投诉

应先向顾客道歉,然后再仔细、平静地把原委解释清楚。但注意不要把话说得太明确,以免使顾客难堪。

(1)说话语气要婉转,不能让顾客难堪。

(2)不能老强调自己的清白无辜,一般人不喜欢承认自己误会了别人,因此,在解释的时候,一定会受到顾客表面上的抵抗。在这种情况下,不要反复强调自己是正确的,而应诚恳地告知顾客,你并不是要使他难堪,只是想消除他的疑问和不满,这样,顾客就比较容易接受你的说明。

第18章 零售企业服务管理制度与表格

第一节 零售企业营业人员岗位职责

一、零售企业营业部职责

1. 负责零售企业销售目标的拟定、检查、修订。
2. 负责零售企业年度销售计划的拟订及目标进度的追踪与达成。
3. 负责零售企业年度预算的拟编、执行与控制。
4. 负责零售企业应收账款的登录与控制。
5. 负责零售企业销货收入的收取。
6. 负责零售企业营业奖金的初步计算。
7. 负责零售企业领用商品的保管与控制。
8. 负责零售企业的有关业务推广及客户查询事项的办理。
9. 负责零售企业营业人员日常性工作、教育与培训的实施。
10. 负责零售企业所属营业处或联络处的管理。
11. 完成其他有关营业的事项。

二、营业部经理岗位职责

1. 全面负责零售企业的管理及运作,为顾客提供优质的顾客服务,维持零售企业良好的顾客服务水平。
2. 负责制订月度、季度和年度销售计划、毛利计划,定量分解下发各部门,并督导落实,维持零售企业正常的销售业绩和毛利业绩。
3. 负责零售企业各项费用支出的核准,以及零售企业各项费用预算的审定和报批落实;严格控制零售企业的损耗;审核控制零售企业的预算和支出。
4. 严格控制损耗率、人事成本、营运成本,贯彻低成本的经营策略。
5. 负责与地区总部及其他业务部门的联系和沟通,传达并执行总部营运部的决策、计划。
6. 负责员工业绩考评工作,并在授权范围内核定员工的加薪、升职、调动、任免等,包括对管理人员的选拔和考评。
7. 合理控制人力资源成本,保持员工工作的高效率。
8. 负责奖金提案的审核报批和分配方案的审定。

9. 努力提高销售业绩、服务水平,负责督导商品结构的调整、各类商品比重的调整、供货方式的调整和账期的调整。

10. 制定竞争策略,审批竞争商品品项,指导商品促销、广告促销等活动的开展。

11. 营造和维持整洁、舒适的购物环境。

12. 进行库存管理,保证货品充足、库存准确及订单发放及时。

13. 主持经理会议和监督检查各部门执行岗位职责。

14. 保障营运安全,负责督导清洁、防火、防盗设备的维修保养;加强防火、防盗、防工伤、安全保卫的工作。

15. 负责全店人员的培训,为零售企业的发展培训营运人才。

16. 授权值班经理处理店内事务。

17. 组织实施年度盘点。

18. 负责店内各项规章制度的制定、维护、完善及报批审定工作。

19. 负责处理各项突发事件和紧急事件。

20. 协助总部有关公共事务的处理。

三、商品部经理岗位职责

1. 与采购人员一起共同制订库存数量计划,特别是关于具体商品的数量计划。因为商品部经理采购人员更接近顾客,所以他们对哪些商品能够畅销心中更加有数。

2. 管理、引导、激励营业员。营业员应该对他们所出售商品的方方面面都有所了解,而且要知道如何向顾客介绍和出售商品。

3. 把握消费者对本商品部所售商品的趣味、要求、爱好的变化趋势。商品部经理要不断地研究消费者确切地需要什么。

4. 确保顾客得到良好的服务。顾客的意见、建议、问题、表扬都必须给予恰当的对待。

四、柜组主管岗位职责

1. 在营业部经理的指导下全面实施本区域的管理工作,确保本区域营业工作正常进行。

2. 切实保证各项规章制度及经营计划在本区域内得到贯彻落实。

3. 全面负责本区域销售工作,制订销售计划,对销售工作进行分析和总结,并向上级反馈。

4. 负责检查本区域内员工的持证上岗情况。

5. 审阅本区域各类报告、单据和文稿。

6. 主持区域例会和柜组长例会。

7. 对员工进行管理和培训,并指导主管助理和柜组长的日常工作。

五、营业员岗位职责

1. 依据零售企业相关团队和个人目标进行工作。
2. 按照零售企业营业流程进行日常服务。
3. 负责商品的陈列、摆设、理货和补货。
4. 负责每日领销货品的清点和查对。
5. 熟悉产品知识和服务技巧。
6. 恰当处理顾客意见和协调关系。
7. 参与零售企业的服务改善活动。
8. 完成上级临时交办的其他工作。

六、经营信息员岗位职责

1. 根据经常性、连续性的原则,分门别类地搞好零售企业的信息资料的收集、整理和反馈工作。
2. 积极扩大信息网络,按时完成零售企业的信息交流工作。
3. 多跑市场和信息机构,捕捉信息,了解竞争对手情况。
4. 及时有效地反馈市场信息,提高企业知名度,扩大信息量。
5. 按时、按质、按量地完成信息稿件的撰写和传递工作,提供准确及时的信息。
6. 协助内部人员做好其他工作。

七、收银员岗位职责

1. 零售企业收银员必须具有熟练操作和简单维护收款机的能力,严格按照收款过程的工作方法进行操作,录入收款机中的信息必须与柜台所开票据相符。
2. 根据审核无误的销售凭证收款,向顾客唱收唱付。
3. 按照现金管理制度,认真做好现金和各种票据的收付、保管工作。
4. 根据交款凭证结账,与管辖的部门核对。按实收销货款填写交款单,双人复核上交。出现长、短款如实反映在当日销售额汇总表上,保证备用金的完整。
5. 账后款要结出余额,封好包,存放在保险柜中。
6. 负责保管好收银台上的验钞机、信用卡及收款机。

八、售货员岗位职责

1. 负责本货区商品的陈列、补充、整理、看管。
2. 负责清扫本货区的商品卫生、环境卫生。
3. 热情接待顾客,积极推销商品,完成日、月定额任务。

4. 解决好顾客的退换货问题。

5. 严格执行服务规范。

6. 出售商品符合手续要求。

7. 做好本货区的安全防火、防盗工作。

8. 协助主任做好其他工作。

九、送货组组长岗位职责

1. 在储运部车队队长的领导下,负责送货组日常管理工作。

2. 负责本组车辆及司机人员工作安排,及时向司机和送货人员传达上级指示,组织全体送货人员认真落实零售企业有关规章制度及法规。

3. 负责安排送货车辆,按时完成各项送货任务,负责向送货人员交代注意事项,确保优质安全服务。

4. 负责送货人员的劳动考勤,分类送货统计,以及超范围送货的收费验票,月底计算送货人员的送货量。

5. 对因特殊情况不能按时送货上门的商品,负责及时联系,说明原因,另行商定送货时间。

十、顾客服务部经理岗位职责

1. 负责顾客服务部的全面管理工作。

2. 根据零售企业经营目标,编制本部门的工作计划,并组织、督导下属员工认真完成。

3. 制定本部门的管理规章制度、工作操作流程、服务质量标准、安全保障措施,督导下属员工认真贯彻执行。

4. 维护顾客服务部正常工作秩序,控制卫生质量和服务质量,保障设备、设施完好无损,降低物料和费用成本。

5. 参加每周营销部门经理例会,主持部门会议,认真贯彻执行总经理的指示,及时沟通上下级信息。

6. 审核部门报表、请示、报告等。

7. 处理客人投诉及意外事件。

8. 组织例行的安全、卫生、消防检查。

9. 学习先进经验,了解市场情况,向上级提出改善服务质量的合理化建议。

十一、顾客服务部主管岗位职责

1. 注重个人的礼仪礼貌,树立零售企业超市良好的外部形象。

2. 维持良好的顾客服务秩序,提供优质的顾客服务。

3. 与顾客建立良好的沟通关系,策划、实施顾客咨询和顾客问答活动,通过信箱和热线电话等方式,听取顾客的意见和建议。

4. 解决好每一宗顾客投诉,做好每一次接待工作。

5. 负责所有的退货符合零售企业的程序和顾客服务的原则。

6. 每天检查员工礼仪服饰。

7. 检查员工的客服工作流程,确保服务质量。

8. 做好大客户的拜访工作。

9. 负责安排员工专业知识的训练及员工的业绩考核。

10. 负责指导顾客存包和退换货工作的标准化作业。

第二节　零售企业服务管理制度

一、营业员纪律管理制度

1. 工作前要穿好相应的工作服,佩戴好工作牌。

2. 按时上下班,不迟到、不早退、不无故请假,没有特殊情况不得随便调班。需要调班、工休的,须请示主管以上领导批准。

3. 要热情待客、礼貌服务,做到精神饱满、面带微笑。无顾客时要整理商品,使其整洁美观。

4. 要虚心接受顾客提出的批评或建议,不得顶撞顾客,更不得与顾客争吵。

5. 站立姿势要端正。

6. 不准在柜台内会客、办私事。

7. 自觉搞好零售卖场内、外的环境卫生和商品卫生。

8. 不准收取客人的小费,严禁故意多收顾客的钱。

9. 不准乱拿、乱用公物或商品,不准乱吃散包食品。

10. 交接班时做到交接清楚、货款相符,并签名负责。

11. 不准提前更衣下班或提早关门停止售货。

二、特殊情况处理制度

1. 顾客交款出现差错时

(1)要求

◎立即查找原因。

◎如属收银员责任,应向顾客道歉。

(2)语言

◎对不起,这是我工作中的失误,都怪我太粗心了。

◎如属顾客责任,不应多加指责,弄清问题即可。

◎您还得退给我××元。谢谢。给您添麻烦了。

◎待我们查清后会通知您。

2. 顾客较多时

（1）要求

这时营业人员可向正在挑选商品的顾客交代清楚,语言要简练,声音要柔和,让其慢慢挑选,再接待其他顾客;要眼观六路、耳听八方,抬头售货,全面照顾,做到接一、待二、照顾三。

（2）语言

先生/女士,您先挑选,不合适我再给您换;别着急,慢慢挑。

3. 顾客决定购买时

（1）要求

这时营业人员应开好"销售小票"并交给顾客。

（2）语言

◎请您去×号收银台交款后回来取货。

◎当顾客交款后回来,收回顾客手中的"销售小票"第二联,然后把顾客挑选好的商品包装好后交给顾客。

◎谢谢您,请您拿好了,欢迎您再来,再见!

4. 顾客出现不礼貌的行为时

（1）要求

营业人员不应计较顾客的态度和语言,而要以文明的态度、礼貌的语言去接待顾客。

（2）语言

先生/女士,您一定很着急吧! 好,请稍等,我马上就来。

5. 顾客无理取闹时

（1）要求

坚持"服务第一,顾客至上,顾客总是对的"的原则,营业人员首先要有一个高姿态,正确对待顾客,在坚持原则、讲清道理的前提下感化顾客。

（2）语言

先生/女士,没关系,您到零售企业来,是我们的客人,我们欢迎您再来。

6. 顾客需要照顾时

（1）要求

营业人员要面带微笑点头示意,问明情况后请求其他顾客给予照顾;按其要求快速拿递,对商品不必做过多的介绍,做到快速成交。

（2）语言

这位先生/女士有急事,请大家照顾一下。

7. 顾客未做出购买行为时

（1）要求

向顾客详细介绍连带商品的性能特点和配套使用的好处,争取交易成功。若顾客听完介绍、试完商品后仍不买,不能有不满意的表示,要做到买和不买一样热情。

（2）语言

欢迎您随时光临！

8. 顾客所需商品零售企业没有时

（1）要求

营业人员不能简单地回答"没有"，应向顾客介绍相近花色、款式的商品，或介绍顾客到有关商店看看，如零售企业。对暂时无货的，可以预约登记。

（2）语言

先生/女士，没关系，请到别的零售企业看看，或留下您的电话、姓名和地址，到货后通知您。

9. 顾客语言不通时

（1）要求

营业人员要讲普通话，可多拿几种颜色、款式、品种让顾客辨认，或仔细询问托买人的年龄、爱好、职业、地域等，再帮助挑选。

（2）语言

请问您要选点什么，如果有困难的话，请提出来，我们尽力帮助您。此时也可以用笔谈。

10. 受到顾客赞扬时

（1）要求

谢绝顾客的物质嘉奖，如顾客坚持己见，营业人员应将物品或现金上缴，不得私自处理。

（2）语言

谢谢您对我们的鼓励，这是我们应该做的。

11. 顾客要求见上级主管时

（1）要求

营业人员要态度诚恳、虚心接受，不能表现出不满和抵触；自己能解决的应尽量化解矛盾，主动向顾客赔礼道歉以求谅解和理解；如顾客执意要见主管，可请主管和经理出面解决。

（2）语言

欢迎您多提出宝贵意见。

12. 顾客意见不统一时

（1）要求

营业人员应熟悉顾客心理，判断谁是买主，然后为主要服务对象当好参谋，要以满足购买者本人或拍板者的要求为原则来调和矛盾，尽快成交，引导购买。

（2）语言

"我看这种不错，请您再好好看一下"，随后介绍这种商品的性能、特点、用途等。

13. 顾客大量购买时

（1）要求

营业人员要分清顾客是代购还是贩卖。如果是根据记录来挑选的，一般是代人购买。

（2）语言

您都需要什么样式的，我一一给您拿，别着急，慢慢挑。

14. 商品尺寸不合适时

（1）要求

根据不同的对象主动介绍其他品种，或做预约登记，到货通知。

（2）语言

对不起，等到货后通知您，请留下地址、姓名和联系电话。

三、商品退换制度

1. 商品退换要求严格执行《产品质量法》中的有关规定，坚持零售企业利益和消费者利益相一致的原则。在企业利益和消费者利益发生冲突时，要在维护消费者利益的基础上，尽量减少企业损失。

2. 凡能证明是本零售企业出售的正常商品，只要不脏、不残、不影响出售的，10 天之内凭销售小票给予退换；对顾客造成的脏、残商品，可视其程序与顾客协商折价退换，但商品不属于质量问题的不予退换。

3. 凡能证明是本场出售的三包商品，售出后 7 天内按正常商品退换。7 天后如退换，顾客需出示商品保修部门的"商品质量鉴定书"，营业人员开箱验机确认后给予退换并合理扣除磨损费。因质量问题给顾客造成损失的要填制"购物损失一次性赔偿单"给予顾客赔偿。

4. 赔偿的标准。一般赔偿的标准可从直接损失和间接损失来确定。

（1）直接损失。是指由商品本身质量问题而给顾客造成的损失。赔偿标准可以通过双方协商或向仲裁机构申请仲裁，以及向法院起诉的方式予以解决。

（2）间接损失。是指因解决购物中存在的问题而带来的经济损失。

5. 凡因质量问题需要退货的商品，不管哪个零售企业发生的，都必须本着先行负责的原则无条件给予退货。办理退货手续时，需双人复核实物并开具退货凭证，其退款金额要以原发票或销货凭证的金额为准，不得任意退款。

6. 顾客的退换货问题，应在各零售卖场内自行解决。确属严重纠纷，零售卖场无力解决的，应主动与售后服务部联系。凡经售后服务部已裁定解决的退换货问题，各零售卖场要本着先行负责的原则无条件给予退换。

7. 凡因不正当理由推诿顾客、激化矛盾、影响商场超市声誉的行为，零售企业要追究当事者责任，并按有关规定予以处罚。

8. 凡遇零售企业商品已经变价而顾客又要求退货时，对国家明文规定的三包家电产品、化妆品、食品、药品等要按国家规定执行，国家没有明文规定的，上调商品按原价退货，下调商品按现价退货。

四、一般商品销售管理制度

1. 出售一般商品必须明码标价，按标价出售；严禁私自越权作价或私自议价出售商品。大宗商品的优惠、折扣由零售企业经理指定专人办理，或由零售企业经理批准办理。

2. 凡质量不符合《产品质量法》中规定的商品,售货人员应坚决抵制。做到商品不上柜,不出售,并及时上报零售企业经营部。

3. 凡出售金银、珠宝、钻戒、钟表等贵重商品,要耐心帮助顾客挑选。班次岗位要实行交接制,做好交接记录。每笔成交的商品均要双人复核,确保无误。

4. 凡出售上述贵重商品,货区内要设专用保险柜,保险柜的钥匙专人保管,保险柜内不得存放其他物品,以保证商品的正常出售和安全。

5. 凡可当场试机的商品,出售时,必须开箱试机。因未开箱试机而给顾客、企业造成的经济损失,由当事人承担,严重者追究其责任。

6. 凡不能当场试机的商品,也必须开箱验机,确认商品的外在质量及其附件,减少不必要的损失。

7. 要严格执行国家的控购政策。出售控购商品,要查验商品控购单,不准超控购金额、范围、数量、期限出售商品。

8. 出售正常商品必须货真价实,童叟无欺,严禁以次充好,以旧充新,损害消费者的利益。

9. 对已折价的商品,不能按原价出售;对扣除磨损费的商品,应按扣除后的残值出售。

10. 未入账的正常商品,不得上柜出售。

11. 不准代卖私人物品和其他商品。

12. 严禁搭配商品出售。

五、特殊商品销售管理制度

1. 特殊商品包括残损、滞销、降价、折价的商品。

2. 没有使用价值的变质商品和过保质期的商品不属于非正常商品,要及时上报销毁,严禁出售。

3. 各零售企业出售非正常商品,必须在商场超市指定的时间、地点出售,使用统一的标签,醒目地注明原因。

4. 凡出售非正常商品,小票上要有戳记,商品上要有特殊标记,否则不得出售。对实行三包的非正常商品,也应试机,保证内在质量的完好和实用性。

5. 业务单位的非正常商品不得进店搭车出售。

6. 未结算的非正常商品,原则上不出售。陈列品及合同上注明的商品除外。

7. 非正常商品一律不准退货。

六、零售企业物品包装、票据管理制度

1. 零售企业包装纸、袋的印制使用

(1)实行计划管理、统一印制,零售企业统一设计标志,不得印非标准印刷品。

(2)各卖场将印制计划报市场经营部,经营部审查设计后将校样及要求交行政部印

制保管。

（3）属于整个零售企业宣传性包装物,行政部根据市场经营部要求分配给各部室、各商店。

（4）各卖场所需包装物,一律到行政部领取、记账,记入各店每月费用。

2. 零售企业票据印制

（1）财务审计部根据业务需要,设计统一的票证。

（2）由行政部统一联系印制、保管。

（3）各部室、卖场根据工作、业务需要到行政部领取。

（4）本着节约原则,对零售企业印票数量合理确定,防止大量占用资金和库房。

七、顾客投诉处理制度

1. 为了处理好顾客投诉,维护零售企业的信誉和顾客的利益,特制定本制度。

2. 处理投诉的原则

（1）耐心倾听。耐心、平静地倾听顾客的投诉,不打断顾客的陈述,聆听顾客的不满和要求。

（2）让顾客满意。处理顾客投诉的最终目的不仅是解决问题或维护好零售企业的利益,其结果还关系到顾客在经历这一问题后是否愿意再度光临本零售企业。

（3）迅速处理。迅速地解决问题,如果超出自己处理的范围需要请示上级管理层时,也要迅速地将解决的方案告知顾客,不能让顾客等待太久。

（4）公平原则。处理棘手的顾客投诉时,应公平谨慎、有理有据,并尽可能参照以往或同类零售企业处理此类问题的做法。

（5）表示感谢。处理结束后,一定要当面或电话感谢顾客提出的问题和给予的谅解。

3. 处理投诉的技巧

（1）听顾客诉说

◎持积极主动的态度。

◎面带微笑。

◎保持平静的心情和合适的语速音调。

◎认真听取顾客投诉,不遗漏细节,确认问题所在。

◎让顾客先发泄情绪。

◎不打断顾客的陈述。

（2）表示同情与理解

◎用自己的行为、语气去劝慰对方。

◎站在顾客的立场为对方着想。

◎对顾客的行为表示理解。

◎主动做好投诉细节的记录。

（3）询问顾客

◎重复顾客所说的重点,确认是否理解顾客的意思和目的。

◎了解顾客的意思和目的。

◎了解投诉的重点所在,分析投诉事件的严重性。

◎告诉顾客自己已经了解到问题所在,并确认问题是可以解决的。

4. 顾客投诉处理应避免的言行

(1)表示不耐烦

◎同顾客争执或激烈讨论,情绪激动。

◎挑剔顾客的态度不好,说话不客气。

◎直接回绝顾客或中途做其他事情、听电话等。

(2)让顾客自己写经过

◎表明不能帮助顾客。

◎有不尊重顾客的言语行为。

◎激化矛盾。

(3)花费时间太长

◎处理时间过长。

◎犹豫,拿不定主意。

◎畏难情绪,中途将问题移交给别人处理。

5. 投诉处理总结

(1)顾客投诉的跟踪。

◎无论是顾客亲自到零售企业投诉还是打电话投诉,在进行处理时都必须做好记录,每笔记录都必须跟踪完毕,这体现出尊重顾客的基本原则。

◎管理层每日必须查看顾客投诉记录,并对超过一天未能解决的问题予以关注。

(2)顾客投诉周总结。每周对顾客投诉进行总结,总结各类引起顾客投诉的原因,列出赔款的金额。

(3)顾客投诉日总结。每日晨会或周会上固定分享顾客服务方面的信息,特别是处理顾客投诉方面的经验和教训,使所有员工都知道如何对待顾客的抱怨,掌握处理顾客投诉的技巧。

八、售后服务管理制度

1. 商品售出以后,应向顾客提供各项必要的服务,以提高服务质量,保持销售水平。

2. 要对顾客负责,零售企业应根据顾客需要加强售后服务工作。

3. 对于某些中高档的商品,要与厂家联系好,由零售企业和厂家共同负责售出产品的质量,并随时掌握商品需求供给特征,以便通过进一步改进产品,适合市场需要。

4. 商品在售出以后,发现不适或有其他问题,甚至在使用一段时期后发现由于商品本身所产生的质量问题,只要商品经核对确为本店出售,则应允许退换,实行部分或全部退款。

5. 顾客在购买商品,特别是购买一些大件、不便携带的中高档商品时,零售企业可以为顾客代办托运或者邮寄,但实施过程中,务必请顾客填写清楚相关信息,并根据商品性质,请顾客选择寄运方式,以便商品在途中安全完好,满足顾客需要。

第三节　零售企业服务管理常用表格

一、营业状况登记表

日　期	星　期	天　气	节　日	营业额(元)	来客数(人)	客单价(元)	商品数(个)	商品价(元)
1								
2								
3								
4								
5								
合　　计								
平　　均								
备　注								

二、营业情况日报表

单位:元

日　期	日营业项目	上期余额	期末总额	净营业额

三、商品进货记录表

	进货费用		商场代码		周结账目			
订单编号	供应商名称	供应商代号	发票号码	发票日期	会计科目号码	发票金额		核　对
						销售额	税　额	

四、商品价格登记表

序　号	商品编号	商品类别	商品名称	价　格	备　注

五、顾客资料登记表

顾客姓名：		顾客地址：
主要购买商品：		电话号码：
具体交易记录		
备注		

六、营业人员服务情况登记表

员工姓名	柜组	负责商品部类	仪容	着装	语言	态度	动作	行为	清洁卫生	商品管理	接等顾客	受顾客投诉			受顾客表扬			得分
												次数	原因	处理意见	次数	原因	奖励意见	

七、柜台服务情况登记表

柜　组	负责商品部类	受顾客投诉			受顾客表扬			备　注
		次　数	原　因	处理意见	次　数	原　因	奖励意见	

八、卖场服务情况登记表

楼　层	商品部类	柜组数	接受顾客投诉				接受顾客表扬			备　注
			次　数	原　因	处理意见	顾客态度	次　数	原　因	奖励意见	

九、营业人员服务情况月报表

楼　层：　　　　　　　　　　　　　　　　　　　　　　　　　柜　台：

姓　名	1	2	3	4	5	6	7	8	9	10	11	12	…	31	总　分

记　录：　　　　　　　　　　　　　　　　日　期：

十、柜台服务情况月报表

楼　层：　　　　　　　　　　　　　　　　　　　　　　　　　日　期：

柜　组	1	2	3	4	5	6	7	8	9	10	11	12	…	31	总　分

十一、卖场服务情况月报表

楼　层：　　　　　　　　　　　　　　　　　　　　　　　　　柜　台：

姓　名	1	2	3	4	5	6	7	8	9	10	11	12	…	31	总　分

记　录：　　　　　　　　　　　　　　　　日　期：

十二、顾客表扬情况登记表

日　期	受表扬人	楼　层	柜　台	原　因	处理意见	备　注
合　计　得　分						

情况分析：

登　记：　　　　　　　　　　制表日期：

十三、顾客投诉情况登记表

经办人：　　　　　　　　　　　　　　　　　时　间：

顾　客		订单编号		生产商		交货日期	
商品名称及规格			单　位	数　量		金　额	

投诉内容	投诉缘由								经办人	
	顾客要求	赔　款	折　价	退　货	数　量	金　额	其　他			
	经办人意见								经　理	

零售企业意见：

生产商意见：

财务部门意见：

副总经理意见：

总经理意见：

备　注：

十四、顾客投诉处理通知表

编　号：　　　　　　　　　　　　　　　　　　　　　　　　日　期：

顾客名称		经办人	
投诉受理编号		受理日期	
问题发生部门		投诉受理人	
投诉事实			
发生原因调查结果：		顾客希望： 1. 换新品 2. 退款 3. 打折扣 4. 至顾客处更换 5. 其他	
		营销部观察结果	
商场(超市)处置对策：		商场(超市)对策实施要领	
		对策实施确认：	

签　核：

十五、索赔情况登记表

案　名		发生日期	
负责人		接听电话者	
索赔者姓名		索赔者住址	
索赔内容			
索赔者的要求			
索赔的原因			
索赔处理过程			
总　结			
解决日期	年　　月　　日	签　章	

十六、退换货申请表

编　号：　　　　　　　　　　　　　　　　　　　　　　　日　期：

顾客名称				销售部门			
退换货货品名称	规　格	单　价	数　量	总　价	批　号	顾客签名	
退换货原因：							
原因核查： 核查人：							
经理意见				主管意见			

十七、退换商品验收情况登记表

编　号：　　　　　　　　　　　　　　　　　　　　　　　日　期：

退换货方				验收人	
退换货商品名称	规　格	单　价	数　量	总　价	商品情况说明

十八、顾客投诉处理情况登记表

编　号：　　　　　　　　　　　　　　　　　　　　　　　日　期：

客户名称		商品名称		规　格	
交货批号		料　号		投诉数量	处理日期
项　目	内　容			负责部门签章	
投诉内容					
客户要求					
调查分析					

续表

改善对策	
投诉处理 建　议	（　）检修或返工　　　（　）赔偿 （　）以良品交换　　　（　）折价 （　）非本公司责任　　（　）退货	
经理批示：	
备　注：	

十九、顾客抱怨处理情况登记表

编　号：　　　　　　　　　　　　　　　　　　　　　　　日　期：

受理时间	
抱怨受理方式或地点	1. 信　2. 电话　3. 来访　4. 卖场内
受理人	
抱怨见证人	
地　址	
处置紧急度	1. 很急　2. 急　3. 普通
承办人	
处理日	
处理内容	
费　用	
保　障	
原因调查会议	
原因调查人员	
原　因	1. 严重原因　2. 偶发原因　3. 疏忽大意　4. 不可抗拒原因
记载事项	
检　讨	
备　注	

二十、顾客抱怨分析表

顾客名称		发生日期	
抱怨内容			原　因

取得企业内何人协助能对事情的解决有帮助。是否已取得此人协助	自抱怨发生至今,与顾客的接触情况
你认为顾客希望如何解决	在处理当中
	可能会遇到的困难 · 处理方法
零售企业有没有办法满足顾客希望	处理之前的具体行动
主管建议:	
备 注:	

二十一、顾客投诉处理月度登记表

序号	客户名称	受理日期	处理日期	客户投诉处理单号码	货号	品名	规格	数量	投诉处理结果	备注

第五篇

零售卫生与后勤管理

零售企业卫生管理标准与操作规范

第一节 零售企业卫生执行标准

一、卖场环境卫生执行标准

1. 设置员工更衣室

员工更衣室的设置,让所有从业人员在作业前,换穿工作服及存放穿戴的衣物、佩饰。更衣室内应设置储衣柜及鞋架,室内需配置镜子以整理仪容。

2. 设置个人消毒设施

(1)消毒室的墙面须贴白瓷砖以便于清洗。

(2)入口处设有刷鞋池,并备有鞋刷。

(3)入口处两边的墙壁钉有清洁液架,以放置清洁液或肥皂。

(4)两边设置洗手台,并安置数个肘压式的水龙头及毛刷。

(5)洗手台的下方设置消毒池,池深约20厘米,可淹及鞋面,消毒池内泡消毒剂,或用200毫升/升有效氯消毒液。每日必须更换或补充氯水,以维持有效氯的浓度,达到消毒效果。

(6)洗手台后侧墙边设置纸巾架或毛巾架。

(7)毛巾架后侧设手指消毒器。

(8)设置手肘或脚踏式的门,防止手部再污染。

3. 卖场场地设施要求

(1)卖场的地面须以磨石或金刚砂等不透水材料铺设,也须有适当的斜度,以利于排水,借以防止地面积水滋生细菌,或造成湿滑以影响作业安全。卖场的地面在每天作业前、作业后及午休前应予以冲洗,以维护场地卫生。

(2)墙面须贴一定高度的白瓷砖或粉刷白色漆,以便于清洗。天花板应完整无破损,避免积水、尘土、蜘蛛网或凝水的现象。干燥清洁的环境,可防止细菌生长、繁殖。

(3)设有完善的排水设施。生鲜食品处理,用水量相当多,若卖场场地无良好的排水设备,常常会使卖场积水而无法作业。为便于排放废水,场内须设排水沟,并有适当坡度,借以畅通排水。因为较大的废弃物若流入排水沟内将阻塞排水管道,故其出口处应设有滤水网,水网的设置还可防止蟑螂、蚊虫、昆虫等病媒自排水沟内侵入作业场,以维持场地卫生。

(4)卖场内不得堆放无关的物品,否则不仅将影响作业,还会造成卫生管理上的死角,并易发生意外事件。

（5）卖场应有良好的照明及空气调节设施。要注意灯管、灯泡，同时要加护罩，以免破碎时掉入生鲜食品中。为维护生鲜食品的鲜度，卖场内的温度在处理作业时也应尽量降低，维持 15～18℃。另外为维持卖场场地空气的新鲜，宜控制湿度，维持室内干燥。

（6）卖场内应有防止病媒侵入设施。病媒是指病原体自一寄主带至另一寄主的携带者，也即病原体的媒介物。它能使病原体由一患者或带菌者传至健康者，而使其患病或带菌。由于多数的传染病仰赖节肢动物为媒介，所以一般所谓病媒防治是指蚊、蝇、蟑螂、跳蚤、鼠等动物的防治。

防治病媒的方法主要有两种：

◎防止病媒侵入卖场：设置纱门、黑走道、空气帘、水封式水沟。

◎捕杀病媒：以化学药品毒杀或捕虫灯、捕鼠笼、捕蝇纸等捕捉病媒。

（7）设置冷冻、冷藏库贮存原料与半成品、成品。为保持生鲜食品的鲜度，生鲜食品的原料、半成品、成品等应减少暴露于常温时间，并应迅速进冷冻、冷藏库降温。冷藏库的温度应控制在 0～2℃之间，而冷冻库的温度应维持在 -18℃以下，并经常检查其温度是否符合要求。

（8）区隔处理不同种类的产品。为防止产品相互污染，应分别设置果菜、水产、畜产及加工室，而且同一容器中不得混装产品。

二、卖场外环境卫生执行标准

1. 灯箱保持清洁、明亮，无裂缝、无破损。霓虹灯无坏损灯管。
2. 幕墙内外玻璃每月清洗一次，保持光洁、明亮，无污渍、水迹。
3. 旗杆、旗台应每天清洁，保持光洁无尘。
4. 升挂的国旗、公司旗每半个月清洗一次，每 3 个月更换一次，如有破损立即更换。
5. 场外挂旗、横幅、灯笼、促销车等促销气氛的展示物品应保持整洁，完好无损。
6. 雨后应及时擦干休息椅椅面。

三、办公区环境卫生执行标准

1. 新进人员必须了解卫生的重要性与相关知识。
2. 各工作场所内，均须保持整洁，不得堆积已发生臭气或有碍卫生的垃圾、污垢。
3. 各工作场所内的走道及阶梯，至少每日清扫一次，并采用适当方法减少灰尘飞扬。
4. 各工作场所内，应严禁随地吐痰。
5. 饮水必须清洁。
6. 其他卫生设施，必须特别保持清洁。
7. 排水沟应经常清除污秽，保持清洁畅通。
8. 凡可能寄生传染菌的原料，应于使用前施以适当的消毒。
9. 凡可能产生有碍卫生的气体、尘灰、粉末的工作，应遵守下列规定：

（1）采用适当方法减少此项有害物的产生。

（2）使用密闭器具以防止此项有害物的散发。

（3）于发生此项有害物的最近处，按其性质分别做凝结、沉淀、吸引或排除等措施。

10. 凡处理有毒物或高热物体的工作或从事于有尘埃、粉末或有毒气体散布场所的工作，或暴露于有害光线中的工作等，须穿用防护服装或器具，并按其性质置备。

对于本零售企业的防护服装或器具，凡使用人员，必须熟练使用。

11. 各工作场所的采光，应依下列规定：

（1）各工作部门有充分的光线。

（2）光线须有适宜的分布。

（3）须防止光线的炫目及闪动。

12. 各工作场所有窗面及照明器具的透光部分，均须保持清洁，勿使其有所掩蔽。

13. 凡阶梯、升降机上下处及机械危险部分，均须有适度的光线。

14. 各工作场所应保持适当的温度，可采用暖气、冷气或通风等方法调整温度。

15. 各工作场所应充分使空气流通。

16. 食堂及厨房的一切用具及环境，均须保持清洁卫生。

17. 垃圾、污物、废弃物等的消除，必须符合卫生的要求，放置于所规定的场所或箱子内，不得任意乱倒堆积。

18. 零售企业应设置甲种急救药品设备并存放于小箱或小橱内，置于明显之处以防污染且便于取用。每月必须检查一次，其内容物有缺时应随时补充。

四、员工卫生执行标准

生鲜食品无论搬运、处理、装盒、标价等步骤的实施，均需人的双手才能完成，而从业人员以手接触生鲜食品的机会最多，若能建立良好的个人卫生习惯，可减少生鲜食品受到污染并可确保生鲜食品的鲜度及品质。

1. 员工工作时应穿戴干净束领的工作衣、帽及口罩，凡进入卖场的员工、上级主管及参观人员，一律要依下列规定实施：

（1）穿戴整齐干净的工作服、工作帽并换穿雨鞋。

（2）刷洗工作鞋。

（3）洗刷手部并在消毒池消毒鞋面。

（4）以纸巾或消毒的毛巾擦干手部。

（5）消毒手部。

（6）以手肘或脚部推门进入卖场。

（7）工作衣帽。进入卖场的从业人员穿戴工作衣、帽，可以防止头发、头皮屑或其他杂物混入食品中。工作衣、帽的制作原则如下：

◎要以卫生、舒适、方便、美观为主。

◎质料以不沾毛絮、易洗、快干、免烫、不易脱色为原则。

◎颜色以白色、浅蓝、浅绿、粉红为主，因其比较容易辨别清洁与否。

◎工作帽以能密盖头发为原则。

◎工作衣以能密盖便服的衣领及袖口为原则,其袖口有松紧带,以防止袖口松散而容易被运转的机器碾压或切到。

◎衣帽的颜色要一致。零售企业工作人员所穿戴的工作服、帽容易沾染血水、油渍等秽物,所以要常常换洗,保持衣、帽干净,以免穿戴不洁的衣、帽污染生鲜食品而影响商品品质。

(8)口罩。在卖场作业时,员工间难免因事请求指示或相互交谈,为防止交谈中口水混入生鲜食品中而污染商品,故作业人员一律要戴口罩。

(9)工作鞋。处理生鲜食品时需大量使用水来清洗原料或半成品。清洗过的水因含有油脂容易使地面湿滑,若穿不合适的鞋子,容易滑倒,而影响作业人员的安全。因此,工作人员作业时,必须穿工作雨鞋,以维护工作人员的工作安全。而选购及使用工作雨鞋须注意下列原则:

◎颜色以浅色为主,较易辨识清洁与否。

◎必须选购较易止滑的工作雨鞋。

◎工作雨鞋以长筒为宜。

◎穿工作雨鞋必须将裤管塞入鞋内。

◎零售企业工作人员在进入卖场前,先要把鞋面刷洗干净,以除去鞋面上附着的油污及不洁物。

2. 对手部进行彻底的清洗、消毒

手是人体主要操作的器官,也是人体与外界接触最多的部位,手部除指甲易藏垢外,其外层皱折的皮肤也很容易纳垢、藏菌。所以在工作时手部的污染源或污垢,很容易污染所接触的生鲜食品。而生鲜食品,直接关系到人的身体健康,绝对不容许被病源或异物污染,因此生鲜食品的作业人员,要特别注意手部的卫生。手部的细菌有两种,一种是附着于皮肤表面,称为暂时性细菌,可以用清洁剂洗去。而另一种是永久性细菌,必须戴手套方能阻止其污染。

3. 禁止患有皮肤病的员工在生鲜食品柜台进行作业

患有皮肤病及手部有创伤、脓肿的病患者,其身上或手部的病菌容易污染经处理、包装的生鲜食品,影响其卫生安全。故必须特别注意从业人员的身体健康状况,并定期做健康检查,检查项目包括皮肤病、传染病、X 光透视、乙型肝炎。而创伤、脓肿的部分会产生葡萄球菌,生鲜食品受污染后会产生耐热性的肠内素,容易导致食物中毒,应防止其进场作业,或戴手套作业。而手套应选择不透气易清洗的质料,并经常检查手套是否有破损且要时常刷洗清洁及消毒。此外,应设置手套架,放置手套,保持通风易干。

4. 养成良好的卫生习惯

员工拥有良好的卫生习惯,不但可以维护个人的身体健康,还可杜绝许多污染源。凡从业人员出场处理事物或上洗手间,再进场时,一律要经过再消毒手续。不得随地吐痰,因为痰或口水中含有许多细菌及病毒,可借痰或唾液传播至生鲜食品,故应禁止作业场内随地吐痰及咀嚼零食、饮食食物。为防止烟灰掉落于生鲜食品上,也须禁止从业人员在作业场内吸烟。

第二节　零售企业卫生清洁操作规范

一、柜台卫生清洁操作规范

零售卖场专柜人员有义务保持卖场环境卫生整洁,遵守零售企业的卫生管理规定,服从零售企业管理人员的监督管理,配合清洁人员共同搞好卖场卫生。

1. 专柜经营者不得超高超长摆放商品。
2. 爱护卖场内的一切设施和设备,损坏者照价赔偿。
3. 不得随地吐痰、乱扔杂物等。
4. 各专柜的经营人员必须保持自己铺位或柜台所辖区域卫生。
5. 经营人员不能在禁烟区内吸烟。

二、通道、就餐区卫生清洁操作规范

1. 公告栏由分店行政部指定专人管理。管理人员应对需张贴的通知、公告等文件资料内容进行检查、登记,不符合要求的不予张贴。员工应注意协助维护公告栏的整洁,不得拿取、损坏张贴的文件资料。
2. 员工通道内的卡钟、卡座应挂放在指定位置,并保持卡座上的区域标志完好无损。
3. 考勤卡应按区域划分插放于指定位置,并注意保持整洁。
4. 用餐后应将垃圾扔入垃圾桶。
5. 茶渣等应倒在指定的垃圾桶内,不能倒入水池。
6. 当班时间不得在就餐区休息、吃食物。

三、更衣室卫生清洁操作规范

1. 清洁地面
扫地、湿拖、擦抹墙脚、清洁卫生死角。
2. 清洁浴室
(1)用洗洁精配水洗擦地面和墙身。
(2)洗抹碱油缸。
(3)用布清洁门、墙头。
(4)清洁洗手台、盆。
3. 清洁员工洗手间
4. 清洁工衣柜的柜顶、柜身
5. 室内卫生清洁
(1)清理烟灰缸。
(2)打扫天花板,清洁空调出风口。
(3)清洁地脚线、装饰板、门、指示牌。

（4）打扫楼梯。

（5）清倒垃圾，做好交接班工作。

6. 拾获员工物品

拾获员工物品应及时登记上交保安部并报告部门领班、主管。

四、洗手间环境卫生清洁操作规范

1. 所有清洁工序必须自上而下进行。

2. 放水冲入一定量的清洁剂。

3. 清除垃圾杂物，用清水洗净垃圾并用抹布擦干。

4. 用除渍剂清除地胶垫和下水道口，清洁缸圈上的污垢和渍垢。

5. 用清洁桶装上低浓度的碱性清洁剂彻底清洁地胶垫，不可在浴缸里或脸盆里洗。桶里用过的水可在做下一个卫生间保洁前倒入其厕内。

6. 在镜面上喷上玻璃清洁剂，并用抹布清洁。

7. 用清水洗净水箱，并用专备的擦杯布擦干。烟缸上如有污渍，可用海绵块蘸少许除渍剂清洁。

8. 清洁脸盆和化妆台，如客人有物品放在台上，应移开，将台面抹净后将其复位。

五、玻璃门窗、幕墙卫生清洁操作规范

玻璃门窗、幕墙清洁要达到的标准是：玻璃面上无污迹、水迹；清洁后用纸巾擦拭。要达到这个标准，必须定期、有计划地进行清洁，防止尘埃堆积，保持清洁。具体清洁方法如下：

1. 先用刀片刮掉玻璃上的污迹。

2. 把浸有玻璃清洁溶液的毛巾裹在玻璃上，然后用适当的力量按在玻璃顶端从上往下垂直洗抹，污迹较重的地方重点抹。

3. 去掉毛巾用玻璃刮，刮去玻璃表面的水分。一洗一刮连续进行，当玻璃接近地面时，可以把刮做横向移动。作业时，注意防止玻璃刮的金属部分刮花玻璃。

4. 用无绒毛巾抹去玻璃框上的水珠。

5. 最后用地拖拖干地面上的污水。

6. 高空作业时，应两人作业并系好安全带，戴好安全帽。

六、零售卖场灯具清洁操作规范

零售卖场灯具清洁的目标是：清洁后的灯具无灰尘，灯具内无蚊虫，灯盖、灯罩明亮清洁。要达到这个标准，其清洁必须做到：

1. 关闭电源，一手托起灯罩，一手拿螺丝刀，拧松灯罩的固定螺丝，取下灯罩。如果是清洁高空的灯具，则需架好梯子，人站在梯上作业，但要注意安全，防止摔伤。

2. 取下灯罩后,用湿抹布擦抹灯罩内外污迹和虫子,再用干抹布抹干水分。

3. 将灯罩装上,并用螺丝刀拧紧固定螺丝,但不要用力过大,防止损坏灯罩。

4. 清洁灯管时,也应先关闭电源,打开盖板,取下灯管,用抹布分别擦抹灯管及盖板,然后重新装好。

七、手扶梯、电梯清洁操作规范

1. 手扶梯:每天四次抹手扶梯表面及两旁安全板,每天两次踏脚板、梯级表面的吸尘,每周一次扶手带及两旁安全板表面打蜡。

2. 电梯:每天两次扫净及清擦电梯门表面,每天两次抹净电梯内壁、门及指示板,每天一次电梯天花板表面除尘,每天一次电梯门缝吸尘,每天一次抹净电梯通风口及照明灯片,每周一次给电梯表面涂上保护膜,遇有需要时应对电梯槽底清理垃圾。

八、卖场外地面清洁操作规范

零售卖场室外地面清洁要达到的标准是:地面无杂物、积水,无明显污渍、泥沙;果皮箱、垃圾桶外表无明显污迹,无垃圾黏附;沙井、明沟内无积水、无杂物;距宣传牌、雕塑半米处目视无灰尘、污迹。为达到此标准,必须坚持做到:

1. 每天两次,用扫把、垃圾斗对室外地面进行彻底清扫,清扫地面果皮、纸屑、泥沙和烟头等杂物。

2. 每天营业时间每隔半小时至一小时巡回清扫保洁一次。

3. 发现污水、污渍、口痰,必须在半小时内冲刷、清理干净。如地面粘有口香糖,要用铲刀消除。

4. 果皮箱、垃圾桶每天上、下午各清倒一次,并用长柄刷子蘸水洗刷一次。

5. 沙井、明沟每天揭开铁算盖板彻底清理一次。

6. 室外宣传牌、雕塑每天用湿毛巾擦拭一次。

第20章 零售企业卫生管理制度与表格

第一节 零售企业卫生清洁人员岗位职责

一、卫生主管岗位职责

1. 负责零售卖场的环境美化、绿化和保洁工作,划分卫生责任区并制定各区域卫生标准。

2. 认真检查场内卫生,每天对保洁队负责的公共卫生区域巡视检查一次;每周对零售卖场各部门分管的卫生区进行一次检查,并做出记录。对发现的问题,当天解决。重大或未纠正的问题,书面向主管经理做出报告,限期解决,保证卫生达标。

3. 负责商场保洁、环卫工作的对外联系事务。

4. 负责卫生清扫设备及药品的鉴定和进货使用。

5. 负责劳动用具、环卫器具购置计划及发放等工作。

6. 安排灭蝇、灭鼠、灭虫工作。

7. 负责向零售企业领导汇报工作,及时提出意见和建议,在上级领导下,认真落实上级指示,搞好卫生工作。

二、洁净部经理岗位职责

1. 在零售企业经理的领导下,负责零售卖场公共场所的卫生清洁工作。

2. 制订工作计划和部署每周部门工作,合理安排人力、物力、确保计划顺利实施。

3. 领导属下清洁工进行重点部位的清洁卫生工作和日常工作。

4. 制订卫生工作计划,并组织实施,确保卫生清洁工作的高标准、经常化。

5. 合理安排卫生清洁班次及时间,公共区域的卫生清洁要避开营业高峰期,并回避顾客。

6. 督促检查各班的清洁卫生工作,掌握工作进程,检查工作质量,提出改进意见。

7. 负责申领和控制清洁用品和用具,减少费用开支。

8. 月底前做好本部门清洁消耗费用结算,报财务部经理。

9. 负责清洁工的教育培训及每月考勤、考核和效益工资的发放。

三、清洁人员岗位职责

1. 清洁人员上岗时要按要求穿好工作服装、佩戴好统一标志,做到着装整洁,精力充沛地上岗工作。

2. 遵守零售企业的各项规章制度,维护企业的荣誉和诚信,不与售货人员及熟人闲谈,不做与工作无关的事。

3. 操作中要严格操作程序,认真负责,清洁彻底,不留死角,达到卫生标准要求。

4. 操作中保护好商品和公共设施,爱护专用清洁器具,注意安全,防止任何事故的发生。

5. 严格执行片区保洁责任制,确保片区卫生必须达到规定标准。应随时巡视卖场,发现污物、杂物应及时处理,随时保证商场内的清洁卫生。

6. 清洁人员要努力提高自身素质和对商场负责的觉悟,服从主管人员工作安排,遵守商场工作纪律,工作时间坚守岗位。上班佩戴工作牌,服装要整齐、干净。

7. 清洁人员对卖场其他工作人员、顾客服务要热情周到,举止端庄,礼貌大方。

8. 不准私拿公物,私卖废品。拾到物品,应及时上交主管。当班人员不得做与本职工作无关的事。

9. 要随时清除干净卖场内的垃圾,用垃圾桶、垃圾袋及时运送出场外或指定地点并倒入集装箱。不准用扶梯运送垃圾,运送垃圾必须走楼梯通道,扶梯上、楼梯及周围的污渍、垃圾必须及时清除。

10. 清洁人员在工作中有权劝阻、制止破坏公共卫生的行为,不能处理、解决时应立即向上级主管汇报,有权提出工作中的一些合理化建议。

11. 负责管理好片区卫生器具,确保卫生器具整洁、布置合理。卫生器具不使用时要摆放整齐,不得乱扔乱放,保证环境整洁。

第二节　零售企业卫生管理制度

一、零售企业卫生管理制度

1. 为确保零售企业员工与顾客的身体健康,提高工作质量和服务质量,使卫生工作制度化,特制定本制度。

2. 卫生管理工作统一由行政部负责。

3. 停车场要保持清洁,各种车辆按规定地点停放整齐。

4. 保持零售卖场内店堂、走廊、公厕的清洁,做到光亮、无异味。

5. 保持内部厕所、浴室、理发室及其他公共场所洁净、无蚊蝇。

6. 各部门办公室内要保持整齐,窗明几净,不得将室内垃圾扫出门外。

7. 垃圾分类后倒入指定地点,不得倒在垃圾道或垃圾桶外。倒完垃圾后要及时盖好盖子。

8. 爱护和正确使用厕所设备。卫生巾、手纸要扔入篓内,严禁将茶根、杂物倒入洗手池。

9. 各部室和商店的办公室、库房、食堂等场所,由在其间工作的员工负责打扫,做到日扫日清、定期大扫除。

10. 公共卫生区域由零售企业保洁员清扫,对零售企业实行卫生质量、费用承包。

11. 零售企业行政部设卫生管理员,负责卫生检查工作。

12. 零售企业每半年组织一次卫生大检查,此外重大节日前也要进行检查,并对卫生工作做出讲评。

二、零售企业卫生管理准则

1. 本零售企业为维护员工健康及工作场所的环境卫生,特制定本准则。

2. 凡本零售企业卫生事宜,除另有规定外,皆依本准则实行。

3. 本零售企业卫生事宜,全体人员必须一律确实遵行。

4. 凡新进入员工,必须了解清洁卫生的重要性与必要的卫生知识。

5. 各工作场所内,均必须保持整洁,不得堆放垃圾、污垢或碎屑。

6. 各工作场所内的走道及阶梯,至少每日清扫一次,并采用适当方法减少灰尘飞扬。

7. 各工作场所内,严禁随地吐痰。

8. 饮水必须清洁。

9. 洗手间、更衣室及其他卫生设施,必须保持清洁。

10. 排水沟应经常清除污秽,保持清洁畅通。

11. 凡可能寄生传染菌的原料,应于使用前适当消毒。

12. 凡可能产生有碍卫生的气体、灰尘、粉末,应做如下处理:

(1)采用适当方法减少有害物质的产生。

(2)使用密闭器具以防止有害物质的散发。

(3)在产生此项有害物的最近处,按其性质分别做凝结、沉淀、吸引或排除等处置。

13. 凡处理有毒物或高温物体的工作或从事有尘埃、粉末或有毒气体散布的工作,或暴露于有害光线中的工作等,需用防护服装或器具者,零售企业按其性质制备相应的防护服装或器具。

14. 各工作场所的采光应满足下列要求:

(1)各工作部门必须有充分的光线。

(2)光线必须有适宜的分布。

(3)光线必须防止炫目及闪动。

15. 各工作场所的窗户及照明器具的透光部分,均必须保持清洁。

16. 凡阶梯、升降机上下处及机械危险部分,均必须有适度的光线。

17. 各工作场所必须保持适当的温度,并根据不同的季节予以调节。

18. 各工作场所必须保持空气流通。

19. 食堂及厨房的一切用具,均必须保持清洁卫生。

20. 垃圾、废弃物、污物的清除,应符合卫生的要求,放置于指定的范围内。

21. 零售企业应设置常用药品并存放于小箱或小橱内,以便于员工取用。

三、个人卫生管理制度

1. 为规范个人卫生的管理,特制定本制度。

2. 作业时应穿干净束领的工作衣,戴工作帽和口罩。

凡进零售卖场的员工、上级主管及参观人员,一律要遵守下列规定。

(1)穿整齐干净的工作服,戴工作帽,并换穿雨鞋。

(2)刷洗工作鞋,并在消毒池消毒鞋面。

(3)洗刷手部。

(4)以纸巾或已消毒的毛巾擦干手部。

(5)消毒手部。

(6)以手肘或脚部推门进入作业场。

(7)穿戴工作衣帽。进入卖场的从业人员应穿工作衣,戴工作帽,以防止头发、头皮屑或其他杂物混入食品中。

(8)戴口罩。在卖场作业时,员工间难免因事请求指示或相互交谈,为防止交谈中口水混入生鲜食品中而污染商品,作业人员一律要戴口罩。口罩有布纱口罩及纸质口罩两种,可依作业需求选择戴用。

(9)穿工作雨鞋。处理生鲜食品时需大量使用水来清洗原料或半成品。清洗过的水因含有油脂容易使地面湿滑,若穿不合适的鞋子,容易滑倒,从而影响作业人员的人身安全。为维护从业人员的工作安全,作业时必须穿工作雨鞋。

3. 生鲜食品直接关系到顾客的身体健康,绝对不容许被病源或异物污染,因此生鲜食品的作业人员,要特别注意手部的卫生。手部的细菌有两种,一种是附着于皮肤表面,称为暂时性细菌,可以用清洁剂洗去;另一种是永久性细菌,必须戴手套方能阻止其污染。

4. 指甲要剪短,不要涂指甲油。指甲是容易藏污、纳垢的地方,指甲长时更容易如此。藏在指甲中的污垢很容易污染生鲜食品,因此员工不得蓄留指甲,以维护生鲜食品的卫生安全。

5. 患有皮肤病或手部有创伤、脓肿的,或患有传染性疾病者不得接触生鲜食品。

6. 作业时员工要有良好的卫生习惯。

四、专柜柜台卫生管理规定

1. 不得超高超长摆放商品。

2. 专柜经营者要爱护零售卖场内的一切卫生设施和设备,损坏者照价赔偿。

3. 不得随地吐痰、乱扔杂物等。

4. 各专柜的经营者必须保持自己铺位或柜台所辖区域的卫生。

5. 专柜经营者不能在禁区内吸烟。

6. 晚上清场时要将本铺位的垃圾放到通道上,便于清理。

五、公共区域清扫管理规定

1. 零售企业清洁卫生管理制度是对零售企业的办公室、更衣室、电梯、卫生间等公共区域或物品的清洁卫生工作的管理规定。

2. 零售企业要树立良好的形象,为员工提供健康舒适的工作环境,就必须建立科学合理的清洁卫生管理制度,做好清洁卫生工作。

3. 本零售卖场清洁地面的工作职责包括扫地、拖地、擦抹墙脚、清洁卫生死角等方面。

4. 清洁浴室的工作包括洗擦地面和墙身(特别是砖缝位置)、洗抹碱油,以及清洁门、墙和洗手池等。

5. 卖场楼层的环境卫生包括走廊、电梯间、楼层服务台的工作间、消毒间、走廊楼梯等卫生。

6. 走廊卫生工作包括走廊地毯、走廊地面的清洁和走廊两侧的防火器材、报警器擦拭等。

7. 电梯间卫生工作主要指保持电梯间的清洁、明亮、整洁。

8. 楼层服务台卫生工作主要包括服务台面的擦拭,清扫服务台里面的卫生,整理好各种用具,保持整个服务台周围的清洁整齐等。

9. 工作间各种物品要分类摆放,保持整齐、安全。

10. 防火楼梯要保持畅通且干净。

11. 消毒间的卫生包括地面卫生、橱柜卫生和清洗池内外卫生,以及热水器擦拭等。

12. 凡零售企业卫生事宜,除另有规定外,皆依本规定执行,全体人员必须严格遵行。

六、更衣室清洁管理制度

1. 本零售卖场更衣室清洁地面的工作职责,包括扫地、拖地、擦抹墙脚、清洁卫生死角等方面。

2. 清洁浴室包括擦洗地面和墙身,清洁门、墙和洗手池。

3. 清洁更衣室、员工洗手间。

4. 清洁更衣室衣柜的柜顶、柜身。

5. 清洁更衣室内卫生。

6. 如拾到员工物品,及时登记并上交商场超市保安部。

七、卫生间清洁管理制度

1. 所有清洁工作都要自上而下进行。

2. 放水冲入一定量的清洁剂。

3. 清除垃圾杂物,用清水洗净垃圾桶并用抹布擦干。

4. 用除渍剂清除地胶垫和下水道口,清洁缸圈上的污垢和渍垢。

5. 用清洁桶装上低浓度的碱性清洁剂彻底清洁地胶垫,不可在浴缸里或脸盆里洗。

桶里用过的水可在做下一间卫生间保洁前倒入其厕内。

6. 在镜面上喷上玻璃清洁剂,并用抹布清洁。

7. 用清水洗净水箱,并用专备的擦杯布擦干。烟缸上如有污渍,可用海绵块蘸少许除渍剂清洁。

8. 清洁脸盆和化妆台,如客人有物品放在台上,应小心移开,待将台面抹净后仍将其复位。

9. 用海绵块蘸少许中性清洁剂擦除脸盆镀锌件上的皂垢、水斑,并随即用干抹布擦亮。禁止用毛巾做抹布。

10. 若客人在浴缸里用了橡胶防滑垫,则视其脏污程度用相应浓度的清洁剂刷洗并用清水洗净,然后可用一块大浴巾裹住垫子卷干。这是唯一允许将客用布巾做清洁用具的情况。

11. 将用过的脚垫巾放入浴缸,以便可以站在上面清洁浴缸内侧的墙面。一般情况下,只需用中性清洁剂即可,过后随即擦干。

12. 用海绵蘸上中性清洁剂洗浴帘内侧,特别要注意浴帘下沿,两面都要清洁干净。

13. 抹净浴帘杆,晾衣绳盒等。

14. 拿出浴缸里的垫巾,站在浴缸外侧清洁水暖器件和墙面、浴缸里面。

15. 清洁并擦干净墙面与浴缸接缝处,防止发霉。

16. 清洁浴缸外侧。

17. 用中性清洁剂清洁座厕水箱、座沿盖子及外侧底座等。

18. 用座厕刷清洗座厕内部并用清水冲净,确保座厕四周及上下清洁无污物。

19. 将防滑垫卷起竖放在浴缸内沿一侧。

20. 更换用过的毛巾,补充日用品,并在工作报表上注明品种与数量。

21. 清洁洗脸盆下面的水管。

22. 从里往外边退边抹净地面,视需要用些清洁剂。

23. 将至门口时,转身清洁卫生间门背后,然后再退至门外将地面抹净。

24. 工作无误后即关灯并将门锁上,将待修项目记下来并上报。

八、日常清洁管理制度

1. 每日上班前把各自负责的地段清扫一遍,然后进行跟踪清扫,做到无枯草落叶、无碎渣、无纸屑、无痰迹、无烟头。

2. 要根据天气的变化进行合理清扫,台风、大雨前要及时沟通各排水沟,清除大堂前面的积水。

3. 卖场前每月喷水清洗一次。如有重大节日及重大接待任务等特殊情况则根据需要增加清洗次数。

九、盆景保管制度

1. 所有石山盆景逐一挂铁牌、编号，并拍照入册，做到盆景、名称、编号牌、照片对号存档，确保妥善管理。

2. 新坛（新制作上盆）盆景及时编号、拍照入册，出现损失及时报告存档备查（并应由管理者、领班、经理共同签名确认）。

3. 室内换盆景、每次出入应登记编号并注明摆放起止时间、地点及生长状态。

4. 所有盆景每年应全面盘点，由主管、领班及保管者盘点后共同签名交有关部门存档备案。

十、草地保养管理制度

1. 每个月要用旋刀机修剪草地一次，每季度施肥一次，入秋后禁止剪割。

2. 春、夏季的草地每周剪两次，长度一般控制在 20 毫米，冬季每周或隔周剪草一次，当月培土一次，隔月疏草一次，隔周施水、肥一次，隔周施绿宝一次。

3. 割草前应检查机具是否正常，刀具是否锋利，滚筒剪每半月用研磨砂磨合一次，每季度折底刀打磨一次，圆盘剪每次剪草需磨刀 3 把，每剪 15 分钟换刀一把。

4. 草地修剪应采用横、竖、转方法交替割草，防止转弯处局部草地受损过大，割草时行间叠合在 40% ~ 50%，防止漏割。

5. 避免汽油机漏油于草地，造成块状死草，注意启动气垫机、停止时避免放斜机身，防止草地起饼状黄印，注意勿剪断电机拖线，避免发生事故。

6. 工作完毕后，要清扫草地，做好清洗机具和抹油等保养工作。

第三节　零售企业卫生管理常用表格

一、环境卫生检查表

部　门：　　　　　　　　　　　　　　　　　　　　　　　　　　检查者：

序　号	时　间	检查项目	地　点	责任者	检查结果				备　注
					整理	整顿	清洁	标示	

二、日常清洁工作检查表

工 作 项 目	星期日	星期一	星期二	星期三	星期四	星期五	星期六
1. 擦拭店内玻璃及镜面							
2. 擦拭灯罩内、外侧							
3. 擦拭画框及镜面							
4. 整理废纸箱及前、后镜							
5. 保养花木,为其浇水、擦叶及剪黄叶							
6. 擦拭花盆及盆座							
7. 擦拭铜条							
8. 擦拭所有木制家具							
9. 清洁大门口、楼梯、地毯及人行道							
10. 清洁沙发、墙缝和窗缝的垃圾							
11. 扫地、拖地及清理垃圾							
值班经理签名/日期							

三、区域卫生计划表

部 门	区 域				
	仓 库	走 道	空 地	外部环境	水 沟
清洁说明					

四、清洁卫生工作安排表

序 号	姓 名	时 间	清洁项目	核查时间	核查人	核查结果	备 注

五、清洁工作列表

序 号	清洁项目	每天清洁工作内容	每周清洁工作内容	每月清洁工作内容	清洁质量标准

第21章　零售企业设备管理规范

第一节　零售企业设备采购与安装操作规范

一、设备采购操作规范

1. 设备选择要求

（1）选购设备要根据本零售企业的实际需要与可能来选择适当的设备，不可盲目，要注意配套；技术上要先进、性能要好，安全、方便操作，方便维修保养，有零配件和技术资料，经济、节能。

（2）要根据零售企业不同的环境和条件设置相应的设备，设备要与其格调相符。对环境起美化作用，而不要变成累赘。

2. 设备选择的要点

（1）实用

设备的豪华、舒适、完善程度，不仅与零售企业的等级相适应，还要与服务项目的等级相适应。在考虑设备的等级性时，还要考虑设备的实用性。凡是直接或间接为客人享用的设备，要以满足客人的生活需要为主，同时根据零售企业的等级和服务项目的等级，提供相应的享受成分。而且，零售企业的设施与服务特点主要取决于目标客源的需求问题。

（2）可靠

零售企业设备的安全可靠性是比较和选择设备的一个必须放在突出地位的指标，因为：

第一，设备的可靠安全与否直接关系到宾客的人身安全，也关系到零售企业工作人员的人身安全。

第二，设备的运行可靠与否、故障率高低将决定维修的次数和时间，关系到零售企业服务的效率，从而影响到宾客对服务的满意程度。因此设备的可靠安全是零售企业的声誉和效益的重要保障之一。

可靠性的定义是：系统、设备、零部件在规定时间内，在规定条件下完成规定功能的能力。一般以可靠度来测量可靠性，可靠度是指系统、设备、零部件在规定的条件下，在规定时间内能毫无故障地完成规定功能的概率。比较两种设备可靠性的是它们的工作条件和工作时间相同。选择设备可靠性可以从设备设计选择的安全系数、储备设计、耐环境、设计、元器件稳定性、故障保护措施、人机因素等方面进行分析考虑。

（3）节能、方便

零售企业的生产性设备、每天要消耗大量能源的机构，选购设备时必须考虑节能效果,这样才能保证节约成本,提高经济效益。

选择的设备要易于使用,易于修理。供客人直接使用的设备,应不需要什么专业知识和复杂的记忆。节能性与方便性常常是分不开的,便于使用和维修的设备的工作效率可以提高,能耗也就可以降低。

(4)经济

经济主要是指两个方面:购置设备最初投资少和设备保养维修费低。最初投资费用,包括购置费、运输费、安装费和辅助设施费等。设备维持费用包括能耗和原材料消耗、维修和管理费用、劳动力费用等。分析设备的经济性还应考虑设备的耐久性。耐久性与设备的物质磨损和精神磨损有关。物质磨损指设备运行过程中的机械磨损;精神磨损指设备的技术因科技进步而落后的过程。物质磨损和精神磨损决定了设备的寿命。设备的寿命越长,则每年分摊的购置费就越少。

3. 订货操作规范

订货工作必须注意掌握供货单位的信誉和售后服务情况,因为零售企业设备管理工作离不开社会的支持和合作。从某种意义上说购买一套设备就是联络一家合作对象,因此必须了解对方,谨慎从事。

在检查和审核订货合同条款和条件的时候,既要注意把握主要内容,又要防止在细节上的疏漏。设备订货合同一般包括以下几个方面的内容:

(1)标的:设备的名称、规格、型号、厂家。

(2)数量和质量:计量单位和数目,设备主机、配件或材料清单,详细技术指标,内外包装标准。

(3)价款:价格,结算方式,银行账号,结算时间的规定。

(4)履行合同的期限、地点和方式:到货期,运输方式,保险条件,货号唛头,交货单位,收货单位,到货地点,交、提货日期,商检方法和地点。

(5)违约责任:违约的定义,处理方法,罚金计算方法,赔偿范围和赔款金额,支付办法。

(6)备件、资料:备件清单,技术资料名称及份数。

(7)人员培训:培训人数,培训费用,培训要求目标,培训地点和时间以及受训人员的食住等问题。

(8)安装调试:安装期限,双方责任。

(9)售后服务:售后服务内容,保修期、保修内容及方式,供方在保修期抵押款。

(10)不可抗拒力和其他不确定因素的解决办法和防备措施。

(11)仲裁:合同的仲裁机构。

(12)双方法定地址、电话、电传、电挂号码。

合同一经签订,即具有法律约束力。签订合同必须注意如下事项:

◎对技术性和经济性内容要以决策阶段的要求为依据填写清楚。对标准设备有特殊要求的,经协商后要注明,包括对技术资料文件等特殊要求和配件备件的要求。

◎订购标准通用设备时,价格不能超过国家规定的价格和价格浮动的幅度,否则应提出异议。

◎合同的主要条款要与国家关于订货合同的规定基本条款一致,要与国家有关法规相符合,如果违反国家法规,该合同将失效。

◎委托厂家开发提供专用设备时,除合同之外,要另附技术协议书,详细列出技术经济条件,所有条款必须明确,以免验收时双方发生争执。

◎合同条款要避免互相抵触或出现空当,例如在到货站与零售企业之间的路途上,货件由谁负责运输。这不但有运费问题,而且有运输保险和责任问题。

◎合同签订后履行过程中的条款修改要经双方协商,以订立补充协议为依据。个别的小修改要以双方协商的来往函件为依据。

4. 货物验收规范

设备到货后,供需双方与有关部门要及时开箱验收检查。如发现问题,要向有关方面查询或向责任单位索赔。

(1)检查包装情况,慎重探明应采取的拆箱方法,严防开箱时损坏设备与附件。

(2)根据装箱清单清点到货是否齐全,外观质量是否完好无损,填写开箱记录单。

(3)随机的备品附件、工具、元件资料是否齐全,要造册登记、专人保管。

(4)核对设备的基础图,电气线路图,设备所占的空间,在原定厂房施工图上标注施工范围。

二、设备安装调试操作规范

1. 安装调试

零售企业设备前期管理中的安装调试是影响设备今后运行效果的一个重要环节。

(1)动力供应:包括水、电、气等线路和管道施工安装。

(2)基础施工:基础施工要根据建筑工程部门制定的《设备安装基础施工规范》进行。

(3)技术准备:必须消化技术资料,确定安装方案,准备起吊工具、专用测试工具等。

(4)安装测试:按说明书和设备安装验收规范的规定实施。从基础找平开始,每一个安装工序结束转入下一个工序之前都要进行测试并记录。

(5)试车:试车过程是逐步进行的,其所遵循的先后原则是,先单机,后联机;先空载,后负荷;先附属系统,后主机。试车的步骤要根据具体设备种类而定。

(6)验收。

◎验收的工作内容:隐蔽工程验收;单项工程验收;图纸资料整理移交;交工验收;安装工程竣工图移交。

◎验收的依据:通用设备以国家有关质量标准安装规范为依据;专用设备则要根据合同有关条款设计任务书或技术委托书,并参照国家有关专业标准规定验收;预先邀请有关部门派出人员参加。

(7)技术资料归档:必须归档的技术资料一般有设备附件工具明细表、设备安装图、零件图、各种系统的安装施工图和控制原理图、隐蔽工程记录图、驱动装置的安装调整记录图、安装试车过程中的各种检测记录、故障处理记录等。

2. 反馈信息

信息反馈工作有利于及时发现设备初期使用的各种问题,及时联系厂家处理并改进今后的设计。其主要内容有:

（1）对安装试运行过程中发现的问题及时联系处理，以保证现场调试进度。

（2）按规定做好调试和故障的详细记录，提出分析评价的意见，填写设备使用鉴定书，供厂家借鉴。

（3）检查调试中发现的问题是否可能影响今后的运行，如果存在影响今后运行的因素应及早采取维修对策。

（4）从设备初期使用效果中总结设备规划采购方面的经验和教训，以利于有关方面积累经验，吸取教训，把今后的工作做得更好。

第二节　零售企业设备使用规范

一、电梯

电梯使用应严格遵守国家的相关规定，定期检验。

1. 自动扶梯使用规范

（1）自动扶梯由零售企业管理人员统一开启、关闭。

（2）不得用自动扶梯上下搬运商品。

（3）保持扶梯清洁，不得将杂物扔在扶梯上。

（4）不可擅自按钮紧急停机，如发现扶梯有异常应及时通知企业管理人员。

2. 观光电梯使用规范

（1）观光电梯由企业管理人员统一开启、关闭。

（2）不得使用观光电梯上下搬运商品。

（3）保持电梯清洁，不得将杂物扔在电梯内。

（4）严禁在电梯内乱贴商品广告纸。

（5）严禁损坏电梯内设施及玻璃围墙。

3. 货梯使用规范

（1）商场超市内货梯由专人开启、关闭。

（2）严禁把货梯作为代步设施使用。

（3）严格按照货梯使用说明操作，不得大力敲击操作键。

（4）搬运商品进出货梯时不得碰撞货梯。

（5）货梯不得超载。

（6）货梯到达后，应立即把商品一次性卸下，不允许用物品阻挡货梯门或长时间占用货梯。

（7）发现不安全因素时应停止使用，如中途出现故障，应按铃求援，不允许乱敲操作键。

二、封口机

封口机主要用于压封商品塑料包装袋，其使用标准如下：

1. 每次压封时间应控制在 10 秒钟以内，严禁超时。

2. 压封强度不宜过大,且应待塑料袋冷却后方可取出。

3. 严禁空压机器。

4. 应经常用干抹布擦拭机身,保持接口处电热丝洁净。清洁时必须切断电源。

三、打价机

打价机用于商品价格标贴的打印、粘贴,具体使用标准如下:

1. 按照打价机说明书中的装纸要求将打价纸装入机内。合上打价机底盖时,严禁用力过大。

2. 核对实物和标价签无误后,按照标价签上的编码和价格调出相应的数字,并核对打出的价格、编码是否正确。

3. 调校数字时,轻轻拉动数字调节器尾端,将指示箭头对准所调数字的位置后,再转动数字调节旋钮,调出所需数字。当箭头在两数字中间位置时,严禁转动调节旋钮。

4. 使用打价机时不能用力过大,应将机身出纸部位轻触商品,严禁敲击商品。

5. 打价机使用完毕后应放在指定位置,严禁随手放在商品、货架或地上。

6. 当打出的字迹不清晰时,必须给油墨头加墨,加墨量一次在 2～3 滴。

7. 严禁用手向外拉打价纸底带。

四、购物车

1. 购物车为顾客在零售卖场选购商品时使用,由商品还原组人员负责整理、保管。

2. 还原组人员应在顾客使用后,及时将购物车及购物篮还原到指定位置。

3. 还原人员应每天检查购物车的使用状况,清除车轮上缠绕的异物。

4. 不允许有蹬踏购物车、站立于车身上、推着购物车奔跑、把车推上自动扶梯等现象的发生。

5. 营业结束后由防损员负责清点购物车数量,如有丢失由当班防损员负责赔偿。

五、冷、热柜使用规范

1. 食品陈列柜操作人员

由总办驻店人员负责操作食品陈列柜的开、关,但严禁调节温度;柜组使用人员禁止开、关食品陈列柜。

2. 食品陈列柜用途及使用标准

(1)食品陈列柜用于下列商品的冷冻、保鲜及保温:蔬菜、水果、奶制品、鱼肉类、冰激凌、蛋糕、煎炸、卤制食品等。

(2)熟食柜的操作按照企业下发的《生鲜熟食部热柜运行管理办法》执行。

(3)商品上柜前须将陈列柜内外清理干净,与总办驻店人员配合每周对陈列柜做全面清理。

（4）上货时不能将货箱压在陈列柜边沿上，严禁在柜边上敲打冰冻商品，严禁往来车辆碰撞食品陈列柜。

（5）向食品陈列柜内放置商品时应轻取轻放，柜内存放的商品不能超过柜内存货标示高度；摆放商品时，不能堆积、堵塞通风口，确保柜内冷气对流。

（6）柜组人员应每2小时检查一次柜内温度，并在登记卡上做好记录，如发现柜内温度异常应立即通知总办驻店人员。

（7）营业结束后立式冷冻、冷藏陈列柜须拉下幕帘，卧式冷冻冷藏陈列柜须加盖保温盖，并关闭照明电源。

六、扫描仪

扫描仪是零售企业收银台最常用的设备之一，也是工程技术人员平时工作的重点，必须了解并掌握其使用方法，以便指导收银人员正确操作。

1. 手持扫描仪

（1）开机前，先检查一下设备连接端子是否插在正确位置。

（2）如有异常现象，必须及时与计算机部人员联系。

（3）接通电源后，扫描仪绿色指示灯亮，同时听到"嘟"一声响，即表示扫描仪处于待机状态。

（4）使用时应注意商品条码是否有断码、变色、模糊等现象。

（5）商品扫描时，手握扫描仪手柄，将扫描窗口对准商品条码，商品条码与扫描仪之间的距离不超过30厘米。

（6）当扫描仪发出"嘟"的一声响，表示商品条码已被识别输入。

（7）待机时，需小心置放于托架上，当收银台关闭时，也需切断手持扫描仪的电源。

（8）平常要保持扫描仪表面清洁，轻拿轻放，严禁摔碰。

2. 台式扫描仪

（1）保证台式扫描仪的位置摆放正确。

（2）接通电源后，绿色指示灯亮，内置马达高速旋转，听到连续的"嘟嘟"声，并产生垂直向上、纵横交错的激光网，表示扫描仪正常工作。

（3）扫描商品条码时，应注意条码是否有断码、变色、模糊等现象；若商品条码正常，应将商品条码朝下，顺箭头方向扫入，听到"嘟"的一声响，表示条码信息已被正确扫描。

（4）扫描仪待机时，应用盖板遮住扫描窗口。

（5）若扫描仪面板上红灯亮、扫商品时听不见"嘟"的一声响或扫条码后无商品资料显示等现象发生时，应立即通知计算机部人员检查。

（6）平常注意避光避灰尘，保持扫描窗口表面的清洁。

（7）非工作时间必须切断电源。

七、电子防盗设备

1. 防盗门应保持连续通电工作,严禁随意断电。特殊原因断电后必须间隔 5 分钟后再开启。

2. 防盗门周围半米内不能有金属物品或装有防盗标签的商品。

3. 软标签粘贴时尽量保证软标签的平整,禁止折叠。

4. 金属商品或带有铝箔纸的商品不能使用软标签。

5. 对于一部分为金属另一部分为其他材料的商品,把软标签贴在其他材料上面。

6. 营业前,收银员应检查消磁板电源是否插好,硬标签放在上面发出的响声是否正常。

7. 营业前,分店行政人员要检查防盗门的电源是否插好,软标签通过时是否能正常报警。

8. 收银员收银时,首先用扫描仪阅读商品条码,确认商品信息进入计算机后,再把商品放在消磁板上。高度不超过 10 厘米的商品直接放在消磁板上即可消磁,高度超过 10 厘米的商品则将商品放在消磁板反转商品,以确保商品已经消磁。

八、计算机设备

1. 计算机

(1)必须保持清洁卫生、摆放整齐,未经许可,不得随便移动、私自拆卸及野蛮操作。

(2)严禁随意删除计算机内的各种软件、数据、随意使用外来软件等,确因工作需要进行操作时应报计算机部批准,经计算机部检查后方可进行。

(3)严禁随便修改计算机设备的设置,如系统配置、口令、IP 地址等;禁止撕毁计算机设备外的标志性文字、封条等。

(4)严禁利用网络异地传输大批量和大型图形文件,严禁使用他人的用户名及密码或利用计算机及网络设备泄露公司资料。

(5)在一台计算机上不能开多个用户窗口,操作人员离开时必须退出应用程序。

(6)计算机开关机必须按以下顺序进行:

◎使用计算机时,应先开 UPS(Uninterruptible Power System,后备电源),再开外围设备,最后开计算机主机电源。

◎工作结束后,先退出所有的应用程序,再退出操作系统,关主机电源,关外围设备电源,最后关 UPS 电源。

(7)若计算机出现故障,要立即通知计算机部,严禁自行维修。

2. 收银机

(1)收银机由收银员负责日常使用及管理工作。

(2)每天必须清洁收银机及其外围相关设备。

(3)计算机部驻店人员对收银机的键盘、打印机、内壳进行清洁,每月不少于一次。

（4）开机时必须先打开 UPS 电源，再开启主机电源；关闭时必须先退出收银系统，关闭主机电源，再关闭 UPS 电源，盖上防尘罩。

（5）不能用力敲击键盘、随意转动客户屏，造成客户屏数据线松动或扭断。

（6）在收银机上不能放置任何物品，不得在其周边放置液态物品，以防液体浸入机身。

（7）当收银机不小心浸入液体时，必须立即切断电源，通知计算机部驻店人员到场处理。

（8）严禁频繁开启和关闭收银机，未经计算机部人员的同意，不得随意搬动、拔插收银机后盖的电源线、数据线。

（9）当收银机出现故障时，应立即通知计算机部驻店人员到场解决，并尽量保护故障现场。

（10）当收银机相关设备损坏时，应马上通知计算机部驻店人员，并将损坏部分交还计算机部。

3. UPS

（1）保持 UPS 外壳的洁净；严禁把 UPS 放置于潮湿的地方，严禁在 UPS 上及在使用中的 UPS 外围放置任何物品。

（2）开启计算机设备之前应先开启 UPS，关闭 UPS 之前应先关闭计算机设备。

（3）在开启或使用 UPS 中发出警报声及非正常声音时，必须立即通知计算机部值班人员。

（4）在带电的情况下严禁搬动 UPS、拔插 UPS 上的电源线。

（5）不能在 UPS 上接与计算机无关的设备，禁止超负荷运行。

（6）未经计算机部人员的许可，严禁以任何理由打开机壳。

（7）在使用中 UPS 电源一旦短路，必须立即切断电源，通知计算机部值班人员到场处理。

九、打码机

1. 开启打码机电源开关时，要检查指示灯是否显示色带、标签已安装正常。

2. 安装标签和色带时，注意不要划伤打印头。

3. 更换不同类型标签时，必须做好检测工作。

4. 严禁用尖硬物体触及打印头及滚筒或随意调节打码机的相关设置。

5. 打印头必须两天清洁一次；若使用频繁，必须一天清洁一次。

6. 未经计算机部驻店人员的许可，禁止随便搬动、拔插打码机的电源线和数据线。

7. 每次更换色带时，必须用酒精和棉签清洁打印头及滚筒。

8. 若发现故障时，应立即和计算机部驻店人员取得联系。

十、对讲机

1. 使用对讲机时要严肃认真，通话要简明扼要，并注意运用礼貌语言，不讲与业务工作无关的事,不可在对讲机里聊天。

2. 司机上班时要打开对讲机电源开关,随时准备接收总调度室的呼叫,下班时要立即关机。

3. 对总调度室的呼叫,要立即回话,服从调度,不得故意不回答,违者要给予适当处罚。

4. 在营运过程中,如发生意外,要立即向总调度报告,请示处理办法。

5. 如有特殊营运任务,如到郊外或长时间、远距离运送客人,必须征得总调度的同意。

6. 司机离开车位,无论干什么事情都要向总调度报告,取得同意后方可关机,并要锁好车门,回来时应立即开机,并向总调度报告。

7. 司机要爱护对讲机,不得将对讲机互换或借给别人,要妥善保管,损坏或丢失要追查原因,如因失职损坏或丢失对讲机要按价赔偿。

十一、手动液压叉车

1. 使用叉车时,叉车提升高度以垫板离地面 2 厘米左右为准,拖运商品严禁超过各叉车额定承载量。

2. 在卖场使用叉车时,只能从前面拉,不能从后面推,避免叉车及所载商品与周边人员、商品、设施发生碰擦。

3. 叉车上的商品堆放高度严禁超过 1.5 米,超过 1 米时需有人扶住商品。

4. 叉车上严禁站人,除利用其正常承载商品外,禁止用于其他用途,严禁在过道或空地上玩耍叉车。

5. 暂时不使用的叉车应集中有序地摆放在指定地点。

6. 如叉车出现故障时由班长核查损坏原因。

第三节　零售企业设备维护管理规范

一、一般性维护管理规范

1. 装修

(1)业主应提早 5 天向管理处申报。

(2)必须详细、如实地填写"装修申请表",并附工程施工图。

(3)装修施工必须经物业公司管理处审核同意后方可进行。

(4)装修施工队必须带好身份证、资质证明、营业执照到管理处和保安总队办理施工人员临时出入证,施工期间必须将证件佩戴在前胸,并在指定区域内活动。

(5)装修施工队必须到管理处签订《装修工程队治安责任书》及《装修施工保证书》。

(6)装修发生违章行为,业主与装修队均为第一责任者,均独立承担责任和接受罚款并限期复原。

2. 装修应注意的问题

（1）室内

◎业主不得拆改原房屋的承重墙、柱、梁、楼板等主体结构部件。业主必须严格按申请批复图纸施工，不得擅自改动，业主在装修施工结构部分时，必须经设计部会同工程部验收后，方可进行下一步施工。

◎不得改变房屋及配套设施的使用功能。

◎不得凿除地面和屋顶的水泥层。

◎未经管理处同意，不得随意改动水、电等管线走向，封闭上述管线，必须严格遵守有关标准。

（2）室外

◎业主装修不得影响、占用公用部位，不得在公用部位搭建、做工，高层装修不得以安装防盗门为由，私自占用楼道公用部位。

◎装修不得损坏建筑物外墙，如外墙破损、污染等。

◎安装空调必须按管理处要求，安装在指定位置，空调出水必须排入专供空调使用的管道。

3. 日光灯

（1）切断电源，取出白炽灯，如果灯丝已经烧断，可更换同一型号的卡口或螺旋头灯泡，安上后试电查看是否正常。

（2）灯管不亮可先检查启辉器，如损坏可更换新的；试电检查如不亮时，取出灯管并更换同规格、同型号的灯管，再次试电检查，如仍不亮时可检查接线和整流器，查出故障立即排除，恢复正常照明。

4. 线路维修

线路停电检修应及时通知用户。用户开关烧坏依"维修开关"进行处理。进户接线端子接触不良可先切断电源，将接头紧固。线路短路时可用万用表对线路逐一检查，找出故障原因并及时处理。当确认故障排除后方可送电。

5. 管道保护

在施工期间，往往有建筑管道和下水道堵塞现象，施工时必须做到：

（1）卫生间、浴室的平顶、墙面装修前，浴缸必须加塞，瓷马桶、水盘等加盖，避免管道堵塞。

（2）泥工工具，如铁板、泥桶等严禁在面盆、浴缸或水喷内洗刷，应在规定的大水桶内洗刷，让其灰浆沉淀，然后作为建筑垃圾清除。

（3）翻修屋面后应由施工队对落水管、水斗等进行一次检查，清除内部的垃圾、碎瓦块。

（4）混凝土搅拌机使用后清除机内剩余物，洗刷水应倒入大水桶，不能直接倒入下水道。少量混凝土搅拌后，必须先扫除路面剩余水泥，再用水冲洗。

（5）凡是下水道盖，如阴井盖，必须遮盖牢后，方能在其上方进行外墙粉刷施工。

（6）沟路工定期检查各下水道疏通情况，包括正在施工的和施工完毕的场地，避免时间过长，难以治理，堵塞下水道。

（7）注意腐蚀性强的废液,如油漆工用过的碱水、白铁工的废盐酸液等需集中处理,以免对金属管道造成损坏。

6. 门窗修缮

（1）门窗在使用中经常开关,常会发生开关不灵、缝隙过大、小五金配件丢失或损坏等问题。这些小问题如不及时进行修理,会使损失进一步扩大而影响美观、使用。

（2）保证门窗正常的工作状态,夏季不进水,冬季不进冷风,保持室内干燥,防止潮湿,对延长门窗的使用年限关系极大。

（3）门窗油漆不只是为了美观,更重要的是保护门窗不受潮湿和雨水的侵蚀,防止腐蚀。当门窗漆皮局部脱落时应及时进行补油,补油尽量和原油漆保持一致,以免妨碍美观。一般期限为木门窗 5～7 年油漆一次,钢门窗 8～10 年油漆一次。

（4）对铝合金门窗应避免外力的破坏、碰撞,禁止带有腐蚀性的化学物质与其接触。

二、配电维护管理规范

1. 零售企业配电室值班人员要认真仔细,做到四勤（勤看、勤听、勤闻、勤问）,随时了解和掌握运行情况,发现问题应及时解决。

2. 操作人员应检查母线和各接线点负荷状态,确保仪表、信号、指示灯等正常指示,继电器及直流设备良好运行,接地和接零装置的连接线无松脱和断线等问题。

3. 各部位的瓷绝缘必须没有裂纹、无破损、表面无脏污和无放电网络痕迹。

4. 操作机械的分合闸指示应与操作手把、指示灯显示和开关的实际状态相符,操作机械连杆部位无裂纹,对没有连处的轴,要销钉完好。电气、机械连锁装置正常。

5. 熟练掌握卖场内的供电方式状态、线路走向及所管辖设备的原理、技术性能及实际操作。努力做好设备的维修保养工作,确保安全运行。

6. 坚守岗位,定期巡视电气设备及水泵房,密切监视各仪表的工作情况。正确抄录各项数据并填好报表。

7. 负责与供电局的业务联系,并做好登记。

8. 发生事故时,值班人员应保持冷静的头脑,按照操作规程及时排除故障。

9. 事故未排除不进行交接班,应上下两班协同工作,一般性设备故障应交代清楚并做好记录。

10. 若值班人员工作失职,没有做到勤检查、勤维修而造成事故,应根据事故大小、损失轻重,严肃处理。

三、空调、通风设备维护管理规范

1. 风管的保温措施

（1）为了减少空气在风管输送过程中的冷、热量损失,以及防止低温的风管表面在温度较高的非空调房间内或空间结露,空调工程的风管都要保温。

（2）目前,使用的保温材料种类很多,如软木、聚氯乙烯泡沫塑料、超细玻璃棉、聚氨酯泡沫塑料和石板等。

（3）对于敷设在非空调房间或空间的风道，一般保温层厚度为30毫米，风道表面刷沥青后与软木相粘贴，聚氨酯泡沫塑料和超细玻璃棉等柔性材料可直接包扎。保温材料外面一般常以玻璃布或塑料薄膜包扎，或覆以复合铝箔作为防潮隔气层。

2. 风道的布置

（1）在居住和公共建筑中，垂直的砖风道最好砌筑在墙内，但为避免结露和影响自然通风的作用压力，一般不允许设在外墙中而应设在间壁墙里，相邻两个排风或进风竖风道的间距不能小于1/2块砖，排风与进风竖风道的间距应不小于1砖。

（2）各楼层内性质相同的一些房间的竖向排风道，可以在顶部汇合在一起。对于高层建筑，尚需符合防火规范的规定。

（3）工业通风系统在地面以上的风道，通常采用明装，风道用支架支撑，沿墙壁及柱子敷设，或者用吊架吊在楼板或桁架下面。布置时，应力求缩短风道的长度，但应以不影响生产过程和各种工艺设备不相冲突为前提。此外，对于大型风道，还应尽量避免影响采光。

（4）铺设在地下的风道，应避免与工艺设备及建筑物的基础相冲突，并应与其他各种地下管道和电缆的敷设相配合。此外，还需要设置必要的检查口。

3. 通风机安装标准

离心式通风机作为进风和排风的主要设备，常安装在室内地面上或平台上，也可以安装在屋面上，但一般下面都有减振基座和减振器组成的减振体系。减振体系放在土建做好的凸台上即可，不需特别固定。如果放在屋面上，要注意做好凸台与屋面接缝处的防雨措施。风机机号在5号以下者，还常用钢支架安装在砖墙或砖柱上。离心式通风机的安装，根据不同的风机规格由设计人确定安装方案。

4. 排烟系统的设置

（1）走道与房间的排烟系统宜分开设置，走道的排烟系统宜竖向布置，房间的排烟系统宜按防烟分区布置。

（2）排烟气流应与机械加压进风的气流合理组织，并尽量考虑与疏散人流方向相反。

（3）机械排烟系统与通风和空气调节系统宜分开独立设置。当有条件利用通风和空气调节系统进行排烟时，必须采取可靠的防火安全措施。

（4）为防止风机超负荷运转，排烟系统竖直方向可分成几个系统，但是不能采用将上层烟气引向下层风道的布置方式。

（5）每个排烟系统设有排烟口的数量不宜超过30个。

（6）独立设置的机构排烟系统可兼做平时通风排气使用。

（7）需要排烟的地下室房间，应同时设有进风系统，进风量不宜小于排烟量的50%，并应组织合理的气流使烟气顺利排出。

四、电梯维护管理规范

1. 电梯需要检查和清洁的主要部件

（1）检查控制屏,清理、校对电器元件。

（2）检查和清洁各类开关器件。

（3）检查选屏器、钢带等部件,并做好清洁润滑。

（4）检查电动机、发电机等各类机件,保证其正常运转。

（5）清洁、检查减速箱。

（6）检查、校对刹车,确保其正常使用。

（7）检查、清洁、润滑限速器。

（8）检查、清洁润滑安全钳。

（9）检查强轮槽型,油杯清理加油。

（10）检查拽引轮。

（11）清洁、检查轿厢控制开关。

（12）清洁、检查内外门。

（13）检查、清洁门锁,并加油。

（14）清洁、检查自动门机构。

（15）检查轿厢紧固件、润滑部件。

（16）清洁、检查润滑导轨。

（17）清洁、检查润滑导靴。

（18）检查电梯、电源开关。

（19）检查铃牌、按钮,保证其运作正常。

（20）清理机房、井道、轿厢顶。

2. 电梯机房维护管理规范

（1）每周对机房进行一次全面清洁,保证机房和设备表面无明显灰尘,机房及通道内不得住人、堆放杂物。

（2）保证机房通风良好,风口有防雨措施,机房内悬挂温度计,机房温度不超过40℃。

（3）保证机房照明良好,并配备应急灯,灭火器和盘车工具挂于显眼处。

（4）毗邻水箱的机房应做好防水、防潮工作。

（5）机房门窗应完好并上锁,未经部门领导允许,禁止外人进入,并注意采取措施,防止小动物进入。

（6）《电梯困人救援规程》和本规定及各种警示牌应清晰并挂于显眼处。

（7）按规定定期对机房内设施和设备进行维修保养。

（8）每天巡视机房,发现达不到规定要求的要及时处理。

3. 电梯日常维护规范

（1）电梯停驶保养时,首先要切断控制电源以确保安全。

（2）电梯机房要保持整洁,做到无积灰、无蛛网、地板上无垃圾和灰尘,电梯机房不得堆放杂物和易燃物品,不准闲人进入,不准住人。电梯机房要有明亮的采光,窗玻璃完好无损且光亮清晰,通风良好,并配有良好的消防器材。

（3）拽引电动机全部外形要擦干净,做到无油垢、无黄油,底盘无积油。

（4）电梯控制屏用吹风机或漆刷轻掸,做到无灰尘,磁铁接触开关无锈蚀、无油垢,用酒精棉花擦净,以防磁铁得电后被黏结吸住不放,造成电动机继续运转。

(5)井道底坑如有积水,必须首先断电,然后排除。有漏水、渗水情况,一定要修好。同时要将垃圾清除干净,不得堆放杂物,保持底坑整洁。

(6)轿厢内外、顶上、底下均需经常擦净,防止生锈腐蚀。要定期油漆,保持清洁美观。

(7)各层站厅门及地坎槽要经常清洁,以防门脚阻塞而影响厅门畅通。厅门外要定期擦干净,保持整洁卫生。

(8)电梯检修或保养时必须挂牌,确认轿厢内无人后,方可停机。

(9)在轿厢顶维修和保养时,除了判断故障和调试需要外,禁止快速运行。工作时必须戴安全帽。

(10)井底作业时,禁止关闭厅门,厅门口必须摆设告示牌,防止无关人员靠近。

(11)凡是电梯转动机件均需加油润滑。

(12)维修保养工作完成后,必须认真清理现场,清点工具和物品,切忌遗漏。

(13)机房、井道因工作需要动火时,必须遵守大厦动火规定,办好动火证,指定专人操作和监视,事后清理火种。

五、电气设备维修管理规范

1. 零售企业维修人员按所负责的范围进行电气设备的维护保养。

2. 维修部每月填写一份维护保养报表,于保养后当天交给领班,并填好派工情况。

3. 开关、插座的清洁和检查工作,开关、插头、插座、机器接零保护等,由当班电工负责。

4. 设备维护人员应经常维护保养设备,认真做好清洁、润滑、紧固、调整、防腐工作,保证设备正常运行,同时必须及时详细填写维护保养记录。

5. 设备在运行中发生影响安全操作的故障时,应采取相应的检修措施,并通知上级,严禁设备带故障运行。

6. 设备大修计划,该计划应由运行人员根据设备运行时间和情况提出,由主管设备的领导和技术人员共同制定并明确检修保养的项目、方法、时间和责任者。

7. 设备维修人员必须认真执行检修计划,并根据设备的停运时间采取有效的保养措施。

8. 检修时间根据设备运行记录确定,不得随意缩短或延长时间,以保证设备正常运行。

9. 设备检修在正常情况下每半年检修一次,一般在 5 ~ 9 月进行检修。

10. 设备按各级保养期保养,各级保养对号入座,设备保养后的功率和技术性能必须达到规定要求。

零售企业后勤管理制度与表格

第一节 零售企业后勤人员岗位职责

一、后勤部经理岗位职责

1. 贯彻执行零售企业的各项规章制度,并根据零售企业的管理大纲结合本部的实际业务,制定内部的各项管理制度,报总经理审批后,组织贯彻实施。

2. 主持本部部会,及时传达上级指示和意图,听取下级的工作汇报,及时掌握并解决存在的问题,定期向上级领导请示汇报工作。

3. 加强经营管理,利用事务部自身的各种条件,面向市场对外经营活动,赚取最大赢利来改善员工福利,同时严格财务制度,建立健全本部财务记账、算账、结账、审批等管理制度,定期公布账目,降低消耗,减少损失浪费。

4. 负责本部全面工作,协调好部门内部各单位的关系及与其他部门之间的关系,创造良好的工作环境,保证事务部各项工作的顺利开展。

5. 严格管理制度,加强巡视检查,督促各单位各级管理人员严格按规章制度办事,不断提高各级管理人员和员工队伍素质,提高办事能力和工作效率。

6. 做好本部门各级管理人员和员工的业务培训,合理使用人员,将使用、考核、晋升结合起来,充分调动各级人员的主动性、积极性和首创精神,完成各项任务。

二、后勤部文员岗位职责

1. 参加后勤部召开的各种会议,整理会议记录,管好部门档案、文件。

2. 收、发各种文件、函件及备忘录,对重要和需要急办的函件,提醒部门经理加以注意。

3. 负责部门起草给上级的呈文、发文、报告,并根据不同的内容,做好存档及处理。

4. 制订部门办公用品的计划,并负责领取、发放和保管。

5. 每月做好全店职工乘车月票的领取、销售、交款工作和职工更衣柜钥匙的管理。

6. 负责员工对后勤工作意见的统计,每月向部门做出统计报告。

7. 完成后勤部经理交办的其他各项任务。

三、工程部经理岗位职责

1. 接受总经理的领导,负责管理工程部下属的所有员工。

2. 确定工程部的组织机构和管理运行模式,以使操作快捷合理,并能有效地保障零售企业的设备、设施安全经济地运行和建筑、装潢的完好。

3. 总结并归纳工程部运行与维修的实践、制订和审定设备、设施及建筑装潢的预防性维修计划、更新改造计划并督促执行,保证零售企业设施的不断完善,始终处于正常、完好状态。

4. 制订并审定员工培训计划,定期对员工进行业务技能、服务意识、基本素质的培训。

5. 全面负责工程部的节支运行、跟踪、控制所有水、电、煤等的消耗并严格控制维修费用,保证零售企业最大限度地进行节能、节支。

6. 根据营业情况、气候及市场能源价格情况,提出节能运行的计划和运行维修费用预算。

7. 负责协调和零售企业相关的市政工程等业务部门的关系,以获得一个良好的外部环境。

8. 主持部门的工作例会,协调班组工作。

9. 分析工程项目报价单,重大项目应组织人员进行讨论并现场检查施工质量与进度,对完工的项目组织人员进行评估和验收。

10. 配合安全部门搞好消防、安全工作。

11. 考核运行经理及维修经理的工作,并对其工作做出指导和评估。

12. 建立完整的设备设施技术档案和维修档案。

13. 随时接受并组织完成上级交办的其他工作事项。

四、工程部副经理岗位职责

1. 工程部经理不在时,临时代理部门经理的一切职责,当好部门经理的助手。

2. 安排下属各岗位主管、领班的工作班次表,制定工作计划及工作进程表。

3. 负责制定每天工作分配及任务下达项目单,督促下属员工完成当日的各项工作。

4. 每天巡视、检查下属完成工作的情况,包括规定的工作量及工作定额的情况。

5. 确保所有设施设备能够正常发挥其作用,维修后使设备达到规定的标准。

6. 协助督导外聘人员的工程进度及应该达到的工作质量标准。

7. 按时更换零售卖场工程管道的各种滤网。

8. 检查、建议有关工程部或客房设备的维修及更换。

9. 审批、检查各部件所需原材料的标准规格,保证各项工程的及时完成。

10. 按时完成总工程师和工程部经理交办的其他临时性工作。

五、工程执行经理岗位职责

1. 协助工程部经理管理工程部的所有员工。

2. 协助工程部经理制定本部门的月度、年度维修保养计划,有效保障零售企业设备、设施的正常、安全运转。

3. 协助培训部门制定员工的培训计划,对员工进行业务技能及基本素质的培训。

4. 掌握当班能源消耗及维修费用,确保零售企业最大限度的节能、节支。

5. 推行节能运行计划的实施和运行维修费用预算的控制。

6. 协助工程部经理做好外部关系的协调,以获得良好的外部环境。

7. 协助主持部门工作例会,协调班组工作。

8. 协助分析工程项目报价单,亲临现场检查施工与工程进度。

9. 协助工程部经理做好消防、安全工作。

10. 考核下级的工作,并对其工作做出指导和评论。

11. 协助建立完整的设备技术档案和维修档案。

12. 执行工程部经理下达的其他工作指令。

六、维修经理岗位职责

1. 负责制订卖场、公共区域的装饰、装潢,厨房、公共区域等设备的维修保养计划,并保证这些计划的实施。

2. 随时掌握零售企业设备的正常运行和日常维修,接受并组织实施工程部经理主管的运行调度令和日常维修工作令,检查维修质量,保证满足对客服务的要求。

3. 根据工程部经理的要求,监督相关合作单位承担大修、技术改造和工程项目,并组织人员密切配合,保证工程符合规定的要求。

4. 协助工程部经理制定设备维修、技术改造和设备更新的计划,在执行中如发生问题及时向工程部经理汇报。

5. 搞好班组管理,采取相应的措施,提高工作效率,控制维修成本。

6. 制订本班组的备品、备件计划,并上报部门经理。

7. 按照预防性维修保养计划对各区域的机电设备进行巡查,对查出的问题要及时发出维修通知,以保证这些区域的设备设施处于完好的状况。

8. 负责制订和实施下属员工的培训计划,着重加强服务意识、技术水平、一专多能等方面的培训。

9. 对各维修工的工作进行统计,编报每天的工作日报表。

10. 完成上级交办的其他工作事项。

七、工程部维修领班岗位职责

1. 负责公共区域的机修及厨房、洗衣房等设备设施的维修保养工作。

2. 全面掌控本小组的各项工作,检查、督促、协调组内人员的工作,在工作时间内必须不间断地对组内人员进行巡查、督导。

3. 制定各类设备的操作规程与日常保养制度,负责对使用人员的培训。

4. 随时检查班组人员巡查制度的落实与预防性维修计划的执行情况。

5. 认真做好本班组人员的考核工作,如技术考核、出勤考核、执行《员工手册》的考核,并提出奖罚建议。

6. 协助其他班组做好工作。

7. 完成上级交办的其他工作事项。

八、工程部空调工岗位职责

1. 负责保证水暖空调的正常运转,保证生活热水的不间断供应。

2. 严格按照工作程序,保证维修单上所指定的工作及时、准确地完成。

3. 负责零售企业的水暖空调系统、给排水系统管道、阀门及其辅件的维修保养。

4. 保管好工程部机房的钥匙,使用钥匙时要做好登记。

5. 定期检查楼宇自控系统的运行情况,并按要求及时调整灯光的开关时间。

6. 中控室晚班值班人员要负责对紧急维修进行处理,当个人无法排除故障时,要根据情况及时通知部门主管,以便做出相应的处理。

7. 每日要对零售卖场的水、电、煤气等能耗情况做好统计,并在第二天 8 点以前将报表交工程办公室。

8. 负责零售卖场水箱及辅件等的维修保养。

9. 按维修保养计划对空调系统、生活热水系统、楼宇自动控制系统进行维护、保养。

10. 完成上级交办的其他工作。

九、工程部土木装修工岗位职责

1. 负责零售企业所有土木装修类设施设备的维护、保养。

2. 负责处理各种故障的投诉工作。

3. 确保维修、制作工作的内在质量与外观形象。

4. 负责土建类的修补、制作及部分安装性的工作。

5. 维修完毕后及时清理现场。

十、工程部管道工岗位职责

1. 服从领导的安排,认真执行领导交办的任务。

2. 定期检查管道是否畅通,发现不良现象应及时维修。

3. 具备职业道德,工作认真踏实。

4. 完成执行主管分配的其他临时任务。

十一、工程部电工岗位职责

1. 负责零售企业内所有用电设备、设施、灯具的维护、维修与保养工作。

2. 负责小型改造工程的定期安装、改装。

3. 负责节日庆典活动中室内外彩灯的安装、维护和检修。

4. 配合机电组完成大型宣传、推广活动舞台照明及灯光的布置工作。

5. 负责各部门使用的小型电器的维修。

6. 配合其他班组对有关电气设备实施计划保养和维修。

7. 完成上级交办的其他工作。

十二、工程部司炉工岗位职责

1. 熟练掌握锅炉、供热设备、水处理设备的性能与操作规范。

2. 根据锅炉的热负荷情况及时做出燃烧风量、给煤量、锅炉压力、水位的调整,确保所供蒸汽压力满足各单位的要求,保证室内采暖温度不低于16℃。

3. 做好当班运行设备的日常运行保养工作,确保设备运转正常,杜绝跑冒滴漏现象。

4. 努力学习业务知识,不断提高操作水平,做好节煤、节水、节电工作。

5. 严格执行零售企业、供热站的各项规章制度。

6. 保持所负责区域的清洁卫生,搞好文明生产。

十三、空调工岗位职责

1. 认真执行各项规章制度,值班中出现任何设备故障等问题,上报班长或带班长组织运行人员解决处理。

2. 运行人员在值班时必须严格遵守商场超市劳动纪律,不得擅离职守,不得做与工作无关的事情。有事应提前请假,带班长请假由班长提前安排带班长。

3. 值班时,需认真观察机组运行情况,检查水塔、水箱、水泵及空调器的工作状况,认真做好运行记录。

4. 保持地下冷冻机房、营业楼空调机房及各仪表的设备清洁,每日清扫。

5. 各班严格执行交接班制度,提前到达交班现场,有问题当面讲清,解决后可离岗。

6. 冷却水、冷冻水处理人员,要负责定时、定量准确加药处理,并妥善保管药品。

7. 风机盘管中的过滤网要定期清洗。

十四、电梯运行司机岗位职责

1. 负责客、货、扶梯的操作。

2. 操作时要精力集中,不得干与工作无关的事情。

3. 为一线服务要热情主动。

4. 不得用电梯运送易燃易爆物品。

5. 电梯维修时,配合维修工检修电梯。

6. 坚守工作岗位,不得擅离职守。

7. 电梯停驶时,应把电梯停在基层,关闭厅门,防止有人掉入井道内。

8. 遇到突发事件要沉着冷静,协助楼层总监输送顾客。

十五、工程部文员岗位职责

1. 负责工程部的日常内务工作,接受工程部经理的直接领导,努力完成部门经理交办的各项事务。对零售企业内部的通知、文件要做到及时上传下达,并做好归档管理工作。

2. 参加部门工作会议,并做好会议记录及整理工作。负责起草部门工作报告、总结等文件。

3. 协助部门经理处理日常工作及接待工作,谈话要和气、热情、礼貌。

4. 负责有关技术资料、文件的收发和分类归档工作,准确无误地填制各种报表。

5. 负责本部门的设备档案管理,包括有关设备故障、维修项目、更换零部件或设备更新等资料报表的整理,并将其放入设备档案中妥善保管。

6. 做好每日的施工单的登记工作,准确配发各班组施工单,做好完工后的施工单记录、存档。

7. 负责汇总每日各班组的工作日报表,填写系统设备运行、维修情况日报表,送部门经理审阅。

8. 负责本部门员工每月出勤的核查,负责每月发放本部人员的工资及各项福利、奖罚事项。

十六、技术组岗位职责

1. 负责应急电机组弱电控制部分的资料整理与维护保养工作,并对相关的设备进行定期的校验与检修。

2. 完善动力监测系统、资料整理及维护保养,定期进行校验和故障检修。

3. 负责各动力系统有关弱电控制部分的维护保养,定期进行校验和故障维修。

4. 负责各动力系统自控、监测装置的改造情况。

5. 负责电工和热工仪表的定期校验和故障维修。

6. 负责水池水位自动控制系统维护保养,并定期进行校验和故障检修。

十七、计算机中心主管岗位职责

1. 负责对计算机网络的整体设计、规划。

2. 确保整体系统安全运行。

3. 定期向总经理室汇报计算机系统分析结果,为总经理正确决策提供科学的依据。

4. 协调有关部室及场外有关人员间的关系,为计算机中心工作创造良好的外部环境。

5. 制定计算机中心的发展规划,不断提高零售企业计算机管理水平。

6. 完成领导交办的其他任务。

十八、设备管理员岗位职责

1. 根据零售企业的要求,制定设备设施配置计划,选择并统筹安排合适的营业设备设施。

2. 负责营业设备设施的采购、安装、调试及操作培训工作,确保各种设备运转正常。

3. 组织新增营业设备设施的验收及移交工作。

4. 负责设备设施采购合同及相关业务单据的管理工作。

5. 收集国内外相关设备设施资料,建立和完善设备设施资料库。

6. 完成上级交派的其他任务。

十九、计算机技术人员岗位职责

1. 负责计算机系统的正常运行。

2. 负责计算机系统数据的准确传递。

3. 负责计算机设备的维修、保养。

4. 负责商品资料、商品价格的录入、储存、修改和更新工作。

5. 做好信息资料的保密工作。

6. 及时帮助查实销售情况。

7. 为收货、收银等部门做技术支持。

8. 负责计算机办公室内的清洁卫生工作。

9. 负责计算机部所用耗材的控制管理。

10. 负责夜间运行数据的备份工作。

11. 分发夜间运行报表到各部门。

12. 维持每台收银机、收货计算机、电子秤及店内其他电子设备的正常运转。

13. 负责各类打印机、服务器的日常保养及维护。

14. 负责打印临时所需报表。

15. 打印价格卡。

16. 协助做好顾客服务工作。

17. 协助做好库存盘点工作。

18. 向各部门提供信息服务。

19. 协助做好安全防火、防盗的工作。

二十、车队队长岗位职责

1. 在相关领导下负责全车队的日常工作,保证运输工作的安全运转。

2. 协助调度做好派车工作,保质保量地完成运输任务。

3. 遇有紧急任务,要组织全体运输人员突击抢运商品,保证及时完成运输任务。

4. 负责办理通行证,协助安全员解决车队各种交通事故及有关问题。

5. 组织运输人员学习交通法规和业务技术,做好车辆保养维修工作,做到安全运输。

6. 完成部门领导交办的其他业务工作。

二十一、车队调度员岗位职责

1. 负责零售企业各车组人员的调配,掌握各车经济技术指标和完成任务情况,合理安排车辆。

2. 负责车辆通行证和各车辆证件的发放工作。

3. 根据各单位用车情况和行车路线、装卸地点填制派车单,提高运营效率。

4. 负责查询车辆执行任务情况,发现问题及时采取措施,妥善解决。

5. 负责核算各单位登记用车的运量,按月统计,年底进行总结。

6. 负责核算车辆用油量,司机、装卸工的考勤工作。

二十二、车辆安全员岗位职责

1. 按上级部门规定的车辆安全管理制度做好交通安全宣传工作,按期组织交通法规及有关业务学习。

2. 检查车辆的各种机件、设备及定期维修保养情况,发现问题及时解决。

3. 负责解决各种交通事故、违章、罚款、扣证等问题,协助交通部门处理善后事宜。

4. 负责组织好本部门机动车的年审、年检工作。

5. 完成领导交办的其他工作。

二十三、驾驶员岗位职责

1. 服从调度指派,严格遵守交通法规,做到"三检、四勤、五不开"。

2. 负责车辆的保养、检查,提高车辆完好率。

3. 负责车上灭火器的保养、检查及正确使用。

4. 负责车辆的一切工具及各种证件的保管使用。

5. 遵守驾驶操作规程,根据不同的道路和气候条件,合理掌握车速,确保行车安全。

6. 负责车辆安全检查,协助仓库保管员做好商品装卸、垛码工作。

7. 了解车辆机械性能,能够进行简单的小修。

8. 完成运输任务后,负责车辆的清洗和安全停放。

9. 完成领导交办的其他工作。

第二节 零售企业后勤管理制度

一、工程部工具管理制度

1. 工具管理制度

工程部购进的电工仪表、电动工具按产品说明进行检验后要登记入账,工程部对工具实行二级管理。

(1)对于价格较贵且容易损坏的工具,应由专人保管。

(2)经常使用的工具和维修人员必备的工具要记入班组工具账,建卡并由个人负责保管,组内公用工具由组长负责保管。

2. 工具赔偿管理制度

工具丢失或因违反操作规程而损坏的,要追究当事人的责任,根据工具的新旧程度或损害程度酌情进行赔偿。

二、设备档案管理制度

1. 设备技术档案应该由工程部的专人负责,零售企业的所有设备均要建立技术档案,依据设备种类,按时间顺序存放。

2. 设备图表。设备图表由工程部统一管理。设备图表包括:设备安装工程施工图,动力设备与管道配管竣工图,给排水系统分布图,供电线路图,自动消防报警系统分布图,设备零件组装与特殊加工图等。这些图表均分类编号,归档管理,供设备维修管理人员查阅。

3. 设备建档。零售企业的所有设备均应进行分类,分部门建立设备档案,内容包括:设备名称,出厂合格证,检验单,安装质量检验单,试用记录,维修保养记录,改进安装记录,运行日志等。每种设备的各种档案内容分别按记录种类和时间归档编号以便查找。

4. 设备运行日志。包括配电室运行日志,锅炉运行日志,空调制热或制冷运行日志,空调区域温度、湿度巡检记录。这些报表日志使用记录完毕后,统一交工程部存档管理。

5. 技术档案借阅。工程部各种技术档案建立后,借阅时需办理借阅手续,经档案主管人员同意后方可借阅。

三、设备检查制度

1. 为避免设备发生故障后影响企业的正常经营,及早发现故障隐患并解决问题,特制定本制度。

2. 设备检查分为日常检查、定期检查和专项检查。

3. 日常检查每日进行,主要通过感官检查设备运行中关键部位的声响、振动、温度、油压等,检查结果记录在检查卡中。

4. 定期检查的时间周期依具体情况而定,可以定为一个月或半年。定期检查对象是重点设备,主要检查设备劣化程度和性能状况,查明设备缺陷和隐患,为大修提供依据。

5. 专项检查是有针对性地对设备某特定项目的检测。

6. 检查工作要责任到人,并制定检查卡。检查点应确定在设备的关键部位和薄弱环节上。

7. 检查目标要根据设备使用说明书等技术资料,并结合以往的实际经验来制定。检查标准要尽可能定量化。

8. 检查方法有运行中检查和停机检查、停机解体检查和停机不解体检查、凭感官与经验检查和使用仪表仪器检查等。

9. 确定后的检查方法不能由检查人员自行改变。检查信息记录要准确、简明、全面,并整理建档。

四、工程部设备维修制度

1. 零售企业各部门的设备如果发生故障,须填写"维修通知单"经部门主管签字后交工程部。

2. 工程部主管或当班人员在接到维修通知单后,应在"日常维修工作记录表"上登记接单时间,根据故障的轻重缓急及时安排有关人员处理,并在记录本中登记派工维修的时间。

3. 维修工作完毕后,维修人员应在"维修通知单"中填写相关内容,经使用部门主管人员验收签字后,将维修通知单交回工程部。

4. 工程部应在记录簿中详细登记维修完工时间,并及时将维修内容记录在维修卡片上,审核维修中记载的用料数量,计算出用料金额并填入维修通知单内。

5. 将记录好的"维修通知单"按顺序贴在登记簿的扉页上。

6. 较为紧急的设备维修一般要由使用部门的主管用电话通知工程部,由当班人员先派人员维修,同时让使用部门补交"维修通知单",当班人员也应补填各项记录,其他程序均同。

7. 工程部在接到维修通知后两日内不能修复的,由当班主管负责在登记簿上说明原因,若影响正常营业,应采取特别措施尽快进行修理。

五、工程部材料管理制度

1. 零售企业工程部所有材料均应分门别类地进行登记造册,并建立有关账卡,由仓库管理员统一保管。

2. 日常维修所用的低值易耗材料,应该由领用人填写领料单、当班工程师批准签名后登记发放。

3. 新安装的配件统一由部门经理批示,在填写领料单后方可发放。

4. 特殊情况下可凭借条领取,但必须尽快补办有关手续。

5. 各种门锁必须经部门经理批准后方可发放。

6. 对弄虚作假、私自拿用材料者,一经查实即给予严厉的处罚。

7. 表扬和奖励节约材料者,批评和惩罚浪费材料者。

六、工程部设备安全检查制度

1. 配合楼层人员对客房电器设备进行全面的检查,检查项目包括床头箱及接线盒、门铃、灯具、衣柜灯及其开关、房间插座、插头等。

2. 对于客房内的吊花灯、组合花灯及其他灯具和水晶玻璃物品等,都要进行定期的检查,看是否牢固可靠。

3. 对于零售卖场内的电气设备,除分工包干责任制中规定由责任人每月进行维护保养的设备外,其余设备每年都应该由维修班进行至少两次的安全检查,检查项目包括开关、插座、设备的接线是否坚固,接零保护线是否可靠,线路是否完整。

七、工程部设备事故处理制度

1. 零售企业的设备一旦发生事故,将会直接影响到企业的正常经营活动,因此,在这种情况下,必须马上启用备用应急设备,采取应急措施挽回损失和影响,并保护现场,及时上报。

2. 有关领导及人员要立即赴现场检查、分析、记录,及时做出处理。

3. 事故发生后,相关人员要将"设备事故报告单"送交有关领导批示后,由工程部和有关部门领导解决。

4. 对于事故的责任人,要查明原因,根据规定,视情节轻重给予必要的经济处罚和行政处分;如果已触犯法律,则按国家法律程序处理。

5. 事故的事后处理要做到四不放过:

(1)事故原因不查清的不放过。

(2)缺乏切实有效的防范措施的不放过。

(3)缺乏常备不懈的应急弥补措施的不放过。

(4)事故责任人和员工未受到教育的不放过。

八、工程部新置设备管理制度

1. 零售企业各部门需增置的设备经批准购买后,报工程部设备管理部门备案。

2. 经工程部进行可行性方面的技术咨询后,才可确定装修项目或增置电器及机械设备。

3. 各部门应设一名兼职设备管理员,协助工程部人员对设备进行管理,指导本部门设备使用者正确操作。

4. 在设备项目确定或设备购进后,工程部负责组织施工安装,并负责施工安装的质量。

5. 施工安装由工程部及使用部门负责人验收合格后填写"设备验收登记单"方可使用。

九、工程部电气机械设备管理制度

1. 在电气机械设备使用前,设备管理人员要与零售企业人事部做好配合,以组织使用人员接受操作培训,工程部负责安排技术人员传授相关的专业知识。

2. 使用人员要学会详细的操作流程,掌握日常保养知识和安全操作知识,熟悉设备的性能后,经工程部签发设备操作证才可以上岗操作。

3. 使用人员要严格按操作规程开展工作,认真遵守交接班制度,准确填写规定的各项运行记录。

4. 工程部要指派人员与相关的负责人,经常检查设备情况,并列入员工工作考核内容。

5. 使用各种电气机械设备一定要注意安全。

十、工程部改装、移装设备操作制度

1. 设备的跨部门移装、改装前要报工程部审批。

2. 工程部进行技术可行性研究后,派员改装、移装。

3. 将设备改装、移装的情况记入档案。

4. 在未经工程部经理、主管审批同意的情况下,任何人不得私自修改、移装设备。

十一、转让和报废设备的管理制度

1. 当设备年久陈旧不适应工作需要或没有继续使用的价值时,使用部门在申请报损、报废之前,工程部要进行相应的技术鉴定和评估。

2. 工程部应该指派专人对设备的损坏情况、影响工作情况、使用年限、残值情况、更换新设备的价值及货源情况等进行综合性的鉴定与评估,并要填写意见书交使用部门。

3. 使用部门将"报废、报损申请单"附工程部意见书一并上报,按程序进行审批。

4. 申请批准后,交付采购部办理,新设备到位后,旧设备方可转让或报废。

5. 报废、报损旧设备由工程部负责按规定处理。

十二、工程部设备日常巡检制度

1. 当班人员与各系统技术人员要根据系统的运转情况制定巡检的内容、要求及巡检的路线,并落实到具体的人员。

2. 巡检人员要严格按巡检时间与巡检内容进行巡检,发现问题要及时解决并上报处理。

3. 保证各系统的正常运行与重点设备的正常运转。

4. 月末填写的巡检记录表整理汇集后要上报工程部经理,记录表应该由档案管理人员进行保管,以备查证。

十三、维修处理制度

1. 本零售企业的财产维修计划及维修手续依照本规程执行。

2. 本制度中的维修是指土地、建筑物、构筑物、车辆、搬运工具和备品的增设、改造和更新。

3. 维修工作的责任人为制造部长、总务部长和技术部长。

4. 责任人负责制定所属财产等的维修计划,依据维修计划和预算,组织实施维修业务。

5. 总务部协助责任人,组织、协调维修工作。

6. 财务部协助责任人,编制综合维修预算,检查执行预算与实际维修费用是否一致。

7. 维修计划

(1)责任人在进行维修前,应向技术部长提交维修计划。

(2)技术部长确认有必要后,并请示零售企业主管后,做出具体的指示。

(3)技术部长从技术的角度对维修计划的内容进行审查,提出投资计划,交财务部长审查。

(4)财务部长依据该计划,编制资金计划。

(5)4000元以下的设备投资计划和资金计划由零售企业副总经理审批,超过4000元由总经理裁定,超过1万元的维修项目,必须交董事会审议。

8. 准备实施

(1)对核准的维修项目,责任人和相关部门组织讨论具体的维修工程方案,并制订出详细的实施计划,提交给技术部长和财务部长后,组织实施。

(2)紧急性的维修工程,不需要办理上列手续,直接由责任人与技术部长协商后,组织实施。

(3)当责任人制定的详细实施计划的内容、期限和预算,与设备投资计划有显著差别时,应按第八条第1项所列程序,修订设备投资计划。

9. 计划修订

(1)维修实施后,如维修内容、期限、预算等需要做重要变更,或需追加预算时,经责任人与技术部长协商后,提交工程变更或追加预算申请。

(2)技术部长应从技术角度对上述申请做出审查,编制设备计划修正案,提交财务部长审查。

(3)维修计划和资金计划的修正案经费超过4000元,由零售企业总经理裁决,超过1万元,由零售企业董事会审议。

10. 责任人应及时向技术部长、财务部长和总务部长报告维修进展和预算执行情况。

11. 零售企业员工住宅和集体宿舍的维修规程,另行制定。

12. 本规程的实施细则由负责维修计划实施管理的公司主管和财务主管制定。

十四、电梯维修制度

1. 责任制:为了更有效地对零售企业的电梯进行日常的维护保养,可以实行电梯的维护保养责任制,即将人员分成几个小组,每组负责几部电梯的日常维护保养,内容包括该电梯所属设施,即整流器、控制屏、主机、桥厢及桥厢顶、导轨、厅门及门轨、井道及井道设施、井底等。

2. 巡检制:工作人员在接班后要按照规定时间和路线对电梯进行一次检查,检查的内容包括机房、各梯内选、外呼、楼层指示灯、电梯乘搭舒适感、厅门、桥厢门、桥厢照明、桥厢装修、风扇以及巡视记录表中的所有项目。

3. 季度和年度安全检查制:除了对电梯进行日常性的巡检与实行责任制以外,还应该按季度和年度对电梯进行安全检查,按升降机试验记录逐项进行检查和试验,并做好试验的详细记录。

十五、锅炉操作管理制度

1. 司炉人员必须持证上岗,并严格执行操作规程及有关规定。

2. 按规定做好锅炉的日常运行工作,定期检查。

3. 及时处理锅炉室发生的一切事故,重大事故应保护现场,及时汇报。

4. 锅炉运行期间非工作人员不得进入锅炉房内,如有需要,必须登记。

5. 值班人员应对锅炉安全附件和辅助设备进行定期的维修保养。

6. 做好检修记录,把每一次检修情况记录下来存入档案。

十六、空调操作管理制度

1. 上岗期间,全体空调工都要听从班组长的调度和工作指令,在上级的指导下,按时完成任务。

2. 随时了解设备的运行情况,并根据外界天气变化及时对设备进行调节,确保系统的正常运行,并做好运行记录。

3. 坚持并执行巡检制度,每班都要定时对外界及各空调区域的温度、相对湿度进行监测。

4. 巡查中若发现异常现象及设备故障要及时进行排除,如一时处理不了的,要在做好补救措施的同时上报主管。

5. 每班都要随时监视水温、水压、气压及有无溢漏情况,如遇下雨或消防排水,要时刻注意排水系统,以免水浸设备。

6. 按中央空调及其设备的运行周期,定期做好大修、中修或小修计划;每年中央空调的使用期过后,要定期进行必要的检修;接到报修任务后,要立即赴现场进行处理,必要时要连夜进行抢修。

7. 值班人员必须掌握设备的相关技术状况,发现问题要妥善处理,做好中央空调系统和通风系统设备的日常保养和检修工作,并做好工作日记。

8. 中央空调运行人员要勤巡查、勤调节,保持中央空调温度的稳定,并注意做好节能工作。

十七、配电室操作管理制度

1. 值班电工要树立高度的工作责任心,熟练掌握零售企业的供电方式、状态、线路走向及所管辖设备的原理、技术性能与详细的操作规程,并不断提高业务与技术水平。

2. 严格保持各开关的状态和模拟盘一致;未经领导批准,值班人员不得随意更改设备和线路的运行方式。

3. 密切监视设备的运行情况,定时巡检电器设备,并准确抄录各类数据,填好各类报表,确保电力系统正常运行。

4. 值班人员对来人来电报修,要及时进行登记并立即赶赴现场修理,在维修工作结束后,要做好工时和材料的统计工作,并要求使用方签字。

5. 在气候突然出现变化的环境下,要加强对设备的特别巡视,发生事故时,要保持头脑的冷静,按照操作规程及时排除故障,并做好相应的记录。

6. 值班人员违反工作规则或因失职影响营业或损坏设备的,要追究当事人的责任,并酌情进行索赔。

7. 任何闲杂人员等不得进入配电室,更不得在配电室逗留;对于那些参观配电室或在配电室执行检修安装工作的人员,须得到工程部负责人的批准,并要进行登记。

十八、工程部计量器具的使用与维护制度

1. 计量器具的使用人员,必须熟悉计量器具的性能与操作要求,并按操作规程或说明书中的有关规定正确使用。

2. 使用部门要根据情况,对计量器具分别进行集中管理或分类管理,日常的卫生清扫及擦拭均由使用部门负责。

3. 使用中的计量器具必须有合格标记,发现遗失必须及时标贴,以便操作人员掌握器具的有效使用日期。对超期或明显不合格的计量器具,使用人员必须拒绝使用。

4. 对非安装式计量器具,在移动使用的过程中要轻拿轻放,严禁摔、碰、砸,使用中不准搬动,用后须恢复到正常状态。

十九、工程部值班制度

1. 值班人员必须坚守工作岗位,不得擅自离岗,按规定须定时巡视设备运行情况,如离开值班室去巡查和抄表须报告。

2. 仔细观察设备的运行情况,注意及时发现并处理隐患。

3. 值班人员接到维修报告后,必须及时通知有关人员前往维修。

4. 发现设备故障,而当班人员无法处理时,必须报告上级人员组织处理。

5. 用餐时间是值班的薄弱环节,值班人员应该在规定的时间内就餐。所有运行值班机房须实行轮流就餐,保证值班。

6. 值班人员须做好值班记录和交接班记录。

二十、工程部交接班制度

1. 交接班前接班人员必须做的工作

(1)接班人员须提前10分钟到达工作岗位,做好接班的准备工作。

(2)查看交接班记录,听取上班的运行介绍。

(3)检查仪表、工具,并在交接班记录本上签名。

(4)检查设备运行情况。

2. 下列情况不准交班

(1)上班情况未交代清楚。

(2)当班负责人未到或未经管理员同意指定临时的负责人时。

(3)交接班人数未达到需要人数的最低限度时。

(4)设备故障影响运行或影响营业时。

(5)交接班人员有醉酒现象或神志不清而未找到替班人时。

3. 出现不能交接情况时的处理办法

遇到不能交班的情况,要逐级上报,寻求解决办法。管理人员应在职权范围内给予指示,帮助解决问题。

二十一、工程部物料、备件管理制度

1. 直接拨给班组的材料,班组应该建立相应的材料明细表。

2. 备件必须严格执行验货制度,对材料订购单和发票的名称、规格、数量、单价进行严格的核定,对材料必须开包检验质量,若不符合要求须当日向供应部门提出,严禁入库。

3. 存库材料必须按规定存放。

二十二、高空作业安全操作管理制度

1. 凡在基准面2米以上、有可能坠落的高处进行作业的,均视为高空作业。

2. 高空作业人员必须经过专业性体检,在合格后才可以进行高空作业,凡患有心脏病、严重近视、高血压等不适合高空作业的病症的人员,严禁登高作业。

3. 高空作业人员要使用合格的脚手架、支架、跳板、安全带等进行工作。

4. 高空作业如果缺乏安全可靠的设施,必须使用安全带,严禁使用绳子代替安全带。

5. 不准使用拖拉绳和缆风绳及其他斜绳攀登高空,而应该站在梯子和其他安全牢固的攀登物上进行登高作业,严禁使用吊装升降机载人。

6. 严禁坐在栏杆上、墙头上或站在未安装牢固跳板的设备、管道及物件上作业。

7. 高空作业地点如有冰块、霜雪的,要彻底打扫干净,并采取相应的防滑措施,遇有六级以上大风,以及暴雨、雷电、大雾等天气,必须停止露天高空处作业。

8. 高空作业所用的工具,要放在专用的工具袋内;暂时不用的工具要放置稳妥,工具材料严禁进行上下扔掷,而应该用绳索吊运或其他安全方式运送。

9. 楼板上的孔、洞必须设坚固的覆盖板与围栏,夜间登高作业必须保证有足够的光线与照明。

10. 要避免上下双层垂直作业,必要时,上下层的中间要设置隔离设施,下面的工作人员戴安全帽,无隔离设施的,严禁人员在下方操作与逗留。

11. 在进行高处焊接、气割作业时,要事先清理掉火星飞溅范围内的易燃、易爆物品。

12. 在零售卖场楼房顶上或在高大的塔器等上施工时,须有专人监护,并采取安全可靠的防护措施。

第三节 零售企业后勤管理常用表格

一、工程部维修通知单

申请人		申请部门经理	
申请部门		验收人及日期	
班组负责人		维修人	
原　因:			
维修内容		使用材料	
工程部经理		费　用	

二、工程部设备采购登记表

工程编号		部　门		预定费用		要求到货日期	
使用部门		制造厂		设备总费用			
设备名称		型号规格		数　量		备　注	

三、设备维修申请表

编　号	名　称	规范说明	部　门	数　量	损坏应修情况说明

交修记录		验收记录	
承修商：	承修盖章	验收意见	交货日期
承修金额：			年　月　日
交货日期：			
逾期罚款：	年　月　日		验收人：
主　管：	复　核：	经办人：	

四、工程维修反馈表

序　号	日　期	报修项目	报修时间	受理人	检修原因	反馈内容	备　注

五、工程部维修作业登记表

序　号	日　期	员工姓名	维修项目	维修地点	使用材料	维修结果	备　注

六、高空作业审批表

作业人		作业班组	
作业时间		作业地点	
作业主管		监护人	
作业人身体状况		作业方式	

续表

申请时间		填 表 人	
作业内容			
安全措施			
审批意见			
备　注			

七、工程部明火作业申请表

申 请 人		申请时间	
作业班组		现场主管	
作业时间		作业地点	
作 业 人		监 护 人	
作业内容			
安全措施			
工程部审批意见			
保安部审批意见			
备　注			

八、工程部设备故障报告表

设备名称		设备编号		事故主要责任者	姓　名	技术等级
故障类别		故障性质				
故障损失		修理费用				
发生时间	年　月　日	修复时间		年　月　日		
事故经过和原因及设备损坏程度						
修理内容						
防范措施						
处理结果	事故部门：					
	工程部：					

注:(1)内容填写不下时,可另附纸。

　　(2)本单位留存一份,存入设备档案。

九、设备封存表

设备名称		设备编号		设备型号	
资产编号		生产厂商		生产日期	
设备原值		已用年度		封存时间	
封存地点					
封存原因					
封存前技术状况					
使用部门意见					
工程部意见					
备　注					

十、设备启封表

设备名称		设备编号		设备型号	
资产编号		生产厂商		生产日期	
设备原值		已用年度		封存时间	
封存编号		已封时间		启封时间	
封存地点					
启封原因					
封存前技术状况					
使用部门意见					
工程部意见					
备　注					

十一、工程部工作目标计划表

姓　名		工作岗位	
考核期	_____年_____月 ~ _____年_____月		
工作概要			
工作目标计划			
序　号	工作计划内容	工作目标	备　注
1			
2			
3			
4			
5			
被考核者签名		部门负责人签名	

十二、工程部设备投资计划表

序号	设备名称	能量计划和说明	第一期			第二期			第三期			备注
			说明	金额	每月折旧	说明	金额	每月折旧	说明	金额	每月折旧	

十三、工程部存料登记表

材料名称		用　途		
材料编号		供应商		
估计年用量		计货期		经济订量
安全存量		代替品		
月　份	实际用量	需　求　计　划		平均单价
一　月				
二　月				
三　月				
四　月				
五　月				

续表

六　月			
七　月			
八　月			
九　月			
十　月			
十一月			
十二月			
总　计			

<table>
<tr><td colspan="8" align="center">收　发　记　录</td></tr>
<tr><td>日　期</td><td>单据号码</td><td>发料量</td><td>存　量</td><td>收料量</td><td>退　回</td><td>订货记录</td><td>备　注</td></tr>
<tr><td></td><td></td><td></td><td></td><td></td><td></td><td></td><td></td></tr>
<tr><td></td><td></td><td></td><td></td><td></td><td></td><td></td><td></td></tr>
<tr><td></td><td></td><td></td><td></td><td></td><td></td><td></td><td></td></tr>
<tr><td></td><td></td><td></td><td></td><td></td><td></td><td></td><td></td></tr>
<tr><td></td><td></td><td></td><td></td><td></td><td></td><td></td><td></td></tr>
</table>

十四、设备维修统计表

序　号	日　期	保修单编号	维修项目	使用材料	费　用	工　种	维修人员	备　注

十五、设备报废单

设备名称		设备编号		设备型号	
资产编号		生产厂商		生产日期	
设备原值		折旧年限		已用年限	
累计折旧		预计残值		报　损　值	
报废原因					
报废日期					

	设备部门总监	财务总监	工程总监/经理
各级意见			
	总经理	管理公司	董事会
备　注			

十六、设备故障报告表

设备名称		设备编号		故障主要责任人	姓　名	技术等级
故障类别		故障性质				
故障损失		修理费用				
发生时间			修复时间			
事故经过、原因及设备损坏程度						
修理内容						
防范措施						
处理结果	事故部门：					
	工程部：					
备　注						

十七、设备大修审批表

设备名称		设备编号		设备型号	
设备原值		设备等级		已用年限	
预计费用		资金来源		预计维修周期	
目前设备状况					
大修方案概况					
预计大修后设备状况					
设计单位			施工单位		

各级审批意见	工程总监/经理	总 经 理	管理公司
备　　注			

十八、设备大修验收表

设备名称		设备编号		型号规格	
生产厂商		资产编号		管理类别	
设备原值		折旧年度		已用年限	
原计折旧		预计费用		实际费用	
审批单号		审批日期		施工单位	
开工日期		竣工日期		验收日期	
大修改造方案详情					

大修主要内容		关键部件更换情况	部　位	部件名称	数　量

改造后设备性能	
主要遗留问题	

验收各方意见	设计单位	施工单位	工程部
备　　注			

十九、设备大修情况统计报表

序号	设备名称	设备编号	管理类别	改造	大修	规格型号	出厂日期	已用年度	设备原值	申请批号	内部施工	外聘施工	动工日期	竣工日期	验收日期	竣工报告单号	实际费用

二十、工程部设备安装竣工报告表

设备名称		设备型号		生产厂家	
生产日期		验收日期		竣工日期	
设备技术资料					
空载运转情况					
满负载运转情况					
外观附件与安全装置					
验收结论					
验 收 结 果					
使用部门意见					
工程部意见					
零售企业意见					
备 注					

二十一、设备台账表

序 号											
使用部门											
管理类别											
设备名称											
设备编号											
相关设备编号											
固定资产编号											
规格型号											
总功率											
生产厂商											
出厂编号											

续表

出厂日期										
启用日期										
安装地点										
设备原值										
计提折旧										
预计残值										
使用年限										
设备现状										
备 注										

二十二、设备领用表

日 期:

设备编号	设备名称	数 量	规 格	单 价	用 途	部 门	备 注

保管人: 领用人:

二十三、设备采购申请表

设备编号	设备名称	规 格	单 位	请购数量	需要日期	备 注

主 管: 复 核:

二十四、车辆登记表

车辆牌号		驾驶员姓名	
使用人		车 名	
车身号码		车 型	
购车日期		初检日期	

复检日期				

保险记录	保险号码	保险公司	保险期限	保险内容

购置价格			经销商	
附 属 品				

驾驶员资料	住 址		电 话	
	住 址		电 话	
	住 址		电 话	

二十五、派车表

使用部门		随行人数	
起止时间			
事 由			
车 号		行车里程	行车时数
使用部门		管理部门	
备 注			

二十六、借车审批表

序 号	借用人	事 由	借用时间	预计行程	实际行程	驾驶员	车 型	车牌号	备 注

二十七、车辆维修保养登记表

序　号	日　期	项　目	养护前路码表数	金　额	经办人	主管签字	备　注

二十八、车辆请修登记表

车　号		里程数		责任人	
维修项目					
预计金额					
修理厂					
实际金额					
损坏原因					
审核意见					
备　注					

二十九、领油表

序　号	日　期	车牌号	领油人	油　品　类　别				发放人	备注
				高级汽油	普通汽油	柴油	机油		

三十、油料库存月报表

项　目	种　类								
	高级汽油		普通汽油		柴　油		机　油		
	公　升	金　额	公　升	金　额	公　升	金　额	公　升	金　额	
上月剩余									
本月购油									
本月发油									
本月结存									
备　注：									
填写人				主　管					

三十一、出车登记表

序　号	日　期	出车时间	返回时间	行车里程	驾驶员	调度员	备　注

三十二、车辆费用报销单

申　请　人		部　门		车　号	
报支期间				车　型	
项　目	张　数	金　额	（单据粘贴处）		
主管签字			领款人		

三十三、车辆费用报销情况登记表

序　号	日　期	申请人	部　门	车　号	用　途	费　用	备　注

三十四、各部门用车统计表

序　号	日　期	使用部门	行车里程	费　用	审　核	备　注

三十五、月度各车用油登记表

月　份：　　　　　　　　　　　　　　　　　　　　　　　单位：公升

序　号	车　号	汽　油	柴　油	机　油	备　注
合　计					

三十六、车辆例行检查登记表

日　期：　　　　　　　　　　　　　　　　　　　检查人：

车　号：	司机姓名：

例行检查项目：

1. 发动机
2. 底盘
3. 电路
4. 冷气
5. 换机油、油滤、油路
6. 其他

检查结果

主管意见

备　注

三十七、交通事故违规报告表

序　号	日　期	车　号	司　机	地　点	详　情	原　因	处理结果	备　注

三十八、车辆事故报告表

日　期：　　　　　　　　　　　　　　　　　　　　　　　填写人：

发生时间		事故地点	
事故类型	1. 人车相撞（轻伤　住院　重伤　病危　死亡） 2. 车辆本身（颠覆　冲撞　冲出路外　零件损坏　其他） 3. 车辆相撞（擦撞　追撞　冲撞　其他）		
事故详情			
事故原因			
司　机		同行人	
己　方		对　方	
姓　名		姓　名	
部　门		公司名	
本人地址		本人地址	
联络处		公司地址	
车　型		车　型	
车牌号码		车牌号码	
驾照号码		驾照号码	
保险公司		保险公司	
保险单号码		保险单号码	
损失额明细		损失额明细	
损失部分		损失部分	
处理结果			
备　注			

三十九、司机考核情况登记表

序　号	日　期	姓　名	职　别	部　门	考　核　成　绩	备　注

四十、车务部员工过失情况登记表

姓　名		编　号		部　门		职　务	
过失性质		违纪过失□			责任过失□		
过失时间地点							
过失描述							
处理意见		经济:罚款　　元；扣工资　　元；扣奖金　　元					
		行政:警告□　记过□　记大过□　辞退□　开除□					
处理补充							
本过失单已送达受处分人							
批　　准							
本部门负责人							
上级部门负责人							
人力资源部经理							
总经理							
处分执行情况							
备　注							

第六篇

零售企业
安全与防损管理

零售企业安全管理实务

第一节 零售企业治安管理实务

一、护卫力量的组织

零售企业的护卫工作是一项专门业务,应建立专门的护卫组织,其名称可以是多样的,如护卫队、保安队、警卫队、门卫巡逻队等,受安全部主管领导,护卫组织管理员负责日常管理。护卫组织因负责护卫的点和控制面比较广,因此,人数比较多,往往占安全部工作人员总人数的 2/3 以上。

1. 护卫人员的基本条件

根据护卫人员的职责,护卫人员的基本条件是:男性,35 岁以下,身体健康,五官端正,高中文化,政治和道德品质无重大问题。必要时,可吸收少量女性护卫人员,以利于工作。女性护卫人员除身高 1.65 米以上外,其他条件与男性相同。但要根据女性的特点和工作的实际需要,与男性护卫人员区别使用。

2. 护卫人员的培训

经过选拔可以担任零售企业护卫工作的合格人员,必须经过一定的培训,考试合格方能上岗。培训、考试的基本内容有:

(1)护卫工作的基本技能。

(2)护卫人员必备的法律常识。

(3)零售企业的主要规章制度。

(4)护卫人员岗位责任制的有关规定。

(5)基本的外事纪律和礼仪。

(6)零售企业常用的外语基本口语。

(7)需要掌握的其他知识。

3. 护卫人员的执勤考核

由于护卫工作是一项责任性很强的工作,又是第一线体现零售企业风貌的工作,因此,应对护卫人员的执勤情况进行严格的考核。重要考核方面有:

(1)执勤记录、交接班制度的考核。即按规定时间交接班,交接人员在执勤记录上写明时间并共同签名,值勤记录还规定必须列入记录的事项,以备查考(主要用于固定点的守护)。

(2)投卡或考勤钟考核。主要是考核流动护卫(巡逻人员)。即规定按一定路线进行巡逻,并在一定的时间内完成,在巡逻路线所经过的几个主要点设考勤钟或投卡箱,到达该点后给投卡箱内投入写上到达时间的名片或给考勤钟上弦。

（3）管理人员查勤考核。即管理人员不定时地巡查各固定点护卫人员，检查其是否在岗位按规范执勤。对流动护卫（即巡逻）管理人员可按规定巡逻时间表，在某一点上抽查，看其是否按规定路线、时间进行巡逻。管理人员除自己到场检查外，还可通过无线对讲机查勤。

二、保安巡逻的基本任务

保安巡逻的任务是：有效地防止巡逻区域内各种事故和案件的发生，依法同各种违法犯罪活动作斗争，维护正常的工作、生产和生活秩序，确保巡逻区域内的安全，其具体任务包括：

1. 维护巡逻区域内正常的治安秩序。
2. 预防、发现和制止各种违法犯罪活动。
3. 及时发现可疑情况，抓获现行犯罪分子。
4. 保护犯罪现场和治安灾害事故现场。
5. 检查、发现并及时堵塞安全防范上的漏洞，防止灾害事故发生。

三、夜班保安巡逻的重点

夜班保安巡逻时，应结合零售企业管理的特点，加强巡查以下几个方面：
1. 要注意各业户的仓库有无异常，如出现冒烟、气、水、火等。
2. 各业户及零售卖场内门窗是否关闭。
3. 人员是否属于正常留宿，有关证件是否齐全。

四、开关店安全操作规范

大部分零售企业在非作业时间内，未安排人员留守。为了防止窃贼夜间闯入、窃取财物，通常与保安公司合作，安装安全系统。因此有必要对开、关门的作业加以规范，以确保零售卖场的夜间安全保障。有关的管理内容如下：

1. 开关店必须由特定人员在规定的时间，开关安全设定，并依照正常的规定作业进行开、关门。

2. 负责人员除了必须在记录簿上加以记录并签名外，还必须附有至少两名人员的附属签名，以为证明。

3. 开店前应做好以下事项：
（1）清点现金，检查收银机、金库、店长室，并且上锁。
（2）除必需的电力外，其他不必要的电源应关掉，所有插头也应拔起。
（3）检查店内每一角落，包括仓库、作业场、机房、员工休息室及厕所等，防止有人藏匿于店内。

（4）员工安全检查，如检查员工是否携带了卖场内的物品。

（5）开关门时应提高警觉，注意周围有无可疑状况。

4. 开店后，当班主管应检查正门入口、后门、金库门及所有门窗有无异状，要确保一切正常，没有被破坏的迹象。

五、零售企业护卫工作的实施

零售企业护卫工作的实施基本上可分为两大类。

1. 固定点的护卫

在具体做法上有以下几种：指设固定岗的护卫工作，如门卫，要害护卫，停车场及车辆重要通道护卫管理，大宗现金押运等。固定护卫的点，有的在零售卖场主楼内，有的在楼外广场，有的随车。固定点并不是说站岗、死守，而是相对地固定并戒备周围地区。固定点的护卫除现金押运是一次性外，一般都实行三班制，每班至少两人，以利于配合和相互督促。

2. 流动护卫（即巡逻）

指巡逻人员在零售卖场的一定区域内巡回观察，发现、纠正和处理各种不安全因素和违法犯罪行为的一项重要措施。它是弥补固定护卫、各部门值班员及监视装置视线范围以外区域的一项防范措施，可以从多方面阻止案件的发生、扩大。

（1）他们在场，本身就可以阻止案件发生。

（2）可以发现可能导致不安全的潜在危险情况。

（3）可及时观察和发现可疑的人与事。它是防盗防火、防各种事故发生的有效手段。

确定巡逻路线，一般应遵循下列原则：

（1）根据本零售卖场建筑的结构、高度、范围、通道及工程设备设施分布状况等情况，统筹考虑，正确划定巡逻路线。

（2）根据零售企业的重大活动，重要顾客的下榻、要害部位的需要等，选择和制定巡逻路线。

（3）根据零售企业巡逻保卫力量的配备，选择和安排最佳路线。

（4）根据白天和夜晚的不同情况，分别制定巡逻路线。

（5）巡逻路线的设计能使流动巡逻与固定点护卫力量相互呼应。

巡逻力量的配置。实施巡逻应编组进行。如零售卖场空间较大，划分成若干条巡逻路线，就应划分若干个巡逻组。即使同一巡逻路线，为增加巡逻密度，也可间隔一定时间分批进行。在执行巡逻时宜两人以上，略保持一定间距，以便于观察周围动静，相互呼应和配合。白天的巡逻人员宜穿零售企业一般规定的工作服以体现内紧外松的原则，夜间宜穿护卫人员统一制服以便于识别。

3. 定点护卫与流动护卫交替的实施方法

目前，有的零售企业为了使护卫人员保持旺盛的精力和工作中集中注意力，采取定点护卫与流动护卫交替换岗的做法，即在 8 小时工作时间内，2 小时在某一固定点护卫，另 2 小时流动巡逻，反复交替。这样做的好处一是体力上有所调剂，二是避免长时间从事重复的工作,而使注意力下降,可以使护卫人员处在较高的兴奋点上。但是,这种做法在力量组织调配上要求有较高的管理水平,有一定的难度。

4. 保安服务公司承包商场护卫工作

即由零售企业聘用保安服务公司的保安队负责护卫。目前,在国内外一些零售企业都采用这一做法。外聘的保安队主要负责门卫、楼外广场和零售卖场对外开放的公共娱乐场所,其他部分如要害部位、楼内巡逻等仍由企业自身保卫力量负责。外聘的保安队在组织上仍隶属保安服务公司,与零售企业安全部是劳务合同关系,按合同规定履行职责,在安全业务上受零售企业安全部门的领导。

这种做法的好处一是外聘保安队,业务上比较专一,不需要零售企业培训即可上岗;二是受合同制约,一般责任和工作效率比较高,零售企业安全部不需要花很大精力去管理,可腾出精力加强其他方面的安全工作。缺点:一是合同必须制定得很周密,否则遇到合同规定以外的情况职责不清,零售企业安全部不能提出要求,指挥不灵;二是保安队员由保安服务公司派来,不一定熟悉零售企业的特点,外事礼仪、外语口语能力往往达不到零售企业安全工作的要求,人员素质上也没有保证。

总之,具体采取怎样的保卫工作方式,需要零售企业根据各自的具体情况做具体的分析。

第二节 零售企业消防管理实务

一、消防管理内容

零售企业设立消防中心,隶属保安部直接领导,负责对企业所有部门实施严格的消防监督,在消防工作上有一定权威。它的主要任务是:

1. 负责对企业员工进行消防业务知识培训。

2. 开展防火宣传教育。

3. 制定各种防火安全制度,督促各部门贯彻落实防火安全措施,负责调查了解违反消防规定的原因,并提出解决处理的意见,向保安部、总经理报告情况。

4. 负责检查零售卖场各部位的防火安全情况以及各种消防设备、灭火器材,发现隐患,及时督促有关部门进行整改。

5. 负责将每天零售卖场的消防情况和每周附近的消防情况书面报告保安部并呈报总经理。

6. 负责调配补充消防灭火器材,并与有关部门定期进行消防设备检测、保养、维修,及时排除消防设备故障。

7. 负责24小时监视消防主机、闭路电视、防火报警信号。发现火警、火灾及其他问题时,要向保安部、总经理报告,并提出处理方法。

8. 负责制定重点部位的灭火作战方案,并负责组织演练。

9. 负责卖场动火部位的安全监督。

10. 负责协助卖场新建、改造工程消防设施的呈报审批手续。

11. 负责办理进入卖场施工单位人员出入登记手续,并监督施工期间的消防安全。

12. 协助做好重要接待任务时有关消防方面的安全和保卫工作。

13. 管理好消防业务档案。

二、零售企业应配置的消防器材

为加强零售企业消防自救能力,各商户、设备房和消防监控中心必须配备必要的消防器材。

消防监控中心应配置以下设备,并应专柜安放,专人管理。

1. 手提式二氧化碳灭火器(或推车式 ABC 干粉灭火器、推车式二氧化碳灭火器)。

2. 消防扳手、消防斧。

3. 消防头盔、消防面具、口罩。

4. 救生绳、备用水带、水枪。

5. 铁锹、铁铲、消防桶、斗车、沙袋等。

各商户、各部门、设备房应配置的消防器材:手提式二氧化碳灭火器(或推车式 ABC 干粉灭火器、推车式二氧化碳灭火器)。

三、消防人员工作要求

1. 做好班前班后的防火安全检查。

2. 熟悉自己岗位的环境、操作的设备及物品情况,知道安全出口的位置和消防器材摆放位置,懂得消防器材的使用方法,做好消防器材的保管工作。

3. 牢记火警电话 119 和卖场消防中心火警电话。救火时,听从消防中心人员和现场指挥员的指挥。

4. 存放易燃易爆物品的地方或物资仓库严禁吸烟。物品、碎纸、垃圾要及时清理,经常保持安全通道的畅通。

5. 如发现有异声、异味、异色时要及时报告,并积极采取措施处理。

6. 当发生火灾时,首先保持镇静,不可惊慌失措,迅速查明情况向消防中心报告。报告时要讲明地点、燃烧物质、火势情况、本人姓名或工号,并积极采取措施。取附近的灭火器材扑灭。电器着火先关电源,气体火灾记住关气阀。如果气阀无法关紧的,先不灭火,在设法关闭气阀的情况下才能灭火。有人受伤先救人后救火(小火时,同时进行)。

7. 如火势扩大到三级(猛烈阶段),必须紧急报警。在场的工作人员应引导顾客进行安全疏散,积极抢救贵重物品,禁止乘坐客用电梯,前往现场的人员走楼梯,救护疏散人员乘消防电梯。

8. 发现火场有毒气,有爆炸危险情况时,首先采取防毒防爆的措施后,才能进行救火。

9. 积极协助做好火灾现场的保护警戒。

四、消防报警系统的检查

对消防报警系统的检查包括日检、月检和年检。

1. 每天检查

（1）按主机复位键，检查主机系统是否有异常、故障的显示。

（2）按消声键，消去控制器的声音。

（3）按复位键，或恢复到机器报警前的正常状态。

2. 月度检查

（1）完成日检全部内容。

（2）控制器主要工作电压的测试。

（3）逐个检查楼内端子箱、箱门关闭及箱体情况是否良好，外观是否洁净完好，箱内接线是否良好。手动方式和自动方式的转换、交流电源和备用电源的转换是否正常。

（4）公共场所烟感器、温感器安装倾斜度不大于45°，与底座接触是否良好，外观是否洁净完好。

（5）随机抽取不低于5%的烟感器喷烟后查看报警是否正确。

（6）任选两点手动报警进行模拟报警，测试报警功能是否正常。

（7）如在检查中发现问题，应立即修复。

（8）对不洁净烟感器、温感器进行清洁，对可能接触不良的部位进行加固。

3. 年度检查

（1）查看设备、设施使用年限是否超期，特别是手提式、轻便的灭火器应及时更换。

（2）进行抽点、模拟式联动检查，确定是否需要完善、修正。

（3）对所有公共部位的烟感器和温感器进行外观检查，对有污渍的进行清洁。

（4）对楼层内端子箱进行内部清扫、接线紧固。

五、出现火灾报警时的处理

为确保零售企业在发生火灾时能够得到迅速准确的处理，各部门和员工在紧急情况下，应按照自己的职责有条不紊地做好灭火疏散抢险安全工作。当出现火灾报警时，可遵循以下程序处理。

1. 报警设备

（1）零售企业各种探测器将火灾信号传到消防控制中心。

（2）消防电话。拿起消防专用电话可直接接通消防控制中心，使用普通电话，应牢记消防控制中心及市消防局的报警电话。

（3）手动报警器。启动手动报警器后，可使楼层警铃、火灾报警器的信号传到消防控制中心。

2. 报警方式

无论任何时候发生火星、燃烧异味、异响及不正常热感应，每个员工都有责任检查是

否属险情,如有险情则立即报警,并尽可能采取处理措施,等待救援人员到来。报警时,按照下列顺序选择报警设备:

(1)使用消防电话。因为消防电话不用拨号码,拿起电话就直通消防控制中心,保证能及时报警。

(2)使用普通电话。如果附近没有消防电话时,可用普通电话拨通上述任何一个报警电话,讲清报警内容。

(3)使用手动报警器。如果发现火情比较严重不能控制时,即可启动手动报警器,因为手动报警器和警铃联动。若报警,必然惊动用户,故除非情况严重,否则不要使用。

3. 报警内容

电话报警时,务必讲清下列几项:报警人的姓名和身份;火灾发生的具体地点;燃烧物质;火势大小;问清接报人的姓名。

六、制定消防灭火预案

1. 要从实战出发,设想零售卖场可能发生的火灾和设计应采取的对策,预案设计首先要以营业厅楼面失火为重点,其次是餐厅、酒吧等公共场所,最后是零售企业工程部门和服务辅助部门,各种不同类型的火灾要有不同的预案。每一预案,又要分初起阶段、成灾阶段和蔓延发展阶段的不同灭火对策。

2. 预案要以报警、扑救、疏散及各种灭火、排烟设施的启动、灭火力量的投入时机等为重点内容,并与公安专业消防力量投入灭火相衔接,做好配合工作。

3. 预案要逐个制订,急用先订,逐步完整。预案制订后要经零售企业负责人审定,并通过消防演习的实践检验不断地修订,使之完善、规范。在发生火灾时,不同火情采取不同预案,有条不紊地进行扑救。

七、灭火训练和消防演习

1. 防火、灭火知识考核。一般每年举行一次防火、灭火知识考核或消防知识竞赛。事先规定需考核的知识范围、复习参考材料、考核日期,届时进行书面考核。对成绩优异者给予表彰或奖励,不及格者要进行补考,直到及格为止。

2. 灭火训练。在手提式灭火器换液和固定消防设置维修检查时,有计划地分批培训义务消防队员,让每一个义务消防队员两年内能有一次灭火器材的实际操作训练的机会。有条件的也可每年举行一次消防运动会,提高操作的熟练程度。

3. 消防演习。也就是模拟零售卖场发生火灾,并按预案进行扑救。通过消防演习,检验零售卖场防火、灭火的整体功能,如预案是否科学,指挥是否得当,专职消防队员是否称职,义务消防队员是否能及时到位,员工心理承受能力,消防设施是否发挥作用等。通过演习,总结经验、发现不足,以便采取措施,改进工作,提高零售企业的防火、灭火、自救的能力。消防演习每年不少于一次。对演习的内容要精心设计,必要时可请公安消防部门代为设计。为了使消防演习真正起到实战练兵的作用,演习的内容和开始的精确时间事先应保密。同时又要避免群众毫无思想准备,届时出现惊慌失措发生意外事故,事先要与员工和顾客打招呼,说明近期要进行一次消防演习,要求员工认真对待,顾客积极配合。消防演习结束,要认真总结,讲评成绩和不足。对演习中的好人好事给予必要的表彰和鼓励,对暴露的问题认真进行整改。实施消防演习计划是一项复杂的工作,要防止发生意外事故,因此,第一次消防演习的难度可以低一些,以后逐步提高。为了提高零售企业灭火的指挥组织能力,进行消防演习宜请公安消防部门来人指导,帮助企业做好评估和总结工作。

第三节　零售企业作业安全管理实务

一、防护用品的安全使用

根据我国劳动法的规定,劳动者在从事具备危险因素的劳动时需要个人防护用品的保护。零售企业通常的防护用品有如下各项。

1. 防护手套

防护手套有棉质材料和化学材料两种。棉质手套多用于搬卸商品时保护双手,化学材质的多用于接触化学试剂时,如生鲜部门接触的清洁剂等。

2. 一次性防护手套

主要在操作食品时使用,既是食品操作最基本的卫生要求,又可以起到防止操作者被感染皮肤和血液疾病。

3. 防切手套

防止手被切割的手套。用于肉类的分割工作时保护分割者不受伤害。

4. 防护眼镜

保护操作者的眼睛。用于室外强阳光下的作业保护。

5. 防护头盔

用于货架的组装、拆卸或进入未完工的零售企业建筑工地时使用,保护头颅不受损伤。

6. 防护腰带

有两种防护腰带。一种是高空作业的防护腰带,一种是在从事大运动量体力劳动时,保护腰部不受扭伤的腰带。前一种特别是在高货架的仓储型零售企业中,高空作业时必须使用高空防护腰带;后一种是零售企业员工在进行搬货、卸货、陈列或做其他仓库整理等工作时,必须使用的腰带。

7. 防护棉衣

当员工进入冷冻库作业时,必须穿防护棉衣。

8. 防护背心

员工长期在较低温度下作业,如在肉类加工间、蔬果加工间、近冷冻柜(冷藏柜)区域工作,必须穿防护背心。

二、零售卖场安全作业管理

1. 事前预防

（1）零售卖场内外凡有打破的玻璃碎片及尖锐的破碎物，应立即清扫干净。

（2）受损或有裂痕的玻璃器具有割伤之虑时，应先用胶布暂时贴住，或暂停使用。

（3）工作人员登高必须使用牢固的梯子。

（4）工作人员不可站到纸箱、木箱或其他较软而易下陷、倾倒的物品上。

（5）工作人员抬重物时，应先蹲下，再将腿伸直抬起物品。

（6）工作人员不可用背部力量抬物品。

（7）只要发现走道上有任何障碍物，就应立即清除，以免顾客或员工撞到或跌倒。

（8）陈列商品的陈列架或 POP 展示架，有突出的尖锐物时，应调整改善，以免伤到人。

（9）工作人员不得在卖场内奔跑，应小心慢走。

2. 事中处理

（1）若受伤害者是本企业的员工，视情况后送医院治疗，并向总部有关主管部门汇报，严重者还应通知家人。

（2）若受伤害的是顾客，若属轻微，则先为顾客做简单处理，并由经理出面赠送小礼物致歉；若必须送医院治疗者，则必须通报总部有关主管部门，由上级出面及赠送礼物致歉，并负担医药费；严重者应立即通知其家人。

（3）现场要迅速清理，以免影响零售企业的继续营业或再度发生意外。

3. 事后总结改善

（1）检讨事情发生原因及实际处理的结果。

（2）做成个案，通报总部，并将处理的程序与结果传达给企业的所有员工。

4. 不符合安全标准的陈列、作业方式

（1）商品陈列不当

卖场商品的陈列高度过高，或是在货架上摆放不整齐，都容易因人为碰撞而使商品倒塌或掉落，造成顾客或员工的意外伤害。

（2）货架摆设不当

货架摆设的位置不当、不稳固或是有凸角产生，都可能使顾客在购物时发生意外事故。

（3）地面缺少防滑设施

地面湿滑或水迹出现时，若未能立即处理，也会造成顾客或员工在行进时滑倒而导致受伤。

（4）工作人员作业方式不当

工作人员作业方式不当，可能会造成顾客或员工本身的伤害。例如，补货作业不当，大型推车使用不当，卸货作业不当，都可能造成商品掉落，砸伤或压伤顾客或员工。

三、物流、仓储安全作业管理

1. 搬运安全作业管理

(1)工作人员要知道正确的姿势和操作规程,以避免造成自身的伤害。

(2)工作人员要使用必要的个人防护用品,以保证人身安全。

(3)工作人员要会正确使用搬运的工具,专业的工具由专业人员操作或必须取得上岗证。

(4)工作人员要有保护商品不受损失的意识,以适当的方式进行搬运,保证商品不受损坏。

(5)工作人员要在劳动时注意周围的环境,既避免危险因素的侵害,又避免伤及周围的顾客、同事或设施等。

2. 装卸安全作业管理

(1)工作人员要有正确的劳动姿势,以避免造成自身的伤害。

(2)工作人员要会使用必要的个人防护用品,以保证人身安全。

(3)工作人员要树立保护商品或物品不受损失的意识,以适当的方式进行装卸,坚决避免野蛮装卸。

(4)装卸后商品应如何摆放在安全的区域内,是员工在装卸时应考虑的安全因素之一。如将拆卸的设施随便放在通道上,可能会伤及过往的其他同事等。

3. 运输安全作业管理

(1)从事运输工作的工作人员要正确使用运输工具,主要是手动叉车、运输车等,对于电车叉车必须由叉车司机来操作。

(2)安全运输必须保证商品的摆放符合安全标准,商品摆放整齐、稳固,对于高空货架的作业,商品必须用安全皮筋或缠绕膜进行捆绑。

(3)安全运输包括空车作业过程的安全,如空车时不能载人等。

(4)安全运输中,最重要的是环境安全,必须随时注意通道的畅通,是否有积水、垃圾和障碍物,经过卖场时应注意到儿童、顾客、购物车、商品等。

第24章 零售企业防损管理

第一节 零售企业损耗产生的原因

一、正常作业引起的损耗

1. 采购作业中的损耗

（1）订货数量过多，造成商品积压。

（2）订货品种不符合销售季节，导致滞销。

（3）订货数量过少导致缺货。

2. 验收作业中的损耗

（1）商品品名、数量、总量、价格、有效期限、质量、包装规格等项目与订货单不符。

（2）由本超市员工搬入的商品未认真检查。

（3）叉车等设备没有安全操作，损坏商品。

（4）发票金额与验收单金额不符。

（5）货物未验收或未入库。

（6）默认商业习惯上的缺斤少两。

（7）只进行数量检查而未进行质量检查。

（8）退货商品的无故带出。

（9）条码贴错。

（10）对生鲜食品等特殊商品习惯性地不检查。比如，过磅不准、加工技术不当、熟食口味变差等。

3. 仓储作业中的损耗

（1）没有遵守先进先出原则，导致食品过期。

（2）生鲜食品的正常损耗。

（3）仓库和店门未锁，遭受偷窃。

（4）商品有效期限未予检查而造成商品过期。

（5）由于库存期间太长或进货时本身就是旧商品，而使商品鲜度不高。

（6）库存过多，易过时、易腐烂的商品引起的损耗。

（7）库存商品的自然消耗。含有水分的商品一般都会发生自然消耗。

（8）运输不当，导致商品及其包装损坏。

（9）保管场所不妥当而产生的商品价值减小。

（10）商品保管方法不妥当。

（11）商品的包装不良。

（12）温度、湿度等气候急剧变化导致商品变质。

4. 盘点作业中的损耗

（1）盘点商品时货架记录不实。

盘点时，将同价格但不同内容的商品品项，填写在同一货号内，造成某一类商品库存虚增，另一类商品库存虚减的情形。

（2）出现漏盘或错盘。

由于种种原因而出现没有将需要盘点的商品纳入盘点或者出现盘点错误。

5. 收银作业中的损耗（非收银员偷盗）

（1）日常收银现金差异（收银员错误收款、收假钞等）。

（2）不规范收银操作损耗，具体包括：

◎遗漏商品扫描或收款。

◎扫错条码。

（3）收银员损坏商品。

（4）收银排队导致顾客未能付款或无零钞找赎、顾客不能付款等。

6. 理货作业中的损耗

（1）商品陈列不合理。具体情况分两种：

◎商品摆放的位置不佳引起倒塌；

◎被过往顾客碰撞而引起的损坏。

（2）商品标价错误。

商品标价错误，商品一经销售，就会造成损失。一般是由于商品标价混乱造成的。通常有以下情况：

◎条码标价的价格与计算机不一致。

◎标价人员故意将高价的商品，使用低价的商品代号或以低价标示。

◎价格定错，或条码输错。

◎POP标示与商品标签价格不一致。

（3）补货过程中损坏商品。

（4）零星物品、顾客遗弃商品（特别是生鲜食品）没有及时收回。

7. 服务作业中的损耗

（1）对不该接受的退货做接受处理，而又不能原价售出。

（2）未按要求开退现券，金额超出实际发票额。

（3）提货区发错货。

（4）未执行赠品的管理程序。

（5）退货的赔偿/其他的顾客赔偿。

（6）提货时商品掉落。

8. 管理不当引起的损耗

（1）班次分析表没有详细记录或记录不正确，失去参考价值。

（2）现金管理不当。

（3）对于提高售价的商品，没有立即给予调整。

（4）账目查核表错误。

（5）内部转货手续未严格执行。

（6）商品过期或生鲜质量控制不良，引起损耗。

（7）未执行日用品的管理程序。

（8）复合包装或条码错误引起损耗。

（9）较大金额或较大数量变动的库存数据的调整。

（10）销售剩下商品的不妥当处理。

（11）成套商品的分解。

（12）破包、破损商品未及时处理。

二、顾客偷盗引起的损耗

1. 顾客偷盗的特点

（1）发生偷盗有三多：女性多、小孩多、小东西多。

（2）被偷商品大多是陈列在货架外层的商品。

（3）通常手段是在人多时不结账，而直接将商品带出。

2. 顾客偷盗的方式

（1）顾客带包进入零售卖场内购物，将商品私自装入包中，不予结账。

（2）顾客携带该店包装袋进入零售卖场内购物，将商品私自装入袋中，不予结账。

（3）顾客将商品放入衣服口袋中，或以大衣遮掩。

（4）顾客在零售卖场内拿起食物直接食用，而不进行结账。

（5）顾客将价格标签调换，把高价商品贴上低价标签。

（6）数人一起进入零售卖场内购物，由其中几人掩护偷窃商品。

三、员工偷盗引起的损耗

1. 员工偷盗的形式

（1）偷盗商品

具体手段有：

◎随身藏隐，利用各种机会在身上藏隐商品带出卖场。

◎未将顾客所购商品全部装入袋中而据为己有。

◎利用空纸箱或垃圾箱将商品夹带出去，再伺机取出。

◎员工先将商品带到休息室，然后将商品放入包装袋中带出。

◎员工相互串通，在补货时，留下若干商品不上架，由下班人员带走。

◎在店内直接消费而不付费。

◎更换价格，员工将自己所要购买的商品先用低价标签贴上，再结账。

（2）偷盗现金

具体手段有：

◎当收银机敞开工作时，伺机把钱从收银机中取走。

◎向消费者宣称特价品或折价品的销售已结束，以原价销售。

◎折价券的错误使用。

◎在退货中私自修改退货发票，而拿走现金。

◎消费者换商品时，没有正确办理退换货手续。

◎在退货登记簿中登记不符的数量，造成现金损失。

2. 收银台偷盗的方式

（1）收款机上的偷盗方式

收款机上的偷盗手段一般有四种：

◎取消记录。简单的方法就是取消一个合法销售。

◎制造无记录长款。通用的办法是不输入销售数据而直接把钱放在现金柜，待方便之时取走。

◎打折扣。当亲友来采购时不输入正确的商品价格，或者使用假的折扣券以减少亲戚朋友的购买支出。

◎直接偷钱。即现金柜里的钱直接据为己有。

（2）收银员偷盗的方式

◎破坏读账。一个收款机有两个总账。读账即交易时的小计，在一定时间内被收银员和管理者读取，目的是确定某个特定收银员交易登录的总金额。

◎等额交易。这是指顾客结账时付的钱和商品价格相等。主要发生在快速结账或只收现金的通道，通常顾客非常着急，不会等着购物小票。这样，这笔交易的钱可能被作为长款放入收款机内，也可能被收银员马上拿走。

◎零输入或无交易输入。这是指不往收款机内输入金额或不制造有记录的交易而让收款机运行。快速收银通道和现金交易通道最容易发生这类偷盗行为。

◎等额退款。等额退款是指商品被退回时给顾客开具退货凭证，商品却又按原价用退货券再卖出去。

四、其他因素引起的损耗

1. 生鲜食品损耗

（1）变价损耗，即零售企业在进行竞争促销时，为吸引顾客而将商品降低价格出售所发生的降价损耗。

（2）废弃损耗，是指因商品订货过多或保存不当等因素，导致因鲜度不良不能食用而丢弃所发生的损耗。

（3）计算的损耗，在销售商品的过程中，特别是在面对面的售卖中因计算而产生的损耗。

（4）加工损耗，如在除盘、切割、薄切时浪费掉不该浪费的肉屑。

（5）质量掉落损耗，由于不注意使得店内商品的鲜度降低，结果造成廉价出售。

（6）订货损耗，库存或订货的不足，或由于鲜度的降低、缺货，使得能畅销的商品丧失销售的时机。

（7）仓储耗损，放置仓库过久或解冻方式不良，造成的不必要损耗。

（8）传票损耗，即传票上数量、单价出现错误而导致的损耗。

（9）不慎操作损耗，如商品掉落在地板上而无法出售。

2. 意外损耗

零售企业除正常的营运作业之外，突发事件时有发生，会给零售企业造成很大的损失。意外的突发事件有以下几种：

（1）人身意外，指顾客或员工在零售卖场内发生的人身意外，包括意外事故伤害、一氧化碳中毒、电击等。

（2）突然停电，没有任何预先下通知的、营业时间内的突然停电。此时，冷藏、冷冻商品出现温度骤变而破坏商品鲜度，同时营业时间停电，有些顾客可能浑水摸鱼或带物离去，从而造成零售企业的商品损耗。

（3）火灾。零售卖场内发生火灾，有一般火警和重大火灾之分。

（4）恶劣天气，指台风、暴雨、高温等天气。

（5）骚乱，零售卖场内或卖场进出口处发生的骚乱。

（6）爆炸物，零售卖场内发现可疑物或可疑爆炸物。

（7）恐吓，零售卖场收到信件、电话等威胁或恐吓。

（8）抢劫，指匪徒抢劫收银台的金钱。

（9）示威或暴力，由政治性原因引起的游行示威行动。

3. 外卖引起的损耗

（1）卖场内人员没有确认外送商品的项目、价格和数量。

（2）没有预先付款，就将商品送出。

（3）没有确认商品的品质、价格、数量。

第二节　零售企业损耗防范管理

一、内部员工偷盗的防范管理

1. 对员工进行损失防范教育

对员工进行从入职开始的不间断的教育工作，教育分正面、反面等多种方式，采用开会、板报、活动等多种方式，必须阐明：

（1）零售企业具备严格的管理制度和监视系统。

（2）零售企业对偷盗严厉打击的措施和处罚方法。

（3）员工应具备在本行业工作最基本的道德规范。

（4）员工因偷窃将给个人带来严重的后果，包括承担刑事责任。

（5）偷盗不仅损害零售企业的利益，同时损害所有同事的利益与福利。

2. 建立内部的实名举报制度

(1)内部举报必须是实名举报,不接受匿名举报。零售企业对举报者的举报姓名、内容予以保密。

(2)设立举报电话和员工信箱,接受内部员工的举报。

(3)对于举报的查证,由安全部进行,在规定的时间内完成。

(4)对于举报经查证属实者,对举报者给予一定的经济奖励,根据举报案例所挽回的经济损失,具体决定奖励的数额。

3. 进行内部安全检查

为严厉打击内盗,安全部每日都要进行安全调查。安全调查不仅仅是案件发生后或接到举报后进行的取证工作,也是日常工作中随时对正在进行的偷盗行为予以制止和查处。以下列举一些员工异常迹象的警讯,管理层需要提高警觉,防患于未然。

(1)员工背大包上下班。

(2)员工在工作时间内未从员工通道进出。

(3)员工在操作间、洗手间、电梯间吃东西,附近无管理人员在现场。

(4)夜间员工作业的场所,发现较多的商品空包装。

(5)员工表情过于紧张或异样。

(6)员工与某顾客熟悉并亲自为其挑选商品。

(7)员工特意为某顾客到仓库取商品。

(8)员工在仓库对原包装商品进行更换包装。

(9)员工购买大包装商品。

(10)贵重商品的销售与计算机库存不能一一对应。

(11)家电的提货与收银小票的商品品名不符。

(12)员工特意在某收银机付款结账。

(13)收银员擅自离开岗位或未到下班时间中途下班。

(14)收银员执意要求上某一台收银机。

(15)收银员经常有小差额的倾向。

(16)收银员为其亲属、朋友结账。

(17)收银员违反收银程序,如不扫描但进行商品消磁,或跳扫描。

(18)收银员在某一单有过多的作废或删除该项。

(19)收银员有大金额的收银短账行为等。

4. 制定严格的防范检查流程与制度

(1)严格特殊标签的管理程序。

(2)严格降价的执行程序。

(3)严格赠品的管理与发放程序。

(4)严格家电提货的检查和库存登记程序。

(5)严格贵重物品的收货及台账程序。

(6)严格收银的退换货程序。

(7)严格现金的提取程序。

(8)严格各种人员、商品进出口的管理程序。

(9)严格试吃程序。

(10)严格夜班作业的开关门程序。

(11)严格员工的购物程序。

(12)严格仓库的管理程序。

(13)严格垃圾的处理程序。

(14)在零售卖场的隐蔽角落或夜班时,发现数量较多的空包装,必须进行报案,按内盗现象处理。

(15)由安全部对商品空包装进行登记后,统一送交报废小组进行报废损失程序,更改计算机库存。

二、重点区域的防范管理

1. 收货口的防范管理

(1)设置

◎人员设置:收货口设置防损安全员岗位,只要收货通道打开,岗位实行连续值勤制度。

◎设备设置:收货口卷闸门设置防盗报警系统,如未经密码许可强行打开,则报警。

(2)防范要点

◎收货口门禁管理:防损安全员同收货部主管共同负责收货门的打开和关闭。

◎由防损安全人员协助维护现场的收货秩序。

◎查处收货员和供应商的各种不诚实行为、作弊行为,查处收货员接受贿赂或赠品的行为。

◎供应商人员进出管理:供应商人员必须在收货区指定的范围内,超出范围或需要进出零售卖场楼面的,必须办理登记等相关手续、出入安全检查手续。

◎零售企业员工的管理:任何部门的任何人员(除收货部授权员工和授权岗位),都不能从收货口进出。

◎收货的管理:对重要的收货程序进行检查,保证所有的收货数量、品名均正确,保证所有已经进行收货的商品放入收货区内。

◎检查是否由零售企业的员工亲自进行点数、称重的工作,有无供应商帮助点数、称重现象,或重复点数、称重的现象。

◎非商品收货的管理:对于供应商的赠品、道具等商品的进出,必须核实收货部是否正确执行相应的收货程序,是否正确使用单据、标签。

◎退、换货的管理:对每一单退、换货必须进行核实,核实品名、包装单位、数量、换货的品种是否正确及单货是否一致,保证所有退出零售卖场的商品必须正确无误。

◎出货的管理:对转货或个别大单送货,防损安全员必须逐单核查,包括封条、品名、数量、包装单位,并目送货物离开收货口。

（3）防范规定

◎所有收货的员工和供应商人员必须诚实作业，不得有故意作弊和损害零售企业利益的事情。

◎所有员工不得接受供应商任何形式的贿赂和馈赠。

◎收货或退货时，商品必须按流程分别放置在不同的区域，如拟收货区、准收货区、已收货区等。

◎供应商人员进入已收货区必须办理登记手续，进出实行安全检查，所有零售企业工作人员（除授权岗位人员），均不得在收货区进出。

◎非商品的收货，必须有赠品的标签和相关手续。

防损安全员对每一单的退换货、出货，每一单的物品离场进行检查，对收货进行抽查，特别是精品、家电、化妆品等贵重物品，对所有已经收货的商品必须监督是否在已收货区。

2. 员工出入口的防范管理

（1）设置

◎人员设置：员工出入口设置防损安全员岗位。只要员工通道打开，岗位就要实行连续值勤制度。

◎设备设置：防盗电子门、储物柜若干。防盗电子门是用来防止员工等偷盗商品的行为，储物柜是为来访人员暂时存放物品的。

（2）防范要点

◎检查员工的上下班考勤、工作餐考勤，员工进出是否按规定执行考勤制度，有无未打卡或未登记、请人代打卡、替人打卡等违规事件。

◎非上下班、工作餐的员工进出，是否有管理层的批准，并登记员工的进出时间。

◎员工是否将私人物品带入零售卖场，如属于必须带入零售卖场的物品，是否已进行登记处理。

◎员工是否盗窃财物，是否将禁止带出卖场的物品带出，特别是防盗门报警的时候。

◎对外来的来访人员进行电话证实、登记、检查携带物品等。

◎对携带出场的物品进行检查，对所有在本通道携带出的物品进行检查。

（3）防范规定

◎外来人员进入零售卖场要进行登记，除指定的财务人员，其他人员不准带包进入卖场，必须携带物品出入的，应办理登记手续，出入时需主动示包，接受安全人员的检查。

◎所有当班员工在工作时间内，必须且只能从零售卖场的员工通道出入。

◎所有进出人员都必须主动配合安全人员的安全检查，自动打开提包或衣袋，接受检查，尤其是防盗电子门报警或在安全人员提出检查的要求时，要予以配合。

◎员工的进出、物品的携出与归还必须有管理层的书面批准，防损安全员核实后放行。

3. 卖场入口处的防范管理

（1）设置

零售卖场入口设置防损安全员岗位，营业时间实行不间断值勤制度。

（2）防范要点

◎禁止所有员工在上班时间内从零售卖场入口处出入。

◎所有顾客进场秩序良好，无拥挤现象。

◎超过尺寸的提包，提醒顾客进行寄存后才能进入卖场。

◎顾客不能将与本卖场类似的、一样的或难以区别的商品从入口带入卖场内，要进行寄存后才能进入。

◎保证顾客遵守其他的入场购物规定，如不能带宠物。

（3）防范规定

◎顾客进入卖场注意事项的有关规定。

◎存包的有关规定。

4. 收银出口的防范管理

（1）收银出口处设立电子防盗系统，是零售企业采取的防盗保护措施。

（2）收银出口处设立防损安全员岗位，在营业时间内实行不间断的值班制度。

5. 高损耗区的防范管理

（1）设置

人员设置：节假日或日常不定时地安排防损安全员巡视该区域，以发现异常顾客。

（2）防范要点

◎监管顾客的不良行为，及时发现盗窃行为，如拆商品包装，将其他商品放入某商品包装中，调换包装，往身上藏匿商品，破坏防盗标签等。

◎检查楼面人员在防盗方面的工作疏忽和漏洞。

◎检查试衣间的员工是否执行试衣间的发牌和收牌、检查核实的制度。

（3）防范规定

◎楼面人员正确执行防盗标签的管理和使用规定。

◎楼面人员正确执行价格标签的管理和使用规定。

◎试衣间的员工执行试衣间的管理和使用规定。

三、夜间卖场巡视管理

1. 卖场夜间封场管理

卖场封场是指零售企业夜间防范的措施，由于卖场内陈列有大量商品，为了防止损耗，通常在营业结束后将所有人员从场内撤出，即清场。然后将进出通道关闭，警卫人员负责外围警戒，称之为封场。

零售企业夜间通常采取封场的办法。具体有以下 4 种：

（1）人员防范。夜间警卫人员负责各个门禁的外围值班，由值班经理将门锁住并负责掌管钥匙，进场时需要值班经理及夜间警卫共同进入。

（2）人防与犬防。卖场内设有警犬，警卫人员在外围警戒，目的是防止警卫人员私自进入卖场，只有在警犬训练员的引导下才能进入卖场。

（3）人防与监控。零售卖场安装监控设施由监控人员对各个通道实时监控录像，发现情况,用广播通知值班经理和警卫人员进入卖场,进行处理。

(4)人防与电子监控。监控设施使用的是计算机的监控,由程序员编写监控程序,采用触动式报警录像,它是在物体发生位移时,才进行录像、同时报警、自动记录,监控程序设有权限设置。操作人员无法更改。此种方法有利于对夜间值勤人员的控管。

2. 零售卖场夜间巡场管理

夜间警卫人员主要注意的是外围的警卫,对内场注意较少,对门窗进出口、财务安全比较注重,对其他问题缺少过问,因此会导致一些意外的损耗。这很明确地说明夜间巡场的重要性。

巡场时,应该注意以下几个要求。

(1)巡视人员

夜间巡场至少包括以下人员:

◎夜间警卫负责人;

◎电工;

◎值班经理。

(2)巡视记录

◎巡场必须做好细致的巡场记录;

◎巡场记录应规范;

◎巡场记录的内容,包括巡场人、时间、路线、电路情况、设备情况、门窗安全、发现问题、解决办法;

◎保安、电工各执一份,各自按照自己的巡场要求进行填写;

◎如有不正常情况,必须注明,并当场解决,同时记录,应有值班经理签字。

(3)巡视的时间路线

◎巡场的路线一般应包括所有重点区域,并形成规定,不得私自更改。

◎巡场时间至少 2 小时一次,进出时间路线,必须有准确记录,并由监控员签字。

(4)巡场时的装备

巡场时应携带下列物品:手电筒,对讲机,钥匙及必要的警具,随时与监控中心通报巡场情况。

四、后场防范管理

1. 进货防范管理

(1)供货厂商进货务必先出示订货单,并将商品一一陈列整齐,由验收人员逐一核对。

(2)检验时务必要拆箱核对,是否与订货商品一致,尤其已有拆箱痕迹时,更需要检查。

(3)验收人员检验时,食用期限超过 1/3 以上的食品或有凹罐情况时,不得收货。

(4)商品验收无误后,应立即移至暂存区或卖场,不得任意逗留,避免混淆。

2. 厂商进出入防范管理

（1）厂商进入零售企业务必要先在后场登记，更换厂商名牌佩挂，离去时经检查后，再缴回识别证。

（2）厂商从现场或后场更换坏商品时，须有退货单或先在后场登记换货单，且经部门主管签字后，方可准予放行。

（3）厂商送货后的空箱不得覆盖，纸箱则须拆平，避免借行事之便夹带商品。

（4）厂商车辆欲离去时，要接受后场人员检查无误后，方可离开。

3. 商品出入防范管理

（1）零售企业之间移库时要如实填写移库单，填明商品代号、品名、规格、数量、单价等资料，便于财务部门做账，避免混淆。

（2）移库时，须先经过经理同意，并且与其他零售企业事先取得协议后，方可进行移库。

（3）商品移出移入时，程序必须与进退货相同，要由验收人员确认验收后，才可认定完成手续。

4. 员工出入防范管理

（1）员工上下班时，必须由规定出入口出入。

（2）员工下班离开零售企业时，一律要自动打开携带皮包，由值班或验收人员检查，经理也不可例外。

（3）若有购物者，必须主动出示收银发票确认。

五、收银部门防范管理

1. 收银人员每天轮换不同的收银台，包装员也不得固定，避免滋生弊端。

2. 新进收银人员上机时务必要由资深收银员陪同，防止紧张发生错误。

3. 收银主管要随时在收银台后管理，注意是否有异常状况发生。

第25章 零售企业安全、防损管理制度与表格

第一节 零售企业安全、防损人员岗位职责

一、安全部经理职责

1. 根据预防为主的安全工作方针,在零售企业内开展安全教育和法制教育。

2. 认真贯彻安全工作谁主管,谁负责的原则,协助零售企业各部门,把安全工作的要求列入各项工作的岗位责任制之中。

3. 认真贯彻执行安全保卫工作的方针政策和有关法律规章,建立健全各项安全保卫制度,督促检查各项制度的执行情况。

4. 认真贯彻预防为主,防消结合的方针,在零售企业防火委员会领导下,掌管零售卖场的防火系统,组织和领导义务消防队,预防火灾的发生。

5. 以零售卖场要害部位为重点,加强安全管理,严密防范,加强门卫、巡逻和公共场所的安全控制工作,预防各类案件的发生。

6. 负责调查零售卖场内发生的治安事故和顾客有关安全方面的投诉,并做出妥善处理。

7. 负责执行和完成零售企业总经理、上级公安机关主管业务部门交办的有关安全工作方面的任务。

8. 负责保卫部员工的选拔、聘用、教育、培训、考核、奖惩等管理工作。

二、安全部副经理岗位职责

1. 安全部经理不在时,临时代行经理的职权。

2. 能够独立处理各种突发的治安问题。

3. 负责调动各部保安力量处理应急安全事务。

4. 督促指导零售企业各部门落实安全管理岗位职责,分析存在问题,及时提出改进意见,促使各部门加强安全管理,确保零售企业及顾客的人身与财产安全。

5. 根据下属人员的工作表现情况,建议上级进行奖励或直接进行处罚。

6. 分管当值保安工作和员工培训的副经理的职责:

(1) 监督各班运作,包括人员、岗位、记录等情况;

(2) 如发生事故,处理好后应填写事件处理报告;

(3) 每周上呈一份保安运作报告给保安部经理;

（4）与培训部配合，使每一个保安员达到零售企业的规定标准；

（5）每三个月对员工进行一次纪律、礼貌、英语水平评估，作表呈报安全部经理。

7. 分管消防、停车场、监控室、待命室的副经理的职责：

（1）完善消防责任制；

（2）督促各部门、各租户完善消防设施及消防组织；

（3）定期组织人员检查零售卖场各部位的消防设施；

（4）组织员工进行消防演习；

（5）指导停车场、监控室、待命室的各项工作。

三、安全部主管岗位职责

1. 协助部门经理做好日常工作，做好部门经理的助手，努力完成经理布置的各项工作任务，直接向部门经理负责。

2. 努力提高零售企业的竞争意识，提高业务管理水平，办事积极、认真负责、讲求效率，树立全心全意为顾客服务、确保顾客安全的思想，作风正派，不谋私利，有勇于献身的精神。

3. 督促指导各级领班及保安员履行其职责，具体检查各项保安措施的落实，指导开展群众性安全防范工作。

4. 具体处理值班期间发生的顾客或员工违法乱纪问题，并负责分管本部员工的培训和考核。

5. 针对下属员工的思想状况和出勤情况，编制培训计划，辅导新招进的见习保安员，经常对下属员工进行职业道德、竞争意识方面的教育，以提高安全部的整体素质。

6. 负责本部人员的考勤、考核工作，并负责消防防范布置及检查工作。

四、卖场大门保安员岗位职责

1. 维护大门口的交通秩序，引导车辆的行驶与行人的过往，保障车辆和行人的安全，使门前畅通无阻。

2. 着装要整齐，精神要饱满，仪态要大方，热情、礼貌、周到地回答客人的询问，使客人称心满意，严禁用粗言恶语对待客人。

3. 对来店的顾客要彬彬有礼，无论是步行还是乘车来的顾客都要表示欢迎，若顾客要求将车停放在停车场时要引到适当的位置停车，若没有停车位要向顾客或司机解释清楚，并介绍顾客将车停在附近的公共停车场。

4. 对带有危险品、易燃品、易爆品进入卖场的顾客，要劝其交保安部代为保管。

5. 对离开的顾客要欢迎他们再次光临，对带大件物品离店的顾客要有礼貌地进行查询，对实属客人的行李要迅速放行，并帮助顾客将行李搬上车。

6. 保安员要不断学习，钻研业务，善于根据零售企业的特点进行判断，以便提高工作质量。

7. 严格把好第一关,高度警戒,发现精神病患者和衣冠不整者及形迹可疑者,坚决拦阻其入内。

8. 时刻有高度的注意力,切实做好门前的警戒,特别是夜间警戒,注意车辆和行人的安全,人多时要注意防止失窃,防止在大门口周围闹事、斗殴,保证门前的安全,对深夜以后开出的车辆要严格验证,做到"三对照":对照驾驶证、行车证和身份证,发现手续不齐和可疑情况要及时记录和报告。

五、停车场保安员岗位职责

1. 认真学习法律知识,认真学习零售企业的各项规章制度和部门规定,增强法制观念,遵纪守法,廉洁奉公。

2. 维护好车场的交通治安秩序,做好防火、防盗、防偷、防破坏等工作,严格把好安全关。

3. 对进入车场的车辆要指明停放的位置,并验明车况是否完好,做好详细记录,填好表格,然后告知车主让其当场验证,同意属实签名后方可接收。

4. 做好对进入车场停放车辆的收费工作,车走时收费并注销,不得损公肥私、利用自己的工作方便谋取私利,一经查获将按情处罚。

5. 对开出车场的车辆要仔细、认真地做好验证工作,在情况确实时才可放行,如验证发现手续不齐和可疑情况,要立即进行查询、拦阻并及时报告。

6. 不得在车场学开汽车、骑单车、骑摩托车,不得让闲杂人员在车场停留。

六、消防员岗位职责

1. 做好准备,随叫随到,具备应急处理突发事件的能力。

2. 定期检查零售卖场消防设施是否安全,检查卖场的安全通道是否畅通,如有异样,立即修理。

3. 发现消防设施设备出现残缺时,应上报领班,统一购买。

4. 检查零售卖场过道的消火栓是否牢固,以确保企业与顾客的安全。

5. 根据零售企业自身的情况,有条件地张贴消防预报和通知。以消防栏或广播的形式告知每日的安全检查情况。

6. 完成上级安排的其他任务。

七、监控中心保安岗位职责

1. 严守岗位,认真监控,及时报警,保证企业、顾客和员工的安全。

2. 熟练掌握安全监控、消防报警等设备的技术性能及操作方法,熟悉各部门消防设备的分布情况。

3. 认真观察监视部位,当在监控屏上发现可疑情况和受监控对象时,应及时进行跟踪切换录像并通报各有关岗位采取必要措施。当消防系统报警或接到报警电话,应立即用对讲机通知就近的保安人员赶赴现场予以处理,同时做好详细记录。

4. 监控室内不准吸烟、闲聊,上岗后和离岗前应进行整理打扫,以保持室内外的清洁卫生。

5. 做好监控、报警仪器的清洁保养工作,当监控报警仪器发生故障时,应立即通知和协助工程部门尽快排除故障,并做好详细记录。

6. 要热情礼貌地应答各方面的电话,当接到客人打错或误打报警电话后要查明原因、耐心解释。

7. 无关人员进入监控中心,应立即劝其离开,并记录工号;零售企业领导进入,应在值勤簿上做好记录。

8. 对讲机、手电筒的电池要及时充电,废电池应及时更换,并做记录。

9. 负责保管好本岗位所使用的各种设备和设施,交接班时应对设备和物品的种类、数量、完好程度进行登记。

10. 认真做好监控值班记录,交接班时要说清情况和动态,对未处理完的工作应向下一班做好书面和口头移交。接班人员未到岗,本班值勤人员不得擅自离岗。

八、治安班长职责

1. 对安全部经理负责,主持相应警卫班的全面工作。

2. 负责本班保安员的考勤、考核工作,根据保安员履行警卫职责的情况,进行表扬或批评。

3. 根据零售企业的实际情况和上级指示定位设岗,指定保安员的警卫范围,并负责检查落实工作。

4. 根据工作需要和零售企业安全部经理的指示,有权随时调动保安员加强某区段的警卫工作。

5. 负责向部门经理报告工作。

九、保安员岗位职责

1. 维护零售卖场秩序,保护零售企业财产安全。

2. 对责任区内的重点防护区(包括收银台,贵重商品、危险物品存放地)严密守护,加强巡逻,如发现异常情况,应果断处理,同时立即上报安全部。

3. 对发生在零售卖场内的一切有损企业形象,影响零售企业正常经营秩序的人和事,应及时加以制止;如制止无效应立即上报保安部及零售企业经理,以便协调解决。

4. 熟悉责任区的地理环境、商品分布情况和各柜组负责人情况,有利于开展工作。

5. 加强巡逻检查,发现火险隐患应立即排除,同时向零售企业负责人、安全部报告。发生火灾时在零售企业负责人的统一领导下,积极组织扑救、抢救工作,并疏散群众。

6. 发生治安、刑事案件时,应采取积极有效的措施,抓捕肇事人、犯罪嫌疑人,保护现场,及时向安全部报告,配合公安机关开展工作。

7. 完成零售企业及安全部临时指派的各项任务。

十、消防主管岗位职责

1. 认真贯彻执行国家有关消防工作的方针、政策和法规,接受专职消防机关的检查指导。

2. 在经理的指导下建立健全零售企业的消防安全制度,制定防火应急方案,组织实施店内防火委员会的各项计划,并进行监督检查。

3. 对员工进行防火安全教育,增强员工的防火意识,提高员工做好消防工作的自觉性。

4. 协助部门经理做好义务消防队的组织和培训工作,并展开各种形式的防火演练活动。

5. 经常进行防火检查,对店内的要害部门进行定期检查,报告情况及时,发现并帮助解决火险隐患,监督指导各部门落实防火安全制度。

6. 发生火灾后组织带领义务消防队配合消防机关扑救火灾,保护现场,处理火警事故,参与调查火灾原因。

7. 制止各种违反消防法规的行为。

8. 定期向部门经理汇报消防工作情况。

十一、消防员岗位职责

1. 随时做好准备,随叫随到,具备处理应急事件的能力。

2. 定期检查零售企业消防设施是否完好,检查零售卖场的安全通道是否畅通;如有异常,立即修理或疏通。

3. 发现消防设施、设备出现残缺时,应上报领班,统一购买。

4. 检查通道的消火栓是否牢固,以确保顾客的安全。

5. 根据零售企业的情况,张贴消防预报和通知,或以消防栏、广播的形式告知每日的安全检查情况。

6. 完成上级安排的其他任务。

7. 配合各部门负责卖场早开场、晚闭场及营业终止后的清场安全检查工作。清场时注意是否有滞留人员,是否有火险隐患,是否有可疑物品;重点部位要重点检查,对检查出的隐患及不安全因素,要认真记录,并及时上报有关部门。

十二、消防电视监控人员岗位职责

1. 消防监控室是零售企业的消防指挥中心,无关人员禁止入内,因公进入监控室的人员也必须严格登记。

2. 每日交接班时应将当班发生的情况告诉接班人员。接班人员应检查设备的运行情况和清洁状况,以保证设备处于良好的工作状况。

3. 密切注意易发案部位动向情况,发现问题及时汇报处理。

4. 负责夜间卖场清场后微机报警系统的操作值守,密切关注报警情况,与夜间警卫协调配合,保持紧密联系。

5. 随时监视屏幕情况,发现可疑情况及问题及时录音、录像、上报,并做详细记录。

6. 熟练掌握监控设备系统的操作规程,严格按照规程作业。发生监视设备异常或故障,应立即向保卫部值班领导或主管汇报,不得擅自摆弄。

7. 严格按制度收发、保管器材,并注意日常保养工作。

8. 录像机换带必须按组别、顺序进行,不能混乱,并做好登记工作。

9. 认真做好值班记录,并严格执行交接班手续。

10. 每日做好监控室卫生,并随时保持监控室清洁;如交接班时,当班人员未做监控室卫生,接班人员有权不接班。

11. 夜间发生紧急情况时要服从夜班经理指挥。

12. 认真完成上级交办的其他工作。

十三、稽核员岗位职责

1. 出口稽核员岗位职责

(1)协助和监督收银员认真履行其工作职责,并查看顾客有无夹带商品的现象。

(2)配合收银员、反扒人员封堵违反店规的不法人员。

(3)检查调试报警器是否正常,做好稽核口的一切工作准备。

(4)善于动脑分析,如感觉商品的重量是否可疑。

(5)严格检查各种箱装物品及袋装商品有没有夹带商品;如有查出,将顾客带到防损部办公室处理。

(6)遇有顾客对稽核工作发生误解时,要耐心细致地解释。遇突发事件,要沉着冷静地疏导客流。

(7)不准与顾客相互谩骂、打斗,有疑难问题应通过正常的渠道解决。

(8)禁止顾客从稽核口进入卖场。

(9)无特殊情况禁止员工出入稽核口。

(10)注意检查报警器的工作状态,有问题及时上报领班。

2. 巡逻稽核员岗位职责

(1)稽核顾客所购买商品与清单。

(2)监督持物品未付款的顾客直接出收银区。

(3)禁止顾客食用非免费品尝食品。

(4)禁止顾客在卖场内吸烟。

(5)与出口稽核人员换休,做好当班记录,并做好交接班手续。

3. 收银区稽核员岗位职责

（1）稽核口共同清点团购数量，处理报警器报警，阻止未付款的顾客从收银通道进出。接待购物后需开发票、有疑问或要求退换货的顾客。适时与出口稽核人员换休。

（2）巡视整个收银区，配合处理区域突发事件；处理当班相关事件；协助关门、封场。

十四、防损部经理岗位职责

1. 对零售企业总经理负责，负责执行和完成总经理交办的有关防损工作方面的任务。

2. 认真贯彻执行防损工作的方针政策和有关法律规章，建立健全各项防损制度，督促检查各项制度的落实情况。

3. 以零售企业要害部位为重点，加强防损管理，严密防范，预防各类案件的发生。

4. 主持防损部门的日常工作。

5. 分析盗窃损耗情况，指导打扒组工作。

6. 及时处理各种事故，指导事故调解中心工作。

7. 根据商品报损情况，指导索赔中心工作。

8. 负责防损部员工的选拔、聘用、教育、培训、考核、奖惩等管理工作。

十五、防损主管岗位职责

1. 对部门经理负责，认真完成经理交给的各项工作。

2. 制订日常工作计划，指导、督促主管助理和班长的工作。

3. 开展五防工作（防火、防盗、防爆、防破坏、防自然灾害），发现问题及时处理并上报。

4. 分析商品的流失情况，制定、实施防范措施，打击盗窃行为，对盗窃事件进行处理，并向部门经理汇报。

5. 对楼面粘贴了标签的商品做定期检查，每月至少做一次商品抽检。检查内容如下：

（1）确保所有可以使用防盗标签的高损耗商品都使用了防盗标签。

（2）标签粘贴的位置应该统一。

（3）标签不能贴在金属商品的上面或非常靠近金属的位置。

（4）商品上不能贴有已变形或损坏的标签。

（5）确保标签粘贴在靠近 UPC 的位置，且不能遮盖重要的商品说明。

（6）确保每件上只贴一个标签。

6. 组织开展紧急事件的应急演练。

7. 组织防损员参与对紧急事件的应急处理。

8. 协助人力资源部对防损人员进行法律知识、消防知识、防盗技能、商场（超市）相关规定、相关商品业务流程等的培训、考核。

9. 受理对驻店防损员的投诉，及时处理并向经理汇报。

10. 协助分店对员工进行安全、消防知识培训,以及防盗技能的指导。

11. 加强与分店、其他职能部门及驻店人员的沟通,使防损工作正常运作。

12. 负责与相关政府部门的沟通协调工作。

十六、防损员岗位职责

1. 对部门主管负责,认真完成主管交给的各项工作。

2. 按照部门工作要求及岗位要求开展工作。

3. 参加零售企业及部门内部各类训练、培训、考核。

4. 遇有火警等紧急事件应立即采取有效措施,并及时上报。

5. 文明值勤,礼貌待客,树立信誉第一、顾客至上的观念,随时为顾客提供优质的服务。

6. 防损员上岗必须按规定着装,佩戴全部标志和装备器械,精神饱满,衣着整洁,形象端庄,姿态良好。

7. 值勤期间要随时携带笔记本、钢笔、手电筒,随时准备处理情况。

8. 防损员要做执行各项规章制度的楷模,并监督各部门员工严格执行安全保卫的有关规定,对违反规定的要不徇私情,照章执行,并及时上报。

9. 防损员有责任在出现火灾等自然灾害事故和紧急状态时,执行总经理及有关部门经理的特别指令。

10. 发现治安防范漏洞、火险和其他治安事故时,应采取果断措施排除险情,并及时上报。

11. 防损员有责任保护好刑事案件和治安灾害事故的现场。

12. 防损员安全巡查时,必须随时检查所有门窗、出入口、院墙、停车场、建筑物等地方的安全设施。

13. 防损员要依据法律规定,处理各种违法事件,如需暂时扣留扰乱超市秩序或其他违法人员时,应立即上报。

十七、打扒员岗位职责

1. 上岗时,禁止公开与卖场工作人员接触,不许做与工作无关的事,应随时与保卫部领班保持联系。

2. 在执法服务时,要文明用语、礼貌待人;在了解情况、调查问题时,不得用污辱、讽刺性语言。不得因个人言行而影响和损害超市整体形象和荣誉。

3. 发生治安案件或自然灾害时,应表明身份及时疏散群众,维护秩序。

4. 对一切有损零售企业形象,影响零售企业正常营业秩序的人和事应及时制止。

5. 熟悉卖场环境和商品陈列情况。

6. 能及时发现、处理危及零售企业秩序和人身安全的治安隐患。

7. 对店内外人员窃损商品、物品能及时发现,并跟踪处理。

8. 打扒员文明用语。

（1）请您配合我们的工作,谢谢!

（2）您能打开您的购物袋吗?

（3）对不起,您的商品未消磁,请让我帮您处理。

（4）对不起,请您到办公室好吗? 您是否有忘记付款的商品?

第二节　零售企业安全、防损管理制度

一、零售企业安全保卫制度

1. 为了规范对零售企业安全保卫的管理,特制定本制度。

2. 保卫工作特指零售企业办公区域内的防盗、防火及其他保护零售企业利益的工作。

3. 行政管理部负责零售企业办公区域的安全保卫工作,办公时间由前台秘书负责来宾的接待引见工作;非办公时间由行政管理部指定专人负责办公区域的安全保卫工作。

4. 实施门禁管理系统,非办公时间员工应使用门禁卡进入办公区域。员工应妥善保管门禁卡,如丢失要照价赔偿。

5. 零售企业实施节假日值班制度,由行政管理部负责每月的值班安排和值班监督工作。值班人员必须按时到岗,并认真履行值班职责,检查各部门对各项安全制度、安全操作规程的落实情况。

6. 行政管理部夜间值班人员负责每日的开门和锁门。在锁门前值班人员必须认真检查办公区域内的门窗是否锁好,电源是否切断,保证无任何安全隐患。

7. 办公区域内的门锁钥匙由行政管理部专人负责保管,并且每日早晚按时将办公室的门打开、锁好,一般员工不得随意配置门锁钥匙。计划财务中心的钥匙由本部门保管。

8. 员工应妥善保管印章、钱款、贵重物品、重要文件等,下班前将抽屉及文件柜锁好,切断电源后方可离开。

9. 零售企业行政管理部负责组织有关人员不定期地对企业办公环境的安全实施监督检查,如发现安全隐患,相应部门要及时整改。

10. 所属办公区域的门锁钥匙,启用前应在行政管理部备份一套,行政管理部必须妥善保管,以备急需时使用。

11. 员工携带非个人物品出办公区域须填写《出门证》,经有关领导批准后方可带出。

二、值班制度

1. 值班的保安人员必须严守岗位,时刻处于警惕状态。

2. 值班的保安人员要全面检查零售卖场内部,做到无隐患;防止火灾、盗窃等事故发生。

3. 值班的保安人员,不准私自留宿他人,更不准酗酒、赌博,否则后果自负。

4. 在值班期间,当零售企业其他部门提出急需的商品时应予以满足,但企业员工应出示有关证件,办理借贷手续。

5. 值班的保安人员要熟知零售企业的总值班电话等联系方式,有情况要及时向上级汇报。

6. 值班的保安人员必须高度自律,不准私自使用零售卖场内的商品。

三、安全检查制度

1. 零售企业的安全大检查由治安消防委员会领导,由安全保卫部具体组织实施。

2. 零售企业的安全大检查每季度进行一次,由零售企业治安消防委员会成员、保卫人员及零售企业的负责人组成安全检查组,重点检查各项安全制度、防火制度及有关措施的落实情况。

3. 对检查出的问题应责成有关单位或部门限期解决。

4. 由主管安全的经理、部长组织各级安全责任人,每月对零售企业各部门进行一次全面的安全检查,发现问题及时解决,并做出安全检查记录。一时难以解决的较大隐患,要写出书面报告,上报企业治安消防委员会。

5. 各营业部门负责人及安全值班人员负责本区域的班前、班后安全检查,发现隐患及时排除,做好记录,解决不了的问题要及时上报安全保卫部。

6. 重大节日前要对零售卖场进行全面的安全检查,各级主管领导必须亲临现场仔细认真检查。

7. 除按期进行三级检查外,安全保卫部要按分工对全场各部位的治安防范、安全防火情况进行经常性的抽查。填写安全检查记录,发现隐患要督促有关部门及时解决。

8. 安全保卫部工作由治安消防委员会进行监督考核,实施奖惩。

9. 零售企业发生安全事故由治安消防委员会承担领导责任,主管经理、安全保卫部经理承担主要领导责任。

10. 零售企业各部门的安全保卫工作由安全保卫部负责考核。

11. 对认真贯彻各项安全保卫制度,全年实现无火警火灾、无各类案件、无员工违法犯罪、无民事纠纷,全年坚持开展普法教育、坚持检查记录和坚持法制宣传教育的部门,零售企业将给予适当的奖励。

12. 对认真贯彻执行零售企业的各项安全保卫制度,符合下列条件之一者将给予表彰、奖励或记功晋级。

(1)及时发现、防止各类案件和治安灾害事故发生,或在抢险救灾中有立功表现者。

(2)一贯忠于职守,热爱治安消防工作,并做出一定贡献者。

(3)检举、揭发、制止违法犯罪活动,提供重要线索,协助侦破案件有功,或抓获违法犯罪分子者。

13. 对违反企业规章制度的,将给予单位或当事人经济处罚。个人罚金500元,单位罚金1000~5000元;触犯法律的移交司法部门,追究其刑事责任。

四、易燃、易爆物品管理制度

1. 为了加强零售企业的防火安全工作,保护生产设备、企业财产及工作人员的安全,保障各项工作的顺利进行,特制定本制度。

2. 本制度根据有关消防、防火法规,结合本企业具体情况制定。

3. 卖场内的易燃、易爆物品是指香水、汽油、油漆、酒精、部分化妆品、煤气、乙炔等。

4. 易燃、易爆品保管人、使用人和部位领导人是该项安全管理责任人。

5. 易燃、易爆品应指定专人购买、保管、发放和使用,必须严格领取、存放、发放手续,做到账目清楚,账物相符。

6. 易燃、易爆物品使用人必须严格执行操作规程,使用过程中采取安全防护措施。仓库内不得使用移动式照明灯具、碘钨灯和60瓦以上的白炽灯。

7. 凡经营的危险商品应本着进多少卖多少的原则,须在指定库房存放,库房内不许点灯,不得在库房内穿钉子鞋,不得私自保管。

8. 零售企业的要害部位及仓库应根据本制度制定出相应的部门具体管理措施,并报安全保卫部备案。

五、仓库安全管理制度

1. 严格执行零售企业安全保卫的各项规章制度。仓库安全工作要贯彻预防为主的方针,做好防火、防盗、防汛、防工伤事故的出现。

2. 本着谁主管谁负责,宣传教育在前的原则,坚持部门责任制。建立健全各级安全组织,做到制度上墙、责任到人、逐级把关、不留死角。

3. 按规定库区配备各种消防器材和工具,不得私自挪用。

4. 各种生活用危险品、车辆、油料、易燃品严禁进入库区。

5. 仓库区域内严禁烟火和明火作业,确因工作需要动用明火,按安全保卫有关规定执行。

6. 加强用电管理,建立班前班后检查记录制度,做好交接检查的详细记录。

7. 加强对零售卖场内门、窗、锁的管理,出现问题及时向有关部门汇报,及时采取措施。末班人员下班后,将钥匙交到保卫部门,方可离去。

8. 做好来宾登记工作,严禁夜间留宿,特殊情况须报场保卫部备案。

六、安全检查制度

1. 零售企业的安全大检查由场治安消防委员会领导,责成安全保卫部具体组织实施。

2. 零售企业安全大检查要求每季度进行一次,由场安委会成员、保卫人员及零售企业的负责人组成安全检查组,重点检查各项安全制度、防火制度及有关措施的执行情况。

3. 对检查出的问题责成有关单位或部门限期解决。

4. 由主管安全的经理、部长组织各级安全责任人,每月对零售企业各部门进行一次全面安全检查,发现问题及时解决并做出安全检查记录。一时难以解决的较大隐患,要写出书面报告,上报场安委会。

5. 各营业部门及安全值班人员负责本区域的班前班后安全检查,发现隐患及时排除,做好记录,解决不了的问题要及时上报安全保卫部。

6. 重大节日前要对零售企业进行全面的安全检查,各级主管领导必须亲临现场仔细认真检查。

7. 除按期进行三级检查外,安全保卫部要按分工对全场各部位的治安防范、安全防火情况进行经常性的抽查。填写安全检查记录,发现隐患要督促有关部门及时解决。

七、安全考核与奖惩制度

1. 零售企业的安全保卫部工作由企业的治安消防委员会进行监督考核,实施奖惩。商场超市发生安全事故由安委会承担领导责任,主管经理、安全保卫部部长承担主要领导责任。

2. 商场超市各部门的安全保卫工作由安全保卫部负责考核。

3. 凡认真贯彻各项安全保卫制度,已做到年度内无火警火灾、无各类案件、无职工违法犯罪、无民事纠纷等事件的出现;并坚持开展普法教育、坚持检查记录和坚持法制宣传教育的部门,将给予适当的奖励。

4. 凡认真贯彻执行零售企业的各项安全保卫制度,符合下列条件之一者,将给予表彰、奖励或记功晋级。

(1)及时发现、防止各类案件和治安灾害事故发生,或在抢险救灾中有立功表现者。

(2)一贯忠于职守,热爱治安消防工作,并做出一定贡献者。

(3)检举、揭发、制止违法犯罪活动,提供重要线索,协助侦破案件有功或抓获违法犯罪分子者。

5. 对违反企业规章制度的,将给予单位或当事人经济处罚。个人罚金一般不超过本人月标准工资的百分之二十;触犯刑律的移交司法部门,依法追究其刑事责任。

(1)重点要害部位发现安全隐患,经商场超市安全保卫部指出而不整改的。

(2)重点要害部位未指定责任人,或责任人未与安全保卫部签订责任书的。

(3)重点要害部位没有具体安全措施的。

(4)在场内禁火区或防火重点部位及非吸烟区吸烟,在吸烟区将烟头、火柴杆、烟灰扔在地上的。

(5)未经批准,违章明火作业者。

(6)占压消火栓,损坏、挪用消防器材,在消防通道上堆放物品,经通知不及时清除的。

(7)所在部门发生火险、火灾或其他治安灾害事故的。

(8)违反零售企业现金管理制度,凡查出现金未进保险柜或保险柜未锁的。

(9)员工违法受到公安机关行政拘留、治安裁决的。

（10）参与赌博者。

（11）凡知情不举，包庇违法犯罪分子，对发生的案件和治安灾害事故隐瞒不报的。

（12）治安消防干部不能尽职尽责的。

（13）不支持安全检查，不填写检查记录的。

八、消防安全制度

1. 零售卖场实行逐级防火责任制，做到层层有专人负责。

2. 实行各部门岗位防火责任制，做到所有部门的消防工作，明确有专人负责管理，各部门均要签订防火责任书。

3. 安全部设立防火档案、紧急灭火计划、消防培训、消防演习报告、各种消防宣传教育的资料备案，全面负责零售企业的消防预防、培训工作。各运营部门必须具备完整的防火检查报告和电器设备使用报告等资料。

4. 零售卖场内要张贴各种消防标志，设置消防门、消防通道和报警系统，组建义务消防队；配备完备的消防器材与设施，做到有能力迅速扑灭初起火灾和有效地进行人员财产的疏散转移。

5. 设立和健全各项消防安全制度，包括门卫、巡逻、逐级防火检查，用火、用电，易燃、易爆物品安全管理，消防器材维护保养，以及火灾事故报告、调查、处理等制度。

6. 对新老员工进行消防知识的普及，对消防器材使用的培训，特别是消防的重点部门，要进行专门的消防训练和考核，做到经常化、制度化。

7. 零售卖场内所有区域，包括销售区域、仓库、办公区域、洗手间全部禁止吸烟。动用明火，存放大量物资的场地、仓库，必须设置明显的禁止烟火标志。

8. 卖场内消防器材、消火栓必须按消防管理部门指定的明显位置放置。

9. 禁止私接电源插座、乱拉临时电线、私自拆修开关和更换灯管、灯泡、保险丝等，如需要，必须由工程人员、电工进行操作，所有临时电线都必须在现场有明确记录，并在期限内改装。

10. 零售卖场内所有开关必须统一管理，每日的照明开关、电梯统一由安全员关开，其他电力系统的控制由工程部负责。如因工作需要而改由其他部门负责，则部门的管理人员和实际操作人员必须对开关的正确使用接受培训。

11. 营业及工作结束后，要进行电源关闭检查，保证各种电器不带电过夜，各种该关闭的开关处于关闭状态。

12. 各种电气设备、专用设备的运行和操作，必须按规定进行操作，实行上岗证作业。

13. 柜台、陈列柜的射灯、广告灯，工作结束后必须关闭，以防温度过高引起火灾。

14. 货架商品存放要与照明灯、整流器、射灯、装饰灯、火警报警器、消防喷淋头、监视头保持一定间隔（消防规定垂直距离不少于50厘米）。

15. 销售易燃品，如高度白酒、果酒、发胶等，只能适量存放，便于通风，发现泄漏、挥发或溢出的现象要立即采取措施。

16. 零售企业的所有仓库的消防必须符合要求，包括照明、喷淋系统、消防器材的设施、通风、通道等设置。

九、消防安全检查制度

1. 部门配置消防义务组员，每天进行防火检查，发现问题及时记录上报。

2. 消防义务检查员要认真负责，检查中不留死角，确保不留发生火情的隐患。

3. 部门经理、主管每月要进行一次消防自查，发现问题及时向安全部汇报。

4. 安全部每周定期对全零售企业进行消防检查，主要检查防火制度措施是否落实，防火主要器材是否全部符合要求，是否有重大火险隐患，是否有完整的安全防火检查记录等。

5. 安全部的消防安全检查报告，每月呈报卖场经理和总部相关部门。

6. 安全部必须有专人负责政府消防安全检查部门对商场的安全检查的准备、问题的整改等事宜。

7. 对火险隐患，要做到及时发现，登记立案，抓紧整改；限期未整改者，要进行相应处罚和上报店经理；对因客观原因不能及时整改的，应采取应急措施确保安全。

8. 检查消防重点区域和重点用电设备，执行定点、定人、定措施的制度，并根据需要，设置自动报警灭火等新技术来加强零售企业的预防、灭火功能。

9. 检查防火档案、灭火作战计划、季度消防演习报告等，负责消防的安全员对相关的程序是否了解，是否熟知在紧急情况下，所应采取的切合实际的措施。

十、仓库消防安全管理制度

1. 仓库的主通道宽度不少于 2 米，通道应保持通畅。

2. 库房中不能安装电器设备，所有线路和灯头都应安装在库房通道的上方，与商品保持一定的距离。

3. 消防喷淋头距离商品必须大于 50 厘米。

4. 仓库中不能使用碘钨灯、日光灯、电熨斗、电炉子等，使用的电灯泡不能超过 60 瓦。

5. 库房中所设置临时电线的存在时间不能超过两星期。

6. 库房中严禁使用明火，严禁吸烟。

7. 易燃易爆商品必须严格按规定存放，不能与其他商品混放。

8. 仓库必须配备消防器材，消防器材的位置附近不能存放商品与杂物。

十一、配电室消防安全管理制度

1. 配电室内不得会客、吸烟，不得动用明火，不得储存杂物和堆码商品，不得存放易燃易爆物品。

2. 各种电器、照明设备及线路的安装、使用及配电室的清洁维护要严格按照有关标准执行。

3. 当班上岗时必须穿绝缘鞋,带电作业时必须安排 2 名以上监护人,作业时挂牌操作,并有专人守卫电闸箱,高空工作时系好安全带。

4. 配电室要配备适量的消防器材和设施,所有人员必须经过训练,提高抢险自救能力。

5. 每日须有电工昼夜值班,不得在当班时饮酒、睡觉或擅离职守,对设备运行要定时巡视。

6. 凡安装电气设备、线路时,必须经工程主管同意后,由电工操作安装。

7. 工程部、配电室人员和安全部每月对店所属地区进行电气安全检查,并且认真做好记录。

十二、机房消防安全管理制度

1. 机房内不得会客、吸烟、动用明火、储存杂物和建筑用品,不准堆码商品及易燃易爆物品。

2. 机房工作人员须认真检查电机线路、机器运行、设备运转是否正常。

3. 机房机器需要维修使用的油漆或其他化工材料,包括包装物、擦拭剂、涂料、搅拌等物料应到指定地点处理,不得随意弃置现场。

4. 机房如需电气焊接时,严禁调兑柴油或稀料,未使用完的柴油、稀料、机油,应由专人设专门地点妥善保管。

5. 机房的工作人员必须严格履行职责,做好工作记录,交班接班认真检查,不得在当班时饮酒、睡觉、玩耍或擅离职守。

6. 机房内应配备相应数量的消防灭火器材,并且实行责任制,谁在岗谁负责,遇有火灾、火险应立即扑救。

7. 机房内所有设备、电气线路要经常检查保养。

十三、办公区消防安全管理制度

1. 办公区严禁吸烟,并贴有禁止吸烟和防火的标志。

2. 办公区不得储存杂物,不得大量堆放商品,不得放置易燃、易爆物品。

3. 办公区不得使用电炉、酒精炉、热得快、电饭锅等电热工具。

4. 办公区无人办公时,应关闭所有的照明灯。

5. 办公区的所有电器设备,必须在工作结束时,关闭电源。

十四、燃气安全使用制度

1. 燃气使用部门定期对燃气管道及燃气具进行安全检查,杜绝因设施及设备的损坏、带故障运行造成的安全隐患,发现损坏、锈蚀应立即采取报修和临时有效的防护措施,并及时上报安全部直至隐患消除。

2. 燃气操作人员上岗前应由部门对其进行燃气安全操作培训。

3. 使用燃气的部门,须设有当班安全员,负责燃气的当日监管工作。

4. 燃气具必须由专职操作人员使用,任何与燃气操作无关或与其工作无关的人员,不得操作燃气具。

5. 任何部门和个人,不得对燃气管道、阀门、开关、计量表、灶具私自拆改,如有需要时,必须按程序报工程部门进行改造。

6. 使用燃气具必须严格按照操作程序进行,特别是点火程序,应按先点火后开气的顺序操作。

7. 每日清洗燃气具,每周清洗燃气排烟道,避免因排烟道积油、积污过多而引起的火灾事故。

8. 燃气操作间必须保持良好的通风,发现燃气外泄时,要采取应急措施,开窗、开排风扇,加大通风量,严禁吸烟、开灯、动火。

9. 每日班前、班后燃气使用部门要对燃气操作间进行安全检查、交接,并保留一个月的文字交接记录。

10. 对安全部门配置于燃气使用区域内的消防器材需妥善保管、安全检查,不得挪用。

十五、值班室消防安全管理制度

1. 禁止将易燃、易爆物品带入值班室。

2. 值班室内禁止吸烟,并贴有禁止吸烟、110 报警电话、119 报警电话等标志。

3. 值班室配有应急疏散指示图、内部消防安全指南、紧急电话记录、所在区域的派出所电话、地址等。

4. 人离开房间时,应将房内的电灯关掉。

5. 值班室内禁止使用电炉、电熨斗等电热工具,禁止使用射灯和动用明火。

十六、防盗工作日常管理规定

1. 经常对零售企业员工进行法制教育,增强员工的法治意识。

2. 制定各种具体的安全防范规定,加强日常管理,不给犯罪分子以可乘之机。具体规定主要有:

(1)办公室钥匙管理规定。

(2)收银管理规定。

(3)会客制度。

(4)财物安全管理规定。

(5)货仓管理规定。

(6)更衣室安全管理规定。

(7)员工宿舍管理规定。

3. 在零售卖场易发生盗窃案件的部位,装置监控器、防盗报警器等安全防范设备。

4. 积极配合人事部做好员工的思想品德考察工作,以保证员工队伍的纯洁。如发现有不适合的人员,应按有关规定进行调换或辞退。

5. 保安部人员要加强日常巡查工作,如发现可疑的人和事要及时报告。

十七、商品损耗管理制度

1. 为加强对商品的损耗管理,减少商品的损耗,特制定本规定。

2. 本规定适用于本企业各部门、各相关人员商品损耗的管理。

3. 商品损耗是指商品账面库存额与实际定点库存额之间的差额。

4. 仓库验货损耗商品

(1)供应商送货时,应先提供订购单,让验收人员凭此核对与商品有关的资料(商品内外包装条码、规格、单价、数量),并由验货人员逐一核对。

(2)商品验收无误后,应立即移至仓库或店内,不得任意摆放,避免混淆。

(3)已完成验收作业的订购单,应转档成进货验收单,一联由会计保管,另一联由总部收执,当作月结对账付款的依据。

(4)供应商送货的空箱不得覆盖,纸箱则须拆平,避免借机夹带商品。

(5)供应商车辆离去时,要接受仓管人员的检查,检查无误后方可离开。

5. 卖场损耗管理

(1)安全防损员应加强店内巡逻,特别留意转角处及人流聚集处。

(2)禁止员工于上班时间内购物或预留商品。

(3)员工下班后所购物品不得携入店内或仓库,如已结账的商品,其购物袋处必须粘贴发票。

(4)商品理货人员应随时整理店内商品,如发现 POP 或价格卡条码标示错误,应主动通知计算机部门查询,有错误时应即时更正,以免造成不必要的损失。

(5)废弃的价格卡不得任意丢弃,防止被冒用。

6. 收银损耗管理

(1)制定收银员作业规范,并随时考评。

(2)监督收银员结账收银的基本动作要领,做到准确到位。

(3)收银员每天必须轮换收银台,避免滋生弊端。

(4)损耗管理人员应随时利用监视系统了解各时段收银机收银金额的状况,若有异常,应停止该机,即时进行查核。

(5)严格注意收银员吃饭、休息、换班时间的异常行为,避免收银员趁机大做手脚。

(6)避免收银员使用退货键或立即更正键来消除已登录的商品。

7. 后台损耗管理

(1)商品单品基本资料建档完成后,应由部门主管再做查核验证工作。

(2)所有促销变价的商品一律通过后台应用管理系统的促销变价档做控制管理。

(3)供应商供货价格调涨时,一律填制变价单,经由计算机主管、会计主管审核后方可更正。

（4）商品编码原则应符合管理原则。

（5）退货管理作业应按先进先出办理。

（6）进退货资料建档作业应以今日事今日毕为原则。

（7）外送的商品，务必先结账付款，经核准后才可外送。

（8）制作标准盘点规范说明书，其内容应包含盘点计划、盘点区域划分、盘点作业规范、盘点人力分配、盘点资料控管、盘点报表制作、盘点差异分析。

8. 异常情况处理

（1）不告而别。是指员工没辞职就离开。当员工不告而别时，零售企业应该采取以下措施。

◎马上清场。

◎更换所有的锁具，并清点钥匙是否有遗失。

◎检查现金，看是否有短少。

◎清点账面与实际货品数量，防止商品短少。

（2）在收银机上或其他设备及商品陈列处发现现金时，应及时采取以下措施。

◎检查排班表，了解在此时段内轮班人员是哪些人。

◎将人员打散，让其在不同班次作业，避免人员间相互串通。

◎要确实贯彻每日现金清点作业与交接作业，并且当场询问员工该金钱的由来。

（3）员工的行为举止怪异或者工作态度改变时，应该采取以下措施。

◎主动关心该员工，并询问其是否有工作上的不如意，或家中有事，或感情纠纷等。

◎调动该员工的班别，谨防其违法。

（4）空箱。是指店内发现未依规定放置的空商品包装盒。此时，应采取以下措施。

◎检讨员工购物政策和手续是否有缺失，并寻求改进。

◎详细检核出售商品，并与实际库存比照，谨防商品遭窃。

第三节　零售企业安全、防损常用管理表格

一、零售企业安全管理计划表

项　目 日　期					

二、安全管理实施计划表

日　期：　　　　　　　　　　　　　　　　　　　　　　　　　　　　　　（正面）

主题	实施内容	责任人	核查	日期	1	2	3	4	5	6	7	8	9	10	11	12	13	14	15
				星期															

（反面）

主题	实施内容	责任人	核查	日期	16	17	18	19	20	21	22	23	24	25	26	27	28	29	30	31
				星期																

三、安全检查登记表

序　号	检查项目	待改善事项	说　明	复　核	备　注
	消防	□无法使用　　□道路阻塞			
	灭火器	□失效　　　　□走道阻塞　　□缺少			
	走道	□阻塞　　　　□脏乱			
	门	□阻塞　　　　□损坏			
	窗	□损坏　　　　□不清洁			
	地板	□不洁　　　　□损坏			
	建筑	□破损　　　　□漏水			
	楼梯	□损坏　　　　□阻塞　　　　□脏乱			
	厕所	□脏臭　　　　□漏水　　　　□损坏			
	办公桌椅	□损坏			
	餐厅	□损坏　　　　□污损			
	工作桌椅	□损坏			
	店房四周	□脏乱			
	一般机器	□保养不良　　□基础松动			

续表

序　号	检查项目	待改善事项		说　明	复　核	备　注
	高压线	□基础不稳	□保养不良			✓
	插座、开关	□损坏	□不安全			
	电线	□损坏				
	给水	□漏水	□排水不良			
	仓库	□零乱	□防火防盗不良			
	废料	□未处理	□放置零乱			
	其他					

部门主管：　　　　　　　　　　　　　检验员：

四、灭火器定期检查记录表

部　门：　　　　　　　　　　　　　　　　　　　　　　　日　期：

编　号	检查结果	编　号	检查结果	编　号	检查结果	编　号	检查结果	编　号	检查结果
异常处理情况									
核查结果说明									
备　注									

检查员：　　　　　　　　　　　　　　部门主管：

五、工作安全改善情况通知表

部　门：　　　　　　　　　　　　　　　　　　　　　　　日　期：

安全隐患地点	安全隐患详情	建议改善事项	改善期限	改善经过及结果	备　注

六、工作安全检查表

序　号	检查日期	检查地点	检查人	检查结果	建议事项

七、危险工作安全同意书

执行人		工作承办部门		填表人	
施工时间					
施工地点					
工作内容					

先做好以下安全准备事项与工作：

□应封闭管路　　　　□防护面具

□开关已下锁　　　　□防护衣

□已排除气（液）体　□安全帽

□通风　　　　　　　□安全眼镜、面罩

□安全带　　　　　　□应置警告牌

□胶鞋　　　　　　　□检修前准备工作已妥善

可爆气体测定结果＿＿＿＿　　有毒气体测定结果＿＿＿＿

灭火器材数量＿＿＿＿　　　　已派看守人员＿＿＿＿

执行部门：

执行人＿＿＿＿　　　　　　保安部主管＿＿＿＿

特别注意事项：

安全管理部门：

说明	1. 施工人员需随时携带本同意书，以便查核。 2. 本同意书核定之施工时间不得超过24小时。 3. 若24小时内不能完工，应按日重新申请。 4. 施工人员若发现情况有变化，应立即通知安全卫生管理人员复查。
备注	

八、安全部值班表

时　间		班　次	
值班人数		应　到	实　到
备　注			
员工姓名	工　作　内　容		

九、安全部巡逻到岗登记表

日　期	白班值班时间						夜班值班时间					
	值班人员签到						值班人员签到					
	时间	签字	时间	签字	时间	签字	时间	签字	时间	签字	时间	签字

十、治安隐患检查登记表

受检查区域		
检查人员	日　期	
	时　间	
经检查,上述部位存在下列问题		
领导批示		
处理结果		
备　注		

十一、客人来访登记表

序　号	日　期	来访时间	来访事由	被访人	被访人所在部门	来访人签字	备　注

十二、安全部夜间安全检查登记表

检查人：　　　　　　　　　　　　　　　　　　　　　　　日　期：

时　间 项　目					

十三、车辆停放登记表

序　号	日　期	车牌号	停放时间	离开时间	费用情况	值班人员	备　注

十四、重点防火区域安全检查表

检查区域	检查时间	检查情况	检查人	备　注
锅炉房				
配电房				
变压器房				
柴油机房				
电话机房				
广播机房				
空调机房				

检查区域	检查时间	检查情况	检查人	备 注
油 库				
气 库				
计算机库				
危险物品仓库				
厨 房				
消防中心				
地下层仓库				
其 他				

十五、危险物品收缴情况登记表

序 号	日 期	上缴物品	数 量	上缴人签字	处理结果	备 注

十六、安全部员工资料登记表

序 号	姓 名	性 别	年 龄	学 历	职 位	工作时间	备 注

十七、安全部员工绩效考核表

月份＼编号姓名								
上半年	1月							
	2月							
	3月							
	4月							
	5月							
	6月							
	小计							

续表

月份＼编号姓名							
下半年	7 月						
	8 月						
	9 月						
	10 月						
	11 月						
	12 月						
	小计						
年度考绩							

十八、安全部员工培训计划表

序号	培训种类		培训名称												备注
	姓名	工作类别	1	2	3	4	5	6	7	8	9	10	11	12	13	

十九、商品损耗报告表

报告人：　　　　　　　　　　　　　　　　　　　日　期：

商品编号	品种	规格	数量	单价	总值	损耗原因	主管意见	备注